헌법으로 돌아가라

헌법으로 돌아가라

12·3 비상계엄을 심판했던
모든 시민을 위한 법률 교과서

박용대

백민

백승헌

장현은

추은혜

SIDEWAYS

서문

2024년 12월 3일 밤 10시 37분, 집으로 돌아와 잠자리에 들거나 내일을 준비하던 국민을 경악하게 한 일이 발생했습니다. 독재 시절이던 1979년 이후 45년 만에 계엄령이 선포된 것입니다. 대통령은 수십 년 전 그랬던 것처럼 국회와 정당의 정치활동을 금지하고 언론 출판의 자유를 제한하는 내용을 담은 포고령을 발표했습니다. 그리고 군을 동원해 국회 장악 및 선관위 서버 침탈, 몇몇 인물의 체포를 시도했습니다.

우리 사회를 순식간에 군의 통치 체제로 후퇴시키려 했던 계엄은 다행히 시민들의 저항과 국회의 신속한 대응으로 수 시간 만에 해제되었습니다. 계엄을 선포한 대통령은 결국 한국 헌정사에서 두 번째, 내란을 일으킨 이유로는 처음으로 탄핵되는 운명을 맞이했으며 내란의 우두머리 혐의로 재판을 받고 있습니다.

국민의 자유와 기본권, 권력의 위임과 그 행사 방식을 규정한 우리의 헌정 체계는 큰 위기에 빠지는 듯했으나 위헌적이고 불법적인 계엄에 성공적으로 대응하고 민주주의와 법치주의를 방어함으로써 그 단단함을 증명했습니다. 막강한 권한을 가진 현직 대통령의 내란 시도를 주권자가 나서서 평화롭고 신속하게 제압한 것은 세계사적으로도 흔치 않은 일입니다. 그 뒤를 이어 국회의 대통령 탄핵안 의결, 헌법재판소의 윤석열 파면 결정까지 우리 국민은 주권자의 의지를 평화롭고도 단호하게 드러냄으로써 결국 새로운 대통령을 선출하고 새 정부를 출범케 했습니다. 2024년 12월 3일부터 2025년 6월 3일까지의 6개월은 누가 헌법의 주인이자 민주공화국의 주인인지 알게 하고, 그 자부심으로 돌아보기에 충분한 날들이었습니다.

그러나 그 과정이 모두 평탄하고 순조롭지는 않았습니다. 무엇보다도 계엄으로 위협받았던 헌정질서를 정상으로 되돌리는 데까지 상당한 진통을 겪어야 했습니다. 많은 이들이 대통령의 한밤중 계엄으로 촉발된 헌정질서의 위기가 완전히 해소된 것인지 불안해하면서 잠에 들지 못하고 고통을 호소했습니다. 계엄이라는 것이 이토록 쉽게 선포될 수 있는 것인지, 분명 평화로운 시기임에도 군 통수권을 가진 권력자가 마음만 먹으면 또 이런 일이 벌어질 수 있는지 의구심을 갖게 되었습니다.

그뿐만이 아닙니다. 계엄이 해제된 이후에 벌어진 여러 극적인 사건들은 더 많은 의문을 낳았습니다. 탄핵심판 과정에서는 궤변에 가까운 온갖 주장이 등장했습니다. 계엄령이 아니고 '계몽령'이었다는 주장은 많은 이들의 실소를 자아내기까지 했습니다. 계엄이 해제된 후에도 탄핵이나 내란죄 수사 절차, 특히 체포영장 집행은 더디고 아슬아슬했습니다. 대통령 권한대행 체제에서 대행들이 보여준 태도는 관료 엘리트 집단에 대해 국민이 품었던 기대를 산산조각냈을 뿐 아니라 헌정 체계 마비의 위기를 초래했습니다. 국민의 상식에서 명백히 어긋나 보임에도 모든 일에 '법'을 앞세우며 자신의 주장이 옳다고 목소리를 높이는 일이 계속되었습니다.

더 근본적인 의문도 있습니다. 민주적 절차로 당선된 대통령이 왜 민주주의를 파괴하려 했는가, 법률가 출신인 대통령이 왜 법치주의를 무시하고, 수사와 탄핵심판에서 거부, 부인, 지연, 회피, 선동을 통하여 절차 진행을 방해하려 했는가 하는 질문들입니다. 명백히 헌법 위반으로 보이는 계엄 선포였음에도 방송과 언론, 집권 여당과 이를 지지하는 사람들 사이에서 끊임없는 궤변이 횡행할뿐더러 잦아들지 않았던 점, 그에 따라 극렬한 소수가 내란 주체들에게 책임을 물어서는 안 된다는 선동을 감행하며 법원까지 공격한 현실은 대다수 국민을 계엄만큼이나 당혹스럽게 했습니다.

헌법은 국가와 공동체를 구성하는 기본 법칙입니다. 우리 헌법은 제1조에 "대한민국은 민주공화국이다(제1항), 대한민국의 주권은 국민에게 있고 모든 권력은 국민으로부터 나온다(제2항)"라고 천명하고 있습니다. 이것이 우리 공동체를 구성하는 제일의 원칙입니다. 어떠한 국가권력도 이 조항이 천명하는 원칙에서 벗어나 권력을 행사할 수 없고, 존재할 수 없습니다.

민주주의는 선거를 통해 주권자인 국민 다수의 지지를 받는 대표를 선출하고, 국민의 의사에 반하지 않도록 국가권력의 행사와 정책의 수립·실행이 이루어져야 한다는 원칙을 의미합니다. 민주주의 정신은, 선출된 권력이나 직업 관료 모두 형식적으로나 실질적으로 헌법과 법률에 근거하여 권한을 행사해야 한다는 법치주의 원리에 의해 구체적으로 실현됩니다. 우리의 헌정 체계는 이 두 가지 기본원칙의 상호 보완적인 관계를 통하여 유지되고 발전됩니다. 민주주의는 법치주의라는 제도적 기반 위에 작동되며, 개별 법률과 제도는 민주주의에 의하여 그 정당성이 확보됩니다.

그 관계는 보완과 조화 위에 서있는 듯하지만 때로는 두 관계 사이의 긴장이 높아지기도 하고 더 나아가 충돌하기까지 합니다. 우리는 지난 6개월간 반복적으로 그 모습들을 목격했습니다. 헌법재판소의 파면 결정과 내란죄 수사로 현직 대통령을 기소하는 것이 전자라면, 민주주의 요체 중 하나인 다수결로 선출된 권력이 오히려 헌법을 무력화하려 하거나, 대통령에게만 적용된 구속 취소 결정, 유력 대통령 후보에 대한 기이할 정도의 신속한 재판으로 사법부의 독립과 중립성에 대한 의심을 자초한 대법원의 행태가 또 다른 모습입니다.

이러한 모습을 통해서 우리는 민주주의와 법치주의의 관계가 어떻게 조화를 이루어야 하는지 돌아볼 수 있습니다. 그리고 두 원칙이 보여주는 긴장 속에서만 주권자의 안전과 권리가 보장될 수 있음을 다시 한번 확인하는 노력이 절실하게 필요합니다. 결국 헌법 제1조에 모든 답이 있습니다. 탄핵 과정에서 숱하게 제기되었던 의문들을 다시 곱씹어 보면서 헌법 제1조의 정신은 어떻게 구현되어야 하는 것인지를 성찰해야 할 필요가 있습니다. 그럼으로써 죽어있는 문자로 가득한 헌법이 아니라 민주주의, 자유와 평등, 인권의 가치를 더욱 풍부하게 하는 헌법이 될 것이며, 그 헌법이 우리의 일상을 지배하고 안전하게 지켜줄 것입니다.

이번 책에는 지난해 『검사의 탄생』(월북, 2024)을 같이 기획하고 집필하였던 검찰연구모임 리셋의 참가자들을 중심으로 전문가 몇 분이 새로이 참여했습니다. 계엄과 내란의 의미를 짚어보고 반민주주의 상황을 극복하기 위하여 지난 수개월 동안 같이 모여 토론을 진행했습니다. 우리 사회에 어떤 일이 있었는지, 그 이면에는 어떤 논쟁이 있었는지를 서로 묻고 답하며 숙고하는 시간을 가졌습니다. 이 책은 그 토론과 논의를 정리한 결과물이며, 여기에는 지난 120여 일의 과정에서 제기된 질문들에 대해 나름의 답변을 담아내고자 했습니다. 변호사, 법학자와 기자가 각자의 전문성에 기반을 두고 나누어 집필하였지만, 큰 틀에서는 어느 한 사람의 견해가 아니라 공동의 토론과 연구를 기초로 정리한 글입니다.

이 책은 총 9개의 장으로 나뉘어 있습니다. 제1장 「대통령이 비상계엄으로 국민을 공격하다」에서는 12·3 비상계엄이 어떻게 일어났는지를 전방위적으로 돌아보았습니다. 벌써 아스라해지는 주요 장면들을 상기해 보면서 그것이 단지 몇 시간 만에 끝나버린 한밤중의 해프닝이거나 국민을 '계몽'시키기 위해서 또는 국회에 경고하기 위해서가 아니라는 점을 다시 한번 치열하게 확인했습니다. 제2장 「비상계엄 이후, 주권자의 시간이 오다」는 헌법의 주인, 즉 주권자가 어떻게 헌정질서를 수호했는지 들여다본 글입니다. 계엄의 밤, 두려움에 과감히 맞서 싸운 주권자의 행동은 우리 민주주의와 공화국을 지키기 위해 분투해 온 과거의 역사와 이어져 있음을 알게 합니다. 책의 첫머리를 여는 두 글은 헌법을 파괴하려던 세력과 그에 대항하여 헌법적 질서와 정의를 지켜냈던 시민의 두 축을 선명하게 대비합니다.

뒤이어 펼쳐지는 제3장부터 제5장까지에선 헌법과 민주주의의 근본 원칙을 되새기고, 헌법이 어떻게 민주주의를 지키는 방패가 될 수 있는지를 논증합니다. 먼저 제3장 「계엄은 정치적 생존 도구가 아니다」에선 계엄의 역사와 함께 12·3 비상계엄이 왜 위헌인지를 꼼꼼히 분석했습니다. 여기서는 대통령에게 부여된 계엄 권한이 권력의 생존 본능과 결합할 때 헌법이 보장한 자유와 권리를 어떻게 파괴할 수 있는지를 심층적으로 파헤쳤습니다. 뒤이은 제4장 「포고령이 곧 내란이었다」에선 계엄과 함께 발령된 포고령이 어떤 의미에서 민주주의의 압살 시도였는지, 헌법의 언어를 빌려 헌법을 파괴하려 한 모순적 문서였는지를 철저하게 돌아보았습니다. 또 제5장 「헌법으로 돌아가라: 윤석열은 왜 탄핵되었는가」에서는 헌법을 부인하고 독재를 구축하려던 윤석열 대통령이 탄핵될 수밖에 없었던 이유를 탄핵의 의미와 역사, 헌법재판소의 결정문 분석을 통해 두루 살폈습니다.

제6장 「기억해야 할 탄핵심판의 고비와 쟁점들」에서는 헌법재판소의 파면 결정에 이르는 과정에서 불거진 몇몇 문제점, 특히 권한대행자들이 보여준 행태, 권한대행 탄핵소추 의결정족수의 문제, 내란죄를 탄핵심판에서 제외한 문제나 형사기록의 증거능력 문제 등 탄핵심판 과정에서 사회적 논란을 일으켰던 쟁점들을 빠짐없이 살펴보았습니다. 다시 대통령 탄핵과 같은 불행한 일이 반복되어서는 안 되겠지만, 이번 탄핵을 통해 제도적으로 미비한 점이 드러났으면 고치고 보완해 더 이상의 사회적 혼란을 가중하지 않는 것이 이번 내란 사태를 겪은 세대의 책임이어야 할 것입니다.

나아가 제7장 「내란, 형법으로 단죄하다」는 앞의 논의와 조금 다른 관점에서 분석을 이어갑니다. 이 장은 윤석열의 계엄이 형법상 내란죄에 해당하는지에 관한 고찰입니다. 현재 윤석열은 내란죄로 기소되어 재판을 받고 있으나 여전히 무죄를 주장하고 있습니다. 제7장은 내란죄의 구성요건을 살피면서 동시에 아직도 다 밝혀지지 않은 내란죄의 전모를 밝히고, 그와 관련된 인물들에 대한 수사와 처벌이 필요함을 강조하고 있습니다. 그 외에도 형법적 차원에서의 수사 주체의 문제, 윤석열에 대한 체포영장 집행의 문제, 구속영장 발부와 구속취소의 문제까지 관련 쟁점들도 모두 다뤘습니다. 이 장에서는 내란죄가 왜 헌법의 심장을 겨누는 범죄이며, 그 단죄의 절차가 왜 정치적 의미에 그치지 않고 대한민국의 법적 정의를 회복하는 시간이 되는지를 논증합니다.

제8장 「법비 대통령과 내란 옹호세력, 끝까지 헌정질서에 저항하다」는 좀 더 근본적인 성찰에 해당합니다. 법률가 출신인 대통령이 위헌·위법한 계엄령을 선포하고 그 뒤에도 계속 궤변을 늘어놓은 것, 윤석열에 대한 구속을 갑자기 취소한 법원이나 이에 항고하지 않는 검찰, 대통령 후보에 대한 3심 재판을 불과 며칠 만에 끝내 버린 대법원의 모습 등을 보면서 국민은 주권자 위에 군림하려는 법조 엘리트들의 민낯을 보게 되었습니다. 이 장에선 그와 관련된 제반 문제점을 짚어보면서 결국 법치주의라는 것은 형식적 법절차를 의미하는 것이 아니라 민주공화국에 깃든 자유와 평등, 공정한 절차 등의 가치를 우선하고 이를 확고히 하는 것임을 되새겼습니다.

책의 마지막 장인 제9장의 제목은 「다시 민주주의를 생각한다」입니다. 민주주의의 위기는 아직 끝나지 않았습니다. 지난 6개월의 경험을 통해서 우리는 1987년 민주항쟁의 희생으로 태어난 우리 헌법이 민주주의를 지켜내는 뜻깊은 경험을 했습니다. 그러나 진정한 민주공화국의 기틀을 다지고 헌법을 더욱 헌법답게 가꾸기 위해서는 많은 법과 제도의 개혁, 보완이 필요합니다. 이 마지막 장을 통해 결국 모든 과제의 핵심에는 분열과 증오의 언어를 버리고 사회적 약자를 보듬으며 평등하고 자유로운 사회로 나가려는 우리 공동체의 노력이 있다는 것을 확신할 수 있으리라 믿습니다.

이 책을 만드는 데는 많은 분의 도움이 있었습니다. 모임의 요청으로 학문적 지혜를 공유하여 주신 오동석 교수, 김영중 박사, 김현숙 박사, 정태욱 교수, 박병욱 교수, 김종철 교수께 감사드립니다. 전반적인 편집 작업을 넘어서 기획과 집필 방향도 같이 고민해 주신 도서출판 사이드웨이 박성열 대표께도 고마움을 전합니다.

아울러 모임을 같이 하면서 기획을 함께해 주시고 학자들과 모임의 연결 역할을 하여 준 오병두 교수와 김학진 박사, 미국법 지식을 나눈 전수진 변호사, 여러 사람의 글을 균질하게 다듬어준 이춘재 기자, 글 전반에 대하여 자문하여 준 김진 변호사와 김기중 변호사에게도 특별히 감사드립니다.

마지막으로 이 책의 기획과 진행은 법무법인 경의 지원에 의한 것임을 공유하며, 다시 한번 감사의 인사를 드립니다.

민주주의와 법치주의의 여정은 항상 진행형입니다.

이 책이 주권자인 시민들이 민주주의를 수호하는 법치주의, 법치를 기반으로 작동되는 민주주의에 관한 인식을 높이고 동행하여 발전하는 여정에 같이하는 데 보탬이 되기를 기대합니다.

2025년 6월 3일
박용대, 백민, 백승헌, 장현은, 추은혜

차례

서문 004

제1장	대통령이 비상계엄으로 국민을 공격하다	015
제2장	비상계엄 이후, 주권자의 시간이 오다	069
제3장	계엄은 정치적 생존 도구가 아니다	105
제4장	포고령이 곧 내란이었다	149
제5장	헌법으로 돌아가라: 윤석열은 왜 탄핵되었는가	181
Bridge	윤석열 탄핵결정문의 핵심 요지와 함의를 되새기다	214

제6장	기억해야 할 탄핵심판의 고비와 쟁점들	231
제7장	내란, 형법으로 단죄하다	269
제8장	법비 대통령과 내란 옹호 세력, 끝까지 헌정질서에 저항하다	317
Bridge	끝나지 않은 민주주의에 대한 도전, 2025년 5월 1일 대법원 판결	359
제9장	다시 민주주의를 생각한다	371

제1장

대통령이
비상계엄으로
국민을 공격하다

역사의 반복일까,
1952년 대통령에 의한 비상계엄

1952년 5월 25일 0시, 임시수도 부산에서 비상계엄이 선포되었다. 정부는 양병일, 박정근 등 야당 국회의원들을 체포했고, 국회 결의로 석방됐던 서민호 의원을 다시 구속했다. 다음 날인 5월 26일 아침엔 군인들이 40여 명의 국회의원들이 탄 통근 버스를 헌병대로 연행했다. 이승만 정부는 국회의원을 체포·연행한 이유가 공산당 자금 유입과 관련된 것이라고 밝혔다. 하지만 이를 곧이곧대로 믿는 국민은 많지 않았다. 이른바 1952년 부산정치파동 사건이다. 우리 역사에 최초로 발생한 대통령에 의한 '친위쿠데타'였다. 이승만 대통령은 비상계엄을 선포하고 무장한 군인들을 앞세워 자신을 반대한 야당 국회의원들을 체포·연행했다.

　1952년 당시 이승만은 대통령이었고 최고권력자였다. 그런 지위에 있었던 그는 왜 비상계엄을 선포했을까. 왜 친위쿠데타를 했을까. 비상계엄 전후 발생했던 일련의 사건들은 그가 왜 비상계엄을 선포했는지 설명해 준다. 역사 속으로 잠시 들어가 보자. 1950년 5월 30일 실시된 제2대 국회의원 선거에서 이승만 정권의 집권 여당은 크게 패배했다. 국회의원 총수 210석 중 60퍼센트에 이르는 126개 지역구에서 무소속 후보가 당선됐다. 자신을 반대하는 국회의원들이 국회 의석의 과반수를 차지함으로써 이승만이 다시 대통령으로 선출될 희망은 사라졌다.

제헌헌법은 지금과 달리 대통령을 국민이 직접 선출하지 않고, 국회에서 간선으로 선출하는 제도였다. 제2대 국회의원 총선에서 국민은 여당 대신 이승만을 반대하는 무소속 의원을 국회의 과반수로 선택했다. 그것이 주권자인 국민의 의사였고 선택이었다. 그러나 이승만은 국회의원 의석수로 드러난 국민의 뜻과 생각을 존중하지 않았다. 오히려 그 상황을 돌파해 자신의 집권을 연장하고자 획책했다. 이를 위해 1951년 11월 28일 대통령 직선제와 상·하 양원제를 골자로 하는 개헌안을 국회에 제출한다. 국회에서 대통령을 선출하는 간선제로는 도저히 재집권이 불가능했기 때문이었다. 그래서 직선제 개헌을 통해 집권을 연장하려고 한 것이다. 하지만 국회도 물러서지 않았다. 국회는 1952년 1월 18일 정부의 개헌안을 찬성 19표, 반대 143표, 기권 1표라는 압도적 표차로 부결시켜 이승만의 재집권 시도를 거부했다.

제헌헌법이란 무엇일까?

우리나라는 1945년 8월 15일 일제로부터 해방되었다. 그로부터 3년 동안의 미군정시대를 거쳐 1948년이 되어서야 비로소 '대한민국 헌법'을 제정하게 되었다. 1948년 5월 10일 제헌국회 구성을 위한 국회의원 선거를 실시했고, 그렇게 선출된 198명의 국회의원으로 구성된 제헌국회는 헌법기초위원회를 조직해서 헌법제정 작업에 착수했다. 논란 끝에 대통령제(임기 4년, 1회 중임 허용), 국회에 의한 대통령과 부통령 선출, 단원제 국회를 기본으로 한 제헌헌법이 완성되어 1948년 7월 17일 공포되었다. 그것이 우리나라 최초의 헌법인 제헌헌법이다. 그렇게 제헌헌법을 공포한 날을 국경일로 지정해서 기념하고 있는데, 그 날이 바로 제헌절이다.

제헌헌법 제1조는 '대한민국은 민주공화국이다'라고, 제2조는 '대한민국의 주권은 국민에게 있고, 모든 권력은 국민으로부터 나온다'라고 규정하였다. 현행 헌법 제1조 제1항과 제2항의 내용과 동일하다. 이처럼 대한민국이 민주공화국이고, 국민이 대한민국의 주권자이며, 모든 권력이 국민으로부터 나온다는 헌법 규정은 대한민국 헌법이 처음 만들어질 때부터 분명하게 선언하고 있는 내용이었다. 현행 헌법까지 9차례 헌법 개정이 있었지만 그 규정의 내용은 변함없이 유지되었다. 대한민국을 떠받치는 가장 중요한 가치이기 때문이다. 한편 제헌헌법은 대통령의 선출에 관해서는 제53조에서 정하고 있는데, 그 내용은 '대통령과 부통령은 국회에서 무기명투표로써 각각 선거한다'는 것이었다.

이승만은 개헌 시도가 좌절되자 자신을 지지하는 세력을 부추겨 사회 소요를 일으키게 했다. 이로 인해 임시수도 부산은 이승만 지지 세력과 반대세력이 서로 격렬히 시위하는 정치투쟁의 현장이 되었다. 1952년 당시 대한민국은 전시였고, 전쟁터에서는 수많은 군인이 나라를 지키기 위해 목숨을 걸고 싸우고 있었다. 국민 모두가 하나 되어 싸워도 시원찮을 시기였다. 그런데도 이승만은 자신의 집권 연장만을 생각하며 정치적 소요를 부추겼다. 그리고 이승만은 이를 핑계 삼아 1952년 5월 25일 전격적으로 비상계엄을 선포했다. 비상계엄의 명목은 질서 유지와 국회의원들의 위법행위에 대한 수사였지만, 숨겨진 의도는 헌정질서에 대한 폭력적 제압이었다.

이승만의 비상계엄 시도에 국회도 물러서지 않았다. 국회는 이승만의 불법적인 비상계엄 선포에 맞서 비상계엄 해제요구안을 즉각 가결했다. 그러나 이승만은 계엄을 해제하지 않았다. 그 대신 국회에 의해 부결되었던 개헌안을 일부 수정해서 대통령 직선제 등을 골자로 한 개헌안을 다시 국회에 제출한다. 그리고 무장한 군인들과 경찰들로 국회의사당을 포위하고 1952년 7월 4일 국회의원들로 하여금 기립표결을 하게 만든다. 죽음의 공포와 폭력의 두려움에 휩싸인 국회의원들은 정부의 개헌안에 반대하기가 힘들었다. 그렇게 해서 대통령 직선제 개헌안은 국회를 통과하게 된다. 개정된 헌법에 따라 1952년 8월 5일 대통령과 부통령 선거가 이루어졌고 이승만은 다시 대통령으로 선출됐다. 대통령이 비상계엄을 이용해서 무장 군인들을 앞세워 폭력적으로 자신의 집권을 연장한 것이다. 대한민국의 민주주의에 암울한 그림자가 드리운 순간이었다.

이승만의 비상계엄 선포가 민주주의를 심각하게 공격한 매우 참담한 사건이라는 점은 당시 부통령이었던 김성수의 사임서에도 잘 드러난다. 부통령이었던 김성수는 이승만이 비상계엄을 선포하자, 1952년 5월 29일 그의 불법적인 비상계엄 선포와 국회 침탈 행위를 반란적 쿠데타로 지적하며 부통령직 사임을 발표한다. 그가 밝힌 사임서를 잠시 살펴보자.

김성수 부통령의 사임서

이 박사(이승만 대통령을 가리킨다)는 돌연 비상계엄의 조건이 하등 구비되어 있지 아니한 임시수도 부산에 불법적인 비상계엄을 선포하고 소위 국제공산당과 관련이 있다는 허무맹랑한 누명을 날조하여 계엄하에서도 체포할 수 없는 오십여 명의 국회의원을 체포 감금하는 폭거를 감행하였습니다. 이것은 곧 국헌을 전복하고 주권을 찬탈하는 반란적 쿠데타가 아니고 무엇입니까? 만약 그에게 일편의 애국심이 있다면 지금이 어떠한 시기이며 우리가 처하고 있는 환경이 어떠한 것이길래 국가의 비운과 민생의 고난도 모르는 척 일신의 영욕을 위하여 어찌 이다지도 난맥의 행동을 할 수가 있겠습니까?

여기에 있어서 나는 이 이상 단 하루도 이승만 정부에 머물러 있지 않기로 결심하였습니다. 나의 지위가 비록 시위표찬에 지나지 않고 내가 한 번도 현 정부의 악정에 가담한 일이 없다고 하더라도 나의 변변치 않은 이름을 이 정부에 연하는 것만으로 그것은 내 성명 삼자를 더럽히는 것이며 민족만대에 작죄를 하는 것이기 때문입니다.

― 인촌기념회, 인촌자료실, 「부통령 사임서」 중에서

이승만 정권의 이인자였던 부통령조차 불법적인 폭거라고 준엄하게 비판했던 위헌적 비상계엄이었다. 그로부터 72년이 흐른 2024년 12월 3일, 대한민국 수도 서울에 대통령에 의해서 비상계엄이 다시 전격적으로 선포됐다.

45년 만에 역사 속 유물을
다시 불러낸 그들

이승만의 계엄 이후로 한국 역사에 계엄 선포가 없었던 것은 아니다. 마지막 계엄은 12·12 군사 반란으로 군을 장악한 신군부에 의해 1979년 10월 27일 발령되었고, 이 비상계엄은 1980년 5월 18일 0시를 기준으로 전국으로 확대됐다. 이는 5·18 광주민주화항쟁을 불러왔고, 무고한 수많은 희생을 가져왔다. 그 숭고한 민주화 항쟁의 횃불은 신군부를 몰아낸 1987년 민주화운동으로 이어졌다.

그때부터 비상계엄은 우리 역사의 뒤안길로 사라졌다. 주권자의 힘으로 비상계엄이라는 독재의 수단을 민주주의 박물관 창고에 집어넣어 퇴장시켜 버렸다. 우리는 더 이상 대한민국 역사에 비상계엄을 이용해 시민들을 공격하는 일은 없을 것으로 믿으며 지내왔다. 그런데 이게 어떻게 된 역사의 아픔인가. 우리 역사에서 사라졌다고 믿었던 비상계엄이 45년의 시간을 건너 우리 눈앞에 다시 들이닥쳤다. 우리를 더욱 놀라게 한 것은 그 낡은 유물을 어둠 속에서 불러낸 사람이 다름 아닌 국민에 의해 선출된 대통령이라는 사실이었다.

갑작스러운 비상계엄 선포에 많은 시민들은 놀라고 당황했다. 비상계엄 선포가 무엇을 의미하는지, 그것으로 인해 우리 일상이 어떻게 변화되는지 알기 때문이었다. 비상계엄 선포는 군대를 동원한다는 선언이다. 계엄의 형태와 내용, 요건 등에 관해서는 제3장 「계엄은 정치적 생존 도구가 아니다」에서 보다 구체적으로 살펴보겠지만, 계엄은 헌법 질서가 무너졌을 때 이를 회복하기 위한 최후 수단으로서의 국가긴급권이다. 즉 계엄은 전시, 사변 등 국가비상사태가 현실로 발생해서 경찰력만으로는 도저히 질서를 유지할 수 없는 비상적 상황일 때 군인 등 병력을 동원해서 국가 위기 상황을 극복하고 질서를 회복하기 위해 선포할 수 있도록 한 긴급권이다. 경찰력만으로 질서를 유지할 수 없는 비상적 상황을 극복하기 위해서 군인들을 동원할 수 있도록 한 최후의 비상적 수단인 것이다.

비상계엄의 선포는 총과 무기로 무장한 군이 우리 사회의 최일선에 전면으로 등장한다는 의미이다. 오로지 적과 맞서 국민을 지키도록 훈련된 국군이 적이 아닌 시민들을 향해 총을 겨누게 된다. 비상계엄이 선포되면 대통령에 의해 임명된 계엄사령관이 계엄지역의 모든 행정사무와 사법사무를 관장한다. 중앙행정기관의 주요 업무들은 물론이고 범죄 수사, 공소제기, 법원의 사무 등에 관한 결정 권한도 군인들에게 넘어간다. TV 보도와 신문의 기사도 검열이 이루어진다. 사람들의 이동이나 여행도 군에 의해 통제된다. 영장 없는 체포, 구금, 압수, 수색이 가능하게 된다. 사람들이 모이거나 단체를 조직하는 것도 통제받고 아예 금지될 수 있다. 그 외에 헌법상 보장된 자유와 권리들이 무장한 군인들에 의해 지배되고 통제된다. 비상계엄의 선포는 그것을 하겠다는 선언이다.

헌법은 비상계엄을 어떻게 규정하고 있을까?

대한민국 헌법 제77조 제3항은 '비상계엄이 선포된 때에는 법률이 정하는 바에 의하여 영장제도, 언론·출판·집회·결사의 자유, 정부나 법원의 권한에 관하여 특별한 조치를 할 수 있다'고 정하고 있다. 계엄법 제7조, 제8조, 제9조도 헌법의 위 규정에 근거해서 계엄사령관의 관장 사항과 계엄이 발생

> 한 경우 할 수 있는 특별한 조치들에 관해서 그 내용을 보다 구체적으로 정하고 있다.

계엄이라는 용어는 명나라의 장자열이 쓴 『정자통(正字通)』의 '敵將至設備曰戒嚴(적장지설비왈계엄, 적이 바야흐로 쳐들어옴에 방비를 굳게 함을 일컬어 계엄이라 한다')에서 처음 유래되었다고 한다.* 일본이 1882년 프랑스의 국가긴급법을 참고해서 계엄령을 제정할 때 장자열이 쓴 그 용어를 사용함으로써 '계엄'이라 불리며 제도화되었다. 일제강점기 때 이를 조선에 적용했고, 그때부터 우리도 계엄이라는 용어를 사용하기 시작했다. 일본이 제정한 계엄령은 계엄 선포와 동시에 정부의 모든 권한이 군으로 이전되는 것이어서 실질적인 군사적 독재를 의미한다.

우리나라의 계엄제도도 크게 다르지 않다. 비상계엄이 선포되면 군이 행정, 사법 등 대다수 국가기관의 사무에 전면으로 등장해서 결정권을 가진다. 내가 사는 동네의 구청과 주민자치센터에 무장한 군인들이 배치되고 출입을 통제한다. 시민들은 군이 검열하는 기사만을 보게 되고, 국민의 거주 이전의 자유도 크게 제한된다. 해외여행을 갈 때도 군의 허락을 받아야 한다. 우리가 평소에 누렸던 일상들을 보장해 주던 자유와 권리들이 군에 의해 통제되고 아예 허용되지 않을 수도 있다.

우리 사회에서 다소 나이가 있는 사람들은 비상계엄의 경험과 기억을 가지고 있다. 그들은 계엄이 어떻게 자유의 제한을 불러오는지를 잘

---

* 오병헌, 「계엄법의 기원과 문제점」, 한국사법행정학회 『사법행정』 제35권 제1호, 1994. 1.

알고 있다. 그뿐이 아니다. 그들은 계엄의 종식과 퇴장이 그냥 이뤄지지 않으며, 군사독재에 대한 투쟁과 저항, 그리고 그 일에 앞장선 분들의 용기, 희생과 헌신 덕분이었다는 사실도 경험을 통해 잘 알고 있다. 그렇기에 군사독재를 몰아낸 그 후부터 비상계엄을 역사 속 박물관에 퇴장시켰던 것인데 민주화 이후 잊고 지냈던 그 비상계엄을 2024년 겨울, 대통령이 다시 불러냈다. 도대체 왜, 무슨 이유로.

국민을 대놓고 속인 자들

2024년 여름, 대통령과 측근들이 비상계엄을 준비하고 있다는 의혹이 야당 국회의원들에 의해 제기됐다. 윤석열 대통령이 김용현 경호처장을 국방부 장관으로 갑자기 임명한 8월경부터 그 같은 의혹은 더욱 커졌다. 자신의 지척에서 경호를 담당하던 경호처장을 국군 통수권의 이인자의 지위에 앉힌 것이다. 더불어민주당 김민석 의원은 2024년 8월 17일 민주당 최고위원회의에서 '차지철 스타일의 야당 입틀막 국방부 장관으로의 갑작스러운 교체는 국지전과 북풍 조성을 염두에 둔 계엄령 준비 작전'이라고 지적했다.* 이재명 더불어민주당 대표도 같은 취지로 윤석열 정부에 의한 비상계엄 준비 의혹을 제기했다.

대통령실은 2024년 9월 2일 정혜전 대변인의 브리핑을 통해서 '야당

---

* 박경준, 「"탄핵국면 대비 계엄령 빌드업"…김민석의 과거 발언 주목」, 《연합뉴스》, 2024. 12. 4.

이 제기하는 계엄 준비 의혹은 괴담 선동'이라면서 '무책임한 선동이 아니라면 당대표직을 걸고 말하라'고 받아쳤다.* 대통령실의 반박이 국민을 속인 거짓이라는 사실이 드러나는 데는 오래 걸리지 않았다. 그로부터 4개월 후 실제로 비상계엄이 선포됐고, 윤석열이 측근들과 오래전부터 계엄을 준비했었다는 사실이 드러났다. 국민을 위해 일을 해야 하는 대통령실이 대놓고 국민에게 거짓말을 한 것이다.

비상계엄을 준비한다는 의혹을 정면으로 부정한 것은 대통령실만이 아니었다. 12·3 내란 사태를 주도하고 총괄한 김용현도 공개적인 자리에서 이를 여러 차례 정면으로 반박했다. 2024년 9월 2일 국회 국방위원회 인사청문회 때 김용현은 야당 의원들의 의혹 제기에 대해 "지금의 대한민국 상황에서 계엄을 한다고 하면 어떤 국민이 용납하겠나, 군이 과연 따르겠는가, 저라도 안 따를 것 같다. 국민과 군은 계엄령을 따르지 않을 것이다.", "계엄문제는 너무 우려 안 하셔도 될 것이다."라고 반박했다.** 야당 국회의원들의 의혹 제기가 터무니없다는 반박이었다.

김용현은 국방부 장관으로 취임한 후인 2024년 10월 11일 국회 법제사법위원회의 국정감사에서도 야당 의원들의 계엄 질의에 대해 "(계엄령 발령을 위한) 요건이 정해져 있고 요건을 충족하더라도 발령되고 나면 국회에서 해제할 수 있는 권한이 보장돼 있다. 이런 것들이 다 돼 있는데도 불구하고 (야당에서) 계엄, 계엄 하시는 것에 대해서 저는 이해가 잘 안 된

---

* 김현빈, 「대통령실 "이재명 계엄 농단...나치 스탈린 선동 정치"」, 《한국일보》, 2024. 9. 2.
** 이승우, 황형준, 손효주, 「野 "尹 계엄 대비 친정체제 구축" 용산 "계엄농단, 李 대표직 걸라"」, 《동아일보》, 2024. 9. 2.

다."라고 반박했다.* 신원식 국가안보실장 겸 국방부 장관**도 2024년 9월 5일 국방위원회 전체 회의에서 "누가 그런 (계엄)명령을 내릴 리도 없고, 내린다고 해도 절대 움직이지 않으니 국군 장병들의 진정성을 믿어주면 감사하겠다."라고 반박했다.

그러나 김용현이 이같이 발언한 지 불과 3개월 만에 그 말이 거짓이라는 사실이 백일하에 드러났다. 심지어 그가 윤석열과 함께 오래전부터 계엄 모의를 주도하고 계획했다는 사실도 밝혀졌다. 대통령실에 이어 국방부 장관, 국가안보실장 등이 주권자인 국민을 대놓고 속였다. 그들은 앞에서는 거짓말로 국민을 속였고, 뒤에서는 자신을 반대하는 세력을 척결하고 고문한 후 이를 이용해 장기 집권을 계획하는 참으로 무서운 모의를 하고 있었던 것이다.

평온한 서울 밤하늘에 울려 퍼진 헬기의 굉음

2024년 12월 3일 밤 10시 23분, 윤석열은 종북과 반국가세력을 척결하

---

* 그렇게 말했던 김용현은 12월 3일 실제 비상계엄이 선포되고 국회의원들이 비상계엄 해제요구안을 가결하려고 하자, 곽종근에게 여러 차례 전화하여 '당장 국회의원들을 끌어내라, 대통령의 지시다, 국회가 비상계엄 해제요구안을 가결하지 못하도록 하라'고 지시했다.
** 신원식은 김용현이 국방부 장관으로 임명되기 직전 국방부 장관이었다. 그 직후 국가안보실장으로 임명된다. 그런 이유로 김용현이 인사청문회를 거쳐 정식 국방부 장관으로 임명되기까지의 기간 동안 그는 국방부 장관과 국가안보실장을 겸직했다.

고 자유대한민국을 수호하겠다는 명분으로 전국 단위의 비상계엄을 선포했다. 곧이어 계엄사령부 포고령 제1호를 발령해 국회와 정당의 정치활동 일체 금지, 모든 언론과 출판 통제, 전공의 및 의료인 복귀와 거부 시 처단, 계엄법에 따른 영장 없는 체포·구금, 압수수색 가능 등의 조치를 선언했다. 이에 따라 박안수 육군참모총장을 계엄사령관으로 한 계엄사령부를 구성한다고 밝혔다. 특전사를 중심으로 무장한 군인들이 국회 점거를 위해 출동했다. 45년 만에 전격적으로 이루어진 비상계엄의 선포도 놀라운 것이었지만, 윤석열이 계엄사령관을 통해 발령한 포고령의 내용은 그 자체로 헌법을 위반한 내란 행위의 실행이었다. 이에 관해서는 이 책의 제4장 「포고령이 곧 내란이었다」에서 더욱 자세히 살펴보기로 한다.

그날은 모든 국민이 직접 겪었듯이 여느 날과 다름없는 평온한 밤이었다. 국민 대부분이 하루의 일과를 마치고 잠자리를 준비하던 그 시각, 수도 서울의 밤하늘에 시끄러운 헬기 프로펠러의 굉음이 울려 퍼졌다. 특전사 707특임단 부대원들을 태운 헬기 12대가 국회 진입을 위해 비행을 시작했다. 국군의 날과 같은 행사 때나 특수임무의 수행 외에는 좀처럼 들을 수 없었던 헬기 소리였다. 대통령에 의한 갑작스러운 계엄 선포와 이어진 헬기의 굉음. 모두가 어리둥절하고 불안해하지 않을 수 없었다. 전쟁이 난 것도 소요 사태가 일어난 것도 아니었다. 평온한 밤이었기에 국민이 느낀 당혹감과 놀라움은 더 컸다.

대통령이 비상계엄을 선포하자 곽종근 특전사령관은 특수작전항공단장에게 헬기를 준비하라고 명령한다. 그리고 김현태 707특수임무단장에게 연락해서 '헬기가 곧 도착할 것이다. 대기 중인 병력을 즉시 헬기에 태워 국회로 출동하라'고 지시한다. 특전사 707특임단원들을 태운 헬기는 국회의사당 후면 운동장에 3대씩 순차로 착륙한다. 헬기가 도착하기 전 김현태는 'NEW 707'이라는 이름으로 개설된 텔레그램 단체 대화방에서 '본회의장 막는 게 우선', '진입 시도 의원 있을 듯', '문 차단 우선', '진입 차단 막고'라는 명령을 내린다.* 무엇을 해야 하는지 부하 장병들에게 구체적인 지시를 내린 것이다. 707특임단원들은 국회에 도착한 후 상관의 지시에 따라 국회의사당 본청 창문을 깨부수고 안으로 강제 진입했다. 일부 군인들은 지하 1층으로 내려가 분전함을 찾아서 국회의 단전을 시도했다.

707특임단은 대한민국 육군특수전사령부의 직할 부대다. 평시에는 국가비상사태를 대비하는 대테러 최정예 특수부대이고, 전시에는 각종 특수작전을 수행한다. 명실상부 대한민국의 최정예 군인들이다. 707특임단이 어떤 부대인지는 2007년 아프가니스탄 선교단원 구출 작전에서도 드러난다. 2007년 분당샘물교회 선교단원들이 아프가니스탄에 선교하러 갔다가 탈레반으로 알려진 무장세력에 의해 납치되는 사건이 벌어졌다. 정부는 인질들이 무사히 석방되도록 탈레반과 협상을 하는 한편 만일의 사태에 대비해 그들의 구출을 위해 특수임무를 띤 군인들을 현지에 급히 투입했다. 그때 특전사 파병부대와 함께 간 인질 구출 부대가 바로 특전사 707특임단 대원들이다. 그만큼 특전사 707특임단원들은 국가와

---

* 김수영, 배준우, 김태훈, 최재영, 「[단독] "의원 막아라" 지도 띄웠다…그날밤의 단체방 'NEW 707'」, 《SBS 뉴스》, 2025. 2. 19.
  12·3 내란 사태와 관련하여 현재 주요 종사자들에 대한 수사와 형사재판이 진행되고 있다. 그 수사와 재판 과정에서 내란 사태 때 일어났던 사실에 관해서 관련자들 사이에 다툼이 일부 있다고 한다. 본서에 기록된 모든 사실은 현재까지 언론과 수사 결과로 드러난 사실관계를 기초로 작성된 것이다. 이러한 점을 고려해서 이 책을 읽어주셨으면 한다.

국민을 위해 자신의 목숨을 걸고 특수작전을 수행하는 대한민국의 최정예 군인들이다.

그런 특수부대원들이 무장을 한 채 민의의 전당인 국회에 출동했다. 왜, 무엇 때문에 출동한 것일까. 당시 국회에는 테러가 발생하지 않았다. 무장세력들에 의해 인질납치극이 벌어진 상황도 아니었다. 그런데도 그들은 총기로 무장한 채 국회에 출동했다. 그들만 온 것도 아니었다. 특수임무 수행 작전에 투입되는 헬기 12대도 프로펠러 굉음을 내면서 함께 날아왔다. 마치 영화 속 장면처럼 테러범들을 진압하거나 특수임무를 수행하는 것처럼 날아온 것이다. 비상계엄이 선포되고 다수의 헬기가 국회로 출동하면서 동작구, 용산구 등 서울 도심 곳곳에서 헬기 소리가 들렸고, 헬기를 봤다는 목격담이 올라왔다. 멀리서도 쉽게 들리는 헬기의 큰 프로펠러 소리는 그 자체로 사람들에게 위압감과 공포심을 불러일으킨다. 실제로 당시 서울 상공에서의 헬기 출현은 여러 사람에게 심리적 충격을 안겼다. 비상계엄이 해제된 후 계엄 당시 가장 충격적인 장면으로 시민들이 우선으로 꼽은 것 중 하나가 국회로 날아온 헬기였다.

헬기 출현으로 인한 시민들의 공포가 더욱 컸던 것은 역사적 경험으로 강하게 각인되어 있는 1980년 광주의 기억 때문이었다. 1980년 광주 민주화항쟁 당시 군은 500MD와 기동헬기 UH-1H를 이용해 시민들을 향해 여러 차례 사격을 가해 무고한 사상자들을 발생시켰다.* 시민들은 2024년 12월 3일에 비상계엄이 선포되고 굉음을 내는 헬기가 서울 상공과 국회에 출현하자, 그때의 참상을 떠올리며 소스라치게 놀라지 않을 수

---

* 이는 국방부 5·18 특별조사위원회를 통해 밝혀진 사실이다.

없었다.

    2024년 12월 3일, 대한민국 서울의 밤은 여느 날처럼 아주 평온했다. 그 평온을 깨트린 것은 테러도, 인질 납치도 아니었다. 느닷없는 대통령의 비상계엄 선포였고, 헬기의 굉음과 군인들이었다. 도대체 그들은 왜 헬기와 707특임대원들을 국회에 보낸 것일까. 군인들은 왜 국회의사당 창문을 강제로 깨부수고 국회의사당에 진입하려 했을까. 그들은 왜 지하 1층으로 내려가 분전함을 열고 일반조명 차단기와 비상조명 차단기를 내렸을까. 그들이 조명 차단기를 내린 시각은 12월 4일 오전 1시 6분이었고, 그로 인해 지하 1층은 잠시였지만 약 5분 48초간 정전되어 깜깜한 암흑이 되었다. 국회 본회의장에서 비상계엄 해제 요구 결의안이 통과된 때가 12월 4일 오전 1시 2분이었으니,* 특임단원들이 지하 1층 차단기를 내리기 불과 4분 전이었다. 만약 비상계엄 해제요구안이 통과되기 전에 국회의 모든 전기가 차단되었다면 어떤 일이 벌어졌을까. 정전으로 인해 국회의원들이 신속하게 계엄 해제 요구 결의를 하지 못했더라면 어떤 상황이 되었을까. 지금처럼 비상계엄이 해제되고, 탄핵이 결정되고, 평온한 일상을 되찾을 수 있었을까. 그렇지 않으면 광주민주화운동 때처럼 서울 역시 가족들과 친구들이 영문도 모른 채 끌려가고, 억울하게 죽어 나가는 끔찍한 살육의 도시가 되었을까.

---

  * 헌법 제77조 제5항은 '국회가 재적의원 과반수의 찬성으로 계엄의 해제를 요구한 때에는 대통령은 이를 해제하여야 한다'고 규정하고 있다.

무장 군인들이
국회와 선거관리위원회로 출동하다

비상계엄 선포와 함께 투입된 계엄군은 북 접경지역이나 질서 유지가 필요한 곳으로 출동하지 않았다. 그들은 다른 곳을 향했다. 국회의사당, 선거관리위원회로 출동했고, 체포 대상자들을 검거하기 위해 움직였다. 국회와 선관위 청사 등에 투입된 무장 군병력은 모두 1,500여 명이었다. 특전사에서 1,139명, 수방사에서 211명, 방첩사에서 200여 명, 정보사에서 30여 명의 군인들이 출동했다. 좀 더 구체적으로 살펴보면 특전사는 707특임대에서 197명, 1공수여단에서 400명, 3공수여단에서 271명, 9공수여단에서 222명, 특수작전항공단에서 49명이 출동했다. 707특임대가 가지고 간 실탄만 1,920발이었다. 수방사는 군사경찰단에서 75명, 1경비단에서 136명이 투입됐고, 실탄 5,048발, 공포탄 2,939발을 가지고 갔다. 심지어 테이저건, 드론재밍건까지 챙겨서 국회로 출동했다. 정보사에서는 실탄 100발이 반출되었다.*

    대다수 국가는 자신들의 군대를 조직하고 육성한다. 외세의 침탈로부터 국가, 국토, 국민을 지키고 보호하기 위해서다. 그것이 군의 존재 이유이다. 대한민국의 국군도 국가의 안전보장과 국토방위의 신성한 의무를 수행하는 것을 사명으로 한다. 군은 적으로부터 국민의 생명과 재산을 지키기 위해 존재하는 것이지, 정치적 반대세력을 제거하기 위한 조직이 아니다. 우리는 과거 군이 군사정변을 일으켜 정권을 찬탈하거나 군을 동

---

* 곽희양, 「계엄 당시 군용차 최소 107대 동원…탱크 지휘관도 대기했다」, 《경향신문》, 2024.12.19.

원해서 정치에 영향을 미친 아픈 역사적 경험을 갖고 있다. 이를 겪은 우리 국민은 정치적 목적을 위한 군의 이용을 철저히 근절한다는 다짐으로 공무원의 정치적 중립성 규정을 둔 것에 더하여 국군의 정치적 중립성을 별도의 규정으로 만들어 강조하였다. 군인도 국가공무원이므로, 공무원의 정치적 중립성 보장에 관한 헌법 제7조 제2항에 의해 군의 정치적 중립성도 당연히 인정된다. 그런데 군사쿠데타의 뼈아픈 역사를 고려하여 헌법 제7조 제2항에 더해 제5조 제2항으로 국군의 정치적 중립성을 다시 한번 명확히 했다. 그만큼 대한민국 헌법은 군의 정치적 중립성을 강조하고 있다. 그것이 우리 헌법의 정신이고, 과거의 잘못된 과오를 다시 되풀이하지 않겠다는 국민 모두의 다짐이었다.

그런데 12월 3일 대한민국은 전쟁이 발발하지도 않았고, 국가 테러가 발생하지도 않았는데 무려 1,500여 명의 무장 군인이 국회와 선관위에 출동했다. 도대체 왜, 무슨 이유로 출동한 것일까. 그렇게 출동 명령을 받은 군인들의 총구는 외부의 적을 향하지 않았다. 오히려 국회의원들, 야당 정치인들, 선관위 직원들, 시민들을 향했다. 비상계엄을 선포한 대통령과 측근들은 정치적 반대세력을 제압해 그들을 일거에 척결하기 위한 수단으로 '군'을 동원했다. 적과 맞서야 할 군인들을 오히려 시민들과 대적하게 만들었다. 과거를 반성하며 군의 정치적 중립성을 강조한 헌법의 정신을 송두리째 위반한 것이다.

우리는 외세의 침략을 물리치기 위해 군에게 타인을 살상할 수 있는 무기의 사용을 예외적으로 허용한다. 국군이 적과 교전할 때 적군을 살상하는 것을 살인이라고 부르지 않는다. 하지만 군이 적군과 교전하는 것이 아니라 국민을 향해, 정치적 반대세력을 제거하기 위해 무기를 사용한다면 그것은 살인이다. 국헌을 문란할 목적이 있다면 내란이 된다. 그 같은 계획을 세우는 행위만으로 내란죄와 살인죄의 예비·음모가 된다. 윤석열이 한 전격적인 비상계엄 선포는 내란 행위였다. 그에 대한 형사법적 평가에 대해서는 제7장 「내란, 형법으로 단죄하다」에서 보다 자세히 살펴볼 계획이다.

> **형법은 예비·음모 행위를 어떻게 규정하고 있을까?**
>
> 형법은 '범죄의 음모 또는 예비행위가 실행의 착수에 이르지 아니한 때에는 법률에 특별한 규정이 없는 한 벌하지 않는다'(형법 제28조). 그런데 예비·음모 행위를 처벌하는 범죄가 있다. 그만큼 범죄의 중대성이 매우 크고, 그래서 예비·음모 행위부터 처벌함으로써 그 범죄의 발생을 억제하기 위함이다. 내란죄(형법 제90조), 살인죄(형법 제255조), 강간죄(형법 제305조의3), 강도죄(형법 제343조) 등이 이에 해당한다.

국회를 봉쇄한 경찰,
담장을 넘은 국회의원들

비상계엄의 선포와 맞물려 가장 긴박하게 돌아간 현장은 여의도 국회였다. 헌법상 대통령의 비상계엄에 맞서 이를 해제할 권한을 가진 유일한 기관이 국회였기 때문이다.

조지호 경찰청장은 비상계엄이 선포되자 김봉식 서울경찰청장과 함께 경찰력을 동원해 국회를 봉쇄하고, 국회의원을 포함해 모든 사람의 국회 출입을 차단하라는 지시를 내린다. 서울경찰청장의 지시에 따라 국회

경비대와 6기동단은 곧바로 국회 출입을 막았다. 서울경찰청 경비안전계장의 지시를 받은 기동대와 일선 경찰서도 모든 차량을 동원해 국회 주위를 빈틈없이 차벽으로 막고 국회 출입을 봉쇄하기 시작했다.

경찰 수뇌부로부터 그 같은 지시가 순차적으로 내려지면서 국회의원들의 국회 출입도 전면 차단됐다. 국회 주변에는 비상계엄 선포라는 갑작스러운 발표를 듣고 해제 결의를 하고자 곧바로 달려온 많은 국회의원이 있었다. 그런데 그들의 출입을 경찰이 막아선 것이다. 국회의사당으로 들어가려는 국회의원들을 막는 것은 곧 국회의 계엄 해제 요구 결의를 막는 조치였다. 국회 주변에서는 국회로 들어가려는 사람들과 이를 막는 경찰들 사이에 몸싸움과 소란이 곳곳에서 벌어졌다. 그 모습은 인터넷을 통해 전 국민에게 생중계됐다.

윤석열 정부는 비상계엄이 선포되자마자 1,500여 명의 무장 군인들을 가장 먼저 국회로 출동시켰다. 이에 더해 1,700명의 경찰관들을 동원해 국회를 봉쇄하려 했다. 윤석열과 측근들이 비상계엄을 선포하고 다른 기관도 아닌 국회를 제일 먼저 봉쇄하고 국회의원들의 국회 출입을 막으려 한 것은 국회에서 비상계엄 해제요구안이 의결되지 않도록 하려는 선제적 조치로, 사전에 계획된 것이었다. 그들은 비상계엄을 선포하자마자 제일 먼저 국회로 군과 경찰을 출동시켰다. 국회가 비상계엄을 즉각 해제하지 못하도록 막는 한편으로 그들이 원했던 목표를 달성하려 했다. 그 목표는 주요 인사들을 체포·구금하고 선관위 서버를 확보하는 것이었다. 선관위 직원들을 체포·구금한 후 고문 등을 통해 그들로부터 부정선거에 관한 진술을 받아내고, 자신들이 원하는 증거를 만들어 내고자 했다. 이를 위해서는 국회에 대한 조치가 무엇보다 우선이었다. 그래서 그들은 비상계엄을 선포한 직후 제일 먼저 국회를 봉쇄하려고 계획했던 것이다.

경찰이 국회 출입문을 막고 국회의원들의 국회 진입을 차단하자, 이를 피해 국회의사당 안으로 들어가려는 국회의원들의 노력도 필사적이었다. 우원식 국회의장을 비롯해 이재명 당시 더불어민주당 대표 등 국회의원들 상당수는 경찰의 봉쇄를 피해 국회 담장을 넘었다. 국회로 달려온 시민들도 국회의원들의 국회 진입에 힘을 보탰다. 시민들의 도움과 협조로 국회의사당으로 들어온 190명의 국회의원들은 일치된 결연한 의사로 비상계엄 해제요구안을 가결시켰다. 그때 시각이 2024년 12월 4일 오전 1시 2분이었다. 국회의원들의 그 같은 신속한 대응으로 윤석열이 선포한 불법적인 비상계엄은 6시간 만에 해제되었다.

비상계엄 선포 소식을 듣고 국회로 달려온 국회의원들의 생각과 마음은 어떠했을까. 분명 체포와 연행, 사살될지도 모른다는 공포와 두려움을 느꼈을 것이다. 광주민주화항쟁 등 과거 비상계엄의 역사를 모르지 않았을 그들이기에 어찌 공포와 두려움이 없었겠는가. 하지만 그들은 달려왔다. 경찰의 봉쇄를 피해 담장을 넘었다. 그리고 불법적인 비상계엄을 당장 해제하라고 해제요구안을 가결했다. 대한민국이 절체절명의 위기에 빠질 수 있었던 바로 그 순간에 일신의 안위를 먼저 생각하지 않고 국회의사당으로 달려온 그들의 행동이 위험천만한 군정의 도래를 막았다.

국회의 신속한 계엄 해제 요구 결의가 없었더라면 지금 우리 대한민국의 모습은 어떻게 되었을까. 노상원의 수첩에 적힌 지옥도를 경험하며 공포에 떨고 있지는 않았을까. 국민을 대표하는 국회의원들이라면 응당 그렇게 했어야 할 행동이었지만, 그래도 두려움과 공포에 맞서 주저하지 않고 국회로 한달음에 달려와 담장을 넘은 그들의 용기 있는 행동에 깊은 경의와 고마움을 표하지 않을 수 없다.

선관위 서버를 확보하고,
선관위 직원들을 체포·구금하라

12·3 비상계엄에서 국민을 놀라게 하고 더욱 당황케 했던 것은 계엄군의 선관위 출동이었다. 김용현은 비상계엄 선포가 있기 전 이미 여인형 방첩사령관, 문상호 정보사령관, 노상원 등에게 선관위를 장악하고, 선관위 서버 등 전산 자료를 확보하라는 명령을 한다. 그 임무를 미리 부여받았던 문상호는 2024년 11월 정보사 소속 김봉규 대령, 정성욱 대령에게 정보사 요원 30명을 선발하도록 지시한다.

노상원과 문상호는 12월 1일 안산의 롯데리아에서 김 대령과 정 대령을 만나 대통령의 비상계엄 선포 계획을 알렸고, 비상계엄이 선포되면 자신들이 무엇을 해야 하는지 임무를 설명했다. 노상원은 김 대령과 정 대령에게 '부정선거 의혹이 크다, 중앙선관위에 들어가야 한다, 두 사람이 중앙선관위 전산 서버실로 가서 서버를 확보하라'는 지시를 내린다.

문상호는 12월 3일 비상계엄이 선포된 날, 정보사 기획처장에게 중앙선관위 서버실 확보를 위해 침투할 1개 팀 10명 요원을 무장시켜 중앙선관위로 출동시킨다. 기획처장이 보내온 중앙선관위 조직도를 살펴보고 우선해서 체포·구금할 선관위 직원 30여 명을 정한 후 선관위에 출동할 정보사 요원 36명에게 그 명단을 알려준다. 그들을 체포해서 포승줄로 묶고 얼굴에 복면을 씌워 구금시설인 수방사 벙커로 이송하라고 지시한다.

정보사 요원들은 노상원과 문상호의 지시에 따라 선관위 직원들을 체포·구금해서 그들을 신문하기 위한 도구로 야구방망이, 망치, 송곳, 케이블타이, 밧줄 등을 미리 준비했다. 그들이 준비한 도구들을 보면 그들이 무엇을 계획했는지 짐작할 수 있다. 법령에 따른 정상적인 신문 절차를 계획하고 예정했다면 그 같은 도구들이 왜 필요했을까. 그 무시무시한 도구들은 마치 영화 〈변호인〉 속 국밥집 아들 '진우'가 수사관들의 참혹한 고문을 이겨내지 못하고 온몸에 피멍이 든 채 그들이 원하는 대답을 할 때까지 고문을 당하는 장면을 떠올리게 한다. 1987년 수사기관의 참혹한 고문에 의해 젊은 생을 마감했던 대학생 박종철을 떠올리게 만든다.

그들은 정말 그 같은 야만적인 세상으로 다시 돌아가고 싶었던 것일까. 헌법이 금지한 고문을 할 계획이 아니었다면(헌법 제12조)* 망치, 송곳 같은 도구가 왜 필요했을까. 도대체 그들은 선거에 관한 사무를 주관하고 책임지는 헌법기관(헌법 제114조)인 선관위 직원들로부터 무슨 내용의 진술을 받고 싶었던 것일까. 이를 이용해 어떤 세상을 만들려고 한 것일까.

헌법재판소의 윤석열에 대한 탄핵결정문에서도 지적하고 있지만, 부정선거 의혹 주장이 비상계엄을 선포할 수 있는 적법하고 정당한 이유가 될 수는 없다. 그들이 부정선거 음모를 파헤칠 목적으로 비상계엄을 한 것이라고 주장한다면 그 주장 자체만으로 자신들이 저지른 12·3 비상계엄이 위헌적이고 불법적인 것임을 자백하는 것과 다르지 않다. 비상계엄은 의혹이 있다는 이유만으로, 위기 상황이 발생할 우려가 있다는 이유만으로 선포할 수 있는 것이 아니기 때문이다. 더군다나 부정선거 의혹을 해소한다는 목적은 더욱 계엄의 요건이 될 수 없다.

부정선거에 대한 의혹은 국민 누구나 제기할 수 있다. 그렇지만 의혹

---

* 헌법 제12조는 '모든 국민은 고문을 받지 아니하며, 형사상 자기에게 불리한 진술을 강요당하지 아니한다'고 규정하고 있다. 계엄법 제13조는 '계엄 시행 중 국회의원은 현행범인인 경우를 제외하고는 체포 또는 구금되지 아니한다'고 정하고 있다.

제기는 적법하고 정당한 절차에 의해서 이루어져야 한다. 2020년 제21대 총선, 2022년 제20대 대선, 2024년 제22대 총선에 대한 부정선거 의혹 관련 소송은 모두 182건이었다. 그 가운데 현재까지 소송이 진행 중인 사건 32건을 제외한다면 나머지 150건은 모두 법원에 의해 기각, 각하되는 등 이미 결론이 났다. 법원은 부정선거 의혹 제기가 사실이 아니거나 타당하지 않다고 판단했다.

법원의 그 같은 판결 결과는 이미 널리 알려진 사실이다. 그런데도 그들은 법원의 판단을 무시하면서 계속해서 의혹을 제기해 왔다. 마치 '진우'를 수사한 수사관들이 자신이 원하는 대답을 미리 정한 채 '진우'가 그 답을 할 때까지 계속 고문한 것처럼 말이다.

부정선거 의혹을 제기한 측이 이긴 소송은 없다

본문에서 지적했듯, 우리 사회 일각에서는 지난 대선 및 총선과 관련하여 부정선거가 있었다는 주장을 제기하는 사람들이 있다. 구체적으로는 통합선거인명부 조작으로 유령 선거인이 존재한다는 주장, 사전투표 용지의 QR코드 사용 등으로 투표의 비밀이 침해될 수 있다는 주장, 다량의 위조 투표용지 제작이 가능하다는 주장, 사전투표 통계수치상 조작이 추정된다는 주장, 일부 사전투표소의 사전투표 수가 과다하다는 주장, 관외 사전투표 배송 과정에서 위조 투표지가 혼입되었다는 주장, 일명 '배춧잎 투표지' '일장기 투표지' '신권 다발 투표지' 등 대량의 위조된 투표지를 투입하였다는 주장, 비잔류형 특수봉인지 사용으로 봉인의 연속성이 파괴될 수 있다는 주장, 사전투표함 보관 과정에 부정한 개입이 있었다는 주장, 투표지분류기를 이용하여 개표를 조작하였다는 주장, 투표지분류기가 오작동되었다는 주장 등이 그것이다.

무장한 군인들의 선관위 출동은 그 같은 부정선거 주장과 관련이 있다. 대통령 등 비상계엄 선포 세력들은 부정선거 주장을 믿었던 것으로 보인다. 그래서 그들은 비상계엄을 선포한 직후 최우선으로 중앙선관위 청사 등에 무장 군인을 출동시켜 선관위 서버를 확보하고, 선관위 직원들을 체포하려 했다. 그러나 중앙선관위가 여러 차례 밝혔듯이 현재까지 제기된 부정선거 주장은 전혀 합리성이 없고 근거도 없다. 부정선거 의혹 제기와 관련된 소송에서 선관위가 설명했듯이 우리나라의 투·개표는 실물 투표와 공개 수작업 개표의 방식으로 진행되고, 정보시스템과 기계 장치 등은 그 방법을 보조하는 수단에 불과하다. 투·개표 과정에 수많은 사무원, 관계 공무원, 참관인, 선거인 등이 참여하고 있고, 실물 투표지를 통해 선거 후 언제든지 개표 결과를 검증할 수 있는 시스템을 가지고 있다.

그렇기 때문에 그들이 제기하는 부정선거 주장은 전혀 사실이 아니다. 심지어 그 같은 부정선거 의혹으로 인해 다투어진 선거소송에서 제기된 부정선거 주장들은 모두 사실이 아니라는 것이 법원에 의해 확인되기까지 했다(대법원 2022. 7. 28. 선고 2020수30 판결, 대법원 2022. 7. 28. 선고 2020수5028 판결 등). 2020년 제21대 총선, 2022년 제20대 대선, 2024년 제22대 총선과 관련하여 제기된 부정선거 소송에서 선관위가 모두 승소했다. 부정선거 의혹을 제기한 자가 이긴 소송은 없다.

법원은 총선과 대선에서의 투표 방법과 실물 투표지를 모두 확인하고 재점검 등을 하는 방법으로 검증을 했다. 그리고 부정선거가 없었다는 점을 확인했다. 의혹을 제기한 부정선거 주장이 사실이 아니거나 근거가 없다고 판단했다. 여러 건의 선거소송 사건에서 법원은 그 주장들을 모두 살펴 이미 여러 차례 그들이 제기한 의혹들이 진실이 아니라는 판단을 내렸다. 그런데도 법원의 판결에 승복하지 않은 채 부정선거 의혹을 계속해서 제기하는 것은 무슨 이유일까. 그것은 독립된 헌법기관인 중앙선관위의 업무 수행도 믿지 못하겠고, 법원의 판결도 믿지 못하겠다는 주장과 다르지 않다.

법치주의는 자의적 권한 행사를 허용하지 않는다. 국민의 대표기관인 국회가 만든 법을 준수하고 이를 적용하며 법원에 의한 분쟁절차를 따르겠다는 원칙이다. 자신의 생각과 같지 않은 결론이 나오더라도 헌법과 법률이 정한 분쟁절차를 준수하고 그 절차에 따라 분쟁을 해결하는 것이 법치주의의 기본 원리다. 그런데 비상계엄을 선포한 그들은 그 같은 법치주의를 정면으로 위반했다. 이미 법원이 그 쟁점에 대해 판결을 내렸는데도 자신이 원하는 결과가 아니라는 이유로 법원의 판단을 무시한다. 선관위 직원들을 체포하고 고문해서라도 자신이 원하는 진술을 얻겠다는 계획을 세우고 이를 실행하려고 했다. 우리 헌법의 중요한 원칙인 법치주의를 정면으로 부정하는 행동이다. 말로는 법치주의를 부르짖었으나 정작 그들 스스로 그 원칙을 전혀 준수할 의지가 없는 것처럼 모의하고 행동했다.

그러한 태도는 타인의 인권과 권리는 존중하지 않은 채 자기가 하고 싶은 대로 행동하는 것과 다르지 않다. 그것은 수많은 사람들이 공존하면서 함께 살아가는 우리 공동체를 파괴하는 폭력이다. 우리 공동체는 폭력과 폭정에 의해 움직이는 사회가 아니다. 다양한 생각과 가치관을 가진 사람들이 서로 어우러져 사는 공화국의 사회다. 민주주의 이념하에 법과 원칙을 존중하고 준수하며 그에 따라 질서가 정립되어 움직이고 돌아가는 사회다. 그것이 우리 헌정질서가 표방하는 근본 원칙이다. 법치주의는 이를 지탱하는 가장 중요한 기둥이다. 비상계엄을 선포한 그들은 이를 정면으로 무시했다. 우리 헌법의 중요한 원칙을 근본에서부터 무너뜨리려 했다.

국민에 의해 선출된 대통령이라고 하더라도 그 같은 행동과 시도는 허용되지 않는다. 우리 공동체를 파괴하고 파멸시키는 행위이기 때문이다. 그래서 우리는 우리 자신의 공동체와 우리의 소중한 삶을 지키기 위해 그들을 탄핵할 수밖에 없었다. 이는 주권자인 국민이 자신의 권한으로 헌법을 위반하여 주권자와 민주주의를 위협한 대통령에게 헌법적 책임을 물은 것이다. 이러한 책임에 관한 깊이 있는 논의는 제5장 「헌법으로 돌아가라: 윤석열은 왜 탄핵되었는가」에서 이어질 계획이다.

선거 불복은 왜 민주주의를 향한 공격과 다르지 않은가

부정선거에 관해서 조금만 더 깊숙이 들여다보자. 스티븐 레비츠키 교수와 대니얼 지블랫 교수가 공저한 『어떻게 민주주의는 무너지는가』(어크로스, 2018)에서 그들은 자신이 연구한 잠재적 독재자를 감별할 수 있는 네 가지 경고신호에 관해 설명한다. 그 4가지의 경고신호 중 하나가 '민주주의 규범에 대한 거부'가 있었는지 여부이다. '민주주의 규범'과 관련한 중요한 사항으로 '선거 불복 등 선거제도의 정당성을 부정하고 있는가'라는 점이 한 가지 중요한 지표이다.

선거는 국민을 대신하여 국가 업무를 수행하는 대표자를 선출하는 제도다. 오늘날 민주주의의 가장 근간이 되는 매우 중요한 제도다. 이러한 성격을 지닌 선거제도를 부정하거나, 법원의 거듭된 판결에 불복해서 선거의 정당성을 계속 공격하는 것은 민주주의 제도 자체를 공격하는 것과 다르지 않다. 그것은 정당한 문제 제기가 아니다. 독재자가 민주주의에 가하는 공격일 뿐이다.

선거제도를 존중하라는 것이 선거 결과를 무조건 믿으라는 의미는 아니다. 국민은 누구든지, 그리고 언제든지 의혹이 있다면 문제를 제기할 수 있다. 그러나 그 의혹 제기는 헌법과 법률이 정한 적법한 절차와 방법을 통해서 해야 한다. 우리 헌법과 법률도 그런 취지에서 선거소송 등의 절차를 마련해 두고 있다. 그렇기 때문에 부정선거 의혹을 제기하고자 한다면 우리 헌법과 법률이 정해 둔 선거소청 또는 선거소송 등의 절차를 통해 그 의혹을 제기하고 주장할 수 있다(공직선거법 제219조, 제222조). 또 법령에 의하지 아니하고 투표함을 열거나 투표를 위조하거나 그 수를 증감하는 등의 경우에는 형사처벌을 하도록 정해 두고 있어서(공직선거법 제243조, 제249조 등) 범죄 의혹에 관해서는 형사 절차를 통해서 실체적 진실을 밝힐 수 있다. 그렇지만 앞서 살펴보았듯 사법 절차를 통해 선거 의혹에 관한 사실 여부를 모두 확인했고, 그 의혹이 사실이 아니거나 합리성이 없다는 이유로 배척되었다면 그 같은 법원의 판결은 존중되어야 한다. 그것이 바로 민주주의이고 법치주의다.

그런데 150건의 선거소송 사건에서 법원의 판결이 일관되게 부정선거 의혹이 타당하지 않다는 판단을 했는데도 불구하고 이를 승복하지 않은 채 부정선거가 있었다는 주장만을 계속 한다면 그것은 정당한 문제 제기로 볼 수 없다. 자신의 생각과 견해가 다르다는 이유로 선거제도의 공정성과 정당성을 비정상적으로 공격하는 것과 다르지 않다. 무조건 자기주장만 옳다는 편향에 사로잡힌 것에 불과하다. 객관적 진실이 무엇이든지 간에 내가 믿고 싶은 결론만을 믿겠다는 것에 지나지 않는다.

다시 강조하건대 이는 내가 믿고 싶은 결론이 나올 때까지 상대방에게 그 대답을 듣겠다는 태도이다. 합법적이거나 합리적인 문제 제기가 아니다. 우리 공동체를 위하는 것도 아니다. 타인과 함께 살아가는 방법도 전혀 아니다. 타인을 존중하지 않은 채 자신의 것만 옳고, 이에 무조건 따라야 한다는 주장과 행동은 폭력과 강제일 뿐이다. 자신의 마음에 들지 않는다는 그 이유 하나만으로 우리 공동체가 만들고 존중해 온 민주주의를 폭력적으로 공격하는 것에 불과하다. 그러한 일을 가능케 만들었던 우리 사회의 파괴적인 토양과 그 극복의 과제에 관해서는 제9장 「다시 민주주의를 생각한다」에서 좀 더 구체적으로 살펴볼 것이다.

"이번 기회에 싹 다 잡아들여"

김용현은 비상계엄을 준비하면서 여인형에게 주요 인사 14명에 대한 체포와 구금을 지시했다. 체포 지시를 받은 여인형은 조지호에게 연락해 선관위 3곳에 계엄군이 출동한 사실을 알리면서 안보수사요원 100명을 지원하고, 체포 대상자 14명에 대한 위치추적을 요청한다. 그리고 국방부 조사본부 본부장에게도 연락해서 조사본부 수사관 100명을 지원해 달라는 요청을 한다. 대통령으로부터 연락을 받은 홍장원 국정원 1차장이 자신에게 연락하자 14명의 체포 명단을 불러주면서 그들에 대한 위치추적을 요구한다.

김용현의 지시로 여인형이 체포하라고 명령한 대상자는 14명이다. 우원식 국회의장, 이재명 당시 더불어민주당 대표, 한동훈 당시 국민의힘 대표, 조국 당시 조국혁신당 대표, 이학영 국회부의장, 박찬대 더불어민주당 원내대표, 김민석 의원, 양정철 전 민주연구원장, 조해주 전 중앙선거관리위원회 상임위원, 김명수 전 대법원장, 권순일 전 대법관, 양경수 민주노총 위원장, 김민웅 촛불행동 대표, 김어준 방송인이 바로 그 대상자들이다.* 여인형이 14명의 체포 명단을 조지호, 홍장원에게만 불러준 것은 아니었다. 자신의 부하인 김대우 방첩수사단장에게도 명단을 알려주고 체포를 지시했다.

체포자 14명의 명단을 미리 정해서 준비하고 있었다는 사실은 정치인 체포가 윤석열의 강한 의지에 따라 이뤄진 사전 기획이었음을 보여준다. 윤석열은 홍장원 1차장에게 연락해 '이번 기회에 싹 다 잡아들여, 싹 다 정리해, 국가정보원에도 대공수사권을 줄 테니까 우선 방첩사를 도와 지원해, 자금이면 자금, 인력이면 인력 무조건 도와라'라고 지시했다.

여인형은 김대우 방첩수사단장에게 '국가수사본부에서 100명, 국방부 조사본부에서 100명이 오기로 했다. 국방부 장관으로부터 받은 명단인데 이재명 대표, 우원식 국회의장, 한동훈 대표 등 14명을 신속하게 체포해서 수도방위사령부 B1 벙커 구금시설로 이송하라'고 명령한다. 사령관으로부터 지시를 받은 방첩수사단장은 방첩사 수사조정과장에게 그 내용을 전하면서 14명을 체포해 구금시설로 이동하라고 순차적으로 지시한다.

그러나 체포 대상자 14명에 대한 체포는 제대로 이루어지지 않았다. 그러는 사이 국회에서 비상계엄 해제요구안 가결이 임박하자 김용현은 다급하게 여인형에게 연락해서 다시 지시를 내린다. '우선 우원식, 이재명, 한동훈, 이 3명부터 최우선으로 체포하라'는 명령이었다. 그 같은 지시가 내려지자 방첩사 수사단 체포 출동조 단체 대화방에는 다음과 같은 문자가 올라온다. '기존 부여된 구금 인원 전면 취소, 모든 팀은 우원식,

---

* 권혁철, 「체포 명단엔 14명…방첩사 수사단장 "여인형, 구금준비 지시"」, 《한겨레》, 2024. 12. 10.

이재명, 한동훈 중 보시는 팀 먼저 체포하여 구금시설로 이동하시면 됩니다, 현장에 있는 작전부대를 통해 신병을 확보한 이후 인수받아 수방사로 구금 바랍니다, 포승줄 및 수갑 이용.'*

　비상계엄이 선포된다고 해서 무법천지의 세상이 되는 것은 아니다. 비상계엄이 선포되더라도 법률이 정한 요건과 절차에 따라 체포와 구금이 이뤄져야 한다. 그것이 헌법과 법률이 정한 내용이고 절차이다.** 그렇기에 비상계엄의 선포와 동시에 아무런 절차와 요건을 충족하지 않은 채 함부로 내려진 체포와 구금 명령은 그 자체로 위법하다. 12·3 비상계엄이 선포되자마자 대통령, 국방부 장관, 방첩사령관에 의해서 위헌적이고 위법한 체포와 구금 명령이 내려졌다. 그 같은 사실은 12·3 비상계엄이 처음부터 적법하지 않았음을 여실히 보여준다. 그들이 명령한 체포 대상자 14명의 명단을 살펴보면 대부분 유력 정치인들이다. 특히 야당 측 국회의장과 국회부의장 등 야당 정치인이 대다수였다. 비상계엄이 선포되자마자 그들을 체포하려고 계획했다는 것은 무엇을 의미하는 걸까. 국회의 정상적 활동을 중단시켜서 국회가 비상계엄 해제요구안 결의를 제때 하지 못하도록 막으려는 계획이었을 것이다.

　체포 대상자 14명 모두 대통령의 반대편에 선 사람들이었다. 비상계엄 선포와 동시에 대통령과 정치적 견해를 달리한 반대자들을 체포·구금해서 수거하겠다는 의도였다. 1952년 임시수도 부산에서 있었던 이승

---

*　배성재, "이재명·우원식·한동훈 먼저 체포…수갑 이용"」, 《SBS 뉴스》, 2024. 12. 28.

**　헌법 제12조 제1항은 '모든 국민은 신체의 자유를 가진다. 누구든지 법률에 의하지 아니하고는 체포·구속·압수·수색 또는 심문을 받지 아니하며, 법률과 적법한 절차에 의하지 아니하고는 처벌·보안처분 또는 강제노역을 받지 아니한다'고 정하고 있다.

만 대통령에 의한 비상계엄 선포와 그 목적이 다르지 않다. 검찰을 통해서, 선거를 통해서 반대자를 제압하지 못하게 되자 대통령은 비상계엄을 선포해서 무장한 군을 동원해 그들을 제거하려 한 것이다. 오로지 국가와 국민을 위해 부여된 군 통수권을 자신의 정치적 목적을 위해 남용한 것이다. 비상계엄을 함부로 이용해서 반대자들을 제거한 후 그들만의 세상을 만들고자 했다.

모든 방법을 동원해
국회 의결을 막으려 했던 그들

비상계엄이 선포되면 우리 헌법에 따라 비상계엄을 해제할 수 있는 기관은 두 곳이다. 하나는 비상계엄을 선포한 대통령 자신이고, 다른 한 곳은 국회다. 그래서 우리 헌법은 대통령이 계엄을 선포한 때에는 지체 없이 국회에 통고하도록 정하고 있다(헌법 제77조 제4항). 국회로 하여금 계엄 해제 요구권을 적시에 행사할 수 있도록 보장함으로써 대통령의 잘못된 비상계엄을 통제하고 견제하기 위함이다. 그러나 윤석열은 비상계엄을 선포하고도 국회에 통고하지 않았다. 이는 헌법이 정한 절차를 위반한 것이다. 뒤의 제5장에서 논의되는 것처럼 그러한 명백한 절차 위반만으로도 탄핵 사유라 할 수 있다. 윤석열은 헌법이 정한 절차조차 지키지 않고 경찰과 무장한 군 병력을 국회에 출동시켜 국회를 전면 봉쇄하도록 지시했다. 그리고 국회의사당에 모인 국회의원들을 끄집어내라고 명령했다. 국회에서 비상계엄 해제요구안이 가결되지 못하도록 어떻게든 적극적으로 막으려 했다.

대통령이 국회에서 비상계엄 해제요구안이 가결되지 못하도록 방해하려 했다는 사실은 대통령과 김용현으로부터 그 말을 들은 다수의 증인과 증거자료가 말해 주고 있다. 윤석열은 비상계엄을 선포하고 포고령이 발령될 무렵부터 조지호에게 모두 6차례 전화하여 '국회 들어가는 국회의원들 다 체포해, 잡아들여, 불법이야, 국회의원들 다 포고령 위반이야, 체포해'라고 명령한다. 곽종근에게도 전화해서 '아직 국회 내에 의결정족수가 안 채워진 것 같으니 빨리 국회 안으로 들어가서 의사당 안에 있는 인원들을 데리고 나와라', '문짝을 부수고서라도 안으로 들어가서 다 끄집어내라'고 다그쳐 명령한다. 대통령의 지시를 받은 곽종근은 707특임단장과 1공수 여단장에게 연락해서 '건물 유리창을 깨고서라도 국회 본관 안으로 진입하라, 국회의원 150명이 넘으면 안 된다. 본회의장 문을 부수고서라도 안으로 들어가 국회의원들을 밖으로 끌어내라, 대통령의 지시다'라고 명령한다. 곽종근의 그 같은 지시는 당시 예하 부대 전체가 들을 수 있었다. 비상계엄 선포 직후 열린 특전사 예하 부대들과의 화상회의를 끝내고 마이크를 끄지 않아 계속 켜져 있었던 상태였기 때문이다. 윤석열은 이진우에게도 전화해서 다그친다. '아직도 못 들어갔어? 본회의장으로 가서 4명이 1명씩 들쳐업고 나오라고 해', '아직도 못 갔냐, 뭐하고 있냐, 문 부수고 들어가서 끌어내, 총을 쏴서라도 문을 부수고 들어가서 끌어내라'고 명령한다.

윤석열은 국회 본회의장에서 비상계엄 해제요구안이 가결된 이후인 12월 4일 1시 30분경에도 이진우에게 전화해서 '국회의원이 190명 들어왔다는데 실제로 190명이 들어왔다는 것은 확인도 안 되는 거고', '그러니까 내가 계엄 선포되기 전에 병력을 움직여야 한다고 했는데, 다들 반대해서', '해제됐다 하더라도 내가 2번, 3번 계엄령 선포하면 되는 거니까 계속 진행해'라고 명령한다.

특전사령관, 수방사령관에게 국회의원들을 끌어내라고 명령한 사람은 대통령만이 아니었다. 김용현도 곽종근에게 여러 차례 연락해서 '국회의원이 150명이 안 되도록 막아라', '빨리 국회의사당 문 열고 안으로 들어가서 국회의원들 데리고 나와라'고 지시한다. 이진우에게도 연락해서 '왜 안 되느냐, 왜 못들어가냐'라고 다그치면서 대통령의 지시를 이행할 것을 재촉한다.

대통령과 국방부 장관은 어떻게든 국회의 비상계엄 해제요구안 가결을 막으려고 했다. 특전사, 수방사 병력을 동원해 국회의원들을 본회의장에서 강제로 끌어내서라도 비상계엄 해제요구안 의결정족수인 151명이 되지 않도록 막고자 했다. 그러나 그들의 계획은 성공하지 못했다. 국민의힘 의원까지 포함한 190명의 국회의원들은 국회 본회의장에 모였고, 재석한 190명 국회의원 모두가 일치된 의사로 찬성함으로써 비상계엄 해제요구안은 12월 4일 새벽 1시 2분경에 가결되었다.

윤석열에 대한 탄핵심판 절차에서 윤석열과 김용현은 자신들이 한 12·3 비상계엄이 야당의 입법 독재와 부정선거에 대해서 국민에게 직접 호소하기 위한 충격요법의 계엄, 계몽적인 계엄, 경고성 계엄, 호소형 계엄이라고 주장했다. 그 주장은 과연 경청할 가치가 있는 것일까. 우리 헌법과 계엄법은 그 같은 목적을 위해서 계엄을 선포하는 것을 허용하지 않는다. 그런 점에서 그들의 주장은 그 자체로 자신들이 한 비상계엄이 위헌적이고 위법하다는 점을 시인하는 것과 다르지 않다. 책의 제3장에서 자세히 살펴보겠지만, 비상계엄 제도는 국가의 중대한 위기 상황이 발생하여 평시의 행정 및 사법기능의 수행이 현저히 곤란하여 병력으로써 군사상 필요에 응할 필요가 있는 아주 예외적인 상황에서 제한적으로 허용되는 비상조치권이다. 위기 상황이 실제 발생한 것이 아니라 발생할 우려가 있다는 이유만으로 사전적으로 또는 예방적으로 선포할 수는 없다. 공공복리의 증진이라는 적극적 목적을 내세워 선포할 수도 없다. 오직 전시, 사변 또는 이에 준하는 국가비상사태에 직면하여 이를 극복하기 위한 예외적인 상황일 때만 발령될 수 있을 뿐이다. 그 목적도 오로지 국가비상사태의 극복만이 이유여야 한다. 충격 또는 계몽의 목적으로 선포될 수는 없다. 이 점은 윤석열에 대한 헌법재판소의 탄핵심판결정문에서도 명확하게 밝힌 내용이다(헌법재판소 2025. 4. 4. 선고 2024헌나8 결정).

윤석열 정부는 비상계엄을 선포하면서 국회에 즉시 통고하지도 않았다. 이에 더하여 무장병력을 투입해 국회의원들을 끄집어내도록 명령했다. 국회의 의견을 존중하기는커녕 국회의 계엄 해제요구안 가결을 필사적으로 막으려 했다. 그것은 12·3 비상계엄이 그들의 주장처럼 호소형 계엄 또는 경고성 계엄이 아님을 여실히 보여준다. 호소형 계엄 혹은 경고성 계엄이었다면 국회를 봉쇄할 필요는 없었을 것이다. 국회의사당에 모인 국회의원들을 151명이 되지 않도록 만들기 위해 그들을 끄집어내라고 명령하거나 지시할 이유도 없었을 것이다. 그들은 위헌적이고 불법적인 계엄을 선포해서 주권자인 국민을 위협한 것도 모자라 반성하기는커녕 국민 앞에서 대놓고 거짓말을 한다. 어떻게 이렇게 뻔뻔할 수 있을까.

국회의 비상계엄 해제요구안 가결

윤석열 정부는 비상계엄을 선포하고 국회의 해제요구안 가결을 막으려 노력했지만 실패했다. 무장군인들과 경찰들을 동원한 그들의 방해를 뚫고 국회의사당에 모인 국회의원 190명은 일치된 의견으로 비상계엄 해제요구안을 통과시킨다. 12월 4일 오전 1시 2분이었다. 비상계엄이 선포된 지 2시간 35분 만이었다. 비상계엄 해제요구안의 의결에는 더불어민주당, 조국혁신당 등 야당 의원 172명과 여당인 국민의힘 의원 18명이 함께했다.

헌법은 국회가 재적의원 과반수의 찬성으로 계엄 해제를 요구한 때에 대통령은 이를 해제해야 한다고 정하고 있다(헌법 제77조 제5항). 계엄법도 국회가 계엄 해제를 요구한 경우에는 지체 없이 계엄을 해제하고 이를 공고하도록 하고 있다(계엄법 제11조 제1항). 그런데 국회가 비상계엄 해제요구안을 가결했는데도 비상계엄을 해제하겠다는 정부의 발표는 곧바로 이뤄지지 않았다. 그로 인해 국회 본회의장에 모인 국회의원들은 계속 상황을 예의주시하고 긴장 상태로 비상대기를 하며 만일의 사태에 대비했다. 불법적인 비상계엄이 함부로 선포된 것처럼 국회의 비상계엄 해제요구안을 무시하고 폭력적인 방법으로 비상계엄을 계속 진행할 수 있다는 우려가 팽배했다. 윤석열 정부에 의한 비상계엄 해제 선언이 있기 전까지 안심할 수 있는 단계가 아니었다. 본회의장에 모인 190명의 국회의원들 모두 그 자리를 떠나지 않은 채 팽팽한 긴장 상태로 12월 4일 새벽 의사당을 지켰다.

윤석열은 국회가 비상계엄 해제를 결의한 지 3시간 24분이 지난 오전 4시 26분이 되어서야 '국무회의를 통해 계엄을 해제하겠다'고 발표했다. 그러면서 '국무회의를 소집했지만 새벽인 관계로 아직 의결정족수가 충족되지 못해서 국무위원들이 오는 대로 계엄을 해제하겠다'고 밝혔다. 그리고 12월 4일 오전 4시 27분쯤 계엄 해제를 심의하기 위한 국무회의가 개최되었다. 그 국무회의에 윤석열은 참석하지 않았다. 한덕수 국무총리 주재로 개최되었고, 참석자 13명 전원의 합의로 비상계엄 해제 결의안이 국무회의를 통과했다는 발표가 있었다. 오전 4시 29분이었다. 그로써 윤석열 정부에 의한 위헌적이고 불법적인 비상계엄은 선포된 지 6시간 만에 완전히 해제되었다.

"두 번이라도, 세 번이라도"

국회에서 비상계엄 해제요구안이 가결된 시각은 12월 4일 오전 1시 2분이었다. 그런데 윤석열 정부가 계엄 해제를 발표한 때는 그로부터 3시간 27분이 더 지난 오전 4시 29분이었다. 왜 그렇게 긴 시간이 걸렸던 것일까. 그 사이 윤석열과 측근들은 무엇을 했기에 비상계엄 해제 선언에 그토록 긴 시간을 기다려야 했던 것일까.

윤석열은 국회가 비상계엄 해제요구안을 의결했음에도 비상계엄을 즉시 해제하지 않았다. 그는 비상계엄 해제를 선언하는 대신 12월 4일 오전 1시 16분부터 합동참모본부 지하 3층 지휘통제실을 찾았다. 김용현, 박안수 계엄사령관, 안성환 국가안보실 2차장, 최병옥 국방비서관 등과 비상계엄 지속 여부를 논의했다. 윤석열은 탄핵심판 때 비상계엄 해제 선언이 늦어진 이유에 대해서 국회법을 찾아보느라 그랬다고 답변하기도 했다. 국회법 등을 검토하면서 비상계엄을 해제하지 않을 구실을 찾으려 했던 것으로 보인다. 그러한 사정은 윤석열이 이진우에게 전화해서 '국회의원이 190명 들어왔다는데 실제로 190명이 들어왔다는 것은 확인도 안

되는 거고', '해제됐다 하더라도 내가 2번, 3번 계엄령 선포하면 되는 거니까 계속 진행해'라고 명령했다는 사실에서도 확인할 수 있다. 그는 국회가 비상계엄 해제요구안을 가결하더라도 2번, 3번 계엄을 선포해서 자신의 목적을 이루겠다는 의지가 강했던 것으로 보인다.

국회가 비상계엄 해제 요구를 가결했는데도 이를 즉각 받아들이지 않은 것은 대통령뿐만이 아니었다. 김용현은 국회가 비상계엄 해제요구안을 가결했다는 소식을 들은 후에도 곽종근에게 연락해서 중앙선관위에 병력을 재차 투입할 수 있는지 문의했다. 곽종근은 어렵다는 취지로 답했고, 그로써 추가적인 계엄군 투입은 이뤄지지 않았다.

비상계엄에 가담했던 군사령관들도 계엄군의 즉각적인 철수 및 원대 복귀를 명령하지 않았다. 오히려 국회의 비상계엄 해제요구안 가결에 반하는 조치들을 시도하려 했다. 여인형은 국회에서 비상계엄 해제요구안이 가결된 후인 12월 4일 오전 1시경에 정성우 방첩사 1처장에게 연락해서 선관위 전산실 서버를 확보하라는 지시를 한다. 정 처장은 여인형의 명령을 받고 방첩사 법무실에 그 명령의 적법성 여부를 문의한다. 국회가 비상계엄 해제요구안을 가결한 후의 지시여서 과연 그 명령을 따라야 하는지 의문이 들었기 때문이다. 법무관들은 여인형의 지시가 위법하다고 회신한다. 그 답변에 따라 정성우 1처장은 여인형의 지시를 따르지 않는다. 사령관이 위법한 명령으로 부하들을 내란의 동조범으로 몰아넣으려 한 상황이었다.

대통령과 국방부 장관은 국회가 비상계엄 해제요구안을 가결했음에도 비상계엄을 계속할 수 있는 방법이 있는지 검토했다. 군 병력의 선관위 추가 투입을 지시하기까지 했다. 헌법과 법률이 각각의 요건과 절차를 정하고 있음에도 그것이 제대로 작동하지 않은 것이다. 왜, 무슨 이유일까. 그들은 애초부터 헌법과 법률을 준수할 생각과 의사가 없었던 것으로 보인다. 그렇지 않고서야 그러한 행동을 할 수는 없는 것이다. 국회에서 계엄 해제를 요구하면 이를 지체 없이 해제해야 한다고 정한 헌법과 계엄법을 그들이 모를 리 없었다. 앞서 지적했듯 김용현은 2024년 10월 법제사법위원회에서 야당 국회의원들의 계엄 준비 주장에 대해 "요건이 정해져 있고 요건을 충족하더라도 발령되고 나면 국회에서 해제할 수 있는 권한이 보장돼 있다"라고 반박했다. 윤석열은 국회의 계엄 해제요구안이 가결된 후에도 태연히 "내가 2번, 3번 계엄 선포를 하면 되는 거니까"라고 말하기까지 했다. 이러한 사실들에 더하여 비상계엄을 선포하면서 제대로 국무회의를 개최하지 않은 점, 국회에 즉시 통고하지 않은 점들을 함께 살펴보면 그들이 애초부터 헌법과 계엄법을 준수할 의사와 의지가 없었다는 점은 명확해 보인다. 국민을 향해서는 법치, 법 준수를 외치면서 정작 그들은 법을 지킬 마음과 의사가 전혀 없었던 것이다. 이런 사람이 군 통수권을 가진 대통령이었다니, 정말 아찔하고 위험한 상황이었다.

퇴역 장교 노상원,
비상계엄의 핵심 인물로

12·3 비상계엄 사태의 주요 인물 중 한 사람으로 노상원이 등장한다. 그는 퇴역한 군 장성이다. 비상계엄 선포 당시 현역 군인도, 현직 공무원도 아니었다. 그런데 그는 비상계엄 선포 전후 과정에서 국군정보사 현역 장교들을 지휘까지 했다. 주요 비밀 취급자에게만 지급하도록 되어 있는 비화폰을 대통령 경호처로부터 지급받았다. 현역 군인도, 현직 공무원도 아

닌 그가 왜 비상계엄 사건의 주요 인물이 되었을까. 윤석열과 김용현은 비상계엄을 준비하면서 왜 그를 끌어들였을까. 현직 주요 지휘관도 아닌 그가 어떻게 비화폰까지 받으며 비상계엄 사태의 핵심 인물이 된 것일까. 12·3 비상계엄 사태 당시 그의 역할은 진정 무엇이었을까.

노상원은 육군사관학교 41기생이다. 소장으로 진급해 국군정보사령관의 직책까지 올랐지만, 2018년 자신의 마지막 보직인 육군정보학교장 시절 여군을 성추행한 혐의로 구속됐고 보직 해임되어 퇴직했다. 군 전역 후에는 안산에서 아기보살이라는 점집의 무속인으로 생활했다. 그는 비상계엄이 선포되기 두세 달 전 김용현에게 '윤석열 대통령은 올해 운이 트이니까 이 시기를 놓치면 안된다'고 조언했다고 한다.

노상원은 비상계엄이 선포되기 몇 달 전부터 김용현의 관사에 수시로 출입할 정도로 김용현의 신뢰를 받았다. 김용현과 함께 비상계엄을 주도적으로 계획했다는 의심을 받는 주요 정황이다. 노상원은 김용현의 육사 3년 후배이다. 수도방위사령부 55경비대대(현 55경비단)에서 김용현과 처음으로 같이 근무했고, 1990년 김용현이 55경비대대 작전과장을 맡았을 때 노상원은 대위 계급의 제대장으로 근무했다. 그것이 인연이 되어 친한 선후배가 되었다고 전해진다. 김용현은 2007년에는 육군참모총장의 육군본부 비서실장으로 재직했는데, 그의 추천으로 노상원은 비서실 산하 과장으로 근무했다.

김용현과 노상원은 12·3 비상계엄이 선포되면 계엄사령부 합동수사본부 아래에 제2수사단을 설치할 계획을 세웠다. 체포한 선관위 직원들을 상대로 부정선거 의혹을 수사하고자 했던 기관이었다. 제2수사단의 수사단장, 부단장, 수사부장 등 수사단의 핵심 보직을 담당할 사람들도 미리 정해뒀다. 모두 김용현, 노상원과 가까운 사람들이었다. 김용현, 노상원은 그들과 자주 접촉하며 비상계엄을 사전 논의한 것으로 알려졌다. 노상원은 현역이 아니었기 때문에 제2수사단의 보직을 맡을 수는 없었지만, 제2수사단의 배후에서 그 수사단을 실질적으로 움직이는 실력자로 행세할 계획이었다.

2018년에 퇴역해서 더 이상 현역 군인도, 현직 공무원도 아닌 노상원이 12·3 비상계엄의 핵심 인물이었다는 사실은 12·3 비상계엄이 어떤 성격의 것인지를 상징적으로 보여준다. 현직에 종사하지 않는 노상원에게 대통령 경호처에서 비화폰을 지급했다는 사실, 퇴역한 노상원이 문상호 정보사령관 등 현역 장교들을 직접 지휘하고, 선관위 직원들을 체포해서 구금 장소로 연행하라고 지시했다는 사실, 현역 장교들이 그의 지시를 받아 비상계엄 선포에 맞춰 미리 자신의 임무를 준비했다는 사실은 12·3 비상계엄이 얼마나 비정상적이고 불법적인 것인지 확연히 드러낸다. 정상적이고 적법한 비상계엄을 하고자 했다면 퇴역 군인에 불과했던 노상원이 12·3 비상계엄에서 주요한 역할을 맡을 수는 없었을 것이다. 윤석열의 비정상적인 비상계엄을 막지 못했다면 우리는 어쩌면 퇴역 장교에 불과한 노상원의 지휘와 지시를 받으며 그가 수첩에 그린 지옥도의 일상 속에서 공포와 두려움에 떠는 신세가 되었을지 모른다.

노상원의 수첩, 그들이 만들고자 했던 세상

비상계엄이 해제되고 관련자들에 대한 수사가 진행되는 과정에서 노상원이 작성한 것으로 보이는 수첩이 발견되었다. 70여 쪽 분량의 그 수첩에는 다음과 같은 내용이 적혀있었다. '여의도 30-50명 수거', '언론 쪽 100-200(명)', '어용판사' 등 500여 명이 '1차 수집' 대상. 놀라운 내용이었다. 그 수첩에는 여인형이 홍장원과 조지호에게 체포 지원을 부탁한 14명의 대상자 외에 문재인 전 대통령, 유시민 작가, 박정훈 전 해병대 수사단장, 김제동 방송인, 차범근 전 축구대표팀 감독 등의 이름이 적혀있었다.

더욱 놀랍고 충격적인 것은 그들을 체포해서 살해하는 방법에 관한 내용까지 쓰여있었다는 점이다. 수첩에는 대상자들을 체포하여 '수집소'에 수용한 후 '막사 내 잠자리 폭발물 사용', '확인 사살 필요', '교도소 한 곳에 통째로 수감', '음식물, 급수, 화학약품'을 사용해야 한다는 등 그들을 살해할 계획이 세워져 있었다.* 전율이 느껴질 정도로 놀랍고 충격적이다. 평범한 삶을 살아가는 사람들로서는 도저히 상상할 수조차 없는 내용이다. 자기와 생각과 의견이 다르다는 이유만으로 함부로 체포·구금하고, 살해하겠다는 계획을 수첩에 적어 놓은 것이다. 비상계엄이 선포되면 해야 할 일의 하나로 계획한 것으로 짐작된다.

노상원의 수첩에는 '아군을 사용할 시에는 수사를 피하기 어렵다'라고 하면서 '외부(중국) 용역업체'나 '북한'을 활용하는 방안을 적어 놓기까지 하였다. '무엇을 내어줄 것이고 (북한) 접촉 시 보안대책', 'NLL 인근에서 북의 공격을 유도하거나 아예 북에서 나포 직전 격침시키는 방안 등'이라는 계획도 적혀있었다. 국군을 이용할 경우 수사를 피하기 어렵기 때문에 중국의 용역업체나 북한을 이용해 구금 대상 인물들을 살해하거나

---

*   배지현, 「[단독] '살해 암시' 노상원 수첩에 문재인·유시민 등 500명…"확인사살"」, 《한겨레》, 2025. 2. 14.

그들을 이용해 사회 소요를 일으키겠다는 계획이다.

심지어 그 수첩에는 수거 대상 처리 방법으로 4가지가 적혀 있다고 한다. DMZ 내 GOP선상에서 피격, 바닷속, 연평도 등 무인도, 민통선 이북 등에서의 처리가 수첩에 적힌 방법들이다. 연평도 이송의 경우 '민간 대형 선박'과 '폐군함'을 이용해 이송하면서 '화물칸'에 폭발물을 미리 설치해 놓고 실미도에서 집행 인원은 하선하고 나머지 인원과 배는 적절한 곳에 항해하도록 해서 폭파시킨다는 계획이다. 발신기에 의한 폭발은 안 될 수도 있으니 '시한폭탄'을 활용해야 한다는 내용도 포함되어 있다. 시한폭탄이 설치된 배에 수거 대상 인원을 태워 인천항을 출발한 뒤 실미도에 집행 인원을 하선시키고 배를 연평도 방향으로 보내서 중간 바다에서 배를 폭발시키려 했다. 그러면서 '증거물이 잔해로 남지 않게 폭파해야 한다'라는 주의 사항도 적어뒀다. 그 내용과 함께 노상원의 수첩에는 '3선 집권 구상 방안', '후계자는?'이라는 계획도 적혀있었다.

노상원의 수첩에 적힌 내용은 비상계엄을 이용해서 선관위 직원들을 고문하고, 반대세력들을 체포·구금하고자 했던 그들이 꿈꾼 세상이 진정 무엇인지 짐작게 한다. 그 수첩에 적혀있는 내용들이 실제로 모두 실현되었을 것인지는 알 수 없다. 그렇지만 대통령 경호처로부터 비화폰을 지급받은 주요 임무 종사자가 그 같은 계획을 자신의 수첩에 적어 놓았다는 것 자체만으로 놀랍고 무서운 일이다. 비상계엄을 할 수 있는 요건이 아닌데도 함부로 선포하고, 그 절차조차 지키지 않은 그들이다. 그들은 비상계엄을 이용하여 우리 사회 곳곳에 무장한 군을 앞세워 무력으로 제압한 후, 그 기회를 이용해 자신과 생각이 다른 야당 의원들과 진보적 정치인, 방송인, 시민운동가들을 일거에 척결하여 수거하고자 했다. 그리고 대통령의 3선 집권이 가능하도록 개헌을 해서 그들만의 장기 집권을 준비하려고 계획했다.

　그 수첩에 적힌 내용이 과연 노상원 혼자만의 독백이고 계획이었을까. 누군가의 계획을 받아 적고, 누군가와 함께 모의한 것은 아닐까. 도대체 그들의 정체는 무엇이었을까. 그들은 진정 무엇을 꿈꾸고 계획한 것일까. 다시는 이런 잘못된 일이 반복되는 것을 막기 위해서라도 그 수첩의 내용과 모의자들, 그들이 준비한 것들에 관해서 철저히 수사하고 밝혀내야 한다. 그리고 이 땅에 그러한 위험한 일이 발생하지 않도록 철저한 대비책을 마련해야 한다. 불법적인 비상계엄을 시도했던 그들의 범죄와 단죄에 대해서는 제7장 「내란, 형법으로 단죄하다」에서 좀 더 구체적으로 분석해 보려고 한다.

최상목과 그가 받은 문건

윤석열은 비상계엄 선포 직후인 오후 10시 40분경 대접견실로 돌아와 그곳에 있던 한덕수 등에게 비상계엄 상황에서 해야 할 대응 및 조치 사항에 관하여 지시한다. 그리고 최상목에게 미리 준비해 둔 문서를 건네며 그 문서에 기재된 조치들을 시행하라고 명령한다. 그 문건에는 다음의 내용이 적혀있었고,* 문건 아래쪽에는 쪽수를 의미하는 것으로 보이는 '8'

---

*　배지현, 「[단독] 윤석열, 최상목에 "국회 자금 완전 차단…임금도 끊어라" 쪽지」, 《한겨레》 2025. 1. 5.

이라는 숫자가 있었다.*

기획재정부 장관

- 예비비를 조속한 시일 내 충분히 확보하여 보고할 것
- 국회 관련 각종 보조금, 지원금, 각종 임금 등 현재 운용 중인 자금 포함 완전 차단할 것
- 국가비상입법기구 관련 예산을 편성할 것

비상계엄 선포와 동시에 각 부처에서 해야 할 지시 사항이 적힌 문건을 받은 것은 최상목만이 아니었다. 조태열 외교부 장관은 대통령으로부터 외교부가 해야 할 조치에 관한 문건을 받았다고 처음부터 일관되게 밝혔다. 비상계엄을 선포하면서 기획재정부와 외교부 장관에게 그 부처에서 해야 할 일에 관한 문건을 주었다면 다른 부처 장관들의 조치 사항에 대한 문건도 준비했다고 보는 것이 합리적이다. 그런데 문건을 받았다고 자진해서 밝힌 국무위원들은 더 이상 없었다.

하지만 김용현은 윤석열 탄핵심판 절차에서 기획재정부 장관, 외교부 장관 외에 문건을 받은 사람들이 더 있다고 밝혔다. 심지어 자신이 직접 문건을 작성해서 전달했다고 증언했다. "기재부 장관뿐만이 아니고, 외교부 장관도 있었고, 경찰청장, 국무총리, 행안부 장관 것도 있었습니

---

* 김지욱, 「[단독] '최상목 쪽지'에 '8쪽' 표시…최소 7장 더 있다?」, 《SBS 뉴스》 2025. 1. 23.

다. 제가 이제 비상계엄을 주도하는 주무장관으로서 대통령께서 그 관련 부처에 필요한 협조 사항이 있으면 협조를 하라고 지침을 주셨기 때문에 (제가 작성하여 전달하였습니다)."

　　최상목과 조태열이 받은 문건, 그리고 김용현의 증언을 통해 비상계엄이 선포되기 전부터 대통령의 지시에 따라 각 부처의 후속 업무가 적힌 문건이 사전에 준비되었음이 확인된다. 이는 그들의 주장처럼 12·3 비상계엄이 단지 야당의 입법 폭주 또는 부정선거 혐의 사실을 국민에게 알리기 위한 경고성 계엄 또는 호소형 계엄, 국민을 계몽하기 위한 계엄이라는 주장이 전혀 사실이 아님을 말해준다. '경고성', '호소형', '계몽용' 계엄이었다면 각 부처의 후속 업무에 관한 조치 사항을 미리 준비할 필요는 없었을 것이기 때문이다. 특히 최상목에게 건넨 문건에 적힌 내용은 12·3 비상계엄의 성격이 무엇인지, 그들이 무엇을 의도하고 계획했는지를 짐작게 한다.

　　그 문건에는 국회 관련 자금을 완전 차단하고 국가비상입법기구 관련 예산을 편성하도록 지시하고 있다. 그 내용은 비상계엄이 선포되더라도 정부나 법원과 달리 국회에 대해서는 특별한 조치를 할 권한이 없다고 정한 우리 헌법 규정을 정면으로 위반한 것이다. 국회 관련 자금을 완전 차단하라는 내용은 국회의 기능을 정지시키겠다는 것을 의미한다. 국가비상입법기구 관련 예산을 편성하라는 것도 국가비상입법기구를 만들겠다는 것을 전제로 한 지침이다. 그런데 우리 헌법은 국회라는 입법기관 외에 다른 입법기관을 허용하고 있지 않다. 새로운 비상입법기구를 구성한다는 계획은 현재 활동하고 있는 국회의 기능을 정지시키거나 국회를 해산시키겠다는 것을 전제로 할 때 비로소 가능한 발상이다.

　　특히 그 문건에 등장하는 '국가비상입법기구'라는 용어는 12·12 군사반란을 일으킨 전두환의 신군부가 1980년 10월 27일 설치한 국가보위입법회의를 연상케 한다. 결국 최상목이 대통령으로부터 받은 문건은 비상계엄을 하면서 국회를 해산하거나 해산에 준할 정도로 국회의 기능을 정지시키겠다는 것을 계획해서 준비한 후속 조치들이다. 그 문건의 존재와 내용은 그들이 우리 앞에서 무엇을 말하고 설명하든지 간에 그들이 마음속에서 진정으로 꿈꾸고 계획한 것이 무엇인지를 알려준다.

국회 자금 차단과 국가비상입법기구 예산 편성이 위헌적인 이유는?

헌법 제77조 제3항은 '비상계엄이 선포되면 법률이 정하는 바에 의하여 정부나 법원의 권한에 관하여 특별한 조치를 할 수 있다'고 정하고 있고, 계엄법 제7조는 '비상계엄의 선포와 동시에 계엄사령관은 계엄지역의 모든 행정사무와 사법사무를 관장한다'고 정하고 있다. 위 규정들에서 확인되는 것처럼 헌법과 계엄법은 비상계엄이 선포되면 행정사무와 사법사무에 관해서는 특별한 조치를 할 수 있도록 정하고 있지만, 그와 달리 입법부인 국회에 대해서는 평시와 다른 특별한 조치를 할 수 있는 권한을 부여하고 있지 않다. 따라서 비상계엄을 선포하는 경우에도 입법부인 국회의 기능을 정지시키거나 그 활동을 막으려고 한다면 그것은 헌법과 계엄법을 위반한 것이다.

국무회의와
국무위원들

국무회의는 대통령, 국무총리, 국무위원들이 정부의 권한에 속하는 주요 정책을 심의하는 행정부 내 최고 정책 심의 기관이다(헌법 제88조, 제89조). 국무회의는 대한민국의 정부형태가 대통령 중심제이지만, 의원내각제 요소도 겸비하여 마련한 제도이다. 국무회의는 대통령이 정책을 결정하기에 앞서 그에 관한 다양한 관점과 이익을 반영한 논의가 이뤄지도록 함으로써 정책 결정에 신중을 기하고 대통령의 전제나 독선을 방지하려는 목적으로 설치된 것이다(헌법재판소 2025. 4. 4. 선고 2024헌나8 결정). 심의기관이어서 대통령이 국무회의 의결에 구속받는 것은 아니지만, 국무회의를 반드시 거치도록 규정한 사항에 관해서 대통령이 국무회의의 심의 없이 함부로 결정하고 권한을 행사하게 되면 헌법을 위반한 것이 된다.

헌법 제89조 제5호는 계엄과 그 해제에 관한 사항을 국무회의가 반드시 심의해야 할 대상으로 정하고 있다. 그런데 12·3 비상계엄은 국무회의 심의를 거치지 않은 채 선포되었다. 헌법이 정한 절차를 위반한 것이다. 윤석열과 김용현은 비상계엄 선포의 정당성을 주장하기 위해 국무회의가 실제로 개최되었다고 주장한다. 그러나 한덕수, 최상목 등 당시 비상계엄 선포 직전에 모인 국무위원들 대다수는 그 모임이 정상적인 국무회의가 아니었다고 밝혔다.

회의 참석자들 사이에 그 회의의 성격에 관해 다른 이야기가 나온다면 그것은 애초 목적한 성격의 회의가 아님을 뜻한다. 국무위원 중 상당수가 비상계엄 선포 직전에 대통령실에 모인 회의를 국무회의로 인식하지 못했다는 지적은 그 회의가 형식적으로도 실체적으로도 국무회의로서의 실질을 갖추지 못했음을 의미한다. 헌법이 정한 최고 정책 심의 기관이 제대로 된 형식과 절차를 준수하지 않은 채 열릴 수는 없기 때문이다. 특히 국무회의록조차 작성된 사실이 없다는 점은 당시 국무위원들이 모인 회의가 정상적이고 적법한 국무회의가 아니라는 것을 반증한다.*

　국가긴급권인 비상계엄에 관해서 헌법이 정한 국무회의의 심의조차 거치지 않았다면 그것을 정상적이고 적법한 계엄이라고 할 수 있을까. 특히 2024년 12월 3일 밤은 전시도 아니었다. 국무회의를 개최하지 못할 정도로 아주 긴박하거나 비상한 상황도 아니었다. 그런데도 정상적인 절차와 형식을 갖춘 국무회의조차 하지 않았다는 것은 비상계엄 선포가 정상적이고 적법한 것이 아님을 상징적으로 보여준다. 무엇이 그리도 급해서 헌법과 법률이 정한 절차를 모두 생략한 것일까. 헌법과 법률이 요구하는 절차와 형식조차 갖추지 않았다는 사실은 역설적으로 비상계엄을 할 정상적이고 절박한 이유와 동기가 없었다는 점을 보여주는 것이기도 하다.

　12·3 비상계엄 사태와 관련해 국무위원들의 역할과 지위를 다시 살펴볼 필요가 있다. 정상적이고 적법한 국무회의가 개최되었는지와 관계없이 비상계엄 선포 직전에 모인 회의에서 한덕수 등 국무위원들은 대통령으로부터 비상계엄이 선포된다는 이야기를 들었다. 그들은 비상계엄이 실제 선포되기 전에 그 사실을 미리 알았다. 그런데도 그들은 위헌적이고 불법적인 비상계엄을 막으려는 아무런 조치를 하지 않았다. 단지 비

---

*　「국무회의 규정」 제11조 제1항은 '간사는 국무회의록을 작성한다'고 정하고 있고, 제2항은 '행정안전부 장관은 제1항에 따라 작성된 국무회의록을 대통령에게 보고하고, 국무총리·국무위원 및 제8조에 따른 배석자에게 송부한다'고 정하고 있다.

상계엄이 해제되고 난 후 국민 앞에 등장해 대통령의 비상계엄 조치에 반대 의견을 피력했다고 밝혔을 뿐이다.

그들이 실제 반대했는지와 무관하게 위헌적이고 불법적인 비상계엄은 선포되었다. 그로 인해 많은 국민은 무장한 군인들의 국회 진입 모습을 현장에서 또는 미디어를 통해 실시간으로 지켜보면서 12월 3일의 밤을 놀라움과 두려움으로 떨어야 했다. 시민들의 정당한 저항과 국회의원들의 노력, 그리고 용기 있는 군인들의 소극적 행동이 없었더라면 자칫 온 나라가 군정 치하로 떨어질 뻔한 긴박한 순간이었다. 국민의 자유와 권리를 지키고 보호하느냐 그렇지 않으면 군사독재의 통제 사회로 전락하느냐 하는 절박한 상황이었다.

그런데도 비상계엄 선포 소식을 미리 들었던 국무위원 중 그 누구도 윤석열의 위헌적인 비상계엄을 막으려는 노력을 하지 않았다. 그들은 비상계엄 선포 소식을 듣고, 심지어 각 부처에 전하는 후속 조치 문건까지 받았으면서도 그 위험천만한 비상계엄을 막으려 나서지 않았다. 그리고 지금에 와서 비상계엄에 반대했다고 변명하고 있을 뿐이다. 그들은 진정 국민을 섬기는 사람이었을까. 그들이 정말 국민을 걱정하고 국민을 보호하고자 노력한 관료들이었을까. 주권자인 국민은 자신의 권한을 그들에게 위임하고 그들의 의사결정을 믿고 따라야만 하는 것일까. 그들은 과연 국민의 편이었을까. 그 국무위원들을 도대체 어떻게 평가해야 할까.

대의제는 국민이 모든 국가의 의사결정에 참여하지 못하는 현실로 인해 대표자를 선출하여 그들에게 국민을 대신해서 국가의 주요 정치 또는 정책 사항을 결정하고 집행하게 하는 제도다. 우리를 대신해서 국가의 주요 사항을 결정하도록 대통령, 국회의원, 국무총리, 각 부 장관들을 두는 것이다. 그리고 그들이 오로지 국민을 위해 합리적으로 의사결정을 한다는 전제에서 그들에게 국민의 세금으로 급여를 지급하고, 그에 따른 의전을 부여한다.

　대통령이 자신의 사사로운 정치적 목적을 위해 국민 다수의 뜻에 반하는 위헌적이고 위법적인 조치를 하려고 한다면 국무총리나 국무위원들은 어떻게 해야 할까. 자신을 임명해 준 상급자라는 이유로 그냥 반대되는 의견만 말하는 데 그쳐야 할까. 그들이 지키고 보호해야 하는 대상은 위헌적인 행동을 하려는 대통령이어야 할까, 그렇지 않으면 이 땅의 주권자인 국민이어야 할까. 국무위원들이라면 국민의 생명과 안전을 심각하게 침해하고 위협하는 조치에 대해서 어떻게 대응해야 마땅할까. 그들에게 1952년 부통령직을 사임하면서 이승만이 선포한 계엄의 불법성을 국민에게 알린 김성수의 책임감조차 없다고 비판한다면 가혹한 것일까.

　제2차 세계대전 당시 나치 독일에서 6백만 명의 유대인을 학살하는 실무 총책임자였던 아이히만은 전후 개최된 형사재판에서 유대인 학살의 책임이 자신에게 있지 않다고 하면서 이렇게 말한다. "나는 권한이 거의 없는 배달부에 불과했다. 나는 아무것도 하지 않았다. 내 상급자가 내게 지시한 것을 성실히 수행했을 뿐이다. 그 외 내가 덧붙여서 한 일은 없다. 상급자의 말을 충실히 따랐을 뿐이다. 그런데 그게 무슨 문제인가. 내가 왜 책임을 져야 하나." 아이히만의 주장처럼 우리는 위헌적이고 불법적인 비상계엄의 이야기를 사전에 듣고서도 대통령의 지시에 따라 행동한 국무위원들, 군사령관들, 경찰청장에게 아무런 비난을 할 수 없는 것일까. 그렇지 않다면 우리는 그들에게 어떤 책임을 물어야 마땅할까.

과거가 현재를 돕고,
죽은 자들이 산 자를 구했다

2024년 12월 3일 대통령이 비상계엄을 선포하고 국회를 공격했다. 국회의원들을 끌어내기 위해 군인들이 국회 창문을 깨부수고 국회의사당 안으로 진입했다. 무장한 군인들의 총구는 적이 아닌 시민들을 향했다.

절체절명의 그 순간, 자신이 하고 있던 일상들을 잠시 놓아둔 채 국회로 달려와 군인들과 경찰들을 막아낸 시민들이 없었더라면, 신속하게 국회의사당으로 집결한 국회의원들의 수가 계엄 해제에 필요한 의결정족수를 넘지 못했더라면, 불법적인 상관의 명령에 소극적으로 행동함으로써 저항했던 용기 있는 군인들이 없었더라면, 그래서 우리의 저항이 성공하지 못했더라면 12·3 비상계엄은 과연 어떤 모습으로 전개되었을까. 1979년 부마 민주항쟁처럼, 1980년 광주민주화항쟁처럼 무고한 수많은 시민들이 피를 흘리고 다치지 않았을까. 우리 사회와 역사가 또 한 번 큰 상처와 고통을 당하며 아파하지 않았을까.

우리 공동체를 보호하기 위해 용기 있게 앞장섰던 분들의 희생과 헌신으로 비상계엄의 절차와 요건, 국회의 탄핵소추 절차와 요건, 헌법재판소의 설치와 운영 등에 관한 헌법과 법률을 만들어두지 않았더라면, 그래서 국회가 윤석열을 탄핵소추하고, 헌법재판소가 그를 심판하여 탄핵을 결정하지 않았더라면 우리는 지금 어떤 사회에서 살아가고 있을까. 민주주의와 법치를 무너뜨린 폭정과 억압 속에서 아파하고 힘들어하며 가쁜 숨만 내쉬는 가여운 모습으로 지내고 있지 않을까.

어떤 이는 말한다. 비상계엄은 6시간 2분 만에 해제되었다고, 아무런 일도 일어나지 않았다고, 그게 어떻게 내란이고 탄핵소추의 대상이 될 수 있느냐고 말이다. 그들을 막아선 시민들과 국회의원들, 그리고 소극적인 행동으로 용감히 저항한 군인들이 없었더라면 우리는 또 한 번 지울 수 없는 참상을 겪었을지도 모른다. 그들의 무도한 비상계엄 선포와 내란의 시도를 위헌으로, 불법이라고 선언하도록 한 헌법과 법률이 없었더라면 우리의 민주주의와 법치주의는 제대로 작동하지 않았을 것이고, 그들을 파면해서 쫓아내지 못했을지도 모른다.

1979년의 부산과 마산이, 1980년의 광주가 2024년의 대한민국을 구했다. 과거가 현재를 도왔고, 죽은 자들이 산자를 구했다. 그로 인한 영향이었을까. 1952년의 이승만의 친위쿠데타와 2024년의 윤석열의 친위쿠데타는 비상계엄을 이용한 집권 연장이라는 목적은 비슷했지만, 그 결과는 완전히 달랐다. 1952년의 친위쿠데타와 달리 2024년 친위쿠데타는 시민들의 저항으로 성공하지 못했다. 주권자인 국민이 그들의 무도한 친위쿠데타와 헌정 파괴를 막아내고 우리의 민주주의를 구했다. 이제 우리 주권자들이 그들의 불법에 맞서 어떻게 저항했는지, 그래서 우리의 민주주의를 어떻게 구했고 어떻게 승리했는지 이어지는 제2장에서 살펴보기로 하자.

제2장

비상계엄 이후,
주권자의 시간이 오다

나를 조준한 눈을 생각해, 1980년 5월 18일의 참상

썩어가는 내 옆구리를 생각해.
거길 관통한 총알을 생각해.
처음엔 차디찬 몽둥이 같았던 그것.
순식간에 뱃속을 휘젓는 불덩어리가 된 그것.
그게 반대편 옆구리에 만들어 놓은,
내 모든 따뜻한 피를 흘러나가게 한 구멍을 생각해.
그걸 쏘아 보낸 총구를 생각해.
차디찬 방아쇠를 생각해.
그걸 당긴 따뜻한 손가락을 생각해.
나를 조준한 눈을 생각해.
쏘라고 명령한 사람의 눈을 생각해.

— 한강, 『소년이 온다』 중에서

노벨문학상을 수상한 한강 작가의 소설 『소년이 온다』(창비, 2014)에 등장하는 광주 소년 정대는 계엄군에 의해 살해된다. 5·18 광주민주화운동 시위대에 참여하다 계엄군이 쏜 총에 옆구리를 맞은 정대는 현장에서 사망하고, 그 시신은 방치됐다가 계엄군에 의해 소각돼 사라진다. 소년 정대만이 아니었다. 당시 사망자는 모두 166명으로, 사망자 중 73.5%는 미성년자와 청년층에 집중됐다. 구타·폭행·총기·고문 등으로 부상을 입은 피해자는 2,617명에 이른다. 아직 정확한 내용이 확인되지 않은 실종자 수도 179명이나 된다.

5·18은 잊히지 않고 이어졌다. 신체적 피해를 넘어 정신적·사회적 고통은 세대를 타고 지금까지 전이돼 왔다. 12월 3일 윤석열의 불법적 비상계엄은 44년 전 트라우마가 전 세대에 발현되는 경험이었다. 광주의 참상만은 막아야 한다는 일념으로, 더 이상 소년 정대를 죽게 놔둘 수 없다는 마음으로 많은 시민은 비상계엄 소식을 듣자마자 국회로 달려갔다.

5·18 광주민주화운동은 불법적인 군사 반란과 불법적인 비상계엄에 저항한 운동이다. 1979년 12월 12일, 전두환을 중심으로 한 신군부 세력은 헌법과 법률이 정한 절차를 무시한 채 군사력을 통해 헌법기관의 권능 행사를 불가능하게 했다. 계엄법 제6조 제1항 규정에 의해 정승화 육군참모총장을 연행하기 위해서는 최규하 대통령의 사전 승인이 반드시 필요했지만, 이들은 사전 승인이 없이 정승화 참모총장을 강제 연행하며 쿠데타를 감행했다.* 이들은 불법 체포 행위를 넘어 수도경비사령부를 비

---

* 계엄법 제6조 제1항은 "대통령의 계엄 선포를 기다릴 여유가 없을 때"에만 지역 군사 책임자가 임시 계엄을 선포할 수 있도록 규정한다. 그러나 1979년 12월 12일 정승화 육군참모총장 연행 당시 서울 지역의 통신·교통 두절 등 긴급 상황이 존재하지 않았다. 대법원(1997. 4. 17. 선고 96도3376)은 "대통령의 재가 없이 정승화 총장을 체포

롯한 주요 군사 시설을 점령하는 등 군 통수권 및 육군참모총장의 군 지휘권에 반항한 군형법 제2조 제1항에서 정하는 반란죄를 저질렀다.

또한 1980년 5월 17일 비상계엄 확대는 계엄법 제5조의 '군사상 필요' 요건을 충족하지 못했다. 전두환 신군부는 1980년 5월 17일 오전 전군지휘관 회의를 열어 최규하 대통령의 재가 없이 비상계엄을 전국으로 확대하는 조치를 결정하고 계엄포고 제10호를 포고했다. 계엄포고 제10호는 일체의 정치활동과 집회, 시위 등의 일체의 행위를 제한하는 내용을 담고 있다.

12·12 군사 반란으로 정권을 장악한 전두환과 노태우 신군부 세력은 시민들의 저항을 폭력적으로 진압하며 비상계엄을 전국으로 확대하고 광주에 특전사를 투입했다. 국방부 헬기 사격 특별조사위원회 조사 결과 특전사뿐 아니라 헬기(500MD 22대, UH-1H 헬기 11대, 코브라 헬기AH-1J 2대), 조종사 108명 등을 투입했고 탱크, 장갑차 등 중무장 병력을 동원했다. 계엄군인 공수부대원들은 시민들을 진압봉이나 총의 개머리판으로 무차별 구타하고 대검으로 찌르고 옷을 벗기는 등 과격하게 진압했다. 시위 진압을 명목으로 법적 근거나 절차를 무시한 채 무자비한 진압을 펼친 것이다. 곤봉과 M16, 소총, 대검으로 살상했고, 탱크가 등장했다. 진압을 이유로 여성들을 강간하는 등 성폭행 행위도 저질렀다. 권력을 찬탈하고, 집권을 연장하고자 비상계엄을 선포하고, 군을 동원해 반대 세력과 저항하는 시민들을 제압하며 이 같은 무고한 희생을 만든 것이다.

유신헌법 제10조 제1항은 '누구든지 법률에 의하지 아니하고는 체

한 것은 군 통수권 침해"라고 명시하며 계엄법 위반을 인정했다.

포·구금·압수·수색·심문·처벌·강제노역과 보안처분을 받지 아니한다'라고 규정한다. 제10조 제3항은 영장주의를 규정하고 있다. 제11조 행위시 법률주의와 죄형법정주의, 제18조는 언론, 출판, 결사의 자유, 제24조는 재판받을 권리에 대한 기본권 등을 규정하고 있다. 모든 국가권력의 행사는 법의 규정이 존재하고 법의 규정에 따른 절차에 의해 행사돼야 한다는 것이 적법절차의 원칙이다. 헌법의 적법절차 원칙은 권력의 전단적 행사와 남용으로부터 국민의 자유와 권리를 보장하고 보호하기 위한 목적을 가지는데, 계엄군들은 법과 절차의 원칙에 따른 사실이 없다. 계엄군들은 어린이, 임산부 등 남녀노소를 가리지 않고 발포를 하고 구타와 고문을 이어갔다. 유신헌법 제10조 제2항에서 고문 금지를 규정하고 있음에도 진압 시민들에게 잔인한 고문을 하기도 했다.

주권으로 거리에 선 역사 속 시민들

유신헌법 제1조 제1항은 '대한민국은 민주공화국이다'라고 규정한다. 이는 대한민국 권력이 주권자인 국민의 의사에 기초해야 한다는 의미로 이해할 수 있다. 당시 광주에서 총칼에 맞서 일어선 시민들의 선택은 결코 당연한 일이 아니었다. 본능을 거스른 선택이었다. 신군부의 폭거에 저항해 '계엄령 철폐', '전두환 퇴진' 등의 구호를 내걸고 광장에 모인 이들은 더 이상 국민 위에 군림하는 정부를 허락하지 않겠다고 처절하게 외쳤다. 1980년 5월 20일 광주 시위대의 규모는 20만 명 이상에 이르렀다. 곤봉, 대검, 총칼, 탱크에 시민들은 맞섰다. 이날 밤 시위대를 향한 M16 발포가 이어졌고, 시민 사상자가 발생했다. 다음 날에는 공수부대의 집단 발포가 시작됐다. 그해 5월 광주는, 주권이 발화된 도시였다.

이후 광주 정신은 1987년 6월 시민 항쟁으로 이어졌다. 1980년 광주민주화운동의 정신은 1987년 6월 항쟁의 동력으로 작동했다. 1987년 4·13 호헌 조치, 박종철 고문 치사 사건, 이한열 열사의 최루탄 사망 등은 시민들을 거리로 이끌어냈다. 아이러니하게도 헌법을 짓밟는 대통령은 대체로 헌법 보호를 내세웠다. 사실상 국민의 정치적 기본권을 침해한 4·13 호헌 조치는 대통령 직선제 개헌 논의를 전면 중단시켰고, 6월 항쟁으로 이어졌다. 호헌 조치는 헌법 제1조, 제10조, 제12조, 제37조 등을 위반해 국민의 주권을 제한하고, 국민의 인권을 침해했을 뿐 아니라, 정치적 자유 등 기본권을 제한하는 반헌법적 행위였다. 6·10 국민대회를 기점으로 전국 곳곳에서 매일 평균 100회 이상의 시위가 동시다발로 이어졌다. 백만 명이 넘는 시민이 거리로 쏟아져 나왔고, 정부는 직선제 개헌을 수용할 수밖에 없었다. 시민 한 명, 한 명이 모여 '호헌철폐 독재타도'를 외치며 정부를 무너뜨린 것이다. 이 항쟁은 광주의 피를 헛되게 하지 않겠다는 민심의 폭발이었다. 친위쿠데타로 정권 연장을 노리던 전두환 일당은 헌법을 되찾겠다는 국민을 넘을 수 없었다.

주권 의식으로 무장한 시민들은 항상 총칼로 무장한 군인들을 이겨왔다. 국민 승리의 시작은 4·19 혁명이었다. 1960년 4월, 이승만 정권의 부정선거에 분노한 학생들과 시민들은 거리로 쏟아져 나왔다. 얼굴을 관통한 최루탄이 박힌 김주열 열사의 시신이 마산 앞바다에 떠오르며, 독재에 대한 국민적 분노는 폭발하기에 이르렀다. 이승만 정권은 자유당 후보의 승리를 위해 대규모 부정선거를 자행했다. 선거 승리를 위해 경찰과 관권 등을 동원해 유령 유권자를 만들어내고, 야당 참관인을 폭행하는 등 온갖 불법이 동원됐다.

　4·19 혁명의 시민들은 "주권은 국민에게 있다"는 헌법정신을 현실 정치에서 구현하고자 했다. 하지만 이승만 정부는 4월19일 오후 3시를 기해 서울 지역에 계엄령을 선포했다. 이후 주요 도시에 계엄령이 확대되면서 계엄군이 출동해 시위 진압에 나섰다. 시민들은 경찰과 관권의 폭력에 맞서 비폭력적 가두시위와 집단행동으로 자신들의 의사를 표출했으며, 이는 국민이 국가의 주인임을 실질적으로 보여준 사건이었다. 당시 시위로 인해 공식적으로 186명이 사망하고 6,200명이 부상을 입었다. 4월 혁명은 시민의 힘으로 정부를 타도하고 대통령을 끌어내렸다는 점에서 국가의 주권은 국민에게 있다는 민주주의의 기본 원리를 보여주는 역사적 사건이었다. 혁명의 직접적인 계기는 3.15 부정선거였지만 그 본질은 국민이 스스로 주권을 행사해 부정과 독재를 무너뜨린다는 데 있었다.

　시민의 피 위에 선 국민의 거센 저항 앞에 결국 이승만은 하야했고, 4·19 혁명은 대한민국 역사상 처음으로 시민이 독재 권력을 무너뜨린 사건으로 기록됐다. 이는 대한민국 민주화 운동의 출발점이 됐다. 그야말로 '국민주권'이 실현된 순간이었다. 1948년 제헌헌법에서부터 제1항으로 규정한 '주권은 국민에게 있다'는 헌법 정신이 현실 정치를 무너뜨린 순간이었다. 이는 헌법정신에 부합하는 시민저항이었다.

　역사는 반복됐다. 이승만 정권의 독재는 박정희 정권으로 이어졌다. 박정희 정권의 유신 체제 장기 독재와 정치 탄압에 저항하는 시민들은 1979년 부마 민주항쟁으로 일어났다. 부산대학교 학생들의 시위를 시작으로 시민들이 자발적으로 모인 시위는 마산으로 확산했다. 정부는 비상계엄을 선포하고 계엄군을 투입했다. 당시 공식적으로 집계된 부상자는 110명이었지만, 자진 신고를 기피한 사람들을 포함하면 실제 피해는 훨씬 컸을 것으로 추정된다. 고문과 장기 구금을 당한 피해자들도 많았다. 박정희 정권은 당장 계엄이라는 총칼로 시민들을 누르려 했지만, 승리는 거리의 시민들에게 돌아갔다. 시민들은 결국 유신체제의 균열을 만들어 냈고, 부마 항쟁이 있고 열흘도 되지 않아 10·26 사건이 벌어지며 정권은 붕괴했다. 이는 18년간 이어진 유신독재체제의 붕괴를 촉진한 결정적 계기가 됐다. 민중의 분노가 독재의 종말을 앞당긴 것이다.

    시대는 바뀌었지만, 권력의 주인이 국민이라는 헌법적 원칙은 계속 유지되어 왔다. 2016년 시민들은 박근혜 정부의 국정농단 사태에 분노해 다시금 거리에 섰다. 이는 대통령 개인의 단순 비리를 넘어 민주주의의 근간을 흔드는 일이었다. "이게 나라냐"는 절규가 거리에 이어졌고, 주권자는 촛불로 정권을 심판했다. 헌법 제1조는 거리에서 다시 구현됐다. 시민들은 '대한민국은 민주공화국이다'를 명기한 헌법 제1조 제1항에 곡을 붙여 노래를 불렀다. 2016년 10월 29일 1차 집회부터 2017년 3월 11일 23차 집회까지 총 23차례 열린 촛불집회 참가자 누적 인원은 1,700만 명에 이르렀다. 특히 2016년 11월 19일 4차 집회에서는 전국적으로 236만 명의 시민들이 모였다. 첫 촛불집회부터 탄핵까지 133일 동안 국민은 대통령을 세울 뿐 아니라 끌어내릴 수도 있는 주권자라는 사실을 명백하게 보여줬다. 2016~2017년 촛불시위는 민주적 가치와 원칙의 회복을 위해 벌인 대규모 시위였다. 이는 국민이 민주적 절차를 통해 정권 교체를 실현한 사례로 이어졌다. 1979년에도, 1980년에도, 1987년에도, 그리고 2016년에도 이 나라의 주인은 늘 국민이었다.

역사와 법이 평가한 민주화 운동

역사는 훗날 민주화 운동에 대한 평가를 통해 국민주권 개념을 공고히 했다. 우리 헌법은 4·19 혁명 정신 위에 서있다. 1988년에 개정된 현행 헌법 전문에는 "유구한 역사와 전통에 빛나는 우리 대한국민은 3·1 운동으로 건립된 대한민국임시정부의 법통과 불의에 항거한 4·19 민주 이념을 계승"한다고 되어있다. 헌법이 국민주권 위에 서 있음을 명확히 한 것이다.

헌법재판소는 부마 민주항쟁 참여자가 제기한 명예 회복 및 보상 등에 관한 법률에 관한 위헌확인 소송에서 부마 민주항쟁을 "유신체제에 대항하여 일어난 민주화운동"으로 평가했다(헌법재판소 2019. 4. 11. 결정 2016헌마418). 특히 부마 민주항쟁 당시 계엄사령관에 의하여 발령된 계엄 포고 제1호 위반의 공소사실로 기소되어 징역형이 확정된 피고인이 제기한 재심 사건에서 대법원은 정부의 계엄 포고에 대해 "이른바 유신체제에 대한 국민적 저항인 부마 민주항쟁을 탄압하기 위한 것이었을 뿐" 당시 헌법과 계엄법에 위반되어 무효라고 판시해 직접적으로 부마 민주항쟁에 대한 법적인 평가를 내렸다(대법원 2018. 11. 29. 선고 2016도14781 판결).

광주 민주화운동 역시 당시에는 언론 통제 아래 '무장 폭도들의 소요 사태'로 왜곡됐지만, 훗날 1997년 대법원은 '광주 시민들의 시위가 헌정질서를 수호하기 위한 정당한 행위인 반면, 그것을 난폭하게 진압한 전두환 신군부의 행위는 국헌 문란의 내란 행위'라고 판결했다(대법원 1997. 4. 17. 선고 1996도3376 판결). 또한 2019년 수원지법 성남지원은 지난 1980년 계엄 포고 10호 위반으로 처벌을 받았던 신 아무개 씨가 청구한 재심에서 1980년 5월 17일 비상계엄 선포와 함께 발령된 계엄 포고 10호가 헌법과 법률에서 정한 요건을 갖추지 못한 채 발령돼 무효라는 취지의 첫 판단을 내렸다(수원지법 성남지원 2019. 11. 06 선고 2019재고단1 판결). 지난 2022년 부산지법은 전두환 신군부의 비상계엄 확대에 반대하다가 계엄 포고 발령과 그에 기초한 수사, 재판으로 피해를 입은 시민 8명이 국가를 상대로 낸 손해배상 청구소송에서 계엄포고의 내용이 영장주의와 죄형법정주의의 명확성 원칙을 위배해 집회결사의 자유 등 헌법상 보장된 국민의 기본권을 침해한다고 봤다(부산지법 2022. 09. 21 선고 2021가합33252). 시민들이 일으킨 전국적인 시위와 운동은 기본권을 침해하는 전두환 신군부의 불법적 국헌문란 행위에 대한 주권자의 권리이자 헌법 수호 행위라고 볼 수 있는 것이다. 서울고법은 "국민은 주권자이자 헌법을 제정하고 수호하는 최고 권력의 소유자"임을 강조하며 광주 민주화운동 참여 시민들의 행동을 "국헌문란 행위(계엄령 확대, 헌정 중단)에 맞선 헌법적 자기방어로 해석했다(서울고등법원 1996. 12. 16. 선고 96노1892 판결).

2016년 촛불 항쟁은 박근혜 전 대통령에 대한 헌법재판소의 심판을 이끌어냈다. 헌법재판소는 박근혜의 행위가 "국민의 신임을 배반한 행위로서 헌법수호의 관점에서 용납될 수 없는 중대한 법 위배행위"라고 보며 "국민으로부터 직접 민주적 정당성을 부여받은 피청구인을 파면함으로써 얻는 헌법수호의 이익이 대통령 파면에 따르는 국가적 손실을 압도할 정도로 크다"라고 인정했다(헌재 2017. 3. 10. 2016헌나1).

헌법 제1조 제1항은 '대한민국은 민주공화국'이라고 선언하지만, 이 선언만으로 민주국가가 완성되는 것은 아니다. 제2항에서 '대한민국의 주권은 국민에게 있고, 모든 권력은 국민으로부터 나온다'라며 상정하고 있는 바로 그 '국민'이 힘을 발휘할 때, 민주주의의 역사가 쓰일 수 있었다. 주권자의 뜻을 거스른 정권은 살아남을 수 없다는 것을 역사는 계속해서 증명해왔다.

윤석열의 비상계엄, 주권자를 위협하다

45년 만의 비상계엄은 또 다시 헌법의 주권자인 국민을 거스르는 시도였다. 한밤에 도둑같이 갑자기 들이닥친 비상계엄은 헌정질서를, 그리고 그 주인인 시민을 위협했다. 기습적인 계엄은 민주주의가 얼마나 취약한 제도이며 권력자에 의해 얼마나 쉽게 악용될 수 있는지를 보여줬다. 주권자인 국민은 헌법이 자유와 안전을 지키기 위해 존재한다는 것을 알고 있다. 헌법은 법치주의 원칙, 권력분립 원칙, 과잉 금지 원칙 등 다양한 원칙을 가지고 있다. 그중에서도 권력 남용을 막는 권력분립 원칙은 헌법의 근본 원칙이자, 민주주의를 지키기 위한 필수 요건이다. 권력의 세 축은 서로 독립성을 유지하며 감시·견제한다. 이 축들이 이루는 균형이 무너지면, 독재가 싹튼다.

윤석열은 비상계엄으로 헌법 질서의 가장 중요한 축인 '권력분립'에 정면으로 도전해 시민들을 위협에 몰아넣었다. 헌법 40조, 입법권은 국회에 속한다. 헌법 66조, 행정권은 대통령에게 속한다. 헌법 101조, 사법권은 법원에 속한다. 이처럼 헌법은 각 권력기관의 독립적 기능을 보장하고 있으며, 권력분립 원칙은 헌법의 근본 원칙이자 민주주의를 지키기 위한 필수 요건이다. 무엇보다도 정부 권력의 가장 큰 견제 기구인 국회를 마비시키려 했다. '국회의 정치활동 금지' 등 포고령 1호의 내용과 비상입법기구 설치 시도 등을 통해 그 목적은 명확히 드러났다.

국회 마비 시도가 왜 시민에 대한 위협일 수 있을까? 대의민주주의에서 국회는 시민의 의사를 반영하고, 정치적 요구를 제시하는 중요한 기구로, 국민의 정치적 권리를 실현하는 곳이다. 헌법 제1조 제2항은 "대한민국의 주권은 국민에게 있고, 모든 권력은 국민으로부터 나온다"라고 정한다. 또한 헌법 제8조는 정당제도와 정치적 다원주의를 보장하고, 헌법 제24조는 국민이 대표자를 선출할 권리를 보장하고 있다. 헌법 조항들은 대한민국이 국민주권과 대의민주주의를 기본 원리로 채택하고, 국민이 직접 선출한 대표자를 통해 국가를 운영하는 제도적·법적 근거를 제공하고 있다. 따라서 국회를 위협하는 시도는 정치적 의사를 표현하고 국가의 정책에 영향을 미치는 중요한 권리마저 박탈하려는 행위였다.

하지만 윤석열은 계엄 선포와 동시에 '국회의원의 불체포특권'(헌법 제44조 1항), '계엄 시 불체포특권 강화 규정'(계엄법 제13조)을 무시하고 다수의 정치인 체포를 지시했다. 자신에게 반대하는 세력을 일거에 잠재우려는 목적이었다. 단순히 정치인 한 명이 체포되는 의미를 넘어서, 시민의 정치적 참여와 자유로운 의사 표현을 직접적으로 방해한 것이라고 볼 수 있다. 민주주의의 기본적 원칙을 침해한 것이다. 헌법이 정하는 국민주권과 대의민주주의를 부정하는 처사였다.

사법부의 독립을 침해하려는 시도 역시 시민의 권리를 박탈하는 행위였다. 계엄령 자체는 사법부의 독립성을 약화할 수 있는 위험한 시도였다. 비상계엄하에서도 일반 법원은 원칙적으로 기존 업무를 수행하지만, 법원이 기능을 상실한 경우 군사법원이 민간인 재판까지 담당할 수 있게 한다. 비상계엄하의 군사법원 재판권을 규정하는 계엄법 제10조 제2항은 비상계엄 지역에 법원이 없거나 해당 관할법원과의 교통이 차단된 경우에는 제1항에도 불구하고 모든 형사사건에 대한 재판은 군사법원이 한다고 정하고 있다. 헌법 110조는 군사법원의 상고심을 대법원이 관할하도록 규정해, 군사재판의 독단성을 견제하고 있지만 계엄 기간에는 이 조항도 유명무실해질 수도 있다.

실제로 계엄 당일 전·현직 법관 체포 등 법원 기능을 마비시키려는 시도가 있었다. 계엄 당일 밤 체포 명단에는 김명수 전 대법원장, 권순일 전 대법관 등 전직 법관들이 포함되어 있었다. 이재명 대표의 위증교사 혐의 1심 무죄를 선고했던 김동현 현직 판사가 명단에 포함돼있다는 진술도 있다. 조지호는 검찰에서 "여인형 방첩사령관으로부터 (계엄 당일) 10시 30~40분쯤 이 대표의 위증교사 혐의 1심 무죄를 선고한 김동현 판사를 포함해 체포 명단 15명에 대한 위치 추적을 요청받았다"라고 진술했다. 이진우는 비상계엄 선포 엿새 전인 지난해 11월 27일에 '김동현 판사 면직'을 검색하기도 했다. 법관에 대한 체포·구금 시도는 법치주의와 민주주의 실현의 전제가 되는 사법부 독립에 대한 심각한 침해 위협이었다.

사법부는 시민들의 권리와 자유를 보호하는 역할을 한다. 즉 윤석열의 비상계엄은 시민의 권리가 법적으로 보호 받을 기회를 박탈하려 한 것이다. 구체적으로 시민들은 공정한 재판을 받을 권리와 법적 구제를 받을 권리를 상실하게 된다. 헌법 제27조 제1항은 '모든 국민은 헌법과 법률이 정한 법관에 의하여 법률에 의한 재판을 받을 권리를 가진다'라고 규정하고 있다. 헌법재판소는 이 조항이 단순히 재판을 청구할 수 있는 권리에 그치지 않고, 실질적으로 '공정한 재판을 받을 권리'가 포함된다고 판시하고 있다(헌재 1996. 12. 26. 94헌바1 결정 등). 사법부가 독립성을 잃으면 시민들은 정치적 목적이나 권력자의 의도에 따라 재판 결과가 좌우되는 상황에 놓일 수 있다. 이는 시민이 법 앞에서 평등하게 보호받아야 한다는 사법 절차상의 기본 권리를 박탈당하는 것이다. 또한 누구나 언제든 권력에 의해 임의로 체포·구금될 수 있는 상황에 놓일 수도 있다. 헌법 제77조 제3항은 비상계엄이 선포된 때 법률이 정하는 바에 의해 영장제도, 언론·출판·집회·결사의 자유에 관해 특별한 조치를 할 수 있다고 규정한다. 계엄법 제9조는 이런 헌법 규정에 근거해 계엄사령관이 필요하다고 판단하면 시민을 체포·구금할 수 있다고 권한을 부여하고 있다. 계엄령 하에서 체포·구금 등 기본권 제한이 허용되려면 계엄 선포의 요건이 엄격히 충족돼야 하는데, 이번 계엄 사태에서의 체포·구금 시도는 헌법과 법률이 정한 요건을 갖추지 못한 명백히 위헌·위법한 조치였다.

법치주의는 국가권력이 법에 의해 제한되고, 모든 국민이 법 앞에 평등하며, 국가의 모든 작용이 법률에 근거를 두어야 한다는 원칙이다. 이 원칙은 국가권력의 자의적 행사로부터 시민의 자유와 권리를 보호하기 위한 최소한의 안전장치다. 법관에 대한 부당한 체포 시도, 사법부에 대한 공격은 법치주의에 대한 정면 도전이자, 시민이 법에 의해 보호받을 수 있는 통로 자체를 파괴해 시민의 법적 안전을 위협하는 시도였던 것이다.

국민의 선거권까지 심각한 위협을 받았다. 헌법이 보장하는 또 다른 독립기관인 중앙선거관리위원회도 계엄의 직접적 타깃이 됐다. 헌법 제114조에 따라 선관위는 선거와 국민투표, 정당에 관한 업무를 독립적으로 관리하는 헌법기관이다. 선관위는 정당 간 이해관계로부터 중립성을 유지하며, 선거 과정의 투명성과 국민주권 실현을 위해 활동한다. 선거관리는 민주주의의 핵심이며, 그 공정성과 중립성의 보장은 어느 경우에도 흔들려서는 안 되는 핵심 원칙이다. 윤석열 대통령은 대법원의 잇따른 판결이 있었음에도 불구하고 아무런 객관적 근거 없이 자신의 의혹만으로 선관위의 서버를 침탈하고 그 기능을 마비시키려 했으며, 선관위 직원들을 체포하려 했다. 선관위가 마비되면 선거의 공정성이 흔들린다. 계엄군의 청사 점거는 선관위의 독립성을 침해해 선거관리 기능의 정지 또는 왜곡을 초래할 수 있다. 민주주의의 핵심인 시민의 선거권이 흔들리고 정치적 자유를 보장받을 수 없게 되는 것이다.

헌법 제24조는 모든 국민의 선거권을 보장하며, 공직선거법 제1조는 선거의 공정성과 자유를 최우선 가치로 규정하고 있다. 선관위가 군사력에 의해 통제될 경우 선거 과정에서의 기회균등 원칙이 붕괴되고, 국민의 정치적 의사가 반영되지 않을 수 있다. 이는 나아가 헌법 제1조의 국민주권 원칙을 정면으로 위반하는 행위다. 선관위가 침탈당했다면, 이후 선거의 공정성을 어느 누구도 신뢰할 수 없는 극도의 혼란과 소요 사태가 실제로 현실화됐을 것이다. 윤석열의 불법적 비상계엄은 헌법을 멋대로 악용해 법과 정의를 위협하는 것이었다.

국민의 대표에게 주어진 '계엄해제권'

비상계엄은 국가의 안전이나 질서가 심각하게 위협받을 때 발동할 수 있는 극히 제한적인 조치다. 전시·사변 또는 이에 준하는 국가적 위기 상황에 발동할 수 있는 만큼, 비상계엄이 선포되면 군사적 통제와 공공의 안전 보장 강화를 위한 특별한 권한이 대통령에게 주어진다. 군을 동원할 수 있고, 시민의 기본권을 일부 제한할 수 있으며, 입법 조치도 할 수 있게 된다. 이런 막강한 권리가 남용되지 않을 수 있도록 하는 안전장치를, 우리 헌법은 만들어놨다. 바로 국회의 계엄해제권이다.

"국회가 재적의원 과반수의 찬성으로 계엄의 해제를 요구한 때에는 대통령은 이를 해제하여야 한다."(헌법 제 77조 5항)

1948년 제헌헌법 제64조는 "대통령은 법률이 정하는 바에 의하여 계엄을 선포한다"라고만 규정했고, 계엄해제권은 따로 명시하지 않았다. 이후 1949년 계엄법 제정으로 계엄 선포와 시행, 해제 등에 대한 구체적 절차가 법률로 마련됐지만, 계엄해제권이 명시적으로 규정되지는 않았다.

계엄해제권은 1962년 개정 헌법에 처음으로 명시됐다. 1963년에 시행된 제3공화국 헌법은 제75조에서 처음으로 "국회가 계엄의 해제를 요구한 때에는 대통령은 이를 해제하여야 한다"라고 규정했다. 이로써 국회가 대통령의 계엄 선포에 대해 견제할 수 있는 헌법적 권한이 생긴 것이다. 당시 계엄해제권 조항을 넣게 된 배경에 대해 직접적인 설명이 담긴 역사 자료는 없지만, 당시 박정희에게는 5.16 군사 정변 이후 '혁명'의 명분과 함께 국민적 지지, 국제적 인정을 얻기 위한 최소한의 민주적 정치를 헌법에 포함할 필요가 있었던 것으로 보인다. 즉 국내외적 합법성 확보, 국제사회의 비판을 의식한 전략적 조치로써 헌법에 국회 계엄해제권을 명시한 것이다. 이에 관한 법제처 해설(1969년)을 보면 "우리나라에서는 제1차적으로 주권자인 전체 국민의 대표로 구성되는 정치기관인 국회로 하여금 그것을 심사케 하고 국회가 만일 해제를 요구한다면 대통령은 반드시 해제토록 함으로써 주권재민의 원칙을 헌법상 더욱 뚜렷이 하는 동시에 삼권분립의 근간이 되는 삼권 상호 간의 체크(견제)와 밸런스(균형) 원칙을 한층 더 철저하게 하는 데 있는 것이라 볼 것이다"라는 평가가 있을 뿐이다.

국회 계엄해제권과 관련해 '재적의원 과반수의 찬성'이라는 요건이 처음 명시된 것은 1972년 유신헌법부터이다. 이때 "국회가 재적의원 과반수의 찬성으로 계엄의 해제를 요구한 때에는 대통령은 이를 해제하여야 한다"라는 문구가 들어갔고, 이 내용은 1980년, 1987년 헌법을 거쳐 현재까지 그대로 유지되고 있다.

하지만 헌법상 규정돼 있었던 이 견제 장치는 그동안 무력화돼왔다. 계엄해제권이 헌법에 명시되어 있어도 군사정권 시기에 국회가 실질적으로 행사하지 못했고, 조항의 실효성은 거의 없었다. 가령 1980년 5월 17일 전국 계엄 확대 이후 신군부는 야당 의원을 체포하고 민주인사들을 '김대중 내란음모 사건' 조작과 계엄법 위반 혐의로 체포하고 투옥했다.

계엄해제권은 민주주의의 회복과 국민의 권리 보호를 위한 정치적 의의를 가진다. 그리고 계엄해제권이 명시된 지 약 40년 만에 우리 헌정사에서 처음으로 발동되는 일이 일어난 것이다. 대한민국 헌정사상 최초의 계엄해제권 행사는 민주주의의 견제·균형 메커니즘의 작동을 보여준다.

계엄해제권은 국회의 권한이지만 그 뿌리는 국민에게 있다. 국회는 국민의 대표기관으로, 계엄해제권 행사는 국민의 이름으로 이뤄진다. 따라서 계엄해제권은 국민의 최종적 주권 행사를 보장하는 제도적 장치라고 말할 수 있다. 헌법 제40조에 따라 국회는 국민의 보통·평등·직접·비밀선거에 의해 선출된 국회의원으로 구성된다. 국회의 계엄해제권은 국민의 직접 통제권을 대리·집행하는 것이며, 이는 대의제 민주주의의 핵심 원리다. 계엄 해제 요구 시 국회의 결정은 국민의 합의로 간주할 수 있는 것이다. 헌재 역시 '계엄 선포는 국민의 기본권을 광범위하게 제한하므로 국민의 대표기관인 국회의 견제가 필수적'이라고 판시했다(헌재 1992. 2. 25. 89헌마160 결정). 국회가 국민을 대신해 계엄해제권을 발동하는 그 순간은 시민이 헌법을 통해 이를 작동시킨 것이나 마찬가지다. 그 조항이 작동하는 순간 시민은 단순히 구경꾼이 아니라 민주주의의 주권자로서, 국가 권력의 방향을 바꾸는 실질적인 행위자로서 등장하게 된다.

윤석열의 계엄은 국민주권주의에 대한 전면적인 도전이었다. 국민이 최종적인 권위와 결정을 지니고 있다는 헌법적 권리가 바로 '국민주권'이며, 헌법 제1조에 따라 정부의 모든 행위는 국민의 의사를 기반으로 이뤄져야 한다. 윤석열의 비상계엄 선포와 이후 발표된 포고령은 헌법과 법률을 위반해 시민의 기본권을 제한하려는 시도였다. 국민은 비상계엄을 허용한 적이 없었다. 헌법은 대통령이 비상계엄 선포를 위해 국무회의 심의를 거쳐야 하며, 비상계엄을 선포한 뒤 지체 없이 국민의 대표인 국회에 이를 통고하게 되어 있지만 대통령은 최소한의 절차도 지키지 않았다. 결국 국민의 대표는 국민의 뜻에 따라 계엄해제권을 통해 윤석열의 불법적 계엄을 막아낼 수 있었다. 모든 답은 이미 헌법에 나와 있었다.

주권자의 등장,
계엄의 밤에 시민들이 모이다

여느 역사와 마찬가지로 시민은 또다시 거리에 모여 스스로를 지켜냈다. 12월 3일 밤 10시 30분. 비상계엄이 선포된 순간 국민은 국민주권을 꺼내 들어야 한다는 것을 직감했다. 인터넷으로, 텔레비전으로 비상계엄 선포를 확인한 시민들은 알고 있었다. 정치적 결사, 집회, 시위 등 일체의 정치활동과 언론과 출판이 통제되고 집회가 금지되는 상황이 어떤 것인지, 그리고 반국가세력을 엄단한다면서 국회로 군인들을 보낸 행위가 무엇을 뜻하는지를 말이다. 곧이어 국회가 있는 여의도에 군 헬기와 장갑차가 등장했다는 소식이 전해졌다. 폐쇄된 국회 안으로 무장한 특공대가 대거 진입하는 모습이 실시간으로 전해졌다. 유일하게 계엄 해제 요구권을 가진 국회를 지켜야 한다는 자각은 즉시 SNS를 통해 시민들에게 공유되었다.

"국회를 지켜야 한다.", "지금 당장 나가야 한다."

메시지가 순식간에 퍼졌다. 서울 도심 곳곳에서 자발적인 발걸음이 국회 방향으로 향하기 시작했다. 준비된 스피커도, 집회 신고도, 무대도, 촛불도 없었지만 사람들이 모여든 곳은 집회장이 됐다. 어떤 이는 퇴근길 정장을 입은 채, 어떤 이는 급히 잡은 택시에서 내리면서 국회 정문을 비롯해 국회를 둘러싼 곳곳에 모여들었다. 계엄 날 밤 11시를 기해 정치 활동을 금하는 포고령 1호가 발표되자 상황은 더 심각해졌다. 시민들은 '계엄 해제 독재 타도', '계엄 취소', '문 열어달라' 등의 구호를 외치며 국회 앞을 지켰다. 계엄 날 밤 국회 앞에 그렇게 모여든 인원이 시민 4천여 명에 달했다. 시민들은 급히 집에서 종이에 적어 온 '비상계엄 철폐하라', '비상계엄 선포 대통령 퇴진하라'라는 문구를 곳곳에서 펼쳐 들었다. 시민들은 "민주주의는 윤석열 따위에게 굴복하지 않는다"라고 외치며 불법적 계엄 시도에 저항했다. 12월 4일 새벽 1시께 비상계엄 해제 요구 결의안이 통과되고 계엄군이 철수를 시작하고도, 제2의 계엄이 있을지도 모른다는 생각에 시민들은 거리를 지켰다.

계엄을 막아선 국민

주권자인 시민들이 비상계엄을 막아냈다는 말은 결코 수사적 표현이 아닙니다.

실제로 우원식과 이재명, 한동훈을 우선 체포하라는 국방부 장관 지시가 국회로 출동 중이던 체포조에 전달된 시각은 4일 새벽 0시 30분경이었다. 하지만 방첩사 요원들은 0시 48분 경 국회 인근에 도착하고도 국회 경내로 진입하지 못했다. 국회에 모인 수많은 시민들이 차량을 막아섰기 때문이다.

시민들은 육군특수전사령부와 수도방위사령부의 국회 진입 시도도 필사적으로 막아냈다. 김용현의 지시를 받은 이진우가 수방사 제2특수임무대대에 국회 봉쇄 임무를 하달했다. 밤 11시 46분, 제2특수임무대대 선발대를 태운 중형버스가 국회 1문에 도착했다. 계엄군이 타고 있는 이 버스가 국회 진입을 시도하려는 순간 국회 앞에 자리를 잡고 있던 시민 수십 명이 즉각 버스 앞으로 달려가 몸으로 길을 막았다. 버스 앞을 막고 선 이들 외에도 몇몇은 버스 밑으로 기어들어가 바퀴 앞에 눕거나 매달렸다. 시민들 덕에 계엄군은 국회로 진입하지 못하고 그곳에서 다음 지시를 기다리며 대기해야만 했다.

후속 부대도 중형버스를 타고 4일 새벽 1시 4분께 국회 인근 서강대교 북단에 도착했으나 "현재 국회 앞 상황이 복잡하니 기존 명령은 취소한다. 투입하지 말고 서강대교에서 하차하지 말고 대기하라"라는 조성현 제1경비단장의 추가지시로 다리 위에서 멈췄다. 이들은 "진압봉을 챙겨서 투입하라. 임무는 국회 내부에 있는 인원을 끌어내는 것이다"라는 지시를 받고 이동 중이었다. 수방사 제35특수임무대대도 이날 밤 11시 45분쯤 국회 인근에 도착한 뒤 걸어서 국회 1문으로 이동했으나 시민들로부터 출입을 제지당했다. 이 외에도 국회 출입문 곳곳에서 다수의 시민들이 경찰과 대치하여 일부 계엄군은 담을 넘어 국회에 진입해야 했다.

이러한 시민의 저항은 윤석열 형사재판 법정에서도 생생하게 나왔다.

김형기 특수전사령부 1 특전대대장은 내란 우두머리 혐의로 윤석열의 첫 형사재판이 열린 2025년 4월 14일 증인으로 출석해 시민들의 저항 과정을 상세히 설명했다. 김형기는 이상현 공수 1여단장으로부터 '국회 담을 넘어 들어가 의원들을 끌어내라', '문을 부숴서라도 끄집어내, 유리창이라도 깨'라는 지시를 받았다. 하지만 국회에 도착해 버스에서 내리자마자 시민들로부터 강력한 저항을 받았다. 김형기는 담을 넘는 과정에서 시민들이 군인들을 막아섰다고 증언했다. 김형기는 "시민들은 우리가 지켜야 하는 대상인데 왜 우릴 때릴까 의문이 들었다."라며 "가만히 보니 이유가 있는 것 같았다. 제대로 된 의무 수행인가 의문이 들었고, 돌파하려면 할 수 있었지만 시민들이 누군지도 모르기 때문에 그렇게 하지 않았다."라고 증언했다. 시민의 저항으로 불합리한 명령을 깨닫게 됐다는 취지다.

'호소형 계엄', '2시간짜리 내란이 어디 있냐?'라는 윤석열의 그간 주장은 그 과정에서 계엄을 막아내기 위해 대치해야 했던 시민과 군인을 폄하하는 궤변이다. 헌법재판소 역시 윤석열 탄핵 결정문에서 이를 명확히 했다. 헌법재판소는 윤석열에 대한 탄핵 인용 결정문에서 "피청구인의 국회 통제 등에도 불구하고 국회가 신속하게 비상계엄 해제 요구 결의안을 가결시킬 수 있었던 것은 시민들의 저항과 군경의 소극적인 임무 수행 덕분이었다."라며 "결과적으로 비상계엄 해제 요구 결의안이 가결되었다는 이유로 피청구인의 법 위반이 중대하지 않다고 볼 수는 없다."라고 짚었다. 시민들은 물리적으로 헌정질서와 민주주의를 지켜낸 실질적인 행위자였다.

이번 계엄 사태에서 국회의 계엄해제권 행사와 시민들의 저항은 저항권의 현대적 실현으로 볼 수 있다. 헌법재판소는 윤석열 파면 결정문에서 계엄 해제는 시민의 저항과 군경의 소극적 태도 덕분이라며, 국민의 행동을 저항권의 현대적 실현으로 평가했다. 이는 4·19 혁명이나 5·18 광주민주화운동과 같은 역사적 저항권 실현 사례와 맥을 같이 한다.

저항권은 헌법 질서가 민주주의 및 법치주의 등의 가치에 반할 경우 새로운 민주적 헌정질서를 형성하기 위해 행사할 수 있는 국민의 권리다. 국가권력이 헌정질서나 국민 기본권을 중대하게 침해하고, 다른 합법적 구제 수단이 모두 소진된 경우에만 최후의 수단으로 행사할 수 있는 자기 방어권으로, 정치적·사회적·경제적 체제 개혁이 아닌 '헌정질서의 회복과 기본권 보호'라는 소극적 목적에 한해 제한적으로 허용된다는 것이 학계의 논리다.

대한민국 헌법에는 독일 등 일부 국가와 달리 저항권이 명문으로 규정되어 있지는 않다. 다만 헌법 전문에 '불의에 항거한 4·19 민주 이념을 계승한다'라는 표현이 있어, 이를 저항권의 헌법적 근거로 해석하는 견해가 있다. 헌법 제1조의 국민주권, 제37조의 기본권 보장 등도 저항권의 근거로 간주하기도 한다. 다만 법적 권리로서의 인정 여부와 행사 기준을 두고는 다양한 주장이 나뉜다.

법원과 헌법재판소는 그동안 저항권을 초실정법적 권리(자연법상의 권리)로 인정해왔는데, 실제 정치권에서는 헌법에 저항권을 직접 명시해야 한다는 논의가 구체적으로 나오고 있다. 과거 판례를 보면 1980년 김재규 사건에서 김재규 쪽은 "유신헌법 체제가 불법이므로 저항권 행사였다."라고 주장했지만, 대법원은 "저항권은 실정법에 근거하지 않아 재판 규범으로 채용할 수 없다."라며 주장을 기각했다(대법원 1980. 5. 26. 선고 80도537). 그보다 앞선 1975년 민청학련 사건 때에도 민주화운동 세력이 "유신체제 불법성"을 근거로 저항권을 주장했으나, 대법원은 "헌법 전문의 4·19 계승 조항은 저항권 근거가 될 수 없다."라고 판시하며 처벌했다(대법원 1975. 4. 8. 선고 74도3323). 헌법재판소는 "저항권은 헌법 질서 수호를 위한 최후의 수단으로 인정될 수 있다."는 입장을 보이면서도 행사 요건을 극도로 엄격히 제한한다. 1997년 입법과정 하자와 저항권 사건에서 헌법재판소는 저항권의 존재를 이론적으로 인정하면서도 "국가권력이 헌법 기본 원리를 중대하게 침해하고, 다른 구제 수단이 없을 때만 행사 가능"이라는 조건을 제시했다(헌재 1997. 9. 25. 97헌가4). 2014년 통합진보당 해산 사건에서는 민주적 기본질서에 대한 중대한 침해, 보충성 원칙, 소극적 목적이라는 저항권 행사의 3대 요건을 명확히 하기도 했다(헌재 2014. 12. 19. 2013헌다1).

이렇듯 저항권은 이론적 논의에 머물러왔지만, 이번 계엄 사태는 저항권에 대한 새로운 의미를 던졌다. 이번 계엄 사태에서 국민 다수와 국회가 평화적으로 계엄 해제와 대통령 탄핵을 끌어낸 경험이 저항권의 실질적 필요성과 정당성을 보여줬다는 평가다. 헌법학자, 정치권, 시민사회 등에서는 "계엄과 같은 국가 비상사태에서 국민의 저항권을 실정법으로 명확히 보장해야 한다."라는 목소리도 크게 늘었다. 이번 사태를 계기로 헌법상 기본권 조항을 강화하고 저항권을 명문화해야 한다는 주장이다.

SNS라는 광장이 만든 민주주의

오늘날 국민주권은 더 빠르게 그 목소리가 모일 수 있다. 과거 시민운동과는 또 다른 지점이다. 1980년, 충격적이었던 5·18 광주의 아픔은 오랜 시간이 흐른 후 그 진상이 드러날 수 있었다. 정부의 언론 통제로 국민은 그 참상을 알지 못하고, 수년이 지나고서야 청문회 등을 통해서 그 진상이 알려질 수 있었다. 하지만 2024년의 계엄은 달랐다. 계엄 선포 소식도, 계엄군이 국회에 진입하고 헬기가 국회에 도착하는 모습까지 모두 실시간으로 SNS를 통해 중계됐다.

　SNS라는 신무기는 과거 독재 시대의 총과 칼보다 더 빠르고 강력했다. 각종 메신저나 소셜 네트워킹 프로그램으로 연결된 시민들은 계엄군보다 더 긴밀하고 빠르게 연결돼 민첩하게 행동했다. 계엄 소식이 전해진 직후 온라인 공간은 폭발적인 반응으로 뜨거워졌다. 포털 사이트 네이버 뉴스는 역대 최고 트래픽을 기록했고, 이용자가 너무 많이 몰려 일시적으로 서비스가 중단되기도 했다. 구글에서는 윤석열의 비상계엄 담화 이후 '계엄령' 검색이 실시간 트렌드 1위를 하며 검색량 200만 건을 넘어섰고 '계엄령', '윤석열' 등 관련 키워드 검색량이 1,000% 이상 증가했다.

　특히 X(구 트위터)와 인스타그램, 유튜브 등 소셜미디어 플랫폼의 반응은 뜨거웠고, X에서는 '비상계엄' 관련 게시물이 80만 개를 넘었으며 '국회의원'(약 14만 개), '우리나라'(5만6천 개), '가짜뉴스'(약 4만 개) 등 계엄 관련 키워드가 1~5위를 모두 차지했다. 전체적으로 X에서만 총 100만 개가 넘는 게시글이 쏟아졌다.* 시민들은 카카오톡에서 '비상계엄', '윤석열', '비상' 등을 해시태그로 한 오픈채팅방을 만들어 실시간으로 정보를 공유했고, 통신 통제를 우려한 시민들은 해외 서버를 사용하는 텔레그램으로 대거 이동했다. 시민들은 SNS를 통해 "지금 당장 국회로 가자", "민주주의를 지켜내자" 등의 메시지를 공유했다.

---

*　조현영, 「간밤 휩쓴 계엄령에 소셜미디어 '들썩'…게시글 수백만 개 쏟아져」, 《연합뉴스》, 2024. 12. 4.

먼저 현장에 달려간 사람들은 각자 스마트폰을 켜서 현장을 생중계했다. 그 장면을 지켜본 시민들은 조금이라도 힘을 보태고자 자발적으로 여의도 국회로 향했다. 택시에서 내려서 뛰어가는 사람들, 자전거를 타고 달리는 시민들의 모습이 실시간으로 공유됐다. 계엄군의 움직임, 시민들의 저항, 국회 내부 상황은 전국으로 생생하게 전파됐다.

각 플랫폼은 단순한 정보 공유를 넘어 저마다의 특성을 살려 시민 저항의 중심 역할을 수행했다. X는 현장 상황, 계엄군의 이동 경로, 국회 앞 집결 정보 등을 신속하게 확산시키며 시민 행동의 방향성을 제시했고, 실제로 수천 명의 시민이 국회로 모이는 데 결정적 역할을 했다. 페이스북은 심층적 담론과 분석의 장이 됐다. 정치학자, 언론인, 시민들이 계엄령의 정치적·법적 문제를 깊이 있게 분석한 글들을 공유하며 토론했다. 인스타그램에서는 "이게 지금 실제 상황이 맞냐", "너무 두렵다" 등 시민들의 생생한 목소리와 감정이 공유되며 연대 의식을 다졌고, 유튜브의 라이브 방송은 국내외에 왜곡 없는 현장을 전달하며 국제사회의 관심을 환기시켰다. 각종 온라인 커뮤니티에서는 계엄령 관련 정보와 대응법이 빠르게 공유됐고, 메신저를 통해서는 시위 참여와 대피 요령 등이 전파되기도 했다.

이번 사태는 SNS가 민주주의를 위한 강력한 도구로도 사용될 수 있음을 입증했다. 시민 개개인을 연결하고 조직화했으며, 국민의 대표자와 시민사회를 하나로 묶어냈다. 특히 주권자들이 SNS를 통해 "국회로 와 달라"고 요청하며 서로를 불러내는 역할을 했다. 다양한 방식으로 서로를 호명하고 호출하는 도구로 자리 잡았다. 국회 앞이라는 물리적인 공간이 아니어도 SNS라는 각자의 광장을 통해 시민들은 서로 자신의 주권자로서의 목소리를 낼 수 있었다. 디지털 기술의 발전은 시민들이 더욱 쉽게 다양한 방식으로 자신의 시민주권을 드러낼 수 있게 해주었다.

연구 결과 사람들이 디지털 미디어와 온라인을 통해 정치적·사회적 이슈나 문제에 대해 관심을 갖고 참여할수록 우리 사회(공동체)에 대한 소속감이나 유대감이 증가되고, 우리 사회와 서로 영향을 주고받는다는 인식이 높아진다.* 계엄 당일 시민들은 이러한 유대감과 단체 의식을 폭발적으로 느낄 수 있었다. 시민주권은 다양한 정치적 기본권의 행사와 표현의 자유 등을 통해 완성된다. 계엄 당일 시민들은 과거와 달리 디지털 플랫폼을 통해 국가권력에 대한 견제와 저항, 정치적 의사 표현을 훨씬 더 효과적으로 할 수 있었다. 헌법 제21조에서 보장하는 집회·결사·언론·출판의 자유에 따라 더 쉽게 의견을 표명하고 정치적 의사결정에 영향력을 행사할 수 있게 한 것이다.

다시, 시민 저항의 시작

시민들의 저항은 국회 앞에서 시작해 전국 각지로 빠르게 확산됐다. 시민들은 헌법 제21조에서 규정하는 집회·결사의 자유에 근거해 평화적으로 모여 집회 시위를 열었다. 국회가 있는 서울뿐 아니라 부산, 광주, 대구, 대전 등 전국 주요 도시에서 시민들이 자발적으로 모여 집회를 열었

---

* 안정임·최진호, 「디지털 시민성 역량이 공동체 의식에 미치는 영향: 연령대별 차이를 중심으로」, 『정치커뮤니케이션연구』, 제57호, 한국정치커뮤니케이션학회, 2020, 133-177쪽.

다. 12·3 계엄부터 윤석열의 파면 다음날인 2025년 3월 5일까지 124일 동안 서울에서만 67번의 대규모 집회가 열렸고, 시민 1천만 명이 참여했다. 주말과 평일 집회 뒤 시민 행진이 60번 이뤄지는 동안 총 행진 길이는 145km에 달했다. 부산에서도 계엄 선포 직후 첫 주말 최대 8만~10만 명이 참여한 촛불집회가 열렸고, 광주에서의 누적 집회 참여 인원 역시 20만 명 이상으로 추산되는 등 각 지역별 집회 인원을 합하면 전국적으로 수백 만 명 이상이 집회에 참여해 왔다. 계엄 당일 계엄령이 선포되면서 포고령 1호는 "집회, 시위 등 일체의 정치활동을 금한다"라는 명령으로 일시적으로 집회·결사의 자유를 강제적으로 제한했지만, 시민들의 집회 행동은 여전히 헌법적 권리 행사라는 점에서 정당성을 갖고 있었다.

비상계엄이 종료된 직후인 2024년 12월 4일부터 전국에서는 즉각 대통령 탄핵 촉구 집회로 주권자들이 모이기 시작했다. 시민들은 국회 앞 광장에 모여 탄핵소추안 표결에 불참하는 여당을 규탄하며 "헌법이 부여한 책임을 회피하지 말라"는 구호를 외치고 헌법기관으로서의 당연한 의무를 촉구했다. 헌법 제46조 제2항은 "국회의원은 국가이익을 우선해 양심에 따라 직무를 행한다"라고 정하고 있다. 국회의원은 국민 전체의 대표자로서 국가이익과 헌정질서 수호를 위해 양심에 따라 성실하게 표결에 참여할 의무가 있지만, 탄핵안 1차 표결 당시 여당 국회의원들은 표결에 참여하지 않았고 시민들은 이에 국민의 대표들에게 목소리를 높였다.

12월 7일에는 집회 측 추산 인원 100만 명(경찰 추산 16만 명)이 여의도에 모였으며, 12월 14일에는 주최 측 추산 200만 명(경찰 추산 24.5만 명)이 참가했다. 2016년 12월 3일 진행된 박근혜 즉각 퇴진의 날 집회(주최 추산 232만 명) 이후 대한민국 헌정 사상 두 번째 규모의 집회였다.

비상계엄 당일 밤 국회 앞으로 모였던 시민은, 이튿날인 12월 4일부터 탄핵소추안이 가결된 14일까지 11일간 집회를 이어갔다. 집회 장소는 계속해서 옮겨 가며 밤샘 집회가 이어졌다. 12월 16일 전라·경남에서부터 시작된 전국농민회총연맹·전국여성농민회총연맹의 '세상을 바꾸는 전봉준 투쟁단 트랙터 대행진'이 서울 남태령 고개에서 막혔을 때, 여성과 성소수자, 농민, 노동자 등 다양한 시민 주체들이 연대해 경찰의 차 벽을 무력화시키기도 했다.

한 고비의 위기를 넘기면 한 고비가 또 생겼지만 시민들은 멈추지 않았다. 윤석열에 대한 1차 체포영장 집행이 실패한 이후 2025년 1월 초에는 은박지 담요를 둘러싼 일명 '키세스 시위대'가 서울 한남동 대통령 관저 앞에서 한파를 이기고 자리를 지켜냈다. 한파와 폭설 속에서도 시민들은 은박지 담요를 둘러쓰고 밤샘 시위를 이어갔다. 이들은 초콜릿 '키세스'와 닮았다고 해서 '키세스 시위대'라 불렸으며, "내란수괴 윤석열 체포" 구호를 외치며 자리를 지켰다. 윤석열의 구속이 취소된 이후에도 헌재 선고 결과가 나오는 때까지 시민들은 매일 저녁마다 모였다. 경복궁역, 광화문 등 주요 도심 집회장에 시민들이 모여들었고, 대표단은 단식농성을 벌이기도 했다. 체포영장 집행 실패, 구속 취소 등 위기 상황마다 시민들은 이에 움츠러드는 바 없이 오히려 더욱 강력하게 집결해 주권자의 의지를 보여주었다.

이번 계엄 극복과 탄핵 과정에는 기억해둘 여러 장면들이 있지만, 그중의 하나가 이전보다 더 많은 사람들이, 더 다양하게 연대했다는 점이다. 과거 민주화운동과 비교했을 때 광장에 선 시민들의 모습은 훨씬 더 다양한 형태로 존재했다. 계엄을 겪어 보지 못한 젊은 세대부터 과거 독재에 저항했던 중장년층까지 세대를 초월한 연대가 계속됐다.

특히 그동안 집회와 시위 등에 꾸준히 참여해 왔음에도 현장에서 크게 주목받지 못했던 2030세대 여성들을 중심으로 한 'K-POP 시위대'가 주도한 문화적 실천 역시 큰 변화였다. 이들은 온라인 밈과 응원봉 문화를 활용하여 기존의 시위 문화를 바꿔 나갔다. K팝을 듣고 자란 10~30대 여성들이 계층을 떠나 수평적으로 연대하며 팬덤 문화를 시위 현장에 들여온 것이다. 계엄 집회 현장에서 주권자는 어떤 형태의 모습, 어떤 형태의 연대로든 존재할 수 있었다. 이번 집회 기간 동안 무대에 올라 발언을 한 시민은 1,030명에 달했다. 노동자, 장애인, 여성, 농민, 성소수자, 이주민 등 서로 다른 사람들의 서로 다른 목소리가 한 곳에, 하나로 모였다.

이번 계엄령 사태는 디지털 시대를 살아가는 시민들의 새로운 저항 방식과 연대의 가능성을 보여주었다는 점에서 한국 민주주의 역사에서 특별한 의미를 갖는다. 저마다의 주장을 담은 다양한 이색 깃발 역시 집회 속 주권자의 다양한 모습을 보여줬다. 헌법 전문에서 '불의에 항거한 4·19 민주이념을 계승한다'라고 규정하듯이, 시민들은 불의에 대한 저항과 연대가 민주주의 수호의 핵심임을 천명했다. 다양한 집단 간 연대는 '모든 국민은 법 앞에 평등하다'라고 규정하고 있는 헌법 제11조 평등권 실현의 구체적 사례였다. 온라인 연대의 모습은 헌법 제21조가 규정하는 집회결사의 자유와 표현의 자유로의 확장이었다. 계엄 이후 광장은 그 자체로 헌법정신이 펼쳐진 곳이었다.

이런 시위문화는 'K-민주주의'라는 이름으로 지구촌의 모범으로 부상하기도 했다. 영국 《가디언》은 젊은 층이 시위를 주도하고 학생, 여성 단체, 활동가들이 중앙 무대에 서는 모습에 주목하며 "한국이 큰 시험대에 놓여있음에도 불구하고 실천하는 민주주의를 보여줬다"고 평가했다.*

---

*   Raphael Rashid, 「South Koreans stage mass rally to demand removal of Yoon Suk

《AP통신》은 K팝 응원봉을 시위 도구로 활용하는 모습에 주목하며 "젊은 시위대가 음악 콘서트에서 볼 수 있었던 K팝 응원봉을 들고 거리를 점거하며 반대 의사를 표명하고, 이를 통해 정치적 시위의 새로운 흐름을 만들어냈다"며 "이전 시위들과는 달리 (시위를) 앞장서는 것은 야광봉과 K팝을 든 젊은이들이었다"고 말했다.* 이런 문화가 알려지자 실제 대만에서는 법안 개정안 반대 시위 참가자들이 K팝 아이돌의 응원봉을 사용하는 모습을 보이기도 했다.

집회 현장 곳곳에서 시민들은 다양한 모습으로 목소리를 냈다. 집회 장소인 국회 일대 카페, 음식점 등에는 집회 참여자를 위해 음료 등을 선결제하는 새로운 문화도 등장했다. 시민들은 국회의사당역과 거리에 넘치도록 음식과 핫팩 등을 나눴다. 1980년 민주화 시위 당시 시민들이 나누던 주먹밥은 더 조직적이고 단단해져서 서로를 지켰다. 응원봉으로, 선결제로, 깃발로, 간식 나눔으로 시민들은 곳곳에 자리하며 민주주의에서 자신의 역할을 느끼게 됐다. 집회 자원봉사 인원도 1천여 명에 이르렀다. 농인의 참여를 위한 수어통역사도 166명이 참여했고, 2천 명의 의료진이 집회 참여자들을 도왔다. 민주사회를 위한 변호사모임을 중심으로 1천 명의 변호사가 인권침해감시단을 꾸려 경찰과의 충돌을 막고 집회 과정에서 법적인 문제나 인권 침해가 발생하지 않도록 도왔다.

윤석열에 대한 수사 과정에서 수사기관들이 경쟁적으로 뛰어들 수밖에 없던 배경도 이러한 시민들의 힘과 떼어놓고 생각할 수 없다. 검찰,

---

Yeol」, 《The Guardian》, 2024. 12. 28.

* LEE JIN-MAN, 「K-pop light sticks take over protests that fueled impeachment of South Korea's president」, 2024. 12. 14.

경찰, 공수처 등 주요 수사 기관들에 대해 시민사회는 지속적으로 빠른 수사와 권력 견제를 강하게 요구했다. 이러한 사회적 분위기 속에서 수사기관은 국민의 기대에 부응하려는 듯 앞다퉈 수사에 착수하고 성과를 내기 위한 움직임을 보였다. 실제로 1,500여 개 시민사회단체가 참여한 '윤석열 즉각 퇴진·사회 대개혁 비상 행동' 등은 윤 대통령 체포와 구속수사를 공개적으로 요구했고, 체포영장 집행이 지연되거나 실패할 때마다 더욱 강한 비판과 행동을 이어갔다. 공수처, 검찰, 경찰은 사건 초기부터 수사 주도권과 영장 집행, 기소를 둘러싸고 치열한 경쟁과 갈등을 벌였으며, 이는 수사 절차와 방식에까지 영향을 미쳤다. 결국 그들의 움직임은 국민적 요구가 동력이 되어 수사기관을 자극한 결과였다. 시민사회가 신속한 수사와 권력 견제를 요구하는 것은 헌법상 '국민주권' 원칙과 국민의 기본권에 근거한 사회적 요구이다. 이는 수사기관에 법적 의무를 부여하는 것은 아니지만, 수사기관은 국민적 요구와 사회적 분위기를 참고해 신속한 수사와 성과를 내기 위해 노력한 것이다.

  시민들의 이와 같은 결집은 단순히 탄핵을 둘러싼 정치적 이슈를 넘어서 헌법과 민주주의에 대한 새로운 이해와 실천으로 이어지고 있다. 12·3 계엄 사태를 계기로 헌법에 대한 시민들의 관심이 급증했다. 대학가에서는 헌법 수업이 인기를 얻고, 주요 서점에서는 헌법 관련 서적의 판매량이 늘었다. 인터넷 서점 예스24에 따르면 2024년 12월 헌법 서적 판매량은 전달인 11월보다 219% 증가했다. 2025년 1월에는 전달 대비 79% 상승했고, 이는 전년 동기간과 비교하면 무려 13배(약 1,285.4%)의 판매 증가세를 보인 것이다. 『헌법 필사』(더휴먼, 2024) 같은 도서는 2025년 1월 들어 전월 대비 판매량이 1,036% 증가했으며, 구매자의 53.3%는 20~30대인 것으로 나타났다. 유튜브 등 온라인 플랫폼에서도 '시민을 위한 헌법 강의' 등이 인기 콘텐츠로 떠올랐다. 이는 모두 헌법이 단순한 법조항이 아닌, 우리의 삶과 연관되고 우리를 지킬 수 있는 무기라는 것을 깨달았기 때문이다.

주권을 가진 시민들은 계엄이라는 위기 상황에서 헌법에 따라 국회가 계엄해제권을 발동하도록 하고, 스스로 국회 앞에 모여들어 계엄령 해제에 대한 목소리를 냈다. 시민들은 헌법을 도구로 사용했다. 헌법이 부여한 권한을 적극적으로 행사하며, 위기 상황에서 민주주의와 기본권을 지키기 위한 직접 행동을 실천한 것이다.

결국 또 다시, 국민주권의 승리

거리에 모인 시민들은 민주주의를 짓밟은 정권에 대한 책임이 추궁될 때까지 끝까지 멈추지 않겠다는 다짐을 내비쳤다. 가장 앞선 것은 헌법적 책임이었다. 지난해 12월 14일 국회에서 탄핵소추안이 가결된 뒤 111일 만에 헌법재판소에서 윤석열에 대한 파면 선고가 내려졌다. 국민의 승리였다.

2025년 4월 4일, 윤석열 탄핵 결정문의 또 다른 주인공은 대한국민이었다. 헌법재판소 결정문 곳곳에는 윤석열의 위헌 행위에 대한 판단뿐 아니라, 그에 대응해 헌정 질서를 지켜낸 국민들의 역할이 분명하게 드러났다. 헌법 제1조 '대한민국의 주권은 국민에게 있고 모든 권력은 국민으로부터 나온다'는 선언이 계엄 대통령에 대한 파면이라는 살아있는 결정으로 나온 것이다. 탄핵이라는 역사적 결정을 가능하게 한 실질적 동력은 바로 그 국민의 힘이었다.

　헌법재판소는 "대한민국은 민주공화국이다."라는 헌법 제1조 1항을 결론의 첫머리에 적었다. 이후 "민주주의는 개인의 자율적 이성을 신뢰하고 모든 정치적 견해들이 각각 상대적 진리성과 합리성을 지닌다고 전제하는 다원적 세계관에 입각한 것으로서, 대등한 동료 시민들 간의 존중과 박애에 기초한 자율적이고 협력적인 공적 의사결정을 본질로 한다."라고 적었다. 또한 이번 계엄 사태가 국민에게 미친 영향을 적었다. 헌재는 "피청구인은 국가긴급권 남용이라는 역사를 재현하여 국민을 충격에 빠트리고, 사회·경제·정치·외교 전 분야에 혼란을 야기했다."라며 "국민 모두의 대통령으로서 자신을 지지하는 국민의 범위를 초월하여 국민 전체에 대하여 봉사함으로써 사회공동체를 통합시켜야 할 책무를 위반했다."라고 지적했다. 이는 "민주공화국의 주권자인 대한국민의 신임을 중대하게 배반"한 행위라는 것이다. 대한국민은 헌법의 주인, 민주공화국의 주권자로서 대통령의 정당성의 근원이자 대통령 파면의 근거가 되는 존재로 명확히 존재했다. 결국 윤석열을 파면시킨 것은 대한국민이었다. 이번 결정문은 단순히 법적 판결을 넘어 사회 통합과 헌법정신을 재확인할 수 있는 계기였다. 대한국민이라는 표현을 통해 헌법의 주권자인 국민이 민주공화국의 주인임을 재확인하고, 대통령의 권력 남용은 주권자의 신임을 배반한 것임을 분명히 했다.

　박근혜에 이어 역대 두 번째 대통령 탄핵 역시 국민의 손끝에서 탄생한 셈이다. 2016년 촛불항쟁이 대통령의 재직 기간 중 행한 형법적 책임(뇌물죄, 직권남용죄, 강요죄) 등을 물은 것이라면, 2025년 시민들은 계엄령을 통해 민주주의를 짓밟으려는 현재의 권력을 처단했다. 헌정질서를 위협하고 독재를 꿈꾸는 권력을 직접 심판하며, 지난 2016년보다 훨씬 더 강력하게 주권자의 의지를 작동시키고 그 효력을 즉각적으로 발생시킨 것이다.

모든 갈등의 해답은 헌법 속에 있었다. 탄핵 과정에서 우리는 최고 권력자인 대통령조차 법의 아래에 있음을 증명했다. 시민들은 계엄 사태를 헌법 절차에 따라 풀어가는 능력을 실천했고, 스스로가 스스로를 지켜냈다. 과거와 같지만, 또 다른 민주주의 실천의 모습이다. 이번 계엄 사태는 민주주의의 취약성도, 민주주의의 회복성도 다시 한 번 보여줬다.

주권자 시민이 지킨 민주주의는 계속 이어져야 한다. 이제 중요한 것은, 주권자의 요구가 일회성의 정치적 사건으로만 소모되지 않도록 하는 것이다. 이번 계엄 사태에서 드러난 국가권력의 남용 가능성과 국민 기본권의 위협을 교훈 삼아 국민의 기본권을 보호할 수 있는 제도적·정치적 구조의 변화가 지속적으로 이뤄져야 한다.

계엄령이 발동해도 비상 권력의 남용을 실시간으로 견제할 수 있는 시스템이 마련돼야 한다. 언론 통제나 검열 등으로 권한을 제한하는 것에 대한 법적 장치도 필요하다. 4·19 혁명과 부마 민주항쟁, 5·18 광주민주화운동, 6월 민주항쟁, 촛불혁명이 오늘날의 국민을 지켰듯, 이번 계엄 사태의 교훈이 미래 주권자를 지킬 수 있어야 한다.

"당신은 나라의 주인입니까?"

선거철 현수막에서야 볼 수 있던 '주인', '주권'이란 정체성은 일상에서는 숨어있기 마련이다. 일상 속에 잠자고 있던 주권자로서의 역할을 우리 국민들은 지난 12월 3일 밤 다시 한번 마주할 수 있었다. 국민들은 이번 위기를 겪으며 다시 한번 확실히 말할 수 있게 됐다. 비상계엄이라는 위기 속에서도 당신은 나라의 주인이었다. 그 시간은 주권자의 시간이었다.

그 모든 시간, 민주주의를 지키는 힘은 바로 헌법과 법치 위에 있었다. 헌법은 주권자를 지키는 든든한 울타리이자 어느 순간에도 물러서지 않을 수 있는 근거가 되었다. 이제 다시금 민주주의가 회복되는 시간 역시 주권자의 손으로 새롭게 계속 쓰일 것이다. 그 출발선은 헌법에 있다. 질서와 정의의 회복을 위해서 우리가 다시 돌아가야 할 자리는 헌법이다.

제3장

계엄은 정치적 생존 도구가 아니다

독재의 유혹은 어떻게 민주주의를 벼랑 끝으로 몰고 갔는가

어떤 독재는 처음부터 치밀한 이념에 뿌리를 두기도 하지만 때론 궁지에 몰린 권력이 '생존 본능'으로 독재의 길을 택하기도 한다. 어떻게 시작되었건 그 끝은 똑같이 민주주의의 파괴로 이어진다. 이 생존 본능은 때로 부정부패를 은폐하거나, 정치적 생명을 억지로 연장하거나, 심지어 배우자를 비호하는 수단으로까지 변질될 수 있다. 이런 식으로 독재 권력이 강화되면 권력자를 겨냥한 비판이나 견제조차 모두 체제 전복으로 몰리기 십상이다. 결국 이러한 독재 포섭의 길이 어디로 이어지는지를 우리는 2024년 윤석열의 비상계엄 시도에서 목격했다.

2024년 12월 3일 비상계엄 선포는 평시의 계엄 선포라는 점에서 한국 정치사의 또 다른 비극의 가능성을 보여주었다. "내부 적과 종북 세력의 위협, 야당의 국정 마비, 부정선거 음모" 등 온갖 명분이 동원되었으나 이는 사실상 권력자 개인의 생존을 위한 돌파구였다. 지지율 추락, 야당의 특검 추진 및 연이은 탄핵, 주변 핵심들의 끊임없는 스캔들, 개인의 위기를 계엄으로 돌파해 보겠다는 발상이다.

헌법이 계엄을 불가피하게나마 인정하는 이유와 함께 이를 본래의 목적에서 벗어나 악용하지 못하도록 하는 통제의 필요성에 대해서는 이미 수차례 지적되어 왔다. 하지만 비상계엄을 권력의 도구로 전락시켜 정치적 반대 세력을 제거하려는 시도가 여전히 되풀이되고 있다는 점에서, 우리는 왜 궁지에 몰린 권력이 비상계엄으로 눈을 돌리는가에 대해 짚어 볼 필요가 있다.

어떤 법적 장치든 본래 민주주의를 지키기 위해 마련되었다는 사실을 우리는 종종 잊곤 한다. 비상계엄도 '국가의 존립이 위협받을 때 헌정 질서를 수호하기 위해' 헌법이 마련한 긴급권이다. 한국 현대사는 계엄이 오히려 독재 권력의 생존 수단으로 악용된 사례들로 점철되어 있다. "법은 어떻게 민주주의를 지키는가"라는 질문은, 계엄을 비롯한 국가긴급권이 본디 취지대로 작동하지 못했을 때 민주주의가 얼마나 취약해지는지를 보여주는 길잡이가 될 것이다.

제3장에서는 대통령에게 부여된 비상계엄 권한이 권력의 생존 본능과 결합할 때 어떻게 독재로 변질되는지, 그리고 그 결과 민주주의가 얼마나 쉽게 무너질 수 있는지를 살펴본다. 아울러 헌법이 계엄을 인정하는 이유와 그 통제장치, 그리고 이를 악용하지 못하도록 하는 민주주의의 보호 수단이 왜 필요한지를 다시금 상기하고자 한다.

헌법 제77조와 계엄:
계엄은 왜 필요한가?

대통령은 전시·사변 또는 이에 준하는 국가비상사태가 발생하였을 때 치안을 유지하기 위하여 불가피하게 병력을 동원해야 하는 경우 계엄을 선포할 수 있다. 계엄의 종류는 비상계엄과 경비계엄으로 구분한다. 단 국회가 계엄의 해제를 요구하면 대통령은 반드시 이를 해제해야 한다(헌법 제77조).

비상계엄의 법적 요건은 헌법과 계엄법에 명확히 규정되어 있다. 헌법 제77조 제1항에 따르면 비상계엄은 "전시·사변 또는 이에 준하는 국가비상사태에 있어서"라는 극히 제한된 상황에서만 발동할 수 있으며, 이 경우에도 군사상의 필요에 응하거나 공공의 안녕질서를 유지하기 위해 불가피하게 병력이 동원될 수밖에 없는 사유가 있어야 한다. 따라서 '사전적', '예비적', '선제적'인 계엄 선포는 불가능하다.

헌법 제77조 제2항 및 계엄법 제2조 제1항에서는 계엄을 비상계엄과 경비계엄으로 구분한다. 두 유형 모두 전시·사변 또는 이에 준하는 국가비상사태 시에 한하여 선포될 수 있으면서도, 사회질서가 교란되어 일반 행정기관만으로는 치안 확보가 불가능한 경우에 한해 경비계엄이, 그리고 적과 교전 상태이거나 사회질서가 극도로 교란되어 행정·사법 기능 수행이 현저히 곤란한 경우에 한해 비상계엄이 선포될 수 있다.

절차적으로는 계엄 선포 시 반드시 국무회의의 심의를 거쳐야 하며(헌법 제89조 제5호), 선포 즉시 이를 국회에 통고해야 한다(헌법 제77조 제4항). 국회가 폐회 중일 경우에는 즉시 집회를 요구해야 한다. 이러한 절차적 요건이 충족되지 않으면 위헌·위법한 계엄권 행사가 된다.

특히 주목해야 할 점은, 계엄선포권이 어디까지나 국회의 통제 아래 놓여 있다는 사실이다. 헌법 제77조 제5항에 따르면 국회가 재적의원 과반수 찬성으로 계엄 해제를 요구하면 대통령은 이를 반드시 수용해야 한다. 즉 계엄은 대통령의 임의적 결단으로 마음대로 행사할 수 있는 권한이 아니라 헌법과 법률이 정한 요건과 절차를 엄격히 준수해야 할 '헌법 기속적 작용'이다. 따라서 "국회를 해산한다"거나 "국회를 무력화시키겠다"는 식의 계엄 선포 계획은 헌법에 정면으로 배치되는 발상이다.

이번 12·3 사태에서 윤석열이 실제로 국회 해산(혹은 봉쇄)을 시도했고, 나아가 계엄사령부 포고령을 통해 국회 활동을 전면 중단시키려 했다는 사실은 헌법재판소를 통해 "중대한 헌정질서 파괴 행위"로 평가되었다. 국회가 계엄 해제를 요구할 수 있고 대통령은 이를 무조건 수용해야 한다는 헌법적 명령과 정면 충돌하기 때문이다. 헌법 제77조가 상정하는 계엄은 '헌정질서를 보전하고 국민을 보호하기 위한 극히 예외적 수단'이지, 대통령이 반대 세력을 제거하거나 입법부를 무력화하기 위해 동원할 수 있는 만능 카드가 아니다. 이러한 맥락에서 국회를 초월해 마치 계엄이 모든 정치 과정을 일거에 뒤엎을 수 있다고 보는 주장이나 시도는 헌법과 법률의 본질에 어긋나는 위헌적 오용일 뿐이다.

계엄 선포는 전쟁이나 대규모 반란, 혹은 경찰력만으로는 질서를 유지하기 어려운 실제 위기 상황 아래에서 오직 헌정질서를 '회복하기 위해' 대통령에게 부여된 권한이다. 계엄 선포의 정당성은 국가의 존립이 위협받는 극단적인 상황에서 병력의 투입이 불가피하다는 점이 설득될 때에만 확보될 수 있다. 예컨대 6·25전쟁 초기와 같이 수도가 함락되어 행정·치안 기능이 완전히 마비된 상황, 대규모의 무차별 테러로 인해 일반 행정기관만으로는 국가 기능을 수행할 수 없는 상황에서는 병력을 일시적·보조적으로 동원하는 것이 정당화될 수 있다. 계엄은 전시나 이에 준하는 국가비상사태가 발생한 상황에서 헌법 질서를 유지·회복하기 위한 하나의 제한적인 수단으로 설계되었다.

무엇보다 계엄은 하나의 제한적인 수단에 불과하다는 것이 현행 헌법과 계엄법에서의 규정의 핵심이다. 현행 헌법과 계엄법에서는 기본적으로 국가비상사태가 발생하였을 경우에도 민주공화국을 천명하고 있는 헌법 그 자체가 정지되거나 폐지되는 것은 아니며, 불가피한 때에 한해 헌법상의 일부 제도에 대하여 예외적인 조치가 가능하다고 규정하고 있을 뿐이다. 다시 말해 계엄은 헌법과 법률의 규정에 따라 가능한 권한이기 때문에 그 권한을 위임하고 있는 헌법과 법률 위에 올라설 수 없다는 것이다. 따라서 아무리 계엄이 선포되었다고 하더라도 현행 헌법의 효력이 축소되는 것은 결단코 아니다. 단지 일반 행정, 사법 일부 기능이나 헌법에 열거된 영장제도, 언론·출판·집회·결사의 자유에 대한 특별한 조치만이 일시적으로 가능해질 뿐이다(헌법 제77조 제3항).

근대헌법의 이념은 국가권력이 국민의 기본권 보장에 복무해야 한다는 데 있다. 계엄 역시 헌법을 근거로 하는 권한인 만큼 이를 인정하는 헌법의 이념에 반하여 행사될 수 없는 것은 당연하다. 불가피하게 개개인의 기본권 일부를 제한해야 할 경우 국가권력은 이를 스스로 정당화해야 한다. 계엄의 경우 헌법에서는 상황의 특수성을 감안하여 선포 이후 정당화의 부담만을 덜어주고 있을 뿐이다. 이는 계엄을 '선포'하기 위해서는 다른 권한들에 비해 더 가중된 수준에서의 정당화가 필요하다는 것을 내포한다. 선포에 필요한 모든 요건을 충족시키지 못한 계엄이 곧바로 부당한 것으로서 결론지어지는 것은 바로 이 때문이다.

다만 비상계엄은 선포되기만 한다면 일반 행정·사법 기능에 병력을 동원하는 것은 용이해진다(계엄법 제7조 제1항,* 제8조**) 군령권자의 의지가 결정적으로 작용할 여지도 커지게 되는 것이다. 국가의 존립과 공동체의 안전을 보장하기 위한 제도라 하더라도 그 일면에는 질서 유지를 이유로, 특히 개개인의 권리와 자유를 본질적으로 침해할 소지가 존재한다. 계엄 선포뿐만 아니라 선포 이후에도 그 범위와 한계를 명확하게 하고 이에 따라 특히 민주적으로 통제하려는 이유가 여기에 있다.

그 예로 프랑스는 1958년 제5공화국 헌법에서 계엄 선포 시 12일 이내 의회의 승인을 받도록 의무화했으며, 국방법전을 통해 민간 행정·사법 기능의 완전한 정지를 금지했다. 영국은 의회의 책임면제법(Indemnity Act)을 통한 사후 통제 장치를, 미국은 포시 코미타투스법(Posse Comitatus Act)으로 연방군의 국내법 집행 관여를 제한하고 있다.

한국의 계엄법 입법자들 역시 계엄제도의 양면성을 인식하면서 법을 만들었다. 그럼에도 불구하고 이념 갈등의 특수한 역사 속에서 한국의 계엄제도는 대부분 특정한 정치적 목적을 위해 오용되었다. 한국의 현대사에서 비상계엄은 여수·순천 10·19사건(1948)을 계기로 처음으로 선포되었다. 이어 제주 4·3사건(1948), 한국전쟁(1950), 그리고 전쟁을 치르는 와중에 벌어졌던 이른바 부산정치파동(1952)의 혼란 속에서 비상계엄이 계속 선포되었다. 휴전 이후의 비상계엄은 부산정치파동과 마찬가지로 이승만의 정권 연장 기도가 원인이었던 4·19혁명(1960), 박정희 정권 창출의 계기인 5·16 군사쿠데타(1961), 6·3항쟁 저지(1964), 박정희의

---

* 계엄법 제7조 제1항: 계엄사령관이 계엄지역의 모든 행정사무와 사법사무를 관장한다.
** 계엄법 제8조: 행정기관 및 사법기관은 지체 없이 계엄사령관의 지휘·감독을 받아야 한다.

대한민국 비상계엄 선포 역사

대통령	비상계엄 선포일	사건 내용	특징
이승만	1948년 10월 25일 ~ 1949년 2월 5일	여수·순천 10·19사건	국가 건립 초기, 지역 내 좌익 반란 진압 명분
이승만	1948년 11월 17일 ~ 12월 31일	제주 4·3사건	제주도 민중 운동의 무력 진압, 공산 폭동 진압 명분
이승만	1950년 12월 7일 ~ 1952년 4월 20일	한국전쟁	분단의 특수성, 전쟁 중 불가피한 계엄
이승만	1960년 4월 19일 ~ 7월 15일	4·19 혁명	이승만의 정권 연장 기도, 전국적 민주화 열기에 밀려 실패, 이승만 하야
박정희	1961년 5월 16일 ~ 12월 5일	5·16 군사쿠데타	박정희 정권 창출
박정희	1964년 6월 3일 ~ 7월 28일	6·3 항쟁	한일협정 반대 시위 진압, 민주화운동 저지 목적
박정희	1972년 10월 17일 ~ 12월 13일	10월 유신	박정희의 영구 집권을 위한 계엄 선포 (유신헌법)
박정희	1979년 10월 18일 ~ 10월 27일	부마 민주항쟁	부산·마산 시위의 무력 진압, 민주화운동 저지 목적
최규하	1979년 10월 27일 ~ 1981년 1월 24일	10·26 사건	박정희 피살 후 비상계엄
전두환	1979년 12월 12일	12·12 군사쿠데타	10·26 사건 이후 선포된 계엄이 일부 해제, 군 내부 숙청 및 정권 기반의 장악
전두환	1980년 5월 17일	5·17 군사쿠데타	5·17 조치로 전국으로 확대, 전두환 신군부 집권, 광주민주화운동 진압
윤석열	2024년 12월 3일	12·3 비상계엄 선포	밤 10시 28분 비상계엄 선포, 12월 4일 오전 1시 3분 국회 비상계엄령 해제 요구결의안 가결

영구 집권을 위한 10월 유신(1972), 부마 민주항쟁 저지(1979), 신군부의 정권 찬탈을 위한 비상계엄 확대(1980)에 이르기까지 모두 특정한 정치적 목적을 위해 동원되었다. 이 오용의 역사의 큰 틀은 12·3 사태에서도 이어졌다.

> ### 국가는 왜 국민의 기본권을 보장해야 할까?
>
> 근대 입헌주의의 핵심 전제 중 하나는 국가권력의 정당성이 '국민의 기본권 보호'에서 비롯된다는 점이다. 이는 고전적 사회계약론(예: 존 로크, 「Two Treatises of Government」, 1689; 장 자크 루소, 「Du Contrat Social」, 1762)과 17-18세기 계몽주의 사상가들(몽테스키외 등)의 권력분립론에 뿌리를 두고 있으며, 현대 헌법학에서도 '민주공화국 원리'와 결부되어 다수설로 인정되고 있다. 특히 독일 기본권 이론에서 발전된 기본권의 객관적 가치질서 개념은 국가가 기본권을 단순히 침해하지 않는 데 그치지 않고 적극적으로 보장해야 할 의무를 진다고 본다. 곧 국가는 국민의 권리 보장을 위하여 존재하고 헌법은 이를 제도적으로 확립하기 위한 도구라는 이념을 말한다. 우리 헌법 제10조 후문 "국가는 개인이 가지는 불가침의 기본적 인권을 확인하고 이를 보장할 의무를 진다"가 이를 명문화한 것이다.

계엄은 헌법 위의 권력이 아니다
: 욕망형 권력자들이 반복해 온 비상계엄의 정치

박정희와 윤석열은 출신 배경과 시대는 달랐지만 권력에 대한 방식과 태도는 놀랍도록 닮아 있다. 박정희는 군인 출신 파시스트였고 윤석열은 검찰 출신 파시스트였다. 박정희가 탱크와 장갑차로 권력을 장악했다면 윤석열은 법과 수사, 검찰권을 무기로 삼았다. 박정희는 장기집권을 위해 치밀하게 계획된 쿠데타를 실행한 기획형 파시스트였다. 계엄과 개헌을 단계적으로 연결해 독재체제를 구축했다. 반면 윤석열은 정권 붕괴 위기에 몰려 비상계엄을 꺼내든 대응형 파시스트였다. 총선 이후 장기간 준비했고 국회를 장악하고 헌법을 뒤집으려는 의도는 명백했다. 공통점은 둘 다 '욕망형 파시스트'라는 점이다. 민주주의 위에서 군림하려는 욕망, 권력의 연장을 위한 비상권 발동이라는 점에서 본질은 다르지 않다. 이들은 법과 제도를 통치 수단으로 바꾸며, 위기 상황을 정권 유지의 명분으로 삼았다.

그러나 차이점도 뚜렷하다. 박정희는 정복형 권력자였다. 물리적 무력을 동원해 정적을 제거하고 체제 자체를 군사적으로 재편했다. 반면 윤석열은 지배형이자 불통형 권력자였다. 그는 자신이 몸담았던 검찰 조직에만 의존했고 외부와의 협치나 타협에는 철저히 무능하거나 무관심했다. 권력의 기반을 사회 전반이 아닌 친정 조직에만 두고 검찰 권력 하나로 국가 전체를 장악하려 했다. 그 결과 그는 제도를 동원해 법치주의를 왜곡하고 민주주의의 형식을 빌려 그 본질을 파괴하려 했다. 박정희는 그 길을 완주했고 윤석열은 실패했을 뿐이다.

혹시 윤석열은 박정희의 유신헌법을 꿈꿨던 걸까? 윤석열은 탄핵 심판 최후 변론에서 "지금 우리 헌법(87체제)은 변화된 시대에 맞지 않다. 그래서 임기 후반부에 개헌과 정치개혁을 추진해야 한다. 제가 직무에 복귀한다면 국정 후반에는 개헌·선거제 개혁에 집중할 것이고, 대통령 권한을 대외관계(안보·외교)에만 주로 쓰겠다. 이로써 국민통합을 이루고 국회에 대한 합리적 견제장치를 마련하겠다."라고 말했다. "야당의회 독재를 막기 위해 헌법을 다시 짜야 한다."라는 식의 발언이, 1972년 박정희가 "통일·반공을 위해 유신체제를 만들어야 한다"던 논리와 흡사하다. 다만 박정희처럼 미리 헌법 법안을 준비해 놓은 정황은 아직까지는 드러나지 않고 있으나, 윤석열은 헌법 개정 필요성을 충분히 알고 있다. '계엄→탄핵 심판→헌법 개정'이라는 흐름 자체는, 윤석열이 파면되지 않는다면 '유신헌법'을 노리는 것 아니냐는 의구심을 불러일으키기에 충분했다. 둘 다 헌법 개정을 언급한 점, 그리고 이를 통해 정적을 제거하고 장기 집권 내지 임기 보장을 도모하려 했다는 점에서 "법은 국민을 지키는 장치인가, 권력자 생존을 보장하는 도구인가"라는 물음이 다시 떠오른다.

1972년 10월 17일 오후 7시, 박정희는 전격적으로 "비상계엄을 선포한다"고 밝혔다. 당일 오후 6시경 이미 국회의사당(당시 서울 태평로 소재) 주변은 군의 탱크와 장갑차, 완전무장 병력으로 메워졌다. 공중에서는 헬기가 상공을 선회했고, 계엄사령부가 설치된 청와대와 중앙청(현 국립고궁박물관 부근)엔 군 지휘부가 속속 모여들었다. 10월 17일 밤 '유신 쿠데타'가 시작된 것이다. 그리고 52년 뒤인 2024년 12월 3일 밤, 윤석열이 전혀 예고 없이 비상계엄을 선포했다. TV로 생중계된 대국민담화는 충격적이었다. 국회와 선관위, 언론사를 겨냥한 무장 병력 투입 계획이 즉시 시행되었으며, 국회 의사당 내에 헬기가 착륙해 특전사 요원들이 신속히 국회로 진입했다.

두 사건 모두 계엄이라는 형식으로 민주공화국 질서를 일시에 파괴하려 시도했다. 하지만 그 전개 과정과 결과는 판이하게 달랐다. 박정희의 유신 쿠데타는 그 뒤 15년간 지속된 철권통치와 함께 '유신헌법'을 탄생시켰고, 한국 현대사의 가장 긴 암흑기가 이어졌다. 반면 2024년 윤석열의 비상계엄은 불과 6시간 만에 국회에 의해 무력화되었고, 다음날부터 시민들의 탄핵 압박으로 정권은 회복 불능의 위기에 빠졌다.

두 비상계엄은 ① 두 사람이 맞닥뜨린 정치적 위기 상황과 '국회 해산권' 중시라는 공통점, ② 분단체제와 반공 이데올로기를 활용하여 반대 세력을 '색깔론'으로 몰아가는 수법을 썼다는 점, ③ 한쪽은 철저히 준비된 쿠데타(박정희)였고 다른 한쪽은 시점상 급박하게 시도된 쿠데타(윤석열)였다는 차이, ④ 그리고 둘 다 결국 민주주의에 깊은 상처를 남겼다는 교훈이 있다는 점에서 비교될 수 있다.

1. 정치적 궁지 속 계엄의 유혹에 사로잡히다

박정희가 심각한 정권 불안을 체감한 것은 1971년 대통령 선거 직후였다. 1969년 3선 개헌 이후 "이제 딱 한 번만 더"라는 약속으로 대통령 출마가 가능해진 박정희는 1971년 대선에서 김대중(제15대 대한민국 대통령)이라는 새로운 정치적 거인을 맞닥뜨렸다. 김대중은 40대 기수론의 기세를 업고 야당 공천에서 승리했으며, 장충단 유세에서는 사상 최대 인파를 동원했다. 동아일보는 30만 명, 일부 추산에 따르면 60만 명 이상, 뉴욕타임스는 90만 명이 모였다고 보도했는데, 이는 김구 장례식에 모인 50만 명보다 더 많은 규모였다.

장충단 유세에서 김대중은 "박정희가 총통제를 연구 중"이라고 주장하며 "정권 교체를 못하면 영구 집권의 총통제가 실시돼 선거도 없을 것"이라고 경고했다. 또한 중앙정보부 폐지, 지방자치제 실시, 향토예비군과 교련 폐지, 대중경제 실시 등을 공약으로 내세웠다. 이에 대응해 박정희 캠프는 관권을 총동원하고, KBS, MBC 등 매스컴을 장악하여 일방적 지원을 받았으며, 1년 예산의 10%에 해당하는 약 600~700억 원의 막대한 선거자금을 투입했다. 결과적으로 박정희는 634만여 표를 얻어 539만여 표를 얻은 김대중을 94만여 표 차이로 간신히 이겼다. 경상도 몰표가 없었다면 박정희는 패배했을 것이다.

선거 결과에 충격을 받은 박정희는 "하마터면 정권을 도둑맞을 뻔했다. 돈을 또 얼마나 썼는데 표차가 이것밖에 안 돼. 이런 식의 선거 제도라면 안 되겠어."라는 격한 반응을 보였다고 한다. 이 경험은 박정희에게, 더는 헌법상 잔여 임기만으로는 안심할 수 없다는 두려움을 심어주었다. 박정희는 선거 전부터 장기 집권을 위한 준비를 해왔고, 대만이나 스페인에 인사들을 파견해 총통제를 연구하게 했지만 1971년 대선의 결과를 보고 더욱 확신을 갖게 되었다. 결국 박정희는 1972년 10월 17일 비상계엄을 선포하고 유신체제로 나아갔다. 이는 철저히 계획되고 준비된 행동이었으며, 장기 집권의 길을 여는 결정적 조치였다.

2024년 당시 윤석열 역시 그를 둘러싼 정치적 위기가 그 어느 때보다 심각했다. 4월 총선에서의 충격적인 여당 참패, 끊임없이 불거지는 김건희 스캔들, 명태균 구속, 야당의 지속적인 탄핵 및 특검 압박은 윤석열에게 정치적 사망선고를 내린 것이나 다름없는 상황이었다. 지지율은 바닥을 쳤고, 정치적 생존을 위해 극단적 선택을 해야 하는 기로에 서있었다. 2023~2024년 내내 지속적으로 이재명·야당을 압박한 것도 별다른 성과 없이 지지부진했다. 이러다 임기 내내 레임덕이 될 것이라는 우려가 커졌다.

결국 윤석열은 마지막 카드로 '생존형 비상계엄'이라는 초강수를 선택했다. "야당의 의회독재"를 운운한 주장은 삼권분립의 기본 원리를 정면으로 부정하는 헌법 정신에 대한 노골적인 모독이다(헌법 제40조, 제66조 제4항, 제101조 제1항 위반). 야당이 다수 의석을 확보한 상황에서 합법적 의정활동을 통해 행정부를 견제하는 것은 민주주의의 가장 기본적이고 정상적인 작동 방식이다. 결국 군사력을 동원해 국회와 야당의 합법적 의정활동을 무력화하려 한 시도는, 정치적 궁지에 몰린 윤석열이 선택한 극단적 돌파구이자 헌법 질서에 대한 중대한 침해였다.

2. 분단체제를 악용하다

'통일'이나 '평화'를 표면적으로나마 강조했던 박정희와 달리, 윤석열은 남북 접촉이나 대화 시도 없이 곧장 '간첩·반북' 프레임을 전면에 내세웠다는 점에서 차이를 보인다. 박정희는 초기 평화통일 담론을 전면에 내세웠다. 1972년 7월 4일 남북공동성명이 발표된 것은 박정희 정권이 남북 대화를 전면에 내세운 사건이었다. 당시 남한 국민 다수는 갑작스레 나온 남북 합의 소식에 환영하는 분위기였고, 언론들도 일제히 "통일의 문이 열렸다"며 대대적으로 보도했다. 설문 결과 "통일이 곧 달성될 것"이라고 기대하는 여론이 90%를 넘었다는 조사도 있을 만큼 당시 국민의 통일 염원은 그만큼 강렬했다.

하지만 박정희 본인이 7·4 남북공동성명을 '진심으로' 추진할 생각이 있었는지에 대해서는 의심스러운 정황이 많다. 박정희가 이 합의를 통해 한반도에 실제 평화를 정착시키거나 남북 관계를 개선하려 했다는 분석도 있다. 그러나 뒤집어 보면 1970년대 초반 국제정치(데탕트, 미·중 화해, 냉전 완화 흐름)와 국내 정치(1971년 대선에서 김대중에게 간신히 승리, 야당이 강해지는 등) 상황을 종합해보면, 박정희가 남북 대화를 '정권 유지 수단'으로만 바라본 측면이 크다는 견해가 더 설득력이 있다.

1969년 3선 개헌으로 이미 한 차례 무리수를 둔 박정희였지만, 1971

년 대선에서 김대중 후보에게 간신히 이긴 뒤에는 '또다시 선거로 권좌를 내놓을 위험'을 크게 의식했다고 한다. 이때부터 '헌법을 통째로 뒤집어 장기집권 체제를 만들겠다'는 구상이 구체화되는데, 이를 실행하는 과정에서 남북 대화와 평화통일이라는 명분이 무척 유용하게 쓰였다. 1972년 5월 이후락 중앙정보부장이 극비리에 평양을 다녀와 7·4 남북공동성명 초안을 마련한 것도 박정희 정권 내부에서는 이미 유신 체제를 선포할 준비를 하면서 국민에게는 '통일을 위한 중대 결정이 필요하다'라는 식의 분위기를 조성하려는 목적이었다. 실제로 7·4 공동성명이 발표된 직후 박정희는 "새로운 남북 관계와 통일의 미래를 열기 위해선 우리 내부에 만연한 혼란과 비효율을 일거에 타파할 강력한 체제가 필요하다"라는 논리를 점점 노골적으로 펼치기 시작한다.

박정희는 쿠데타를 일으킨 직후 특별 선언과 담화에서 평화통일 담론을 부각했다. "남북이 이제 막 대화를 시작했으니 국가의 힘을 하나로 결집해 통일 대업을 완수해야 한다. 오늘의 체제 개혁(유신)은 바로 그 길을 열기 위한 것이다."라는 주장이었다. 그는 12월 27일 스스로 '체육관 대통령'에 취임하면서도 같은 이야기를 반복했다. 겉으로만 보면 평화통일을 위한 결단처럼 보일 수 있었지만 실제 제정된 유신헌법의 내용은 대통령 1인에게 막대한 권한을 집중시키고, 심지어 국회를 해산할 수 있는 권한, 긴급조치권 등 독재를 제도화한 독소 조항으로 가득했다(헌법 제1조 제2항, 제21조, 제37조 위반). 한마디로 "통일을 해야 하므로 국회 등 기존 정치 체제를 대폭 정리하고 군사적·독재적 권능을 강화해야 한다"는 논리는 순전히 명분에 가까웠다.

실제로 박정희가 7·4 남북공동성명을 발표한 이후 일정 기간 동안 남북 간 적대적 비방을 자제하긴 했으나, 그는 곧바로 야당 의원 및 반체제 인사를 '색깔론'으로 공격하고 긴급조치 1~4호를 잇달아 발동해 헌법적 권리를 짓밟는 행태를 보였다. 1973년 이후 반공·반북 캠페인이 강화되고 유신 독재의 실체가 드러났다. 1973년 8월, 남북 대화가 사실상 중단되자 박정희는 다시 극단적인 반공·반북 캠페인으로 돌아섰다. "북괴(북한) 야욕이 더 심해지고 있다", "우리 내부의 적색분자가 북과 손잡고 체제 전복을 노린다" 같은 구호가 쏟아졌고, 이는 정권 유지를 위한 공포 정치 수단으로 활용되었다.

대표적으로 1975년 긴급조치 9호는 유신을 비판하거나 헌법 개정 요구를 꺼내기만 해도 반공법 위반, 내란선동 등으로 엮이게 만들었고, 수많은 야당 정치인과 학생들이 구속, 고문을 당했다. 언론 출판의 검열도 전례 없이 강화되었고, 박정희의 유신헌법에 반대하는 사람은 모조리 '좌익' 혹은 '빨갱이'로 낙인이 찍혔다. 이처럼 박정희가 유신 쿠데타를 정당화하면서 내걸었던 평화통일은 순식간에 자취를 감추고 반공·독재 노선이 전면에 자리 잡았던 것이다. 역사적으로 보면 박정희 체제는 1979년 10월 26일 박정희가 피살될 때까지 연장되는데, 그 과정에서 경제적 위기(오일쇼크, 물가 상승), 부마항쟁 등 국민적 저항이 거세지자 더더욱 독재적 행태를 강화했다. 결국 '통일을 빌미 삼은 권력연장의 시도'는 국민의 민주화 열망을 막아내지 못하고 붕괴된 셈이다.

헌법은 삼권분립의 원칙을 어떻게 규정하고 있을까?

대한민국 헌법은 국가 권력을 입법권, 행정권, 사법권으로 나누어 각각 국회, 정부(대통령), 법원에 귀속시키고 있다. 헌법 제40조("입법권은 국회에 속한다"), 제66조 제4항("행정권은 대통령을 수반으로 하는 정부에 속한다"), 제101조 제1항("사법권은 법관으로 구성된 법원에 속한다") 등이 이에 해당한다. 이를 통해 국가 권력의 균형과 견제를 구현하는 삼권분립 원리를 명시적으로 확인할 수 있다.

박정희가 제정한 유신헌법은 삼권분립의 원칙을 어떻게 위배했을까?

① 유신헌법의 국회 해산권과 입법부 존속 원칙 위배: 국민주권 및 대의민주주의 원리 파괴

유신헌법 제59조 제1항 "대통령은 국회를 해산할 수 있다", 제2항 "국회가 해산된 경우 국회의원 총선거는 해산된 날로부터 30일 이후 60일 이전에 실시한다"고 규정하여 대통령에게 일방적인 국회 해산권을 부여했다. 이는 현행 헌법이 보장하는 국민주권 원리(헌법 제1조 제2항)와 입법권의 국회 귀속 원칙(헌법 제40조)을 정면으로 위배하는 조항이었다. 국민이 선출한 대표로 구성되는 국회를 대통령이 자의적으로 해산할 수 있다는 것은 주권자인 국민의 의사를 무시하고 대의민주주의의 근간을 흔드는 반헌법적 권한이었다. 현행 헌법이 대통령에게 국회 해산권을 부여하지 않는 것은 입법부의 존속과 독립성을 보장하여 삼권분립을 실현하기 위한 필수적 장치다.

② 유신헌법의 권력 집중 구조와 삼권분립의 원칙 위배: 견제와 균형 시스템 무력화

유신헌법은 대통령에게 국회 해산권(유신헌법 제59조), 국회의원 1/3 임명권(유신헌법 제40조 제1항 "통일주체국민회의는 국회의원 정족수 3분의 1에 해당하는 수의 국회의원을 선거한다", 제2항 "제1항의 국회의원의 후보자는 대통령이 일괄 추천하며 후보자 전체에 대한 찬반을 투표에 붙여 재적대의원 과반수의 출석과 출석대의원 과반수의 찬성으로 당선을 결정한다"), 긴급조치권(유신헌법 제53조) 등 초헌법적 권한을 집중시켜 사실상 입법·행정·사법 전 영역을 대통령 1인이 통제할 수 있도록 했다. 특히 통일주체국민회의를 통해 국회의원 정수의 1/3을 대통령이 사실상 임명하도록 한 것은 현행 헌법 제40조(국회의 입법권)와 제41조(국회의원의 국민 선출 원칙)를 근본적으로 위배하는 조치였다. 이러한 권력 집중적 구조는 현행 헌법이 제66조(대통령의 행정권), 제40조(국회의 입법권), 제101조(법원의 사법권)로 엄격히 분리한 삼권분립 원리를 완전히 무력화하여 대통령 독재 체제를 헌법적으로 합리화한 독소 조항이었다.

③ 유신헌법 제53조 긴급조치권의 무제한적 권한 부여와 사법심사 배제:
견제와 균형의 원리 파괴

유신헌법 제53조는 대통령에게 "내정·외교·국방·경제·재정·사법 등 국정 전반"에 걸친 긴급조치권을 부여하면서, 동시에 제4항에서 "사법적 심사의 대상이 되지 아니한다"고 명시했다. 이는 현행 헌법이 보장하는 사법부의 위헌법률심판권(헌법 제107조)과 법원의 독립성(헌법 제103조)을 정면으로 부정하는 조항이었다. 삼권분립의 핵심은 권력 간 견제와 균형인데, 행정부의 조치를 사법부가 심사할 수 없도록 한 것은 이러한 헌법적 원리를 근본적으로 훼손한 것이다.

④ 유신헌법의 기본권 정지 조항과 법치주의 원칙 위배:
헌법 우위의 원리 파괴

유신헌법 제53조 제2항은 대통령이 "헌법에 규정되어 있는 국민의 자유와 권리를 잠정적으로 정지하는 긴급조치"를 할 수 있다고 규정했다. 이는 헌법이 기본권의 최고 보장 규범이라는 현행 헌법 제10조(인간의 존엄과 가치, 행복추구권)와 제37조(기본권 제한의 한계) 정신과 정면충돌한다. 헌법 자체에서 기본권을 정지할 수 있다고 규정한 것은 헌법의 최고규범성과 법치주의 원칙을 스스로 부정한 자기모순적 조항이었다.

⑤ 유신헌법의 사법부 인사권 대통령 집중과 사법권 독립 원칙 위배:
법관의 독립성 침해
유신헌법 제104조는 대법원장과 모든 법관의 임명권을 대통령에게 집중시키고 기존의 법관추천위원회를 폐지했다. 현행 헌법 제103조가 보장하는 "법관은 헌법과 법률에 의하여 그 양심에 따라 독립하여 심판한다"는 사법권 독립 원칙을 제도적으로 무력화한 조치였다. 특히 대법원장이 대법관을 제청하고 대통령이 임명하는 현재의 제도적 잔재는, 사법부가 행정부로부터 독립하여 권력을 견제해야 한다는 삼권분립의 본질적 요구를 심각하게 훼손하고 있다. 이는 세계적으로도 유례가 드문 반민주적 제도로서 유신헌법의 권위주의적 통치구조가 현재까지 지속되고 있는 대표적 사례다.

윤석열은 자유민주주의 통일과 안보 위기를 앞세웠다. 박정희의 유신론이 '통일'과 '안보 위기'를 명분 삼아 국내의 정적을 억압한 것처럼, 윤석열도 2024년 들어서면서 북한 문제를 국가적 어젠다로 세웠다. 2024년 3·1절 기념사에서 윤석열은 "통일을 더 미룰 수 없다", "헌법 4조의 책무에 따라 자유민주통일을 반드시 추진하겠다"며 '통일선언'을 한 것이 대표적이다. 이어서 8·15 광복절 경축사에서는 한 발 더 나아가 "북녘에 자유가 확장돼야 한다", "우리가 누리는 자유와 번영을 북한 주민도 함께 누릴 수 있도록 해야 한다"는 이른바 '흡수통일' 독트린을 선언했다.

이 같은 발언은 과거 보수 정부의 '통일대박론'을 연상케 하지만 그 강도나 방식 면에서 훨씬 직접적이다. 윤석열은 북한 체제를 더 이상 동등한 대화상대로 인정하기보다 "우리식 자유민주주의로 통일하겠다"는 식으로 기정사실화하는 메시지를 반복했다. 2024년 8월 발언 이후에는 북한을 "동토의 왕국", "정권 붕괴만 남은 극단체제"로 묘사하면서 국내외 지지를 호소했다.

윤석열이 평양의 무인기 침투, 쓰레기 풍선의 부양 원점 타격 등으로 북한과의 군사 충돌을 유도한 뒤 이를 빌미로 비상계엄 선포를 하려 했다는 '북풍 공작' 의혹에 대해 국방부는 사실관계를 명확하게 밝히지 않았다. 이는 특검을 통해 관련 의혹을 규명할 필요성이 있다. 가장 많이 거론되는 사례가 바로 평양의 무인기 침투 의혹이다. 2024년 10월, 북한이 "남측 무인기가 우리 상공에 침투해 전단을 뿌렸다"고 발표하자 국방부는 처음엔 "사실무근"이라 했다가 곧 "확인해 줄 수 없다"고 말을 바꿨다. 이후 김용현이 군 내부에 "북한이 반발해 군사충돌이 일어나면 계엄 사태로 전환시킬 수 있다"는 발언까지 했다는 제보가 있다.

또 다른 예는 오물풍선의 원점을 타격하라는 지시이다. 북한이 종종 남측 지역에 비난 풍선을 보내는데 이를 "포격하거나 전투기로 공격하자"는 지시가 합참에서 논의됐다는 보도가 있었다. 군 지휘부 일부가 반대했으나 정치적으로 강행하라는 압박이 있었다는 증언들이 나오면서 논란이 커졌다. 서해 북방한계선(NLL) 일대에서도 해병대가 K-9 자주포 200여 발을 사격하여 북한이 반발할 경우 곧바로 국지전으로 번질 뻔했다는 정황도 전해진다.

윤석열이 했던 담화나 대통령실 발표 내용을 보면 "거대 야당이 북한 공작조직과 연계해 국정을 마비시킨다"는 식의 반공 프레임이 강력히 동원되었음이 확인된다. 윤석열은 "우리는 북한 간첩단 사건으로 국가안보가 심각한 상태임을 다시금 목격했다. 이를 저지하려는 나의 노력을 야당이 계속 방해하고 있다. 더이상 간과할 수 없다."라는 언급을 했고,

이를 근거로 곧 국회 해산명령까지 검토했다. 즉 "거대 야당+민주노총+진보 단체=북한의 지령"이라는 등식을 만들어내어, 폭넓은 반대 세력을 단숨에 '적'으로 규정하려 했던 것이다.

　이는 박정희가 유신체제하에서 야당과 반체제 인사들을 '적색분자'로 몰아간 전례와 흡사하다. 차이점이라면 박정희는 이를 1972~1973년 상당 기간에 걸쳐 단계적으로 전개했지만, 윤석열은 사전 작업 없이 급작스럽게 시도했다는 점이다. 결국 국민적 지지를 얻지 못했고 국회마저 곧바로 계엄 해제안을 가결시켜버리자 윤석열의 '반공·반북 계엄' 계획은 무력화되었다. 무력화되긴 했으나 이 '반공·북풍' 방식을 통해 사회 갈등을 심화시키려는 갈라치기 전략 자체는 여전히 유효하고 위험하다. 박정희 시절에는 '냉전'과 '반공'이 국가 전체의 이념이었고, 언론·사법부가 이를 그대로 뒷받침하는 구조였다. 그러나 2020년대 대한민국에서는 시민사회가 훨씬 자유롭고, 야당이 국회 다수 의석을 차지해 대통령 권한을 제어할 수 있는 데다, 국제사회도 쿠데타적 계엄을 즉각 비판하는 상황이었기 때문에 윤석열의 '반공·북풍' 카드는 한계에 봉착할 수밖에 없었다.

　한편 윤석열은 탄핵심판 과정에서도 줄곧 간첩 문제를 강조하며 계엄 선포의 불가피성을 호소했다. 실제로 재판정에서 그가 내놓은 주요 방어 논리 중 하나는 "민노총 간첩단, 중국인 드론 침투, 야당의 간첩 방치가 국가 안보를 심각하게 위협한다"는 주장이었다. 계엄이야말로 "이런 간첩 세력을 저지하기 위한 국가적 결단"이라는 식이었다. 하지만 정작 국회에 군을 투입하고 선관위를 무장 봉쇄한 이유가 간첩과 무슨 상관이 있는지에 대해서는 윤석열 스스로도 명확한 설명을 내놓지 못했다. 간첩 사건은 사법·정보기관에서 처리할 문제일 뿐 국가 존립을 위협하는 전면전 상황이 아니다(형법 제98조, 국가보안법 제4조). 형법상 내란죄나 헌법 제77

조의 비상계엄 요건과 전혀 맞지 않다. 박정희 역시 유신 시대에 '빨갱이', '적색분자' 프레임을 사용해 정적을 탄압했지만, 적어도 처음에는 '남북대화'나 '평화통일'을 표방하며 긴장을 완화하는 제스처라도 취했다. 반면 윤석열은 별다른 대화 의지 없이 "거대 야당과 간첩이 한통속"이라며 곧장 군사력 동원을 시도한 탓에 국내외 여론이 더욱 급속도로 등을 돌렸다. 결국 탄핵심판 과정에서 "간첩이 활개 치는 걸 더는 두고 볼 수 없었다"는 윤석열 측 변명은, 군대가 국회까지 들어간 행위의 위헌성을 감추기엔 역부족이었다.

이렇듯 박정희와 윤석열 모두 '북한 정서를 이용'했다는 지점에서는 유사하지만 정치적 성공 여부나 준비 과정, 시대적 배경에서 현저한 차이를 보인다. 박정희 유신 정권은 1970년대라는 냉전기의 반공 이데올로기, 언론 통제 등에 힘입어 상당 기간 권력을 유지했고, 유신헌법을 통해 사실상 전권을 거머쥘 수 있었다. 그러나 윤석열의 비상계엄은 민주화와 시민사회의 성장, 헌정 절차의 강화 속에서 불과 6시간 만에 해제당하며 실패로 귀결된 것이다.

간첩 행위가 비상계엄 선포의 요건이 될 수 없는 이유는?

대한민국 형법 제98조(간첩) 등은 외국 또는 북한을 위한 간첩행위를 엄연한 범죄행위로 규정하고 있으며, 이는 일반 형사절차에 따라 수사·공소·재판을 거쳐 처벌받도록 되어 있다. 또한 국가보안법(제4조 등) 역시 간첩죄를 포함한 여러 안보위해행위에 대한 처벌 규정을 둠으로써 원칙적으로 사법절차와 정보기관의 수사를 통해 처리하도록 명시하고 있다. 즉 간첩 행위

> 는 국가보안·형사사건으로서 검찰 및 법원, 국정원(정보기관)의 협조로 해결할 사안이지, 전면전 상황을 가정한 계엄 선포의 대상이 될 수 없다는 점이 현행 법체계상 명확하게 규정되어 있다.

3. 쿠데타의 실행 방식을 기획된 정복과 은밀한 장악으로 비교하다

> "
> 박정희는 치밀한 쿠데타 과정을 밟다
> 3선 개헌 → 국가 비상사태 선언 → 7·4 남북공동성명 → 쿠데타
> "

(1) 3선 개헌부터 유신 쿠데타까지의 철저한 단계별 작전을 전개하다

박정희는 1969년 9월 14일 3선 개헌안을 날치기로 통과시킨 이후, 1971년 4월 27일 대선 직후부터 본격적으로 헌법 개정과 정치적 반대 세력의 무력화를 위한 치밀한 단계별 작전을 착수했다.

★ **국가 비상사태 선언**(1971년 12월 6일)

박정희는 "북한의 남침 위협이 심각하다"는 명분을 내세워 국가 비상사태를 선언했다. 실제 군사적 징후가 없었음에도 불구하고 위기 상황을 조성했으며, 불과 3주 후인 1971년 12월 27일에는 국회에서 '국가보위법'을 변칙 통과시켰다. 이 법은 대통령에게 광범위한 비상 권한을 부여함으로써 후속 조치들의 법적 근거를 마련했다. 국가보위법은 대통령이 "국가 안전보장상 불가피하다고 인정할 때" 국민의 기본권을 제한할 수 있도록

했으며, 경제 통제와 언론 통제 등 사실상 계엄 상태에 준하는 조치를 취할 수 있게 했다. 국가보위법은 '국가안전보장'이라는 매우 포괄적이고 추상적인 사유만으로도 대통령이 행정, 입법, 사법 전반에 걸쳐 강력한 통제 권한을 행사할 수 있도록 허용했다.

이러한 비상적 권력 집중은 헌법상 보장된 삼권분립과 국민 기본권 보장을 유명무실하게 만들었고, 특히 언론·출판·집회의 자유 같은 민주주의 핵심 권리를 직접적으로 침해했다. 이 법은 무엇보다도 '보안'이나 '안보'를 이유로 반대 세력을 무력화하는 데 악용될 여지가 컸기 때문에 제도적 민주주의의 견제와 균형 원리가 크게 훼손되는 대표적 입법 사례로 지적된다. 결국 국가보위법은 대통령이 원하는 대로 '위기'를 설정하고 곧바로 강압적인 조치로 나갈 수 있는 통로가 되었으며, 이후 유신체제에서 잇따라 발령된 긴급조치와 결합해 '법의 외피를 쓴 독재'의 길을 열었다.

★ 7·4 남북공동성명 (1972년 7월 4일)

남북공동성명은 당시 국내외 정세에서 전혀 예상치 못했던 대화 행보였다. 이 성명은 "자주적, 평화적, 민족적 대단결의 원칙"을 내세워 통일 논의의 기본원칙을 천명했다. 박정희는 이를 통해 평화와 통일을 내세워 국민들의 열광적 반응을 유도했고, 이는 곧 이어질 '유신 쿠데타'를 합리화하는 전초전 역할을 했다. 공동성명 발표 직후 국민들은 "드디어 통일이 오는가"라는 기대에 부풀었으며, 이러한 민족적 열망을 활용해 박정희는 "평화통일을 위한 새로운 체제가 필요하다"는 논리를 전개할 수 있었다. 실제로 당시 여론조사에서는 남북대화에 대한 지지율이 90%를 넘을 정도로 높았으며, 이러한 분위기를 '유신체제'라는 강력한 권위주의 체제를 정당화하는 데 교묘하게 활용했다.

*** 유신 쿠데타 결행**(1972년 10월 17일)

남북공동성명 발표 후 석 달 남짓 지난 1972년 10월 17일, 박정희는 마침내 쿠데타를 결행했다. 탱크와 장갑차를 동원해 국회를 봉쇄하고 비상계엄을 선포했으며, '헌법개정안'(유신헌법) 발표와 함께 '비상국무회의'를 통해 국회 해산과 정당활동 중지 등을 명령했다. 박정희의 특별 선언은 다음과 같은 내용을 담고 있었다. "1972년 10월 17일 오후 7시를 기해 국회를 해산, 정당 및 정치활동의 중지, 현행 헌법의 일부 조항 효력 정지, 일부 효력이 정지된 헌법 조항의 기능은 비상국무회의가 수행, 비상국무회의는 1972년 10월 27일까지 조국의 평화통일을 지향하는 헌법 개정안을 공고, 공고한 날부터 1개월 이내에 국민투표에 부쳐 확정" 등이다. 특히 주목할 점은 쿠데타 선언에서 "열흘 만에 헌법안을 다 만든다"고 명시한 부분이다. 이는 사실상 헌법안이 이미 완성되어 있었음을 간접적으로 시인한 것이나 다름없었다. 또한 계엄사령부의 포고 제1호를 통해 모든 정치활동 목적의 옥내·외 집회와 시위를 일절 금지했으며 언론, 출판, 보도 및 방송에 대한 사전 검열, 대학 휴교 조치, 유언비어 날조 및 유포 금지 등 철저한 통제 조치를 시행했다.

헌법 개정, 국민투표, 비상국무회의라는 '절차'를 거쳤지만 그 실상은 민주주의의 심장인 국회를 해산하고 언론을 검열하며 시민의 정치 참여를 원천 차단하는 것이었다. 특히 "열흘 만에 헌법안을 다 만든다"는 박정희의 발언은 상징적이다. 진정한 헌법 개정이라면 국민적 토론과 합의, 충분한 숙려 과정을 거쳐야 하지만, 이 발언은 이미 준비된 독재 헌법을 기정사실화하는 선언이었던 것이다. 결국 같은 법이라도 그것이 국민의 자유와 권리를 확장하는 방향으로 쓰이면 민주주의를 지키는 도구가 되고, 권력자의 생존과 독재를 위해 쓰이면 민주주의를 파괴하는 무기가 된다는 교훈을 남긴다.

(2) 유신헌법을 은밀하게 사전 준비하고 기획하여 권력을 장악하다

유신헌법은 실제로 1972년 5월부터 박정희, 이후락(중앙정보부장), 김정렴(청와대 비서실장)이 주도하여 비밀리에 추진해 온 산물이었다. 법무부 헌법심의회, 청와대 비서관, 중앙정보부 팀이 단계별로 참여한 이 밀실 작업은, 10월 17일 쿠데타 직후 불과 열흘 뒤(10월 27일) '비상국무회의'에서 헌법개정안을 공고할 수 있을 정도로 체계적이고 치밀하게 준비되었다. 이처럼 독재 권력에 의해 철저히 사전에 기획되었든, 혹은 급박하게 추진되었든 간에 헌정질서를 무너뜨린다는 점에서는 다르지 않다. '정권의 욕망'과 '권력욕'이 결합할 때 비상계엄과 헌법개정이라는 수순을 통해 독재체제를 구축하려 하는 공통된 패턴이 드러나는 것이다. 이런 측면에서 보면 2024년 윤석열 역시 유신헌법을 꿈꿨던 것 아니냐는 의혹이 제기된다. 특히 앞선 장에서 살펴본 것처럼 4월 총선 이후 윤석열이 계엄과 헌법개정 시나리오를 본격화했을 가능성이 있다는 분석이 이를 뒷받침한다.

유신헌법의 준비 과정은 법의 탈을 쓴 반법치주의의 전형을 보여준다. 겉으로는 헌법 개정이라는 '합법적 절차'를 표방했지만, 그 실상은 민주주의의 근간을 뿌리째 뽑아내려는 치밀한 계획이었다. 민주주의를 지키는 헌법 개정의 본래 모습은 투명하고 개방적인 과정에 있다. 진정한 헌법 개정은 국민의 알권리 보장하에 충분한 사회적 토론을 거쳐야 하고, 다양한 정치세력과 시민사회의 참여를 통해 민주적 합의를 도출해야 한다. 개정안의 내용 역시 국민의 기본권을 확장하고 민주주의를 심화시키는 방향이어야 한다. 1987년 6월 항쟁 이후 마련된 현행 헌법이 그 대표적 사례다. 반면 민주주의를 파괴하는 헌법 개정의 특징은 유신헌법 제정 과정에서 고스란히 드러난다.

첫째, 은밀성이다. 5개월간 국민과 국회를 속이며 밀실에서 독재 헌법을 준비했다. 둘째, 기만성이다. '평화통일'과 '한국적 민주주의'라는 그럴듯한 명분으로 포장했지만 실제로는 대통령 1인 독재체제 구축이 목적이었다. 셋째, 강제성이다. 계엄 상황에서 반대 의견을 원천 차단한 채 일방적으로 밀어붙였다. 더욱 교묘한 점은 모든 과정이 '법적 형식'을 갖추고 있었다는 것이다. 헌법 개정, 국민투표, 비상국무회의라는 절차적 외형은 유지했지만 그 내용은 철저히 반헌법적이었다. 이는 '절차적 합법성'을 악용한 '실질적 쿠데타'의 전형이다. 2024년 윤석열의 계엄 시도 역시 같은 맥락에서 이해할 수 있다. '비상입법기구' 설치 계획이나 탄핵심판 중 개헌 언급 등은 모두 법의 외피를 쓴 채 헌정질서를 뒤엎으려는 시도였다.

★ 유신헌법 초안의 비밀 작업

유신헌법은 궁정동 밀실에서 은밀히 탄생했다. 작업 시작 시점은 1972년 5월 초 또는 5월 중순으로 추정된다. 핵심 참여자는 박정희(총지휘자), 이후락(중앙정보부장, 부지휘자), 김정렴(청와대 비서실장)이었다. 이들은 프랑스, 스페인, 대만 등지의 헌법 자료를 참조하며 입법, 사법, 행정 3권이 박정희 한 사람에게 집중되는 권력 구조를 기안했다. 당시 논의에 따르면, 국회의원들이 반발하고 국민들도 의아해 할 것이 뻔하므로 "전광석화처럼 작전을 전개하고 긴장을 유발해 새로운 체제에 대한 국민의 기대를 이끌어내는 것"이 가장 중요하다고 판단했다. 청와대 정무비서관 홍성철, 유혁인 등도 이 작업에 참여했으며, 기획소위원회라 불린 청와대와 중앙정보부 팀이 박정희의 지시와 보완 작업을 거쳐 유신헌법의 골격을 마련했다. 10월 17일 쿠데타 발생과 계엄 선포 이후 구체적인 헌법 조문화와 법제화 작업은 법무부의 헌법심의회가 맡았다. 여기에는 교수, 검찰 엘리트 등이 차출되어 참여했다. 이 작업은 극도의 비밀리에 진행되어 당시 총리였던 김종필조차 쿠데타 3일 전에야 알게 되었다고 한다. 국무위원 대다수도 10월 17일 오후 6시 청와대에 소집된 국무회의 자리에서, 특별 선언 1시간 전에야 쿠데타의 성격과 계획을 공식적으로 전달받았다.

(3) 국민투표와 통일주체국민회의로 유신체제를 완성하며 독재의 기반을 확고히 다지다

비상국무회의에서 의결한 유신헌법은 1972년 11월 21일 국민투표를 거쳐 확정되었다. 당시 발표된 결과에 따르면 투표율은 91.9%, 찬성은 91.5%, 반대는 7.6%로 압도적인 찬성률을 기록했다. 그러나 이러한 높은 찬성률은 다음과 같은 비민주적 상황 속에서 이루어진 것이었다. 계엄 상태(10월 17일부터 11월 21일까지)의 살벌한 분위기 속에서 진행, 모든 매체가 "유신만이 살길이다"라고 일방적 선전 지속, 유신헌법안에 대한 반대 행위 금지, 정당 참관인제 폐지로 투·개표 과정의 투명성 훼손, 대리 투표 등 부정행위가 만연했다(헌법 제21조, 제24조 위반).

유신헌법하에서 통일주체국민회의(통대)는 주권적 수임 기구로서 막강한 권한을 가졌다. 유신 쿠데타 세력은 이를 '한국적 민주주의'라고 포장했으나 실제로는 민주주의와는 거리가 먼 제도였다. 통일주체국민회의에서 대통령을 선출하는 방식은 북한의 선거 방식을 연상시키는 형태로, 실질적인 경쟁 없이 박정희를 대통령으로 선출했다. 1972년 12월 23일 장충체육관에서 열린 제8대 대통령 선거에서 통대 대의원 2,359명 중

2,357명이 투표에 참가해 박정희에게 2,357표 전원 찬성이라는 북한식 99.9% 득표율을 기록했다. 이로써 '체육관 대통령'이라는 오명이 탄생했다. 유신헌법은 형식적으로는 헌법 '개정'이라는 형태를 취했지만 내용적으로는 민주공화국의 근본 원리를 전면 부정하는 것이었다.

결국 박정희의 유신 쿠데타는 '계엄 → 국회 해산 → 유신헌법 제정 → 찬반 국민투표 → 통일주체국민회의 창설 → 체육관 대통령'이라는 일사불란한 절차를 밟아 사실상 완벽한 독재체제를 구축했다. 특히 반공·반북·반야당 프레임을 '국가의 생존 위기'로 포장해 강력한 지지층을 결집시키는 데 성공했다.

유신헌법에 대한 국민투표는 왜 위헌이었을까?

당시 계엄령 아래에서 반대 의견을 봉쇄하고 대리 투표 등 부정행위를 자행한 것은 국민의 언론·출판·집회·결사의 자유(헌법 제21조)와 선거권(헌법 제24조) 등 기본권을 직접 침해하는 행위였다. 또한 이러한 기본권 제한은 헌법 제37조 제2항이 명시한 "필요 최소한의 범위"를 넘어선 것으로, 민주주의의 핵심 원리인 자유로운 의사 표시와 공정한 투표 절차를 본질적으로 훼손했다는 점에서 명백히 위헌적 요소가 다분했다.

박정희의 유신헌법은
민주공화국의 헌법적 가치를 어떻게 부정했을까?

① **주권재민 원리의 부정(헌법 제1조 제2항)**: 유신헌법은 주권재민의 원리를 부정하고 통일주체국민회의를 주권적 수임 기구로 명시(유신헌법 제35조)했다. 이는 국민이 주권자라는 민주주의의 기본 원칙을 훼손한 것이다. 특히 통대 대의원들이 지역별 간접선거로 선출되면서 실질적으로는 정부 통제하에 놓였고, 대통령 선출 과정에서 2,357명 전원이 박정희에게 찬성표를 던지는 북한식 99.9% 득표율을 기록했다. 이는 '모든 권력이 국민으로부터 나온다'는 헌법 제1조 제2항의 핵심 내용을 완전히 무력화한 것이었다.

② **삼권분립의 붕괴(헌법 제40조, 제66조 제4항, 제101조 제1항)**: 삼권분립이 사실상 부정되어 대통령 한 사람에게 모든 권력이 집중되었다. 대통령은 국회 해산권(유신헌법 제59조), 긴급조치권(유신헌법 제53조), 사법부 인사권(유신헌법 제104조) 등을 통해 입법·사법부를 직접 통제했다. 특히 긴급조치 발동 시 법관들이 자신의 법적 판단이 아닌 대통령의 긴급조치에 따라 기계적으로 형량을 부과해야 했던 것은 사법권 독립을 근본적으로 파괴한 사례였다.

③ **국회 무력화(헌법 제40조, 제41조)**: 국회의원의 3분의 1을 대통령이 실질적으로 임명하는 '유정회' 제도를 도입하였다. 통일주체국민회의가 국회의원 정수의 1/3에 해당하는 73명을 선출하되, 후보자는 대통령이 일괄 추천하는 방식이었다. 이로써 여당과 유정회를 합치면 국회 내 절대다수를 확보할 수 있었고, 국회는 대통령의 정책을 추인하는 기구로 전락했다. 또한 대통령의 국회 해산권으로 입법부의 독립적 기능이 완전히 봉쇄되었다.

④ **사법부 종속화(헌법 제101조, 제103조)**: 기존의 법관추천회의제를 폐지

하고 대통령이 대법원장과 모든 법관을 임명하도록 했다. 대법원의 위헌법률심판권도 폐지되어 사법부의 위헌심사 기능이 무력화되었다. 구속적부심 제도 폐지와 고문에 의한 자백 처벌 금지 조항 삭제로 인권 보장 장치도 제거되었다. 이는 "법관은 헌법과 법률에 의하여 그 양심에 따라 독립하여 심판한다"는 현행 헌법 제103조의 사법권 독립 원칙을 정면으로 위배한 것이었다.

⑤ **대통령의 초헌법적 권한(헌법 제66조 제2항, 제76조)**: 유신헌법하에서 대통령은 다음과 같은 막강한 권한을 보유했다. 긴급조치권으로 사법심사 없이 국민의 기본권을 광범위하게 제한할 수 있었고, 국회해산권으로 입법부의 독자적 활동을 억제했다. 국가의 중요 정책을 국민투표로 결정할 수 있는 권한, 헌법개정안 발안 및 국민투표 회부 권한, 통일주체국민회의 의장으로서 통일정책 결정·변경 권한까지 보유했다. 이러한 권한은 현행 헌법 제76조가 규정한 긴급명령권의 엄격한 요건과 절차적 제한을 완전히 무시한 것으로, 대통령을 사실상 총통이나 퓌러와 유사한 절대권력자로 만들었다.

⑥ **기본권의 광범위한 제한(헌법 제21조, 제37조 제2항)**: 유신헌법 하에서 언론, 출판, 집회, 결사의 자유가 극도로 위축되었다. 특히 1975년 5월 선포된 긴급조치 9호는 "유신체제를 부정·반대·왜곡하거나 비방하는 일체의 행위"를 금지하며 유신체제에 대한 비판을 원천봉쇄했다. 4년 2개월간 존속하면서 김대중, 문익환 등 수많은 민주인사와 학생 1,024명을 투옥시켰다. 이는 현행 헌법 제37조 제2항이 규정한 "국민의 모든 자유와 권리는 국가안전보장·질서유지 또는 공공복리를 위하여 필요한 경우에 한하여 법률로써 제한할 수 있으며, 제한하는 경우에도 자유와 권리의 본질적 내용을 침해할 수 없다"는 기본권 제한의 한계를 명백히 위반한 것이었다.

> **"**
> 윤석열이 은밀한 권력 장악 시도를 펼쳐
> 또 한 번 계엄을 정치 도구로 삼으려 하다
> **"**

윤석열은 2024년 12월 3일 다소 돌발적으로 계엄을 선포했고 명분으로는 북한 도발, 거대 야당의 반역, 부정선거 의혹 등을 내세웠다. 불과 6시간 만에 국회가 해제 결의를 채택함으로써 계엄은 신속히 무력화되었고, 민주화 이후 확립된 헌정질서가 곧바로 작동했다. 윤석열 스스로도 국회가 이렇게 빠르게 움직이리라고는 예상하지 못했을 것이며, 실제로 계엄 직후 '주요 정치인 체포'를 지시했다는 증언은 "비상계엄을 우선 발동한 뒤 곧장 헌법 개정 등 헌정 뒤집기를 도모하려 했다"는 관측에 힘을 실어준다.

윤석열의 공소장 내용에 따르면 윤석열의 계엄 시도는 꽤 오랜 기간 준비된 것이었다. 이미 2024년 3월 말부터 대통령 안가에서 국방부 장관, 국가정보원장, 국군방첩사령관, 경호처장과의 식사 자리에서 "비상대권을 통해 헤쳐나가는 것밖에는 방법이 없다", "군이 나서야 되지 않느냐"라는 발언을 하며 계엄 가능성을 타진했다. 이후 4월부터 8월까지 여러 차례 군 지휘관들과의 만남에서 "현재 사법체계 아래에서는 어떻게 할 방법이 없으므로 비상조치권을 사용해야 한다"는 발언을 이어갔다. 특히 8월 12일 김용현을 국방부 장관으로 지명한 이후에는 계획이 더욱 구체화되었다. 야당이 '계엄령 준비설'을 제기하자 윤석열은 "근거 없는 괴담"이라며 이를 부인했고, 김용현도 인사청문회에서 "우리 군도 안 따를 것 같다"고 발언하며 의혹을 회피했다.

이는 1971년 장충단 유세에서 김대중이 "박정희가 총통제를 연구 중"이라고 경고했을 때 아무도 믿지 않았지만 실제로 유신체제를 통해 영구집권이 현실화된 것과 놀랍도록 유사한 패턴이다. 당시 박정희의 부인과 마찬가지로 윤석열의 "괴담" 발언은 이미 진행 중이던 계획을 은폐하기 위한 것이었다. 하지만 실제로는 계엄 준비가 이미 진행 중이었다. 김용현이 장관에 취임한 직후 정보사령관의 유임을 지시한 것이나, 11월 9일 대통령이 참석한 자리에서 특전사와 수도방위사령부의 출동태세에 관해 직접 논의한 것은 치밀한 사전 준비가 있었음을 드러낸다. 결정적으로 김용현은 11월 24일부터 12월 1일 사이에 2017년 국군기무사령부의 계엄령 문건 등을 참고해 계엄 선포문, 대국민 담화문, 포고령의 초안을 작성해 두었다. 12월 1일에는 윤석열이 직접 "지금 만약 비상계엄을 하게 되면 병력 동원을 어떻게 할 수 있느냐"고 물으며 특전사와 수방사 병력 투입의 규모를 논의했고, "국회와 선관위에 투입하면 되겠네"라고 말하며 계엄 실행 의지를 분명히 했다. 대통령은 직접 포고령의 세부 사항까지 검토하고 수정 지시를 내렸다.

박정희가 유신 쿠데타를 위해 수개월 전부터 헌법개정안 작성, 7·4 남북공동성명 활용, 군부 및 정보조직 장악 등 철저한 준비를 한 것처럼, 윤석열 역시 적어도 2024년 3월부터 12월까지 9개월에 걸쳐 은밀히 계엄을 준비해 왔다. 두 사례 모두 통수권자가 자신의 권력을 강화하고 정치적 위기를 타개하기 위해 계엄이라는 비상수단을 악용하려 했다는 점에서 본질적으로 유사하다. 다만 차이점이 있다면 박정희는 '비상입법기구'와 같은 대체 통치 수단을 계엄 이전에 완비했으나, 윤석열은 계엄 선포 후 즉각적으로 국회의 기능을 무력화하고 '국가비상입법기구'를 설치하려는 계획이었다는 점이다.

비상입법기구란 무엇인가?

윤석열의 구속영장 심사 과정에서 가장 결정적이었던 것은 '비상입법기구'와 관련한 질문이었다. 영장실질심사를 담당한 차은경 부장판사의 "비상입법기구란 것이 구체적으로 무엇입니까? 계엄 선포 이후에 비상입법기구를 창설할 의도가 있었습니까?"라는 질문은 내란죄의 핵심을 꿰뚫는 것이었다. 내란죄가 '목적범'이라는 점에서 국회를 무력화하고 이를 대체할 초헌법적 기관 설치 의도가 드러나면 범죄의 구성요건이 완성되기 때문이다. 공수처가 청구한 구속영장은 청구서를 포함해 150여 페이지에 달했다. 특히 텔레그램 탈퇴, 휴대전화 교체, 체포영장 집행 방해 등 증거인멸 시도가 구속의 주요 사유가 되었다. 김용현 등 핵심 관계자들의 상세한 진술도 영장에 반영되었다. 윤석열의 비상입법기구 설치 계획은 과거 독재 정권의 전례를 그대로 따르려 했다는 점에서 더욱 큰 논란을 불러일으켰다.

한국 현대사에서 비상입법기구는 독재 정권이 헌법 질서를 파괴하는 도구로 활용되었다. 1972년 박정희 정권은 10월 유신과 함께 비상계엄을 선포하고 '비상국무회의'를 설치했다. 이 기구는 유신헌법을 제정하고 국회의 기능을 대체했으며, 특히 통일주체국민회의 설치의 법적 근거를 마련함으로써 박정희의 종신집권을 위한 토대를 구축했다. 1972년 10월 17일부터 유신헌법이 공포될 때까지 운영된 이 기구는 입법부를 무력화하고 행정부 주도의 독재체제를 확립하는 데 결정적 역할을 했다. 1980년 전두환 신군부는 더욱 노골적인 방식으로 '국가보위입법회의'를 설치했다. 국가보위비상대책위원회에서 발전한 이 기구는 제5공화국 헌법 제정은 물론, 언론기본법과 국가보안법 개정, 집회시위법 제정 등을 통해 신군부의 권력 장악을 법적으로 뒷받침했다. 1980년 10월 27일부터 1981년 4월 10일까지 운영되며 민주주의를 억압하는 각종 악법을 쏟아냈다.

계엄 선포 직후 최상목이 대통령실에서 받은 문서에는 "국회 관련 각종 보조금, 지원금 각종 임금 등 현재 운용 중인 자금 포함 완전 차단할 것, 국가

비상입법기구 관련 예산을 편성할 것"이라는 내용이 있었다. 이는 헌법재판소 결정문에도 명시적으로 언급된 사항이다.

윤석열은 해당 문서의 작성 및 전달에 관여한 사실이 없다고 주장했지만, 헌법재판소는 이를 받아들이지 않았다. 김용현이 대통령으로부터 계엄의 주무부처 장관으로서 관계부처들에 협조를 구하라는 지시를 받고 위 문서를 작성했다고 진술한 점, 문서에 "예비비를 조속한 시일 내 충분히 확보하여 보고할 것"이라는 내용이 있는데 기획재정부 장관이 보고할 대상은 대통령이라고 봄이 상당한 점, 외교부 장관 조태열, 조지호 경찰청장, 김봉식 서울경찰청장도 별도의 문서들을 받았는데 조태열은 이를 대통령으로부터 직접 받았고 조지호와 김봉식은 대통령이 보는 가운데 김용현으로부터 받은 점 등을 고려할 때 대통령의 관여를 부정하는 주장은 설득력이 없다고 판단했다.

또한 윤석열은 해당 문서의 내용을 두고, 국회를 통해 정치적 목적으로 지급되는 금원을 차단하라거나 긴급재정경제명령을 발령하기 위한 기획재정부 산하 기구와 관련된 예산을 편성하라는 의미일 뿐이라고 주장했다. 그러나 헌법재판소는 이러한 해석이 문언의 통상적 용례에서 상당히 벗어난다고 보았다. 특히 임금을 포함한 국회 관련 운용 자금을 완전히 차단하라는 내용은 국회가 아닌 다른 단체들과만 관련된 것으로 보기 어렵고, 대통령이 민생 및 경제활성화 등을 위한 정부 추진 법안이 야당의 반대로 국회에서 통과되지 못한 상황을 타개하는 방법 중 하나로 긴급재정경제명령을 고려했다는 점에서, 긴급재정경제명령은 국회의 집회를 기다릴 여유가 없을 때에 한하여 할 수 있는 점(헌법 제76조 제1항)을 감안할 때 대통령의 주장을 수긍하기 어렵다고 판단했다.

이처럼 비상입법기구를 설치하려는 계획은 계엄 선포 이후 윤석열이 헌법상 국회의 권한을 우회하여 자신의 정치적 의도를 관철시키려 했음을 보여주는 결정적 증거로, 헌법재판소의 탄핵 결정에서도 중요한 판단 근거가 되었다. 이는 대통령이 단순히 절차적 요건을 위반한 계엄 선포를 넘어, 헌법이 정한 통치구조 자체를 무력화하려는 의도를 가졌음을 시사하는 것이다.

박정희처럼 치밀하게 준비했든, 윤석열처럼 비상계엄 후 후발적 도모를 꿈꾸었든 두 시도의 공통점은 권력이 '비상계엄'이라는 제도를 이용해 정권 연장을 도모하려 했다는 데 있다. 계엄으로 민주주의의 기본 틀을 무너뜨리고 정치적 반대 세력을 잠재우겠다는 발상은 준비 방식의 차이를 떠나 모두 헌정질서를 중대하게 위협하는 반민주적 행위임이 분명하다.

박정희의 유신 쿠데타는 장기집권을 위한 체계적인 헌정질서 변경이라는 명확한 목표가 있었다. 반면 윤석열의 계엄은 "국회·여론에 밀려 위협받는 상황을 벗어나려"는 '생존형' 성격이 강했다. 박정희는 국민투표라는 절차적 정당성을 확보하기 위한 형식적 장치를 마련했으나, 윤석열은 이러한 준비를 하지 않았다. 박정희는 남북공동성명 등을 통해 국민적 열망을 활용했으나, 윤석열은 이와 같은 국민 감정을 활용한 사전 포석이 부족했다.

박정희는 군 출신으로서 군부에 대한 장악력이 확고했고 군 동원에 있어 저항이 거의 없었다. 반면 윤석열은 군에 대한 이해와 장악력이 상대적으로 부족했으며, 계엄 과정에서 군 내부의 반발이 있었던 것으로 알려졌다.

두 독재자 모두 민주적 헌정질서를 중단시키려 했다는 점에서 근본적 유사성을 보인다. 또한 분단체제의 이용이라는 안보 카드를 활용했다는 점, 국민의 민주적 권리를 제한하고 국회를 해산하려 했다는 점에서도 유사하다. 윤석열의 공소장을 통해 드러난 바와 같이 윤석열의 계엄 준비는 2024년 3월부터 시작되어 최소 9개월 동안 지속되었다. 이는 박정희의 유신헌법 준비 시기와 유사한 기간으로, 두 사례 모두 장기간에 걸친 은밀한 계획이 있었음을 보여준다.

4. 소결: 되살아난 교훈

> "
> 독재의 망령은 민주주의를 무너뜨리고
> '정권의 위기 → 분단체제 악용 → 계엄과 헌정유린'이라는
> 반민주적 악순환을 이어간다
> "

박정희 유신은 계획형·장기 독재의 대표적 사례로서 1972년 10월 17일 쿠데타 이후 헌법까지 뜯어고쳐 '유신헌법'을 완성했고, 이는 1979년 박정희 사망 전까지 유지되며 자유민주주의를 근본적으로 파괴했다. 경제적 성과를 무기로 독재를 합리화했지만 사실상 정치권·언론·사법부·대학·시민사회가 완전히 질식한 15년의 암흑기였다. 윤석열의 2024년 비상계엄은 '하루짜리 계엄, 실패한 쿠데타'로 기록될 만큼 짧았지만 그 의도와 행태가 더욱 노골적이었다. 국회를 단숨에 봉쇄하고 선관위·언론·시민단체를 간첩으로 몰아 군사력으로 제압하려 했다는 점에서, 만약 성공했다면 또 다른 '유신체제'가 됐을 수 있다. 박정희는 오랜 준비로 유신체제를 성사시켰고 그 결과 오랜 독재가 가능했다. 윤석열은 생존적 계엄에 실패했지만 그 짧은 쿠데타로도 국회·사회가 극렬한 충돌과 위기를 겪었다.

역사는 반복되어서는 안 된다. 1972년 유신 쿠데타가 불러온 15년 독재와 2024년 윤석열 계엄의 6시간 사태 모두 정당성을 잃은 권력이 어떻게 공포정치에 의존하려 하는지를 보여준다. "반공·북풍", "정치 마비", "경제·사회 위기" 등은 과거에도 지금도 권위주의자들이 국민을 현혹하

는 데 유용한 전형적 도구다. 그 대가는 경제 파탄, 인권 침해, 정치 퇴행이었다. 우리는 여전히 "반공", "간첩", "부정선거 의혹", "내부의 적" 같은 낡은 프레임에 흔들리고 있다. 하지만 1972년과 달리 2024년 윤석열 정부의 계엄은 비교적 신속히 좌초됐다. 이는 적어도 시민사회와 야당, 국회, 언론이 박정희 시대보다 더 강한 민주주의 저항력을 키웠다는 반증일 것이다.

마지막으로, 박정희 유신과 윤석열 계엄이 모두 국가적 혼란을 초래하고 그 후유증이 심각했다는 사실에서 한 가지 중요한 교훈을 남긴다. "준비된 쿠데타든 생존형 쿠데타든 결국 민주주의를 파괴하고 경제를 망친다"는 것이다. 유신 시절의 오일쇼크·물가 폭등·장기 독재가 1979년 파국을 몰고 왔고, 2024년 계엄 사태 역시 불과 몇 달 사이에 1%대 저성장·대외신인도 추락·내수 위축을 야기했다. 정치적 불확실성이 경제를 얼마나 망가뜨리는지 역사는 증명한다.

박정희 유신에 대해 철저한 역사적 평가가 미흡했고, 윤석열의 계엄 시도도 그 뿌리인 반공 프레임이 여전히 건재함을 보여준다. 결국 '반공·반북(최근에는 '반중' 추가)'은 한반도 분단과 함께 가장 오랫동안 정치권력이 악용해온 도구이자 민주주의의 약한 고리다. 이 문제를 넘어서기 위해선 시민의 끊임없는 경계와 역사적 기억이 필수적이다. 앞으로 중요한 것은 사실규명과 책임추궁이며, 다시는 어느 권력도 비상계엄, 무력쿠데타를 쉽게 꺼낼 수 없도록 헌법과 법률, 민주적 제도를 확고히 재정비해야 한다. 유신체제나 2024년 계엄 시도가 보여주듯 분단과 반공 프레임을 앞세운 국가긴급권 남용은 곧바로 헌정 파괴와 국민의 기본권 침해로 이어질 수밖에 없다. 이런 역사를 되풀이하지 않으려면 결국 법이 어떻게 민주주의를 지켜내는지에 대한 성찰과 제도적 보완이 필수적이다. 헌법과 법률은 긴급상황에서도 민주주의의 기본원리를 훼손하지 않도록 면밀히 장치(국회의 계엄 해제 요구권, 긴급권 남용에 대한 헌법재판 등)를 이미 마련하고 있다. 하지만 제아무리 법적·제도적 장치가 있어도 이를 실제로 작동시키는 것은 시민의 지속적인 관심과 감시다.

2017년 기무사 문건이
2024년 계엄으로 되살아나다

김용현은 비상계엄 선포를 준비하며 오래된 문서 하나를 꺼내 들었다. 그 문서는 다름 아닌 2017년 박근혜 탄핵 정국에서 국군기무사령부가 작성한 '계엄 대비계획 세부자료', 이른바 기무사 계엄문건이었다. 군사쿠데타 매뉴얼이라 불린 이 문건에는 언론 검열, 국회 무력화, 주요 정치인의 군사법원 회부, 계엄 해제 방지용 체포 계획까지 적시되어 있었고, 국회의 기능을 마비시키기 위한 병력 배치도 도표로 제시돼 있었다. 김용현은 이 문건 속에 있는 2017년 포고령 초안과, 나아가 1979년 전두환 정권의 계엄포고 제1호까지 참고해 2024년판 포고령 초안을 직접 작성했다. 그리고 그 초안은 실제로 대통령에게 보고되었다. 윤석열은 "시대에 맞지 않는다"며 야간통행금지 조항만 삭제하라고 지시했을 뿐 나머지 뼈대는 그대로 유지되었다. 수정된 포고령은 2024년 12월 3일 계엄 선포 직후 전국에 공표되었다. 2017년 기무사 문건은 단순한 문서가 아닌, 2017년 계엄 시나리오가 실현되었다는 명백한 증거이다.

    계엄은 6시간 만에 해제되었고, 더불어 내란은 종식되었다고 생각하는가? 2017년 기무사 문건을 통해 이미 그 위험성이 드러났음에도 2024

년 계엄을 막지 못했고, 박정희의 유신 쿠데타가 역사로 퇴장한 지 수십 년이 흘렀고, 윤석열의 계엄 시도가 헌법재판소의 대통령 파면과 함께 막을 내린 지금조차 계엄의 유혹은 여전하다. 그 망령은 계속 살아 있다.

그렇다면 2017년 기무사 문건은 무엇일까? 2016년 박근혜 탄핵심판 과정에서 작성된 기무사 계엄문건은 "탄핵이 기각됐을 시 과격한 폭동이 발생하면 비상계엄을 발령해 정부·국회·언론 등을 통제하겠다"는 구체적 시나리오가 담긴 문건이다. 기무사 문건의 내용은 군사정권 시절을 연상시키는 쿠데타 매뉴얼이었다. 계엄사령부 합동수사본부를 설치해 국정원·검찰·경찰을 통합 지휘하고 주요 정치인과 시민단체 지도자들을 군사법원에 회부한다는 계획은 1980년 신군부의 방식을 그대로 답습했다.

특히 국회의 계엄 해제를 막기 위해 여당 의원을 설득하고, 그래도 과반수가 모이면 국회의장을 비롯해 찬성한 의원들을 사전에 체포해 의결 정족수를 무력화한다는 치밀한 계획까지 담고 있었다. 더욱 놀라운 것은 언론과 인터넷을 통제하려는 계획이었다. "언론매체 및 인터넷 통제 방안"이라는 별도의 장을 두어 각 방송·신문사 검열, SNS 차단, 포털사이트 통제, 반정부 기사 방영 금지 등 구체적인 실행 지침을 마련했다. 병력 운용 계획도 상세했다. 수도방위사령부, 특전사, 기갑부대 등 구체적인 군 병력 배치 계획이 도표로 제시되어 있었다. 계엄의 민주적 통제방안 연구의 계기가 된 것이 바로 기무사 계엄문건의 발견이었다.

그런데 2017년 기무사 문건과 2024년 비상계엄 포고령은 놀라울 정도로 유사하다. 그래서 2017년 기무사 문건을 따로 소개할 필요가 없다. 2017년 기무사 문건을 2024년 비상계엄 포고령으로 그대로 가져왔기 때문이다. 두 사례 모두 "국회가 계엄 해제에 나서면 군대와 수사권을 동원해 의결 정족수를 무력화하겠다"는 발상을 공유했고, 언론·인터넷 검열과 여론 통제 계획도 동일했다. 수많은 정치인과 비판세력을 영장 없이 체포하는 절차, 합동수사본부 설치 구상도 똑같이 반복되었다. 결정적인 차이는 실행 여부일 뿐이다. 박근혜의 탄핵 기각을 예상하고 작성된 2017년 기무사 문건은 박근혜 탄핵 인용으로 실행되지 않았고, 윤석열은 선제적 비상계엄을 선포했다. 사회적 배경도 달랐다. 2017년 촛불집회는 국민 대다수가 참여한 평화로운 '민심의 광장'이었고 탄핵심판도 헌법재판소의 적법한 절차에 따라 진행되었다. 반면 2024년은 국회의 특검 추진과 탄핵 시도를 저지하기 위해 대통령이 선제적으로 계엄을 발동했다는 점에서 더욱 충격적이었다.

우리가 기무사 문건을 짚고 넘어가야 하는 이유는 무엇일까? 첫째, 1987년 민주화 이후 군사쿠데타나 계엄을 '역사의 유물'로 여겼던 안이한 인식이 얼마나 위험한지 깨달아야 한다. 둘째, 기무사 문건 폭로 이후에도 계엄법 개정이나 군 정보기관 개혁이 제대로 이루어지지 않은 제도적 공백이 결국 2024년 사태로 이어진 점을 깊이 반성해야 한다. 셋째, 대통령의 내란 혐의 구속과 구속취소, 탄핵소추와 대통령 파면이라는 초유의 사태를 겪으면서 계엄에 대한 민주적 통제 장치 강화가 더 이상 미룰 수 없는 과제라는 점이 분명해졌다는 것이다.

결론:
법은 권력자의 생존 무기가 아니다

계엄은 항상 '정권의 위기'를 '국가의 위기'로 바꾸는 데 악용되었다. 이는 단순한 제도의 오용이 아니라 헌법의 본질에 대한 위협이자 민주주의의 반복된 파괴였다. 결국 계엄이라는 법적 긴급수단이야말로 민주주의를 무너뜨릴 수도, 다시 지켜낼 수도 있는 양면의 칼이다. 2024년 12월 3일, 비상계엄은 헌법의 이름을 빌려 독재를 시도했지만 곧바로 시민과 국회의 통제를 받음으로써 6시간 만에 해제되었다.

그러나 그 짧은 시간으로도 무력으로 국회를 점거하려 했고, 비상입법기구를 통해 입법권을 대체하려는 의도가 명백히 드러났다. 계엄은 실패했지만 법과 제도를 통치 수단으로 전유한 권력자의 의지는 여전히 끝나지 않았다. 우리는 다시 묻게 된다. 법은 누구를 위한 것인가? 헌법은 누구의 편인가? 법은 국민을 억누르기 위한 권력자의 무기가 아니라 오히려 권력이 헌법 위에 군림하지 못하게 만드는 최소한의 안전장치여야 한다.

하지만 계엄은 그 법의 이름으로 법을 무너뜨리는 '제도 속의 예외'다. 그래서 우리는 계엄이 선포되기 전에 그 제도를 통제하고 막을 수 있는 장치를 갖춰야 한다. 계엄법의 요건을 명확히 하고, 입법부의 실질적 통제 권한을 강화하며, 어떤 권력도 '포고령'을 통해 시민의 권리를 일거에 삭제할 수 없도록 헌법과 법률을 정비해야 한다.

박정희의 유신 쿠데타에서 윤석열의 비상계엄에 이르기까지 한국현대사는 권력자들이 헌법을 자신의 정치적 생존을 위한 도구로 전락시키려 했던 시도들로 점철되어 있다. 그러나 이들 모든 시도가 보여준 것은 결국 헌법의 본래 취지를 거스르는 권력은 지속 가능하지 않다는 역사적 교훈이다. 헌법 제77조가 계엄을 인정한 것은 국가의 존립이 위협받는 극단적 상황에서 헌정질서를 보호하기 위함이었다. 그런데 권력자들이 이를 정반대로 악용하여 헌정질서를 파괴하는 수단으로 사용할 때 헌법 자체가 스스로를 방어하는 면역체계를 작동시킨다. 국회의 계엄 해제 요구권, 헌법재판소의 탄핵심판권, 그리고 무엇보다 국민의 저항권이 그것이다.

　헌법으로 돌아가라. 이것은 권력에 취한 자들을 향한 경고이자 민주주의를 지키려는 모든 이들을 향한 소명이다. 헌법은 권력자의 편의를 위한 도구가 아니라 국민의 자유와 권리, 그리고 민주공화국의 근본질서를 지키는 최후의 보루이기 때문이다. 계엄이라는 이름으로 포장된 모든 권력 남용에 맞서는 우리의 답은 명확하다. 헌법이 정한 원칙과 절차로, 헌법이 보장한 권리와 자유로, 헌법이 지향하는 민주공화국의 이상으로 돌아가는 것이다. 박정희에서 윤석열로 이어진 계엄이라는 이름의 정치적 생존 본능은 포고령과 함께 현실이 되었다. 제4장에서는 그 포고령을 자세히 살펴본다.

제4장

포고령이
곧 내란이었다

포고령은 민주주의를 무너뜨리는
내란의 문서인가

비상계엄이 선포되면 대통령과 계엄사령관이 가장 먼저 내릴 수 있는 강력한 법적 수단이 있다. 바로 '포고령'이다. 포고령은 계엄사령관 명의로 발령되며, 언론·출판·집회·결사·정당·국회 등 광범위한 영역에서의 활동을 전면 금지하거나 사전 검열의 대상으로 만드는 등 사실상 '헌법 위'에서 국민의 기본권을 대폭 침해하는 명령이 될 수 있다.

    문제는 이러한 포고령이 헌법 제77조가 허용한 비상계엄 체제 내에서 예외적으로 인정되는 법규명령 형태를 띠고 있어, 종종 군사정권이나 권위주의 권력이 합법성을 가장하는 데 악용되어 왔다는 사실이다. 윤석열은 내부의 적, 부정선거 음모라는 모호한 명분으로 비상계엄을 선포하자마자 "국회와 언론을 완전히 틀어막아라"는 구체적 지시를 담은 포고령을 선포했다. 국회가 계엄 해제를 요구하면 대통령이 수용해야 한다는 헌법 제77조 제5항을 무력화하기 위해 곧바로 특전사를 국회에 진입하게 했고, 선관위와 언론사에 대한 무력 투입 역시 포고령을 통해 정당화하려 했다. 실제로 포고령 발령 직후 국회가 통제되었다.

헌법·계엄법·군사법원법 등은 계엄사령관에게 포고령 발령 권한을 부여하고, 이를 위반할 경우 영장 없이 체포·구금할 수 있는 특별조치권까지 인정한다(계엄법 제9조, 제14조 등). 다시 말해 포고령은 국가안전보장이라는 예외 논리에 기대어 일반 법률을 뛰어넘는 효력을 가질 수 있다. 언뜻 보면 치안 유지와 공공안녕을 위한 불가피한 수단처럼 보이지만, 대통령이나 계엄사령관이 이를 자의적으로 발동하면 한순간에 삼권분립과 국민 주권이 무너져 내릴 수 있다.

그렇다면 법이라는 도구가 어찌 이렇듯 손쉽게 민주주의를 뒤흔들 수 있을까? 포고령은 법치주의를 보완하기 위한 헌법의 예외 장치이지만, 반대로 권력자가 이를 악용하면 곧바로 내란을 실행하는 지침이 되어버린다는 이중성을 지니고 있다. 한편으로는 "포고령이 없으면 엄혹한 전시·반란 상황에서 치안을 빠르게 회복하기 어렵다."라는 근거도 존재한다.

이 장은 곧바로 "포고령이 어떻게 국민의 권리를 뿌리째 뽑아내는가"라는 질문에 답하기 위해 2024년 사태에서 발령된 포고령 조항들을 구체적으로 살펴본다. 국회와 지방의회, 정당 활동을 모두 금지한다는 1항, 언론·출판을 사전 검열하겠다는 2항, 사회 혼란을 이유로 집회·시위를 전면 봉쇄하는 4항 등은 우리 헌법과 법률 규정 중 어디에도 허용되지 않는 급진적 권한 침해이다. 결국 포고령은 '법(헌법·계엄법) 속의 예외'로서 군사쿠데타와 사실상 동격인 내란을 법적으로 정당화하는 키가 된다. 대통령과 계엄사령관은 포고령을 마치 '합헌적 행위'처럼 포장해 입법부·사법부·시민사회에 무력을 동원할 근거를 얻는다. 윤석열이 2024년 12월 3일 밤 계엄 선포 직후 포고령 발표를 준비하며 청와대·국방부·경찰 고위급 인사들과 은밀히 조율한 사실은 바로 이 점을 입증한다. 실제로 포고령 발령 직후 국회가 봉쇄되었다.

포고령이란 무엇인가

2024년 윤석열이 선포한 비상계엄은 단순히 국회를 일시적으로 통제하는 해프닝이 결코 아니다. 이 장에서는 계엄의 핵심 도구가 되었던 '포고령'이 어떻게 헌정질서를 파괴하는 내란 행위로 이어지는지를 구체적으로 살펴본다. 박정희 유신체제 때부터 군사정권 시기에 이르기까지 한국 현대사는 계엄 포고령이 민주주의를 무너뜨리고 국회를 무력화하는 '독재 매뉴얼'로 쓰여 왔음을 증언한다. 윤석열 또한 이 '유신의 기억'을 되살려 현시대에 맞게 포고령을 업그레이드하려 했다는 의혹이 짙다. 결국 그의 꿈은 '현대판 유신'이었다.

　비상계엄은 헌법이 인정하는 국가긴급권이다. 그러나 그 발동은 헌법이 정한 실체적 요건과 절차를 충족해야 하며, 본질적 한계를 넘을 경우 헌법 질서 자체를 파괴하는 내란이 된다. 포고령은 그 핵심 도구가 된다. 포고령은 단순한 안내문이 아닌 계엄사령관이 발령하는 군사적 법규명령이며 계엄법 제9조 제1항, 제14조 제2항에 의해 국민의 기본권을 직접 제한하고 위반 시 처벌까지 규정하는 구속력 있는 명령이다. 국가비상사태 시 계엄권의 행사는 헌법 제77조에 근거를 두고 있으나, 이는 무제한적 권한이 아니라 헌법이 정한 엄격한 절차와 실질적 요건하에서만 정당화될 수 있다. 대법원은 2018년 11월 29일 선고 2016도14781 판결에서 "계엄 포고령은 계엄법 제9조, 제14조에 근거한 법규명령으로서 구속력을 가지며 위반 시 형사처벌이 가능하다."라는 점을 명시했다. 동시에 법원은 계엄권 행사가 '군사상 필요한 때'라는 요건을 충족해야 하며, 이는 단순한 정치적 위기나 행정적 곤란이 아닌 실질적 비상사태를 의미한다고 엄격하게 해석해 왔다.

계엄 관련 헌법 및 법률 조항

- **헌법 제77조(계엄 선포 권한)**

제1항: 대통령은 전시·사변 또는 이에 준하는 국가비상사태에서 군사상 필요나 공공 안녕질서 유지를 위해 법률에 따라 계엄 선포 가능

제3항: 비상계엄 시 법률에 따라 영장제도, 언론·출판·집회·결사의 자유, 정부나 법원 권한에 특별조치 가능

제4항: 계엄 선포 시 대통령은 지체 없이 국회에 통고 의무

제5항: 국회 재적의원 과반수 찬성으로 계엄 해제 요구 시 대통령은 반드시 해제해야 함

- **계엄법 제9조(계엄사령관의 특별조치권)**

제1항: 비상계엄지역에서 계엄사령관은 군사상 필요 시 체포·구금·압수·수색·거주·이전·언론·출판·집회·결사·단체행동에 특별조치 가능(조치내용 사전 공고 필수)

- **계엄법 제14조(벌칙)**

제2항: 계엄사령관의 지시나 특별조치를 따르지 않거나 위반한 자는 3년 이하의 징역 처벌

2024년 윤석열이 발령한 포고령은 2017년 기무사 계엄문건, 1979년·1980년 군사정권 포고령을 그대로 참조해 작성되었다. 헌법재판소는 2025년 4월 4일 선고 2024헌나8 결정문에서 "국방부 장관 김용현은 피청구인(윤석열)이 조만간 비상계엄을 선포할 것에 대비하여 2017년 계엄문건에 첨부된 2017년 포고문 및 1979년 10월 27일자 계엄포고 제1호 등 예전 군사정권 때의 예문을 참고하여 이 사건 포고령의 초안을 작성해 두었다."라고 확인했다. 또한 "피청구인은 국민에게 불편을 줄 우려가 있고 시대에 적합하지 않다는 이유로 야간 통행 금지 조항을 삭제할 것을 지시하였다."라는 사실을 통해 포고령이 대통령의 직접적인 검토와 승인을 거쳤음을 명확히 했다.

특히 심각한 문제는 이미 법원에서 위헌·무효로 판단된 과거 포고령을 모델로 삼았다는 점이다. 서울고등법원은 1979년 10월 27일자 계엄포고 제1호가 영장주의와 죄형법정주의의 명확성 원칙에 위배되고, 언론·출판·집회·결사의 자유 등을 침해하여 위헌·무효라고 판단했다(서울고등법원 2021. 11. 11. 선고 2020재노26 판결). 대법원 역시 유사한 내용을 담고 있던 1979년 10월 18일 자 비상계엄 선포에 따른 계엄포고 제1호 등을 일련의 판결을 통해 위헌·무효로 명확히 판단한 바 있다(대법원 2018. 11. 29. 선고 2016도14781 판결; 대법원 2018. 12. 13. 선고 2016도1397 판결; 대법원 2018. 12. 13.자 2015모2381 결정; 대법원 2018. 12. 28.자 2017모107 결정; 대법원 2019. 1. 31. 선고 2018도6185 판결 참조).

그럼에도 윤석열은 과거에 이미 위헌으로 판단된 포고령을 참고하여 작성된 포고령을 발령하게 함으로써 국회와 지방의회, 정당의 활동을 전면적으로 금지하고 정치활동을 일절 금지했다. 또한 모든 언론과 출판이 계엄사령부의 통제를 받도록 하고, 사회 혼란을 조장한다는 명목으로 파업·태업·집회를 전면적으로 금지했으며, 심지어 의료인에게 48시간

내 본업으로 복귀할 것을 강제하는 등 국민의 자유를 광범위하게 제한했다. 더욱 위험한 것은 이를 위반할 경우 영장 없이 체포·구금·압수·수색하고 계엄법 제14조에 의해 처단한다는 내용까지 담고 있었다는 점이다.

포고령이 발령되는 즉시 모든 국민은 정치활동을 비롯해 포고령이 금지하는 행위를 하지 않는 의무를 부담하게 되고, 그 의무를 위반하는 경우 영장 없이 체포·구금·압수·수색을 당할 수 있으며 계엄법 제14조 제2항에 따라 3년 이하의 징역에 처하게 된다. 이런 엄중한 법적 효력을 가진 포고령이 헌법의 근본 원칙을 무시하고 발령된다면, 그것은 단순한 절차적 하자를 넘어 헌정질서에 대한 중대한 도전이 된다. 2024년 12월 3일의 포고령은 바로 그러한 사례였다.

한국 현대사를 흔든 '포고령＝독재 공식'

1972년 유신 포고령, 1980년 5·17 포고령, 2024년 포고령은 놀라울 정도로 유사한 구조를 보인다. 이는 우연이 아니다. 역사적으로 한국의 계엄 포고령들은 민주주의를 체계적으로 무력화하는 메커니즘을 드러냈으며, 각 시기의 포고령은 권력 장악을 위한 정교한 법적 도구로 기능했다.

세 시기에 일어난 포고령은 유사하다. 정치활동의 전면적 금지, 언론과 출판에 대한 사전 검열, 영장 없는 체포와 구금, '국가 안전'이라는 명분을 내세운 광범위한 권력 행사, 집회와 시위의 근본적 제한이라는 구조를 공통적으로 가지고 있다. 10월 유신 계엄 포고령은 "모든 정치활동 목적의 옥내외 집회 및 시위를 일절 금한다"며 정치활동을 금지했고, "언론,

출판, 보도 및 방송은 사전검열을 받아야 한다"며 언론을 통제했다. 5·17 계엄 포고령은 "모든 정치활동을 중지하며 정치 목적의 옥내외 집회 및 시위를 일체 금한다"며 정치활동을 제한했고, "언론 출판 보도 및 방송은 사전 검열을 받아야 한다"며 언론을 억압했다. 양쪽 모두 "이 포고를 위반한 자는 영장 없이 체포·구금·수색하며 엄중 처단한다"는 조항으로 법치주의 원칙을 무시했다.

2024년 포고령은 과거의 독재 포고령을 그대로 계승하면서도 몇 가지 특징적 요소를 추가했다. 그것은 "국회와 지방의회, 정당의 활동과 정치적 결사, 집회, 시위 등 일체의 정치활동을 금한다"며 헌법기관인 국회를 타깃으로 명시했다는 점이다. 또한 "자유민주주의 체제를 부정하거나 전복을 기도하는 일체의 행위를 금하고, 가짜 뉴스, 여론조작, 허위 선동을 금한다"며 현대 정보 환경에 맞게 언론 통제 방식을 업데이트했다. 특히 "반국가세력 등 체제 전복세력을 제외한 선량한 일반 국민들은 일상생활에 불편을 최소화할 수 있도록 조치한다"는 조항을 통해 국민을 '선량한 국민'과 '반국가세력'으로 자의적으로 구분하는 권위주의적 통치 기법을 드러냈다. 이는 과거 군사독재 시절 '불순분자'나 '용공세력'이라는 딱지를 붙여 정치적 반대자를 탄압하던 방식과 동일한 논리다.

헌법재판소는 윤석열에 대한 파면 결정을 내린 2025년 4월 4일 선고 2024헌나8 결정문에서 "피청구인(윤석열)은 국회와의 대립 상황을 타개하기 위하여 이 사건 포고령을 통하여 국회의 활동을 전면적으로 금지하였다. 이는 국회에 대한 군경 투입과 마찬가지로 국민의 대표기관인 국회에 계엄 해제 요구권을 부여한 헌법 제77조 제5항을 위반한 것일 뿐만 아니라, 대의민주주의와 권력분립 원칙에 명백히 반하고, 국민의 대표인 국회의원의 심의·표결권 등 헌법상 권한을 침해한 것이다"라고 명확히 판시했다. 또한 포고령이 정당활동을 금지한 점에 대해 "헌법이 보장하고 있는 정당제도 자체를 부인하는 것으로서 헌법 제8조를 위반한 것"이라 판단했다. 이러한 판단은 2024년의 포고령이 단순히 과거를 반복한 것이 아니라 더욱 정교하고 직접적으로 헌정을 파괴하려 시도했음을 보여준다.

포고령의 법적, 정치적 함의는 민주주의에 대한 구조적 폭력이다. 권력분립 원칙은 심각하게 훼손되었고, 행정부는 무제한적 권력을 확장했으며, 사법부와 입법부의 고유 기능은 사실상 마비되었다. 계엄 포고령은 민주주의를 파괴하는 가장 위험한 법적 무기였으며, 단순한 통제 메커니즘이 아니라 헌정질서 전체를 위협하는 구조적 폭력의 제도화였다. 2024년 윤석열의 포고령은 이러한 독재적 전통을 현대적으로 각색하여 더욱 교묘하게 재현한 것이었다. 아래에서 각 포고령을 비교해 보자. 그 유사성은 놀라울 정도다.

세 번의 포고령 비교

- **10월 유신 계엄 포고령**

1. 모든 정치활동 목적의 옥내외 집회 및 시위를 일절 금한다. 정치활동 목적이 아닌 옥내외 집회는 허가를 받아야 한다. 단 관혼상제와 의례적인 비정치적 종교행사의 경우는 예외로 한다.
2. 언론, 출판, 보도 및 방송은 사전검열을 받아야 한다.
3. 각 대학은 당분간 휴교조치한다.
4. 정당한 이유없는 직장이탈이나 태업행위를 금한다.
5. 유언비어의 날조 및 유포를 금한다.

6. 야간통행금지는 종전대로 시행한다.
7. 정상적 경제활동과 국민의 일상생업의 자유는 이를 보장한다.
8. 외국인의 출입국과 국내여행 등 활동의 자유는 이를 최대한 보장한다.
이 포고를 위반한 자는 영장 없이 수색, 구속한다.

- **12·12 사태와 5·17 계엄확대 포고령**

1. 1979년 10월 27일에 선포한 비상계엄이 계엄법 제8조 규정에 의하여 1980년 5월 17일 24시를 기하여 그 시행지역을 대한민국 전 지역으로 변경함에 따라 현재 발효중인 포고를 다음과 같이 변경한다.
2. 국가의 안전보장과 공공의 안녕질서를 유지하기 위하여

  가. 모든 정치활동을 중지하며 정치목적의 옥내외 집회 및 시위를 일체 금한다. 정치활동 목적이 아닌 옥내외 집회는 신고를 하여야 한다. 단, 관혼상제와 의례적인 비정치적 순수 종교행사의 경우는 예외로 하되 정치적 발언을 일체 불허한다.

  나. 언론 출판 보도 및 방송은 사전 검열을 받아야 한다.

  다. 각 대학(전문대학 포함)은 당분간 휴교 조치한다.

  라. 정당한 이유 없는 직장 이탈이나 태업 및 파업행위를 일체 금한다.

  마. 유언비어의 날조 및 유포를 금한다. 유언비어가 아닐지라도 ① 전·현직 국가원수를 모독 비방하는 행위, ② 북괴와 동일한 주장 및 용어를 사용하는 행위, ③ 공공집회에서 목적 이외의 선동적 발언 및 질서를 문란시키는 행위는 일체 불허한다.

  바. 국민의 일상생활과 정상적 경제활동의 자유는 보장한다.

  사. 외국인의 출입국과 국내 여행 등 활동의 자유는 최대한 보장한다.

본 포고를 위반한 자는 영장 없이 체포·구금·수색하며 엄중 처단한다.

- **12월 3일 비상계엄 포고령**

자유대한민국 내부에 암약하고 있는 반국가세력의 대한민국 체제 전복 위

> 협으로부터 자유민주주의를 수호하고, 국민의 안전을 지키기 위해 2024년 12월 3일 23:00부로 대한민국 전역에 다음 사항을 포고합니다.
>
> 1. 국회와 지방의회, 정당의 활동과 정치적 결사, 집회, 시위 등 일체의 정치활동을 금한다.
> 2. 자유민주주의 체제를 부정하거나, 전복을 기도하는 일체의 행위를 금하고, 가짜 뉴스, 여론조작, 허위 선동을 금한다.
> 3. 모든 언론과 출판은 계엄사의 통제를 받는다.
> 4. 사회혼란을 조장하는 파업, 태업, 집회 행위를 금한다.
> 5. 전공의를 비롯하여 파업 중이거나 의료 현장을 이탈한 모든 의료인은 48시간 내 본업에 복귀하여 충실히 근무하고 위반 시에는 계엄법에 의해 처단한다.
> 6. 반국가세력 등 체제 전복세력을 제외한 선량한 일반 국민들은 일상생활에 불편을 최소화할 수 있도록 조치한다.
>
> 이상의 포고령 위반자에 대해서는 대한민국 계엄법 제9조(계엄사령관 특별 조치권)에 의하여 영장 없이 체포, 구금, 압수수색을 할 수 있으며, 계엄법 제14조(벌칙)에 의하여 처단한다.

2024년 12월 3일 발령된 포고령의 각 조항은 헌법과 민주주의의 근본 원칙들을 체계적이고 조직적으로 부정하는 위헌적 문서였다. 무엇보다도 헌법 제37조 제2항이 규정하는 "국민의 기본권 제한은 반드시 법률에 근거해야 하며 본질적 내용은 침해 불가하다"는 원칙을 근본적으로 위반했다. 기본권 제한은 목적의 정당성, 수단의 적합성, 피해의 최소성, 법익의 균형성이라는 네 가지 요건을 충족해야 하는데, 비상계엄 포고령은 이 모든 요건을 명백히 위반했다. 이 포고령은 국회를 강제 해산·무력화하려 했고, 사법부의 독립성을 무시하며 삼권분립을 파괴했다. 또한 사전에 영장 없이 체포·구금·압수수색이 가능하다고 규정함으로써 영장주의와 적법절차 원칙을 위반했다. 이제 포고령의 각 조항을 세부적으로 분석해 보자. 그 위헌성과 내란죄의 구성요건이 어떻게 명확히 드러나는지 확인할 수 있을 것이다.

포고령의 조항은 왜 위헌이며 내란 행위에 해당하는가?

1. 포고령 제1항:
정치활동을 전면 금지하여 민주주의 기본 틀을 무너뜨리다

포고령 제1항은 "국회와 지방의회, 정당의 활동과 정치적 결사, 집회, 시위 등 일체의 정치활동을 금한다"고 국민에게 통지한다. 국회와 지방의회, 정당의 활동은 헌법 제21조의 집회·결사의 자유와 제8조의 정당 활동의 자유에 터를 잡아 이루어진다. 특히 헌법 제77조 제5항은 국회가 계엄 해제를 요구할 수 있는 권한을 명시적으로 부여하고 있는데, 국회 활동을 금지함으로써 이러한 헌법적 견제 장치를 무력화했다.

윤석열은 이에 대해 "국회의 해산을 명하거나 국회의 비상계엄 해제 요구 결의안 의결을 위한 의정활동 등 정상적인 활동을 금지하려는 것이 아니라 반국가적 활동을 금지하기 위하여 위와 같은 포고령을 발령하게 하였다."라고 주장했으나 헌법재판소는 그 주장을 배척하며 "이 사건 포고령은 단순히 국회의 활동을 금지한다고 규정하고 있어 국회의 모든 활동을 금지한다고 해석된다."라고 판단했다. 정당의 활동뿐 아니라 정치적 결사, 집회, 시위 등 일체의 정치활동이 모두 금지되면 더 이상 민주주의는 작동할 수가 없다. 집회의 법적 의미는 2인 이상의 모임이다. 둘 이상의 사람이 모여 정치에 대한 의견을 나누려 한다면 군인과 경찰이 개입해 해산시킬 수 있게 된다. 이는 과거 박정희 유신시대 계엄령, 전두환 신군부 시절 비상계엄과 유사한 조치로 전체주의적 통치 메커니즘의 전형이라고 할 수 있다. 정치적 표현의 자유와 소통을 전면 부정함으로써 민주주의의 본질적 메커니즘을 무력화한 것이다.

포고령 제1항은 또한 지방의회의 활동을 금지함으로써 지방자치의 본질적 내용을 침해했다. 헌법 제117조와 제118조에 의해 제도로 보장되는 지방자치는 주권의 지역적 주체로서의 주민에 의한 자기통치의 실현을 위한 것이며 우리 헌정질서의 주요한 축을 이룬다. 이에 대해 헌법재판소는 2014년 6월 26일 선고 2013헌바122 결정에서 "지방자치의 본질적 내용인 핵심 영역은 어떠한 경우라도 입법 기타 중앙정부의 침해로부터 보호되어야 한다."라고 판시한 바 있다. 포고령은 지방자치단체의 존재 자체를 부인하고 고유한 권한을 말살함으로써 지방자치의 본질적 내용을 침해했다.

정당활동 금지와 관련하여 헌법 제8조는 정당설립의 자유와 복수정당제를 보장하고 있으며, 정당은 헌법재판소의 심판에 의해서만 해산될 수 있다고 명시하고 있다. 헌법재판소는 2014년 1월 28일 선고 2012헌마431 결정에서 "정당의 설립은 자유이며, 복수정당제는 보장된다."라는 헌법 제8조 제1항 전단의 규정은 "단지 정당 설립의 자유만 보장되는 것이 아니라 정당의 존속 및 정당활동의 자유까지 포함하는 것"이라고 명확히 했다. 포고령은 헌법과 법률이 정한 절차가 아닌 방식으로 정당 활동을 일체 금지했다. 헌법이 보장하는 정당 활동의 자유를 법적인 근거 없이 전면 제한하는 것은 헌법 제8조와 정당법 제37조 위반이며, 국민의 권리에 대한 본질적 침해에 해당한다.

포고령 제1항 관련 헌법 및 법률 조항

- **헌법 제8조(정당 관련 규정)**
제1항: 정당의 설립은 자유이며, 복수정당제는 보장됨
제2항: 정당은 민주적 목적·조직·활동을 갖추어야 함
제4항: 정당은 오직 헌법재판소의 심판에 의해서만 해산 가능

- **헌법 제21조(표현의 자유)**
제1항: 모든 국민은 언론·출판의 자유와 집회·결사의 자유를 가짐
제2항: 집회·결사에 대한 허가는 인정되지 않음

- **헌법 제77조(계엄 관련)**
제3항: 비상계엄 시 법률에 따라 집회·결사의 자유 등에 특별조치 가능
제5항: 국회 재적의원 과반수 찬성으로 계엄 해제 요구 시 대통령은 해제해야 함

- **헌법 제117조, 제118조(지방자치)**
제117조 제1항: 지방자치단체는 주민 복리 사무 처리, 재산 관리, 자치규정 제정 권한 보유
제118조 제1항: 지방자치단체에 의회를 둠

- **정당법 제37조(활동의 자유)**

> 제1항: 정당은 헌법과 법률에 의하여 활동의 자유를 가짐
> 제2항: 정당의 정책 홍보와 당원 모집 활동은 통상적 정당활동으로 보장

2. 포고령 제2항:
언론과 표현의 자유를 말살하여 비판 기능을 마비시키다

포고령 제2항은 "자유민주주의 체제를 부정하거나 전복을 기도하는 일체의 행위를 금하고, 가짜 뉴스, 여론조작, 허위 선동을 금한다"고 규정했다. 겉으로는 국가 안전과 존립을 위협하는 질 나쁜 언론과 허위 선동을 금지하는 것처럼 보이지만, 가장 극단적인 표현의 자유에 대한 공격이며 건전한 비판과 언론을 그 본질에서부터 통제하는 조항이다.

"가짜 뉴스", "여론조작", "허위 선동"과 같은 모호한 용어들은 사실상 무제한적인 검열의 도구로 사용된다. 무엇이 가짜 뉴스인지, 여론조작인지, 허위 선동인지는 권력이 정한다. 언론사와 포털사이트, SNS 전체를 계엄사령부의 검열 아래 두고 기사·방송·게시물을 사전에 승인 받지 못하면 보도·배포를 금지하고, 권력이 보기에 "가짜 뉴스"이거나 "선동"이 의심되는 내용은 즉시 삭제한다. 이로써 존 스튜어트 밀이 주창한 '사상의 자유 시장'은 완전히 말살되고 진실에 대한 독점적 해석권을 국가권력이 장악하게 되는 것이다.

이런 유형의 포고령에 대해 법원이 어떻게 판단했는지에 관한 선례가 있다. 대법원은 2018년 12월 13일, 이 사건 포고령 2항과 유사한 내용을 담은 1972년 10월 17일자 포고령 위반 형사재심 사건(2016도1397호) 판결에서 '유언비어를 날조·유포하는 행위 등'에 대해 "범죄의 구성요건이 추상적이고 모호할 뿐만 아니라 그 적용 범위가 너무 광범위하고 포괄적

이어서 통상의 판단 능력을 지닌 국민이 법률적으로 금지되는 행위가 무엇인지를 예견하기 어려우므로 죄형법정주의의 명확성의 원칙에도 위배된다."라고 판단했다. 따라서 이번 포고령 제2항에 적힌 "자유민주주의 체제를 부정", "전복을 기도", "가짜 뉴스", "여론조작", "허위 선동"의 용어 역시 추상적이고 포괄적이어서 어떤 행위가 가벌적 행위인지 모호하여 권력 집행 기관의 자의가 개입될 여지가 있고, 죄형법정주의 및 명확성 원칙에도 반한다는 판단이 가능할 것이다.

3. 포고령 제3항:
언론 검열로 통제사회를 완성하다

포고령 제3항은 "모든 언론과 출판은 계엄사의 통제를 받는다"고 정하였다. 정보의 생산과 유통을 국가권력이 전면적으로 통제하려는 이 시도는 현대 민주주의의 토대를 이루는 가장 핵심 요소를 건드리는 것이다. 민주주의 사회에서 언론은 공기나 물과 같은 위치에 있다. 언론은 공적 영역과 사적 영역을 연결하는 중요한 매개체이며, 민주적 의사소통 구조의 정점에서 참여민주주의를 완성시키는 역할을 담당한다.

그렇기에 이를 바라지 않는 독재정권은 한치의 예외 없이 언론을 통제했다. 1980년대 전두환 독재정권이 자행한 보도지침은 그 전형적 폐해를 보여준다. 헌법 제21조 제2항은 "언론·출판에 대한 허가나 검열과 집회·결사에 대한 허가는 인정되지 아니한다"고 명시하고 있다. 사전 검열이란 행정권이 주체가 되어 사상이나 의견 등이 발표되기 이전에 예방적 조치로써 그 내용을 심사, 선별하여 발표를 사전에 억제하는 제도를 의미한다. 헌법재판소는 2005년 2월 3일 선고 2004헌가8 결정에서 사전 검열 금지의 원칙에 따라 행정권이 주체가 되어 표현물의 내용을 사전에 심사, 선별하여 발표를 금지하는 것은 절대적으로 금지된다고 판시했다. 사전 검열은 헌법 제37조 제2항의 일반적 법률유보로도 정당화될 수 없다. 포고령 제3항은 이러한 헌법상 사전검열 금지 원칙을 정면으로 위반한 것이다.

> **포고령 제3항 관련 헌법 조항**
>
> - **헌법 제21조(표현의 자유)**
> 제2항: 언론·출판에 대한 허가나 검열은 인정되지 않음
>
> - **헌법 제37조(기본권 제한의 한계)**
> 제2항: 국민의 자유와 권리는 국가안전보장·질서유지·공공복리를 위해 필요한 경우에 한해 법률로 제한 가능하나, 본질적 내용은 침해할 수 없음

4. 포고령 제4항:
시민들의 저항을 원천적으로 봉쇄하다

포고령 제4항은 "사회혼란을 조장하는 파업, 태업, 집회 행위를 금한다"고 함으로써 헌법 제33조에서 보장하는 노동3권(단결권, 단체교섭권, 단체행동권)과 시민의 집단적 의사 표현 방식을 봉쇄하려 시도했다. 노동조합은 단순한 생존을 위한 이익집단을 넘어선다. 포고령이 자본가들의 집단인 한국경영자총협회나 기타 단체들의 활동은 구체적으로 금지하지 않은 이유는 분명하다. 노동조합과 시민의 활동을 금지함으로써 향후 운영될

독재체제에 대한 건전한 견제와 비판을 사전에 차단하려는 목적인 것이다. 사회 변화의 핵심 동력인 노동자와 시민들의 집단적 저항 능력을 원천적으로 봉쇄하려 한 것이다.

대법원은 2018년 12월 28일, 1980년 5월 17일 비상계엄 전국 확대에 따라 계엄사령관이 발령한 계엄포고 제13호 제3항에 대한 판단을 한 바 있는데(대법원 2018년 12월 28일 선고 2017모107호), 그 결정문에서 '난동, 소요 등 불법 행동을 일체 금한다'고 한 것에 대하여 "범죄의 구성요건이 추상적이고 모호할 뿐만 아니라 그 적용 범위가 포괄적이어서 죄형법정주의의 명확성 원칙에도 위배된다."라고 판시했다. '사회 혼란 조장'이라는 불확정적 개념으로는 처벌 규정이 포괄적이고 모호하여 국민의 예측가능성을 침해한다는 점에서, 포고령 제4항 역시 죄형법정주의의 명확성 원칙에 위배된다고 할 수 있다.

포고령 제4항 관련 헌법 조항

- **헌법 제33조(노동3권)**

제1항: 근로자는 근로조건 향상을 위해 자주적인 단결권·단체교섭권·단체행동권을 가짐

제2항: 공무원인 근로자는 법률이 정하는 자에 한해 노동3권 보유

제3항: 주요방위산업체 종사 근로자의 단체행동권은 법률로 제한 가능

5. 포고령 제5항:
강제적 의료인 복귀 명령, 정책 반대 의료인까지 처단 대상으로 삼다

이번 포고령에서 국민들을 가장 어이없고 황당하게 만든 것은 포고령 제5항이었다. 포고령 제5항은 "전공의를 비롯하여 파업 중이거나 의료 현장을 이탈한 모든 의료인은 48시간 내 본업에 복귀하여 충실히 근무하고 위반 시에는 계엄법에 의해 처단한다"고 정했다. 이 포고령을 본 모든 의료인은 강하게 반발하면서 의료대란 사태를 불러온 정부의 무책임성과 몰염치에 분노했다.

무엇보다 파업 중이거나 의료 현장을 이탈한 의료인이 존재하지도 않았거니와 만약 그런 의료인이 있었더라도 계엄 포고령으로 규율할 성질의 문제가 아니었다. 정부의 막무가내식 의료 개혁 추진에 반발한 소위 의료대란 사태는 1년 가까운 기간 동안 국민을 고통에 빠뜨렸다. 불통 정부는 해결의 의지와 전망을 제시하지 못해 온 국민의 비판을 받는 상황에 처하자 그 사태를 해결하는 방편으로 계엄 포고령에 의료인 복귀 조항을 내걸게 된 것이다.

헌법 제15조는 직업선택의 자유를, 제10조는 행복추구권을 정하고 있다. 국민은 자신이 일하고 싶은 분야에서 자신의 의지로 일할 자유가 있다. 포고령은 아무런 근거 없이 의료인의 노동권을 강제로 제한하며 처벌을 통한 협박과 강제를 명시함으로써 전문직 종사자의 기본적 자유를 침해하려 했다. 국제인권법은 강제노동 금지 원칙을 천명하고 있고, 헌법 제12조 제1항 또한 "모든 국민은 신체의 자유를 가진다. 누구든지 법률에 의하지 아니하고는 처벌, 보안처분 또는 강제노역을 받지 아니한다." 라고 정하고 있는데, 이 포고령 조항은 국제인권법과 헌법을 모두 위반하고 있다. 전문직의 자율성과 윤리적 판단도 근본적으로 부정한 것은 물론이다. 그러나 무엇보다 의료대란 사태를 포고령으로 해결하려는 정부의 시각과 태도가 문제였다. 계엄과 포고령이 그런 용도로 쓰여도 되는가?

포고령 제5항 관련 헌법 조항

- **헌법 제10조 (인간의 존엄과 가치, 행복추구권)**
모든 국민은 인간으로서의 존엄과 가치를 가지며, 행복을 추구할 권리를 가짐
국가는 불가침의 기본적 인권을 확인하고 보장할 의무를 짐

- **헌법 제12조 (신체의 자유)**
제1항: 모든 국민은 신체의 자유를 가짐, 법률에 의하지 않고는 처벌·보안처분·강제노역을 받지 않음
제2항: 모든 국민은 고문을 받지 않으며 불리한 진술 강요 금지

- **헌법 제15조 (직업선택의 자유)**
모든 국민은 직업선택의 자유를 가짐

---

6. 포고령 제6항:
국민들을 갈라치고 비판 세력을 말살하다

포고령 제6항은 "반국가세력 등 체제 전복세력을 제외한 선량한 일반 국민은 일상생활에 불편을 최소화할 수 있도록 조치한다"고 정하였다. 겉으로는 선량한 국민의 일상생활을 보호하겠다는 것 같지만, 그 핵심은 "반국가세력 등 체제 전복 세력"에 있다. 이 구조는 포고령 제2항과 동일

하다. 어느 누가 반국가세력이고 체제 전복 세력인지를 누가 정할 수 있겠는가. 바로 계엄사령부와 윤석열이다. 계엄을 비판하고 민주 질서의 회복을 부르짖으면 반국가세력이 된다. 그리고 반국가세력의 안전과 인권은 보호하지 않겠다는 것이다.

우리 역사는 이 같은 경험을 너무도 많이 겪어왔다. 유신 시대와 80년대에 나타난 수많은 조작간첩단 피해자들이 그 예이다. 정권의 안위가 위태로우면 반드시 어디선가 간첩단이 등장했다. 헌법재판소는 이에 대해 "선량한 일반 국민과 일상생활에 불편이 의미하는 바가 불분명하여 집행기관이 이를 자의적으로 해석할 위험이 있을 뿐만 아니라, 위 규정을 감안하더라도 이 사건 포고령에 의한 기본권 제한이 위기 상황의 직접적인 원인을 제거하는 데 필수 불가결한 최소한도 내에서 이루어졌다고 볼 수 없다."라고 판단했다.

7. 기타 처단 조항:
적법절차를 폐지하고 강제력을 자의적으로 남용하다

포고령은 마지막으로 "이상의 포고령 위반자에 대해서는 대한민국 계엄법 제9조(계엄사령관 특별 조치권)에 의하여 영장 없이 체포·구금·압수수색을 할 수 있으며, 계엄법 제14조(벌칙)에 의하여 처단한다"고 명시했다. 이 '영장 없는 체포·구금' 조항은 법치주의와 민주주의의 근본을 직접적으로 훼손하는 가장 극단적인 조항이라고 볼 수 있다("처단한다"). 이 조항은 헌법의 가장 핵심적인 기본권 보장 원칙들을 전면적으로 부정한다.

첫째, 적법절차의 원칙을 완전히 무력화한다. 영장 없는 체포와 구금을 공식화함으로써 개인의 기본적 인권을 근본적으로 침해한다. 헌법

제27조의 재판받을 권리와 제12조의 신체의 자유를 침해하며 영장주의에 반한다. 둘째, 권력분립의 원칙을 훼손한다. 사법부의 통제 없이 행정부와 군사 조직이 자의적으로 개인의 자유를 제한할 수 있도록 함으로써, 헌법이 보장하는 견제와 균형의 원칙을 완전히 무너뜨린다. 이는 법치국가의 구성원리를 파괴하는 극단적 조치다. 셋째, 죄형법정주의의 기본 원칙을 위반한다. "포고령 위반"이라는 모호하고 자의적으로 해석될 수 있는 기준으로 개인을 처벌할 수 있게 함으로써 법적 안정성과 예측가능성을 근본적으로 훼손한다. 이는 개인의 법적 자유를 완전히 국가권력의 자의적 판단에 예속시키는 조치다. 넷째, 민주주의의 기본 원리인 시민의 자유로운 의사 표현과 저항권을 근본적으로 부정한다. 국민의 기본적 권리에 대한 어떠한 비판이나 저항도 곧바로 처벌의 대상이 될 수 있도록 함으로써 민주주의의 근본적인 작동 메커니즘을 파괴한다. 이러한 처단 조항의 시행으로 결국 대통령 1인에게 권력이 집중된 독재체제가 완성되는 것이다.

헌법재판소는 이러한 영장주의 위반에 대해 "비상계엄 지역에서 군사상 필요가 인정되어 특별한 조치로서 사전영장주의의 예외를 인정한 경우에도 영장주의의 본질을 침해하는 것은 허용될 수 없으므로, 수사기관의 강제처분이 영장 없이 이루어지는 경우 빠른 시간 내에 법관에 의한 사후 심사가 이루어질 수 있는 장치가 마련되어야 한다."라고 판시했다. 그러나 포고령은 어떠한 제약 조건도 두지 않고 법관의 구체적 판단 없이 체포·구금·압수·수색을 할 수 있도록 하고, 이에 대하여 법관에 의한 사후적 심사 장치도 두지 않았으므로 "국가긴급권이 발동되는 상황이라 하더라도 지켜져야 할 영장주의의 본질을 침해하는 것"이라고 헌법재판소는 명확히 판단했다.

> **포고령 처단 조항 관련 헌법 조항**
>
> - **헌법 제12조(신체의 자유, 적법절차, 영장주의)**
> 제1항: 모든 국민은 신체의 자유를 가지며, 법률과 적법한 절차에 의하지 않은 처벌·보안처분·강제노역 금지
> 제3항: 체포·구속·압수·수색 시 법관이 발부한 영장 제시 의무(영장주의)
> 제4항: 체포·구속 시 즉시 변호인의 조력을 받을 권리
> 제5항: 체포·구속 이유와 변호인 조력권 고지 의무, 가족 등에 통지 의무
> 제6항: 체포·구속 당한 자의 적부심사 청구권
>
> - **헌법 제27조(재판받을 권리)**
> 제1항: 모든 국민은 헌법과 법률이 정한 법관에 의한 법률에 따른 재판을 받을 권리
> 제2항: 비상계엄 선포 시 예외적으로 군사법원 재판 가능
> 제3항: 신속한 재판을 받을 권리, 공개재판 권리
> 제4항: 무죄추정의 원칙

8. 소결: 포고령은 내란 지침서이자 헌정 파괴 매뉴얼이었다

윤석열의 2024년 비상계엄 포고령은 단순한 법령이 아니었다. 그것은 입헌민주주의의 작동을 멈추는 '헌정 중단 명령서'였다. 계엄군의 국회 진입, 국회의장 체포 지시, 언론 검열, 시민 낙인과 같은 구체적 행위들은 이 문서가 단순한 선언이 아닌 실행 계획이었음을 증명한다. 헌법재판소가 판시했듯이 이 포고령은 "법규명령으로서 효력을 가지며", "집행 의지"를 담고 있었다. 김용현 전 국방부 장관은 헌법재판소에서 "이 사건 포고령이 효력이 있으니까 실제로 집행하려고 하였고, 당연히 그렇게 하는 것이

맞다고 생각했다."라고 증언했다.

　윤석열이 발령한 비상계엄 및 포고령은 절차뿐만 아니라 그 자체로서 헌법 명문에 반하는 것이 명백하다. 내용 또한 모호하고 광범위하여 무엇이 가벌적 행위인지 예측할 수 없어 명확성 원칙에도 위배될 뿐만 아니라 결국 법을 적용하는 수사기관의 자의가 개입될 우려가 있다. 국회의 계엄 해제를 비롯한 입법 기능은 말할 것도 없으며 헌법상 보장된 기본권인 언론의 자유, 정당 활동의 자유, 집회 시위의 자유는 물론이고 전공의의 직업 선택의 자유를 본질적으로 침해하는 위헌이자 위법적인 행위다. 윤석열은 이상과 같은 위헌·위법적인 비상계엄 및 포고령을 발령함으로써 헌법 제66조 제2항과 헌법 제69조가 정한 대통령의 헌법 준수 의무를 위반했다.

　헌법재판소는 최종 판단에서 명확하게 결론을 내렸다. "피청구인 윤석열은 계엄사령관으로 하여금 이 사건 포고령을 발령하게 함으로써 헌법 제5조 제2항, 제74조 제1항, 제77조 제5항, 대의민주주의, 권력분립 원칙을 위반하였고 국민의 대표인 국회의원의 심의·표결권 등 헌법상 권한을 침해하였으며, 지방자치의 본질적 내용을 침해하고 헌법 제8조, 국민주권주의 및 자유민주적 기본 질서를 위반하였다. 나아가 피청구인은 이 사건 포고령을 통하여 헌법 제77조 제3항 및 계엄법 제9조 제1항, 영장주의를 위반하여 국민의 정치적 기본권, 언론·출판·집회·결사의 자유, 정당의 자유, 단체행동권, 직업의 자유, 신체의 자유를 침해하였다."

　이처럼 윤석열의 2024년 비상계엄 포고령은 유신 수준의 사회를 만들려는 계획하에 선포된 포고령이다. 과거 포고령들이 주로 국회의 영향력을 약화시키거나 정당·언론을 봉쇄하는 데 집중했다면, 유신 포고령과 2024년 포고령은 훨씬 더 직접적이고 노골적인 방식으로 국회를 무력화하려 했다. 정권 비판 세력을 모두 반국가세력으로 몰아세우고 국민으로부터 격리하도록 만들면서 언론과 출판을 통제하여 독재자의 의사와 뜻만이 진짜 뉴스로 통용되는 통제 사회를 만들려고 했다.

포고령의 헌법상 의미와 대통령의 의무 관련 조항

- **헌법 제66조(대통령의 의무)**
제2항: 대통령은 국가의 독립·영토의 보전·국가의 계속성과 헌법을 수호할 책무를 짐

- **헌법 제69조(대통령 취임선서)**
대통령은 취임 시 "헌법을 준수하고 국가를 보위하며 조국의 평화적 통일과 국민의 자유와 복리의 증진 및 민족문화의 창달에 노력하여 대통령으로서의 직책을 성실히 수행할 것"을 선서함

포고령과 내란죄는 어떻게 연결되는가?

현재 윤석열은 내란죄로 기소되어 형사재판의 피고인 신분이다. 대통령의 계엄 선포 자체가 즉각적으로 내란 행위에 해당하는 것은 아니다. 헌법과 법률이 위임하는 범위 내에서 적법하게 행사된 계엄권은 국가비상사태를 극복하고 헌정질서를 회복하는 데 기여할 수 있기 때문이다. 내란죄 성립을 위해서는 단순한 계엄 선포를 넘어 보다 적극적이고 실질적

인 헌법 질서의 파괴 의도가 증명되어야 한다. 형법 제87조가 규정하는 내란죄의 핵심 요건은 "대한민국 영토의 전부 또는 일부에서 국가권력을 배제하거나 국헌을 문란하게 할 목적으로 폭동을 일으키는 것"이다. 따라서 계엄 선포 행위 자체가 곧바로 내란죄를 구성하지는 않는다. 법원은 계엄권 행사의 적법성을 판단할 때 다음과 같은 핵심 기준을 적용한다. 계엄 선포의 헌법적 요건 충족 여부, 기본권 제한의 최소성과 비례성, 헌법과 계엄법이 정한 절차의 준수 여부, 국가비상사태의 실질적 존재 여부와 같은 핵심 기준을 적용한다.

2024년 12월 3일의 포고령과 그에 따른 행위는 다음과 같은 이유로 그 자체가 내란죄를 구성한다는 것을 알 수 있다.

첫째, 헌법기관 기능을 정지하려는 시도가 명백했다. 포고령은 국회의 활동을 전면 금지했고, 실제로 특수부대가 국회를 접거했다. 이는 헌법상 국민 대표기관의 기능을 강제로 정지시키려는 분명한 시도였다.

둘째, 집행 의지와 실행 행위가 존재했다. 헌법재판소는 이 포고령이 단순한 상징이 아닌 "집행 의사 있는 실행 행위"로 판단했다. 특히 탄핵 심판 과정에서 "국방부 장관 김용현이 작성하고 피청구인이 검토 및 수정한 것"임이 확인되었다. 또한 윤석열은 포고령이 발령될 무렵 계엄사령관 박안수에게 전화하여 경찰청장 조지호에게 이 사건 포고령의 내용을 알려주라고 하였고, 조지호에게 직접 6차례 전화한 사실이 밝혀졌다.

셋째, 폭력적 수단이 실제로 동원되었다. 국회 점거, 선관위 침탈, 정치인·법관 체포 등이 지시되었고 일부는 실제 실행에 착수했다. 헌법재판소는 이러한 포고령들이 "단순한 법적 문서를 넘어 권력의 폭력성을 제도화하는 수단이었다."라고 판단했다. 윤석열은 탄핵 심판 과정에서 "포고령은 계엄의 형식을 갖추기 위한 것이고 실제 집행할 생각은 없었다", "국회를 해산하거나 의정활동 금지를 위한 것이 아니었다"고 주장했으나 이는 사실이 아니다. 김용현의 대리인들이 2024년 12월 30일 이미 12월 3일 계엄 당일 국회에 출입함으로써 포고령 제1항 '정치활동 금지'를 위반했다고 하면서 한동훈 전 국민의힘 대표, 이재명 당시 의원, 박주민 의원을 고발한 것을 보면 윤석열이 의도한 것은 국회의 기능을 실질적으로 절멸하려는 것, 즉 헌정질서를 파괴하는 범죄였음을 알 수 있다.

넷째, 헌법 가치의 전면 부정이 있었다. 포고령은 삼권분립, 대의민주주의, 기본권 보장 등 헌법의 핵심 가치를 전면 부정했다. 헌법재판소는 이를 "국민주권주의와 자유민주적 기본 질서를 위반한 것"이라고 판시했다. 특히 "이러한 처단 조항의 시행으로 결국 대통령 1인에게 권력이 집중된 독재체제가 완성되는 것"이라고 판단했다.

또한 과거 군사정권 시절에도 '위헌 포고령'이 존재했지만, 당시에는 정권이 교체된 뒤 여러 해가 지나서야 뒤늦게 법원이나 헌법재판소로부터 위헌판결이 나왔다. 그에 비하면 이번 2024년 비상계엄 포고령은 국회 해제결의로 불과 6시간 만에 사실상 무력화되었고, 이례적으로 짧은 시간 안에 헌법재판소에서 위헌판결이 선고되었다는 점에서 특별한 의미가 있다. 과거 판례들은 한 세대가 지난 뒤에야 비로소 위헌·무효가 확인되었지만 이번에는 대통령 재직 중에 곧바로 판단이 내려졌기 때문이다.

특히 계엄령이 현직 대통령 임기 중 위헌·위법 결정까지 받은 것은 헌정사상 처음이다. 2016년 박근혜 탄핵소추 및 2017년 대통령 파면이라는 이정표를 세우긴 했지만 당시 쟁점은 '부패와 권한 남용'이었다. 반면 윤석열의 경우에는 쿠데타적 계엄 선포가 직접 문제가 되어 탄핵뿐 아니라 형사상 내란죄 혐의까지 적용된다는 점에서 더욱 중대하다. 헌법재판소가 "계엄 포고령 자체가 헌법을 뒤엎는 내란적 행위에 해당한다."라고 명확히 밝혔다는 점은, 권력자가 국가비상사태를 구실로 민주주의를 무력화하려 한 시도가 사상 최단기간 내에 단호히 차단되었음을 의미한다.

결과적으로 친위쿠데타는 실패했고 우리는 안도하면서 계엄의 밤을 회상할 수 있게 되었다. 그러나 시민들이 국회로 모이지 않았다면, 국회의원이 제때 모이지 못했다면 상황은 완전히 달라졌을 것이다. 윤석열은 계엄이 해제된 후인 2024년 12월 12일 대통령 담화문에서 "도대체 2시간짜리 내란이라는 것이 있습니까? 질서 유지를 위해 소수의 병력을 잠시 투입한 것이 폭동이란 말입니까?"라고 오히려 국민을 향해 윽박질렀다.

성공하지 못했다고 해서 쿠데타가 쿠데타가 아닌 것이 되고 내란 행위가 아니게 되는 것은 아니다. 그날 밤 국회와 선관위를 침탈했다는 점에서 윤석열의 내란은 이미 실행에 들어가 기수에 이른 것이라 할 수 있다. 다만 자신이 뜻한 대로 성공하지 못했을 뿐이다. 그 과정에서 포고령은 단순히, 그리고 우연히 만들어진 문서가 아니라 헌정질서를 계획적으로 파괴하기 위한 내란 계획의 구체적 실행 지침서였다.

결론: 포고령은 민주주의를 사슬로 묶는 내란의 문서였다

윤석열의 2024년 비상계엄 포고령은 유신 수준의 사회를 만들려는 계획하에 선포된 포고령이다. 과거 포고령들이 주로 국회의 영향력을 약화시키거나 정당·언론을 봉쇄하는 데 집중했다면, 유신 포고령과 2024년 포고령은 훨씬 더 직접적이고 노골적인 방식으로 국회를 무력화하려 했으며, 정권 비판 세력을 모두 반국가 세력으로 몰고 일반 국민들과 격리시키면서 언론과 출판을 통제하여 독재자의 의사와 뜻만이 진짜 뉴스로 통용되는 통제사회를 만들려고 했다.

윤석열이 꿈꾼 체제는 결국 대통령이 입법·행정·사법 모든 영역을 통제하는 전체주의적 체제였다. 포고령이 헌법과 법률의 이름을 등에 업고도 사실상 민주주의를 압살할 수 있었다는 점은 우리에게 '법의 이중성'을 다시금 각인시킨다. 독재 권력이 적법성을 가장하기 위해 그 무엇보다 탐내는 것은 언제나 '법의 외피'였다는 사실이다. 2024년 12월 3일 발령된 포고령은 헌법의 언어를 빌려 헌법을 파괴하려 한 모순적 문서였다. 계엄법 제9조를 근거로 내세웠지만, 실제로는 헌법 전체를 무력화시키려는 의도였다. 이는 단순히 개별 조항의 위반을 넘어 헌법정신 자체에 대한 전면적 도전이었다.

포고령의 각 조항을 분석하면서 우리가 확인한 것은, 법의 형식을 갖춘 문서라 할지라도 그 내용이 헌법의 기본 원리에 반할 때는 무효라는 원칙이다. 계엄사령관 포고령이라는 이름이 아무리 권위적이라 할지라도 국민의 기본권을 본질적으로 침해하고 민주주의의 기본 작동 원리를 부정하는 명령은 법이 아니라 불법이다. 헌법의 개별 조항을 위반한 수준이 아니라 대한민국이 민주공화국이라고 선언한 헌법 제1조 자체를 부정하는 행위였다.

헌법으로 돌아가라. 포고령과 같은 반헌법적 명령에 맞서는 시민의 대답은 이것이어야 한다. 헌법 제1조가 선언한 민주공화국의 원리로, 헌법 제10조가 보장한 인간의 존엄과 기본권으로, 헌법 제37조가 정한 기본권 제한의 한계로 돌아가는 것이다. 권력이 헌법의 이름으로 헌법을 파괴하려 할 때, 우리의 방패는 헌법 그 자체이다. 법의 지배란 권력자의 자의가 아니라 헌법과 법률이 지배하는 것이며, 그 헌법과 법률의 궁극적 주인은 주권자인 국민이기 때문이다. 이어서 살펴볼 5장에서는 탄핵 과정을 통해 법이 어떻게 '독재 시도'를 제어했고, 민주주의를 다시 일으켜 세울 수 있었는지 제반 과정을 살펴보며 헌법 수호의 의미를 되짚어 볼 것이다.

제5장

헌법으로 돌아가라: 윤석열은 왜 탄핵되었는가

헌법, 민주주의를 지키는 방패로 기능하다

계엄은 헌법이 정한 목적 안에서만 인정되며 권력자가 마음대로 남용할 수 없다(헌법 제77조 제4항, 제5항). 윤석열의 비상계엄 선포는 2시간 30분 만에 이루어진 국회의 계엄 해제 요구 의결로 일단락되는 듯했다. 윤석열은 국회의 계엄 해제 요구를 받아 12월 4일 오전 4시 25분경 계엄 해제를 선언했다. 그 이후 한국 사회는 계엄 이전의 민주주의로 돌아가기 위한 진통을 겪게 되었고, 현재까지도 겪고 있다.

계엄 해제 이후 윤석열은 12월 14일 국회의 의결로 탄핵소추되었고, 2025년 1월 26일 내란 우두머리 혐의로 구속 기소되었다가 현재는 구속이 취소되어 불구속 상태로 재판을 받고 있다. 윤석열의 구속취소에서 알 수 있듯이 이 모든 과정은 결코 순탄하지 않았다. 상상하지도 못했던 일들이 연이어 벌어졌고, 헌정 위기 속에서 "비상계엄이 별 탈 없이 해제됐는데 대통령을 꼭 탄핵해야 하나?"라는 질문이 제기되면서 우리 사회는 극심한 국론 분열에 빠지게 되었다.

민주공화국과 국민 주권을 선언한 헌법 제1조의 정신에서부터 입법·행정·사법의 권력분립, 국군의 정치적 중립, 선거관리위원회의 독립성에 이르기까지—. 윤석열의 계엄 선포와 그에 따른 일련의 조치들은 단순한 정책 실패나 우발적 판단 오류가 아닌 우리 헌법이 지켜온 근본 가치와 통치구조에 대한 전면적 도전이었다. 이러한 상황에서 위와 같은 질문은 정치적인 판단에 대한 문제가 아니라 헌정질서의 본질과 민주주의 수호를 위한 제도적 방어장치의 필요성에 관한 근본적 의문을 불러일으켰다.

이 장에서는 헌법이 정한 탄핵 제도의 의미와 윤석열의 위헌적 행위가 우리 헌정질서에 미친 영향, 그리고 그 책임을 묻는 과정에서 드러난 민주주의의 취약성과 회복 가능성을 살펴보고자 한다. 탄핵은 국헌문란 목적의 폭동을 일으킨 대통령에게 책임을 물을 수 있는 헌법 제도다(헌법 제65조 제1항, 제2항). 국민의 대표기관인 국회가 소추하고, 헌법재판소가 대통령의 파면을 결정하는 가장 무거운 책임 추궁 절차이기도 하다. 헌정질서를 파괴한 대통령에게 주권자로서 그 책임을 묻는 방법은 탄핵밖에 없다. 내란죄로 형사 처벌하는 것이 '행위자'인 대통령 개인에 대한 단죄라면, 탄핵으로 대통령직을 박탈하는 건 '권력기관 자체'를 해체하는 헌정 방어 조치다. 어느 쪽 하나라도 빠진다면, 헌법은 무력해진다.

권력자가 계엄을 마음대로 남용할 수 없는 이유는?

대한민국 헌법 제77조는 '전시·사변 또는 이에 준하는 국가비상사태에서 병력 동원이 불가피한 경우'에 한해 계엄을 선포할 수 있다고 규정하며, 국회가 계엄 해제를 요구하면 대통령이 반드시 이에 따라야 한다고 명시하고 있다. 즉, 계엄은 헌법이 인정한 극히 예외적인 목적 아래에서만 한시적으로 행사될 수 있으며, 이러한 통제 규정(헌법 제77조 제4항, 제5항)을 통해 권력자의 자의적 남용이 원천적으로 차단되도록 하고 있다.

윤석열의 비상계엄 선포가 위헌적이라는 헌법의 핵심 근거는 무엇일까?

① 국민의 대표기관인 국회의 활동을 전면 금지

헌법 제40조 "입법권은 국회에 속한다.", 헌법 제41조 제1항 "국회는 국민의 보통·평등·직접·비밀선거에 의하여 선출된 국회의원으로 구성한다." → 대통령이 군사력을 동원해 국회 활동을 전면 차단하는 행위는 헌법이 보장하는 입법권과 민주적 대표 기능을 근본적으로 침해한다.

② 정치적 반대 의사 표명을 원천 차단

헌법 제21조 "모든 국민은 언론·출판의 자유와 집회·결사의 자유를 가진다.", 헌법 제37조 제2항 "국민의 모든 자유와 권리는 국가안전보장·질서유지 또는 공공복리를 위해 필요한 경우에 한하여 법률로써 제한할 수 있으며, (…)" → 국민의 표현·집회 자유를 전면 차단하는 행위는 헌법상 기본권을 침해하는 명백한 위헌적 조치다.

③ 군경을 동원해 국가기관을 압수 수색

헌법 제12조 제1항, 제3항 '적법절차 원칙 및 영장주의 규정', 헌법 제114조 제2항 "중앙선거관리위원회는 선거와 국민투표와 정당에 관한 사무를 관장하며, (…) 정치적 중립을 지켜야 한다." → 영장주의를 무시하고 군·경으로 하여금 선관위나 기타 국가기관을 강제 봉쇄·압수 수색하는 것은 권력분립과 절차적 정당성을 정면으로 위배하며 헌법상 독립기관의 중립성까지 훼손한다.

헌법은 잘못한 대통령에게 어떻게 책임을 물을까?

헌법 제65조 제1항 "대통령·국무총리·국무위원 (…) 기타 법률이 정한 공무원이 그 직무집행에 있어서 헌법이나 법률을 위배한 때에는, 국회는 탄핵의 소추를 의결할 수 있다.", 제2항 "전 항의 탄핵소추의 의결은 재적의원 과반수의 발의와 국회 재적의원 3분의 2 이상의 찬성이 있어야 한다." → 결국 대통령이 '국헌문란 목적의 폭동'(내란죄 등)에 준하는 행위를 했거나 헌법상 권력분립·기본권 보장을 정면으로 침해했다면 그 책임을 물을 수 있는 가장 무거운 헌법적 수단이 바로 '탄핵'이다. 국회는 국민의 주권을 대리하여 소추를 의결하고, 헌법재판소가 심판함으로써 헌정질서를 파괴한 권력을 해체할 수 있다.

대통령 탄핵은 형사 처벌이 아닌 '헌법적 책임'을 묻는 절차이다

탄핵심판의 본질은 형사 처벌을 목적으로 개별적인 행위에 책임을 묻는 것이 아니라 피소추자가 대통령직을 유지하는 데 적합한 인물인지 여부를 헌법적 관점에서 판단하는 것이다. 헌법재판소법 제53조 제1항에 따르면 탄핵 사유는 "탄핵심판 청구가 이유 있는 때"로, 공직자의 파면을 정당화할 정도로 '중대한 법 위반'의 경우를 의미한다. 구체적으로 대통령 탄핵의 경우에는 ①헌법 수호, ②국민의 신임 박탈이라는 두 관점이 주된 기준이 된다. 헌법 수호의 관점에서 중대한 법 위반이란 자유민주적 기본 질서를 위협하는 것으로 민주주의 내지 법치주의 기본 원칙을 허무는 적극적 행위를 의미한다. 국민의 신임을 배반하는 행위란 내란, 뇌물 수수, 부정부패, 국익에 반하는 행위 등을 의미한다.

대통령의 헌법상 의무는 헌법 수호 의무(헌법 제66조 제2항), 직책을 성실히 수행할 의무(헌법 제69조), 선서 의무(헌법 제69조)이다. 대통령의 헌법상 의무는 우리 헌법 제66조와 제69조에서 명확히 규정하고 있다. 이는 단순한 선언적 규정이 아닌, 대통령의 존재 이유이자 책임의 근간이 되는 핵심적 의무다. 헌법 제66조 제2항은 "대통령은 국가의 독립·영토의 보전·국가의 계속성과 헌법을 수호할 책무를 진다"고 규정하여 대통령의 가장 기본적인 의무가 헌법 수호에 있음을 명시한다. 헌법 제69조는 이를 더욱 구체화하여 대통령의 취임 선서를 통해 직책을 성실히 수행할 의무를 부과한다.

여기서 주목할 점은, 대통령이 단순히 행정부 수반으로서의 정책적 책무만이 아니라 헌법 수호자로서의 근본적 의무를 진다는 것이다. 이는 대통령이 '선출된 군주'가 아닌 '헌법의 수호자'로서의 지위를 가진다는 것을 의미한다. 특히 우리 헌정사에서 세 차례의 대통령 탄핵이 모두 이러한 헌법상 의무 위반과 관련되어 있다는 점은, 이 의무들이 단순한 선언이 아닌 실질적 규범력을 가진다는 것을 보여준다. 대통령의 취임 선서는 이러한 의무를 공식적으로 확인하고 국민 앞에 서약하는 절차로서, 그 위반은 단순한 법률 위반을 넘어 헌법적 신뢰의 배반이라는 중대한 의미가 있다.

헌법적 책임은
왜 필요한가

일부 사람들은 "계엄도 이미 해제되었고, 큰 혼란 없이 사태가 마무리된 것 아닌가?"라며 의문을 제기했다. 그러나 앞서 살펴본 대로 계엄 해제는 단지 '형식적 종료'일 뿐 대통령이 헌정질서를 근본적으로 뒤흔들려 했던 시도 자체가 중차대한 헌법 위반이며, 그 헌법적 책임은 결코 면제될 수 없다.

 대통령은 막강한 권한을 지닌다. 국가를 대표하고 '국군을 통수'하며 국민의 일상생활에 가장 큰 영향을 미치는 '행정부를 통할'한다. 그뿐 아니라 최고 인사권자로서 국가 기구의 곳곳에 적절한 인사를 임명함으로써 국가 체계를 유지하고 운영한다. 특히 한국은 세계 어느 나라 못지 않은 강경한 대통령제를 택하고 있다. 이처럼 강한 대통령제는 평상시에도 대통령의 권한 집중과 그로 인한 부작용, 사회 갈등을 지속적으로 낳아왔다. 그렇기에 만에 하나 이 권한이 오남용되어 민주주의가 순식간에 붕괴되는 것은 결코 허상이 아니다.

 그래서 헌법은 '대통령 탄핵'이라는 최후의 안전장치를 마련해 두었고, 선출된 권력이라 할지라도 헌정질서를 무너뜨리거나 국민의 기본권을 침해하는 중대한 위법 행위를 저지른다면 국민이 선출한 대표기관(국회)이 이를 제지하고 헌법재판소가 파면을 결정하도록 하여 민주주의를 지키게끔 하고 있다. 특히 계엄을 불법적으로 선포함으로써 국회의 권능을 마비시키거나 국민 기본권을 제약하려 한 대통령의 행위는 내란죄에 준하는 중대 사안인데, 현행 헌법 제84조가 재직 중 대통령의 형사소추를 금지하면서도 내란·외환죄를 예외로 둔 것도 이런 까닭이다. 계엄령을 통한 국회·시민 권한의 봉쇄는 곧 내란과 다를 바 없다는 점에서, 헌법은 여전히 현직 대통령이라도 수사와 기소가 가능한 길을 열어두었다. 이뿐만 아니라 국회가 탄핵을 의결하면 대통령은 직무집행 자격이 즉시 정지되고 헌법재판소의 판결에 따라 파면될 수 있다.

대통령이 내란죄를 저질렀을 경우 우리 법체계는 이를 형사책임과 헌법적 책임이라는 두 축으로 접근하여 심판한다. ①형사책임은 내란죄가 불소추특권의 예외이므로 현직 대통령이라도 기소되어 사법부에서 형벌이 부과될 수 있는 개인 범죄 책임의 영역이고, ②헌법적 책임인 탄핵은 대통령이 헌법과 법률을 위반했을 때 직무수행 자격 자체를 박탈해 훼손된 헌정질서를 회복하고 민주적 정당성을 지키기 위한 헌법재판소의 판단이라는 점에서 별개의 절차이자 상호보완적이다. 결국 계엄 같은 극단적 수단을 동원해 국헌을 문란케 하려는 행위가 벌어졌을 때 국민과 헌법기관들은 대통령에게 이 두 가지 책임을 동시에 물어 민주공화국을 지킬 수 있다. 이는 우리 헌법이 민주주의의 붕괴를 막기 위해 마련한 최후의 안전장치이자 헌법 수호 의지라고 할 수 있다.

헌법 제65조에서는 대통령의 탄핵에 관한 근거를 명확히 규정하고 있다. 대통령이 직무를 수행하면서 헌법이나 법률을 위반했다면 국회는 탄핵소추를 의결할 수 있다. 이때 국회 재적의원 과반수가 발의하고 3분의 2 이상이 찬성해야 의결이 가능하다. 탄핵소추가 의결되면 즉시 대통령의 권한 행사는 정지된다.

그러나 흥미로운 점은, 이 시점에서 대통령의 '권한'만 정지될 뿐 '신분'은 여전히 유지된다는 것이다. 실제로 윤석열 역시 탄핵소추 이후에도 관저에서 경호와 경비를 받았고, 수감된 이후에도 현직 대통령으로서의 예우를 받았다. 현행 국가공무원법에 탄핵소추된 공무원의 보수 지급 정지 규정이 없기 때문에 대통령 파면 전까지 급여 지급은 계속되며, 헌법재판소가 최종적으로 탄핵을 인용하면 대통령은 파면된다. 대통령이 탄핵으로 파면되면 그 시점 이후로는 보수가 지급되지 않는다.

탄핵 결정은 오직 공직에서 파면하는 것에 그친다. 민사상 또는 형사상 책임은 이와 별개로 추궁될 수 있다. 탄핵으로 파면된 대통령은 전직 대통령 예우법에 따라 필요한 기간의 경호와 경비만을 지원받을 수 있으며, 다른 모든 예우는 받을 수 없게 된다. 이처럼 우리 헌법은 대통령의 권한 남용을 견제하면서도 신분과 관련된 부분에서는 일정한 보호를 제공하는 균형 잡힌 시스템을 갖추고 있다. 이는 탄핵 제도가 단순한 정치적 보복이 아닌, 법치주의를 지키기 위한 헌법적 장치임을 보여준다.

탄핵제도의 헌법적 근거

- **헌법 제65조 제1항:** 대통령이 직무집행에서 헌법이나 법률을 위배할 때 국회는 탄핵소추 가능
- **헌법 제65조 제2항:** 대통령 탄핵소추는 국회재적의원 과반수 발의, 3분의 2 이상 찬성 필요
- **헌법 제65조 제3항:** 탄핵소추 의결 시 권한 행사 즉시 정지
- **헌법 제65조 제4항:** 탄핵결정은 공직 파면에 그침 (민형사상 책임은 별도)

대통령 탄핵의 역사

탄핵의 기원은 영국 군주제에서 찾을 수 있다. 당시에는 군주에게 직접적인 책임을 물을 수 없었기에 그 대신들을 문책하는 제도로 탄핵이 시작되었다. 군주제 국가에서는 "군주는 과오가 없다(The king can do no wrong)"는 원칙이 지배적이었고, 군주는 '신성불가침'의 존재였다. 국정 운영의 책임은 군주를 보좌하는 대신들이나 군주의 행위에 부서한 내각이 지게 되어 있었다. 절대군주제에서 뚜렷했던 군주의 무책임성은 입헌군주제에서까지도 이어졌다. 유럽 입헌군주제의 모델이었던 프랑스의 1814년 헌법은 "군주의 인신은 신성불가침이다. 그의 대신들이 책임을 진다. 집행권은 오직 군주에게 귀속한다."라고 명시했다.

이러한 역사적 배경에서 탄핵 제도는 영국 의회가 군주의 대신들에게 책임을 물을 수 있는 중요한 수단이었다. 초기에 탄핵은 대신들에게 면직은 물론 형사처벌까지 부과했다. 그러나 탄핵의 본질적 성격은 집행권에 대한 정치적 견제에 있었다. 영국 전통에서 'High Crimes and Misdemeanors(중대한 범죄와 비행)'라는 개념은 엄밀한 형사법상 범죄뿐 아니라 의회가 위법으로 규정하여 처벌할 수 있는 광범위한 행위를 포함했다. 이후 의원내각제가 정착되고 집행부의 정치적 책임을 묻는 내각불신임 제도가 도입되면서 영국에서는 탄핵 절차를 점차 사용하지 않게 되었다.

미국은 독립 후 1787년 헌법을 제정하며 이 탄핵 제도를 계승하면서 결정적인 변화를 일으켰다. 바로 국가원수인 대통령까지 탄핵의 대상으로 포함한 것이다. 이는 공화국에서 대통령도 국민의 대표자로서 주권자 국민에게 책임을 져야 한다는 원칙을 반영한 것이었다. 미국 헌법 제정 과정에서는 탄핵 사유를 어떻게 규정할지에 대한 논란이 있었으나, 결국 영국 헌정 전통의 문구인 "Treason, Bribery, or other High Crimes and Misdemeanors(반역죄, 뇌물죄, 또는 기타 중대한 범죄와 비행)"로 귀결되었다.

　미국 헌정사 230여 년 동안 하원의 탄핵소추를 받은 대통령은 앤드류 존슨(1868년), 빌 클린턴(1998년), 도널드 트럼프(2019년, 2021년) 등 세 명이다. 이들 모두 탄핵소추안이 상원에서 부결되어 파면되지는 않았다. 존슨 대통령은 재건기(Reconstruction) 정책을 둘러싼 의회와의 갈등에서 의회가 제정한 공직 재직법을 위반한 혐의로 탄핵되었으나 단 한 표 차이로 파면을 면했다. 클린턴 대통령은 사적 비행에 관한 의회 청문회에서의 위증 혐의로 탄핵되었으나 상원에서 큰 차이로 부결되었다. 트럼프 대통령은 우크라이나 대통령에 대한 압력 행사와 2021년 1월 6일 의사당 폭동 선동 혐의로 두 차례 탄핵소추되었으나 모두 상원에서 부결되었다. 한편 1974년 워터게이트 사건을 일으킨 닉슨 대통령은 탄핵이 거의 확실시되는 상황에서 사임을 선택했다.

　20세기 후반, 이른바 '민주주의의 제3의 물결'* 시기에 대통령 탄핵은 단순한 헌법적 장식이 아닌 입헌주의의 정규적 절차로 주목받기 시작했다. 특히 라틴 아메리카 국가들에서 이러한 현상이 두드러졌다. 1991년부터 2023년 사이 9개국에서 22건의 탄핵소추가 있었고, 8명의 대통령이 탄핵으로 면직되었으며, 4명은 중도 사임했다. 라틴 아메리카의 탄핵 사유는 법적 책임에 국한되지 않고 대통령의 직무 수행에 관한 정신적, 신체적, 도덕적 부적격 등 정치적 책임의 요소를 폭넓게 포함했다. 이

---

* 　미국의 정치학자 새뮤얼 헌팅턴이 저서 『제3의 물결』(인간사랑, 2011)에서 제시한 표현으로, 1974년 포르투갈에서 일어난 카네이션 혁명을 시작으로 민주화가 전 지구적으로 전개되어 발전했다는 주장이다.

후 국가원수에 대한 탄핵은 세계적으로 확대되어 미국은 물론 동유럽의 리투아니아, 우크라이나, 아시아의 인도네시아, 필리핀 등에서도 탄핵 절차가 진행되었다.

한국의 탄핵 역사는 임시정부 시절인 1919년 9월 통합 임시정부 헌법에서 이미 대통령에 대한 탄핵 제도가 최초로 규정된 데에서부터 비롯한다고 할 수 있다. 당시 국회 격인 임시의정원에서 대통령의 위법, 범죄 행위에 대하여 탄핵심판을 할 수 있도록 했다. 실제로 1924년 의정원은 대통령 이승만의 유고안을 가결해 직무를 정지시켰고, 1925년에는 탄핵 소추를 하고 면직시켰다. 이후 임시정부의 헌법과 정부 형태에는 여러 변화가 있었지만 의정원이 집행부의 수반을 탄핵 혹은 불신임하는 구조는 유지되었다.

해방 후 제1공화국부터 탄핵제도는 헌법에 규정되어 있었다. 그러나 이승만 정부부터 전두환 정부까지 이어진 '제왕적 대통령제' 시기에는 탄핵제도가 사실상 장식에 불과했다. 권위주의 대통령제에서 대통령 탄핵은 상상하기 힘든 일이었다. 오히려 이 시기에는 국민들의 직접 행동, 즉 저항권에 의해 대통령의 책임이 추궁되었다. 4·19 학생의거로 이승만 대통령이 축출된 것이 그 대표적 사례다.

1987년 민주화 이후에야 대통령 탄핵은 실질적 의미를 갖기 시작했다. 제6공화국 헌법은 종래 권위적 대통령제를 헌법적으로 지양하고 수평적 책임의 가능성을 높였다. 하지만 실제 탄핵소추가 이루어지기까지는 시간이 더 필요했다. 노태우, 김영삼, 김대중 정권 때도 탄핵에 대한 공개적 논의가 있었다. 1992년 노태우 정부 시절 야당은 지방 선거의 불법 연기와 관련하여 탄핵소추 발의를 검토했고, 1995년 김영삼 정부 때는 시민사회가 노동문제에 대한 대통령의 권력 남용을 이유로 탄핵 청원을 추진했다. 2002년 김대중 대통령 시기에는 야당이 친인척 비리와 관련하여 탄핵소추 발의를 공개적으로 검토했다. 그러나 이러한 사례들은 모두 발의 단계에 이르지 못했다.

2004년 노무현 탄핵은 대한민국 최초의 실제 탄핵소추 사례로서 중요한 의미를 갖는다. 탄핵 사유는 대통령의 여당 지지 발언이 정치적 중립의무 위반인지, 재신임 국민투표 제안 등이 헌법 위반인지 여부였다. 당시 야당이었던 새천년민주당과 한나라당이 합세하여 탄핵소추안을 발의하고 가결했다. 2004년 3월 12일 국회는 재적의원 193명의 찬성으로 탄핵소추안을 가결했다. 그러나 당시 노무현은 취임 직후였으며, 그의 개혁 의지는 많은 국민의 지지를 받고 있었다. 국민 여론은 탄핵소추에 동의하지 않았고 오히려 저항했다. 이러한 국민의 의지는 탄핵 과정에서 치러진 제17대 국회의원 총선거 결과로 나타났다. 신생 여당인 열린우리당은 47석에서 152석으로 급증했고 탄핵을 주도한 야당들은 크게 패배했다. 결국 헌법재판소는 2004년 5월 14일, 대통령의 법 위반은 인정되나 파면에 이를 정도로 중대한 위반이 아니라는 이유로 탄핵소추를 기각했다.

2016~2017년 박근혜 탄핵은 한국 헌정사에서 최초로 인용된 탄핵 사례다. 이 사례의 특징은 정치권보다 국민 여론이 앞섰다는 점이다. 국회의 수평적 책임보다 국민에 의한 수직적 책임이 먼저 작동했다. 최순실이라는 비선 실세의 국정 개입 사실이 드러나자 국민들은 거리로 나와 "이것이 나라냐"를 외치며 대통령 하야와 탄핵을 요구했다. 매주 수십만 명의 인파가 서울 중심부에서 열린 촛불집회에 참여했다. 이러한 국민적 압력에 의회도 부응할 수밖에 없었다. 2016년 12월 9일, 국회는 299명 중 234명의 압도적 찬성으로 탄핵소추안을 가결했다. 여당이었던 새누리당

의원들도 128명 중 62명이나 찬성했다. 헌법재판소는 2017년 3월 10일, 8인 재판관 전원일치로 대통령의 탄핵소추를 인용하여 대통령을 파면했다. 주요 인용 사유는 비선 실세의 국정 개입 허용, 대통령 권한 남용, 사익 추구 조장 등이었으며 특히 이러한 위법 행위가 지속적이고 반복적으로 이루어졌다는 점이 중요하게 고려되었다.

노무현이 탄핵소추된 법적인 근거는?

- **대통령의 정치적 중립의무 위반 여부**
① 헌법 제7조("공무원은 국민 전체의 봉사자이며, 국민에 대하여 책임을 진다. 공무원의 신분과 정치적 중립성은 법률이 정하는 바에 의하여 보장된다."): 대통령 역시 헌법상 '공무원'의 지위를 가지므로 정치적 중립성 준수 의무를 부담한다는 해석이 가능하다.
② **공직선거법 제9조(공무원의 선거 중립 의무) 및 관련 조항들**: 공직선거법은 공무원이 선거에 부당하게 개입하거나 특정 정당·후보를 지지·반대하는 행위를 금지함으로써 선거의 공정성과 정치적 중립을 확보하려고 한다. 대통령도 선거에서 특정 정당(여당) 지지를 표명함으로써 선거에 영향을 미치면 정치적 중립의무 위반에 해당할 수 있다는 것이 당시 탄핵소추의 주요 근거 중 하나였다.

- **재신임 국민투표 제안의 위헌성 여부**
헌법 제72조("대통령은 필요하다고 인정할 때에는 외교·국방·통일 기타 국가안위에 관한 중요정책을 국민투표에 부칠 수 있다."): 여기서 말하는 국민투표는 '정책'에 한정된다. '재신임' 같은 대통령 개인의 신임 여부를 묻는 투표는 헌법이 예정한 범위를 벗어난다는 해석이 다수설이었다.

결국 2004년 노무현 대통령 탄핵심판 사건에서 대통령의 여당 지지 발언이 과연 선거 중립 의무를 위배한 중대 위반인지, 재신임 국민투표 제안을 하는 것이 헌법 제72조 범위를 일탈한 중대한 위헌인지 여부가 쟁점이 되었으나 헌법재판소는 "위반 자체는 인정되지만 파면까지 이를 정도로 중대한 사안은 아니다."라며 탄핵소추를 기각했다.

헌법재판소는 왜 박근혜 탄핵을 인용했을까?

• **비선 실세의 국정 개입 허용**
① 헌법 제66조, 대통령은 국가의 원수이자 행정부 수반으로서 "국정 전반에 대한 최종적 책임과 권한"을 갖는다(제66조 제1항, 제4항): 대통령은 이러한 헌법상 지위에 따라 국가정책을 투명하고 합법적으로 추진해야 할 의무를 부담한다. 그러나 최순실 등 비공식 인물이 국정에 개입하도록 방치함으로써 헌법이 요구하는 '책임정치'와 '공적 절차'를 심각하게 훼손하였다는 점이 결정적으로 문제시되었다.
② 헌법 제69조, 대통령은 취임 선서에서 "헌법을 준수하고, 국가를 보위하며 (…) 직책을 성실히 수행"할 것을 국민 앞에 약속한다: 실제 국정은 공적 기관과 절차를 통해 이뤄져야 하나 비선을 통한 국정 자료 유출, 인사 개입 등이 대통령이 선서한 성실 수행 의무를 위반한 근거로 보았다.
③ **국가공무원법 제59조(성실 의무), 정부조직법**: 행정 권한 및 국정 운영은 공무원 조직과 합법적 절차에 의해 이뤄져야 한다는 일반 원칙에 어긋났다.

• **대통령 권한 남용**
① **헌법 제66조 제4항**: 대통령은 행정부 수반으로서 국무총리와 국무위원 등이 참여하는 국무회의의 심의 등을 거쳐 국정을 수행해야 한다. 그러

나 박근혜는 공적 절차 대신 사적 채널(비선)을 앞세워 국무 전반에 영향력을 행사했고, 이를 통해 기업에 부당한 압력을 가하는 등 권한을 남용한 정황이 탄핵심판에서 인정되었다.
② **형법 제123조(직권남용권리행사방해)**: 국가기관이나 공무원이 직권을 남용해 타인에게 의무 없는 일을 하게 하거나 권리행사를 방해하는 행위를 처벌한다.

- **사익 추구 조장**
① **헌법 제7조 제1항("공무원은 국민 전체의 봉사자이며, 국민에 대하여 책임을 진다.")**: 대통령 역시 '최고 공무원'으로서 공익을 위해 직무를 수행해야 하나 특정인(최순실 등)의 이익을 챙겨주거나 이를 방조함으로써 공익 아닌 사익이 추구되도록 한 점이 탄핵심판의 중대한 위헌·위법 사유로 지목되었다.
② **형법 제129조 이하(뇌물수수 등), 부패방지법**: 직무상 이익을 제공받거나 제삼자를 위한 이익 수수 등을 허용하는 행위는 공무원의 청렴 의무 위반이다. 대통령의 행위가 사실상 기업에 '출연'을 강요해 재단(미르·K스포츠 등)을 세운 뒤 그 운영을 비선 실세가 장악하도록 한 정황은 "공직의 사적 이익화"이자 "뇌물성 자금 유용" 의혹과도 연결되었다.

이전 두 대통령의 탄핵 사유가 공무원으로서의 정치적 중립의무나 대통령의 사익 추구 금지와 같은 직무상 비위 행위를 문제 삼았다면, 윤석열의 탄핵은 계엄령 선포로 헌정질서를 근본적으로 파괴하고 독재체제를 이행하려 했다는 점에서 이전 사례보다 더욱 중대하고 충격적인 사안으로 평가된다. 노무현 탄핵이 대통령에 대한 정치권의 투쟁이었고, 박근혜 탄핵이 대통령을 향한 국민의 배신감을 헌법을 통해 투영한 것이었다면, 윤석열 탄핵은 대통령의 폭거에 대해 주권자가 헌법을 가지고서 그 부당함을 심판하였다는 성격을 띤다.

이러한 역사적 전개 과정에서 볼 수 있듯이 탄핵제도는 단순한 정치적 투쟁의 수단이 아니다. 헌정질서를 수호하기 위한 적법한 수단이 그 본질이며, 국민이 권력을 위임한 최고 권력자의 헌정 파괴를 막는 헌법적 책임 묻기다. 특히 한국의 탄핵 사례들은 단순히 법적 책임에 그치지 않고 '국민적 신임', 즉 정치적 책임이 중요한 요소로 작용하고 있음을 보여준다. 또한 헌법기관들에 의한 책임 추궁 이전에 국민들에 의한 수직적 책임이 구현되는 양상도 드러난다. 탄핵은 헌법이 마련한 가장 합헌적이고 정당한 해결책으로서 민주주의와 입헌주의의 상보적 결합을 위한 헌법적 장치인 것이다.

탄핵소추안의 법적 · 정치적 함의
: 삼권분립은 살아 있다

국회의 탄핵소추안이 가결되면 대통령 직무는 즉시 정지된다. 국정은 권한대행 체제로 넘어가며, 대통령은 국군 통수권은 물론 어떤 형태의 권력 행사도 불가능해진다. 입법부에 의한 대통령 탄핵소추안 가결은 다음과 같은 헌법적 의미를 갖는다. 첫째, 입법부는 대통령의 위헌·위법 행위에 대해 헌법을 수호하는 역할을 수행한다. 둘째, 국민의 대표기관인 국회가 국민의 의사를 반영하여 대통령의 책임을 묻는 절차를 진행한다. 셋째, 최고 권력자라도 법 위에 있을 수 없다는 법치주의 원칙을 실현한다. 마지막으로 삼권분립의 원칙에 따라 입법부가 행정부의 수장인 대통령의 위법 행위에 대해 책임을 물을 수 있는 강력한 수단을 실질적으로 행사하는 것이다.

대통령이 '통치행위'라는 이름으로 자신의 계엄 선포가 사법심사 대상이 아니라고 주장했음에도, 국회는 헌법이 부여한 탄핵소추권을 행사함으로써 이러한 주장을 정면으로 반박했다. 이는 견제와 균형의 원리가 실질적으로 작동했다는 증거이다. 더불어 국회의 탄핵소추 결정은 단지 국회의원 300명만의 결정이 아니라 여의도를 메운 시민들의 의지가 반영된 것이었다. 이는 국민 주권 원리가 위기 상황에서 더욱 뚜렷하게 발현된 사례로, 직접 민주주의와 대의 민주주의의 조화로운 작동을 보여주었다.

탄핵소추는 또한 국가기관 내부의 힘을 재편한다. 대통령의 직무가 정지되면 군과 경찰, 정보기관들은 더 이상 '대통령의 지시'라는 명분으로 헌법에 반하는 행위를 할 수 없게 된다. 법무부와 검찰도 대통령의 영향력에서 벗어나 독립적인 수사를 진행할 수 있다. 또한 국회의 탄핵소추 결정을 통해 헌법적 위기 상황에서 정파적 이해관계를 넘어선 헌법 수호의 정신을 보여주었다. 여당 소속 일부 의원들이 당론을 거부하고 탄핵에 찬성한 것은 정당의 이익보다 헌법적 가치를 우선한 결정이었다. 이는 대한민국의 민주주의가 성숙해졌음을 보여주는 중요한 지표이다.

결국 탄핵소추는 대통령 개인에 대한 처벌이 아니라 훼손된 헌법 질서를 회복하고 미래의 유사한 헌법 침해를 예방하기 위한 제도적 조치였다. 국민, 국회, 그리고 헌법기관들이 유기적으로 협력하여 헌법 수호라는 공동의 목표를 달성한 과정은 위기 속에서도 대한민국 헌정질서의 견고함과 회복력을 증명하는 역사적 사례로 기록될 것이다.

탄핵소추된 대통령의 권한이 즉시 정지되는 헌법적 근거는?

- **헌법 제65조 제3항**("탄핵소추가 의결된 때에는 그 피소추된 자는 탄핵심판이 있을 때까지 그 권한 행사가 정지된다."): 대통령·국무총리·국무위원 등 헌법이 정한 고위공직자에 대한 탄핵소추안이 국회에서 가결되면 해당 공직자는 탄핵심판이 종결될 때까지 직무가 정지된다. 대통령도 예외가 아니므로 사실상 대통령의 모든 권력 행사가 즉시 중단된다.
- **헌법 제71조**("대통령이 궐위되거나 사고로 인하여 직무를 수행할 수 없을 때에는 국무총리, 법률이 정한 순서에 따라 국무위원이 그 권한을 대행한다."): 대통령직이 탄핵소추로 정지된 경우도 '직무수행 불능' 상태로 보아 국무총리가 대통령의 권한을 대행하게 된다(권한대행 체제).

즉, 탄핵소추안이 가결되는 순간부터 대통령은 국군 통수권, 국법상 행위 등 일체의 권력을 행사할 수 없게 되며, 국정 운영은 헌법에 따라 국무총리(또는 법률이 정하는 순서의 국무위원)가 권한대행을 맡아 수행하게 된다.

직무가 정지된 대통령의 지시에 따르는 것은 왜 반헌법적일까?

- **헌법 제65조 제3항**("탄핵소추가 의결된 때에는 그 피소추된 자는 탄핵심판이 있을 때까지 그 권한 행사가 정지된다."): 국회가 탄핵소추를 가결하면 대통령은 직무가 정지되므로 대통령 명의나 지시가 일체 효력을 상실하게 된다.
- **헌법 제74조 제1항**("대통령은 군의 통수권을 가진다"): 대통령이 국군 통수권을 행사할 주체이지만, 탄핵소추안 가결 후 대통령의 권한이 정지됨으로써 군 통수권 행사 역시 불가능해진다. 따라서 군은 더 이상 '대통령의

지시'를 근거로 움직일 수 없다.

- **헌법 제66조 제4항**("행정권은 대통령을 수반으로 하는 정부에 속한다."): 원칙적으로 모든 행정기관(경찰·정보기관 등)은 대통령을 최고책임자로 하는 정부 조직 체계 내에 편제되어 있다. 그러나 탄핵으로 대통령 권한이 정지되면 행정권의 최종 지휘권도 국무총리(또는 법률에 정한 순서의 국무위원)가 권한대행을 통해 행사하게 된다.

즉, 탄핵소추가 가결되어 대통령이 직무를 수행할 수 없게 되면 경찰이나 정보기관도 대통령의 직무 정지 상태에서의 '직접 지시'를 이행할 수 없으며, 합헌적·합법적 지휘계통(권한대행 체제)에 따라야 한다.

탄핵소추안의 구체적 근거: 절차·요건 무시 + 국회 봉쇄 + 내란목적

국회의 탄핵소추안은 피소추자(윤석열)의 위헌·위법 행위를 크게 두 가지 축으로 구성하고 있다. 첫째는 비상계엄 선포의 위헌성이고, 둘째는 이를 통한 국헌문란의 내란 행위다. 이 두 축은 서로 밀접하게 연관되어 있으면서도 각각 독자적인 탄핵 사유를 구성한다.

구체적으로 국회가 제시한 탄핵소추 사유는 다섯 가지로 체계화되었다. 첫째, 헌법 및 계엄법이 정한 실체적·절차적 요건을 갖추지 못한 위법한 계엄 선포 행위다. 피소추자는 헌법 제77조가 규정한 계엄 요건인 '전시·사변 또는 이에 준하는 국가비상사태'가 없었음에도 계엄을 선포했고 국무회의 심의, 문서 형식의 준수, 국무총리와 관계 국무위원 부서, 국회 통고 등 헌법과 계엄법이 정한 필수 절차들을 모두 위반했다. 둘째,

국회에 대한 군경 투입이다. 무장한 군대와 경찰을 동원해 국회 건물에 침입하고 국회의원들의 출입과 본회의장 진입을 방해했으며 국회의장과 여야 정당 대표 등 주요 정치인들을 체포하려 시도했다. 셋째, 위헌적 포고령 발령이다. 계엄사령관을 통해 국회·지방의회 활동 금지, 정당 활동과 일체의 정치활동 금지, 언론·출판에 대한 통제를 내용으로 하는 포고령을 발령했다. 넷째, 중앙선거관리위원회에 대한 불법 압수·수색이다. 군대를 동원해 중앙선관위 청사를 점령하고 당직자 휴대전화를 압수하며 서버를 촬영하도록 했다. 다섯째, 전직 대법원장과 대법관 등 법조인에 대한 체포 지시다.

비상계엄 선포의 위헌성을 살펴보면, 탄핵소추안은 실체적 요건과 절차적 요건 모두의 결여를 체계적으로 지적하고 있다. 실체적 요건에서 전시·사변 또는 이에 준하는 국가비상사태가 없었고, 병력으로써 군사상의 필요에 응하거나 공공의 안녕질서를 유지할 필요가 있는 경우도 아니었다. 당시 국내 상황은 계엄을 정당화할 수 있는 어떠한 위험이나 혼란도 없었다. 피소추자는 국회의 탄핵소추안 발의와 정부 예산 편성에 대한 견제에 불만을 품고 국회를 무력화할 목적으로 계엄을 선포했다는 점이 드러났다.

절차적 요건의 위반은 더욱 명백하다. 국무회의는 5분 만에 형식적으로 종료됐고, 참석한 국무위원 상당수가 반대했음에도 대국민담화 1분 전에 국무회의를 종료하고 계엄을 선포했다. 한덕수는 국회 긴급 현안질의에서 "계엄 국무회의는 절차적, 실체적 흠결이 있었다", "국무회의가 아니라는 말에 동의한다"라고 했다. 이는 단순한 절차상 하자를 넘어서는 중대한 위법이다. 더구나 국방부 장관 또는 행정안전부 장관은 계엄 선포의 요건에 해당하는 사유가 발생하면 국무총리를 거쳐 대통령에게 계엄 선포를 건의할 수 있다고 규정되어 있으나, 이러한 건의 절차조차 없었다. 계엄사령관 임명 과정에서도 심각한 하자가 발견됐다. 계엄사령관은 현역 장성급 장교 중에서 국방부 장관이 추천한 사람을 국무회의의 심의를 거쳐 대통령이 임명하도록 되어 있으나 국방부 장관의 추천이나 국무회의 심의 여부는 전혀 확인되지 않았다. 계엄 선포 시 지체 없이 국회에 통고해야 한다는 헌법상 의무도 이행되지 않았다. 헌법이 요구하는 문서주의와 부서 제도도 지켜지지 않았다. 대통령의 국법상 행위는 문서로 기록되어야 하며 이 문서에는 국무총리와 관계 국무위원이 부서해야 하나 이러한 기본적 절차조차 무시됐다.

헌법재판소는 이러한 절차 위반의 중대성에 대해 명확한 판단을 내렸다. 계엄 선포 절차에 관한 판단에서 헌재는 "계엄 선포는 문서의 형식으로 하여야 하며, 그 문서에는 국무총리와 관계 국무위원의 부서가 있어야 한다. 이는 대통령의 권한 행사를 명확하게 하고 책임소재를 확실하게 하기 위하여 헌법상 요구되는 기관 내부적 권력 통제 절차이다."라고 지적했다. 또한 국무회의 심의와 관련해 "국무회의는 대통령이 정책을 결정하기에 앞서 그에 관한 다양한 관점과 이익을 반영한 논의가 이루어지도록 함으로써 정책 결정에 신중을 기하고 대통령의 전제나 독선을 방지하는 것에 그 의의가 있다."라며 진정한 심의 없이 이루어진 계엄 결정의 위법성을 확인했다. 국무위원들의 증언에 따르면, 중소벤처기업부 장관 오영주가 마지막으로 도착하고 피소추자가 계엄을 선포하러 대접견실에서 나가기까지 걸린 시간은 5분 정도에 불과했다. 게다가 개의 선포, 의안 상정, 제안 설명, 토의, 산회 선포, 회의록 작성 등 통상적인 국무회의 절차에 따라 회의가 진행되지 않았다. 이는 대통령의 계엄권 행사가 헌법이 정한 정당한 절차를 완전히 무시했음을 입증하는 것이다.

두 번째 축인 내란 범죄의 측면은 더욱 심각하다. 피소추자는 국헌 문란의 목적으로 비상계엄을 선포하고 무장한 군과 경찰을 동원하여 국회를 봉쇄·진입함으로써 대한민국 전역의 평온을 해치는 폭동을 저질렀다. 특히 무장 병력을 동원해 국회를 봉쇄하고 진입을 시도한 것은 민주주의의 근간인 의회주의에 대한 중대한 도전이었다. 계엄사령부 포고령은 국회의 일체의 정치활동을 금지했고, 이를 위반할 경우 영장 없이 체포, 구금, 압수 수색할 수 있다고 규정했다. 이는 입헌 민주주의 체제에서는 상상할 수 없는 중대한 헌정질서 파괴 행위다. 더욱이 피소추자는 국가의 선거사무를 총괄하는 과천의 중앙선거관리위원회 청사와 연수원 등을 점령하여 출입을 통제했고, 선거 시스템의 핵심인 서버를 강제로 확보하라는 지시를 내렸다. 이는 민주주의의 또 다른 축인 선거 제도를 심각하게 침해한 행위다. 특히 주목할 점은 피소추자가 단순히 계엄을 선포한 것이 아니라 이를 통해 국회의 기능을 마비시키고 국회의원들을 체포하려 했다는 점이다. 이는 대통령이 헌법 수호의 의무를 저버리고 오히려 헌정질서를 파괴하려 했음을 증명한다. 또한 계엄군을 투입하기 전에 체포할 정치인과 언론인 등을 수감할 장소를 미리 마련하려 했다는 사실은 이 모든 것이 치밀하게 계획된 것임을 증명한다.

헌법재판소는 윤석열의 국회 봉쇄 및 군대 투입 행위에 대해서도 명확한 위헌 판단을 내렸다. 재판소는 "피청구인(윤석열)은 군경을 투입하여 국회의장 및 국회의원들이 국회에 자유롭게 출입하는 것을 방해하는 한편 이들을 끌어내라고 지시함으로써 계엄 해제 요구권을 비롯한 국회의 권한 행사가 제대로 이루어지지 못하게 하려고 하였다."라고 지적했다. 특히 중대한 것은 "육군특수전사령부 소속 군인 97명이 헬기를 타고 국회를 향해 출동했고", "피청구인이 육군특수전사령관 곽종근에게 전화로

'아직 의결정족수가 채워지지 않은 것 같다. 빨리 국회 문을 부수고 들어가서 안에 있는 인원들을 밖으로 끄집어내라'고 지시"했다는 사실이다. 이는 대통령이 민주주의의 요람인 국회에 대해 물리적 봉쇄와 공격을 지시한 명백한 증거로서 헌법이 보장하는 삼권분립 원칙을 파괴하는 행위였다.

윤석열은 주요 정치인들에 대한 위치 확인과 체포 준비까지 지시했다. 헌법재판소는 "김용현은 계엄 선포 직후 국군방첩사령관 여인형에게 총 14명의 명단을 알려주면서 '포고령을 위반할 우려가 있는 사람들로서, 합동수사본부가 꾸려진 뒤 위반 혐의가 발견되면 체포할 수도 있으니 미리 위치 등 동정을 파악해 두라'고 지시"했으며, 이 명단에는 "국회의장 우원식, 더불어민주당 대표 국회의원 이재명, 국민의힘 대표 한동훈, 조국혁신당 대표 국회의원 조국, 더불어민주당 원내대표 국회의원 박찬대, 전 대법원장 김명수, 전 대법관 권순일 등이 포함"되어 있었다고 확인했다. 이는 정치적 헌정질서를 무력화하려는 명백한 의도를 드러내는 것이었다.

윤석열에 대한 탄핵소추 사유는 단순한 정책 실패나 정치적 판단의 문제가 아니라 헌정질서의 근간을 흔드는 중대한 위반의 문제다. 대통령이 헌법 수호의 의무를 저버리고 오히려 헌정질서를 파괴하려 했으며 이러한 시도를 무장 병력을 동원해 달성하려고 했다. 이는 한 국가의 민주주의 생명선인 국회의 기능을 무력화하고, 선거관리위원회를 장악하며, 주요 정치인들을 겨냥한 조직적 탄압을 시도한 복합적 헌법 파괴 행위였다.

이러한 행위는 한국 현대사에 있어 심각한 헌정질서 위반 사례 중 하나로, 대통령이 가장 존중하고 수호해야 할 헌법 가치를 스스로 훼손했다는 점에서 그 책임이 더욱 무겁다. 대통령은 국민 전체에 대한 봉사자이자 헌법을 수호하는 최후의 보루이다. 자신의 정치적 이해를 위해 헌법 가치를 희생시키는 것은 결코 용납될 수 없다.

국회에 군경을 투입한 것은 왜 중대 범죄일까?

• 헌법 위반

① 헌법 제5조 제2항 "국군은 국가의 안전보장과 국토방위의 신성한 의무를 수행함을 사명으로 하며, 그 정치적 중립성은 준수된다."
국군을 대통령의 정치적 목적(국회 봉쇄)에 사용함으로써 국군의 정치적 중립성을 정면으로 위반하였다.

② 헌법 제44조 (국회의원 불체포특권) "국회의원은 현행범인 경우를 제외하고는 회기 중 국회의 동의 없이 체포·구금되지 아니한다."
회기 중인 국회의장 및 국회의원, 여야 대표 등을 '불법 체포'하려 시도한 것은 헌법상 불체포특권을 침해하는 명백한 위헌 행위이다.

③ 헌법 제1조, 제41조 이하(국회 구성 및 운영), 삼권분립 원리
대한민국은 민주공화국(헌법 제1조)이며, 입법·행정·사법의 삼권분립을 기본으로 한다. 국회는 입법부로서 헌법이 정한 고유한 권한(헌법 제40조 등)을 행사해야 하는 기관인데, 이를 군경으로 봉쇄하고 회의·표결을 전면 차단한 것은 헌법 질서 및 삼권분립 원리에 대한 중대한 침해이다.

• 국회법 등 특별법 위반

① 국회법(제144조~146조 등)에서의 '회의 방해·질서 문란' 관련 조항
국회법은 국회의 회의 진행을 방해하는 폭력 행위나 불법 점거 등을 금지하고 있다. 특히 본회의장 진입을 무력으로 봉쇄하고 국회의원들의 활동(표결, 발언, 출석)을 원천 차단한 행위는 국회법이 금지하는 회의 방해죄 등에 해

당될 수 있다.

② 국회의원 불체포특권 실현을 위한 관련 규정(국회법 제26조) 위반

불체포특권과 관련하여 국회의 동의 없는 체포·구금을 방지하기 위해 국회 내에서의 사법 집행 절차를 엄격히 제한하는 규정들이 존재한다. 이를 무시하고 군경을 동원해 국회의원을 강제로 체포하려 시도한 행위는 국회법 및 관련 절차 규정을 위반한 것이다.

- **형법상 범죄**

① 내란죄(형법 제87조) "국토를 참절하거나 국헌을 문란할 목적으로 폭동을 일으킨 자는 내란의 죄를 범한 것이다."

국회는 헌법기관이고, 이를 물리적으로 전복·장악해 입법 기능을 정지시키려 했다면 '국헌문란의 목적'으로 폭동을 일으킨 내란죄가 적용된다.

② 공무집행방해죄(형법 제136조)

공무원(국회의원, 국회 직원 등)의 정당한 직무집행을 폭행 또는 협박으로 방해하는 경우에 해당된다.

③ 직권남용권리행사방해죄(형법 제123조) "공무원이 그 직권을 남용하여 사람으로 하여금 의무 없는 일을 하게 하거나 권리행사를 방해한 때" 처벌된다.

군·경 최고 지휘권(대통령 권한)을 남용하여 국회의 정상적 업무 수행을 불법적으로 차단·방해한 행위에 해당될 소지가 크다.

④ 불법 체포·감금죄(형법 제124조 이하)

체포영장 없이 국회의장과 의원들을 강제 연행·구금하려 했다면 불법 체포·감금죄가 성립될 가능성이 높다.

정리하면, 국회에 군경을 투입해 건물을 봉쇄하고 국회의원들을 체포·연행하려 한 시도는 헌법상의 국군 정치적 중립성(제5조 제2항)·국회의원 불체포특권(제44조)·삼권분립 원리를 전면으로 훼손하고 국회법상 회의 방해

조항에 위배되며, 형법상 내란죄·공무집행방해죄·불법체포감금죄 등 다수 범죄 구성요건을 충족할 수 있는 심각한 위헌·위법 행위이다. 따라서 이는 단순한 '불법 집행'을 넘어 헌법과 법률이 지켜야 할 민주주의의 근간(입법부의 자유로운 활동)을 무력화한 중대 범죄로 평가될 수 있다.

군대를 동원해 중앙선거관리위원회 청사를 점령한 것이 위헌·위법인 근거는?

• **헌법 위반**

① **헌법 제114조 제1항·제2항(선거관리위원회의 독립성)** 중앙선관위는 선거와 국민투표가 "공정하게 실시되도록 관리"할 독립적 헌법기관이다. 대통령(행정부)이 무장력을 동원하여 중앙선관위 사무실을 '압수·수색'한 행위는 선거 관리의 중립성을 심각하게 훼손하고, 헌법이 보장하는 선관위의 독립성을 침해한 것으로 평가된다.

② **헌법 제12조 제3항, 제16조(영장주의)** "모든 국민은 신체의 자유를 가진다. 체포·구속·압수·수색에는 사전에 법관이 발부한 영장을 필요로 한다."(제12조 제3항) "모든 국민의 주거는 침해받지 아니한다."(제16조) 중앙선관위라는 국가기관도 '영장에 의한 적법절차'가 필수적이며, 특히 군이나 경찰이 무단으로 공권력을 행사해 진입·수색하는 것은 헌법상 영장주의를 정면으로 위반하는 행위이다.

• **형법상 범죄**

① **직권남용권리행사방해죄(형법 제123조)** "공무원이 그 직권을 남용하여 사람으로 하여금 의무 없는 일을 하게 하거나, 권리행사를 방해한 때" 성립한다. 대통령이나 정부 고위직이 '중앙선관위를 불법적으로 수색하라'고 지시했다면 선관위 직원들의 정상적 업무 수행을 방해하는 직권남용에

해당될 수 있다.

② **불법 체포·감금죄 또는 수색·압수 관련 위법(형법 제124조 이하 등)**
군·경찰이 영장 없이 선관위 인력을 강제로 연행하거나, 시설·자료 등을 불법으로 압수했다면 불법 체포·감금죄 혹은 불법 수색 행위가 성립할 수 있다.

③ **공무집행방해죄(형법 제136조)** 중앙선관위 공무원들이 헌법과 법률이 부여한 직무(선거관리를 위한 문서·시스템 유지 등)를 수행하는 것을 폭행이나 협박으로 방해하는 경우 공무집행방해죄 역시 고려된다.

- **관련 특별법 : 공직선거법**

공직선거법 제13조(선거관리위원회의 임무) 등은 "선거관리위원회는 독립적으로 선거사무를 관리한다"고 규정한다. 따라서 부당한 외부 간섭이나 무력 압수·수색이 선관위의 업무를 저해했다면 공직선거법상의 공정한 선거관리 원칙 및 선관위 독립 취지(동법 제14조 등)도 침해한 것으로 볼 수 있다.

정리하면, 중앙선관위 불법 압수·수색은 헌법 제114조가 보장하는 선거관리위원회의 독립성 침해, 헌법 제12조·제16조가 규정하는 영장주의 위반, 형법 제123조(직권남용) 등을 비롯한 형사처벌 대상(불법 수색, 공무집행방해 등)에 해당할 수 있는 명백한 위헌·위법 행위이다.

법조인에 대한 체포 지시는 왜 위헌·위법적일까?

- **헌법 위반**

① **헌법 제12조 제3항(영장주의)** "체포·구속·압수·수색에는 사전에 법관이 발부한 영장을 필요로 한다." 군·경이 적법한 영장 없이 특정인(전직 대법원장 등)을 강제 체포하려 했다면 영장주의에 위배된다.

② **헌법 제103조(사법권의 독립)** "법관은 헌법과 법률에 의하여 그 양심에 따라 독립하여 심판한다." 전·현직 법관에 대한 무리한 체포 지시는 사법부 독립과 법관의 직무상 독립성을 침해하는 행위로 평가될 수 있다.

③ **헌법 제101조 제1항(사법권의 독립된 작용)** "사법권은 법관으로 구성된 법원에 속한다." 사법부 구성원(대법원장·대법관)에 대한 부당한 물리력 행사는 사법권의 독립적 작용을 방해하는 중대한 위헌적 행위이다.

- **형법상 범죄**

① **직권남용권리행사방해죄(형법 제123조)** 공무원이 직권을 남용하여 권리행사를 방해하거나 의무 없는 일을 강요할 때 적용된다. 대통령이나 해당 지휘 선상에 있는 자가 '체포 지시'를 통해 전직 대법원장 등에게 부당한 의무를 지우거나 사법부 업무를 방해했다면 성립될 가능성이 크다.

② **불법 체포·감금죄(형법 제124조 이하)** 영장 없이 인신의 자유를 침해하거나 정당한 절차 없이 체포·구속을 시도한 경우가 이에 해당된다. 특히 법관·판사 등 사법부 요인을 체포하려면 더욱 엄격한 절차가 필요하다. 이를 무시했다면 불법 체포에 해당할 수 있다.

정리하면, 전직 대법원장·대법관 등 법조인에 대한 부당한 체포 지시는 헌법 제12조 제3항(영장주의) 및 사법부 독립 관련 조항(제101조, 제103조)을 전면 위배하고, 형법상 직권남용이나 불법 체포 등의 범죄 구성요건에 해당할 가능성이 크다. 즉, 이러한 체포 지시는 "헌법과 법률이 보장하는 사법권 독립과 영장주의"를 침해하는 명백한 위헌·위법 행위로 볼 수 있다.

윤석열의 비상계엄 선포가 저지른 절차적인 위법은?

계엄법 제2조 제6항 "국방부 장관 또는 행정안전부 장관은 제2항 또는 제

3항에 해당하는 사유가 발생한 경우에는 국무총리를 거쳐 대통령에게 계엄의 선포를 건의할 수 있다." 전시·사변 또는 이에 준하는 비상사태가 발생(또는 발생할 우려)해야 국방부 장관이나 행정안전부 장관이 국무총리를 거쳐 대통령에게 계엄 선포를 정식으로 건의할 수 있다. 즉, 계엄을 선포하기 전에 반드시 장관 → 국무총리 → 대통령의 건의 절차와 국무회의 심의가 선행되어야 하며, 이를 이행하지 않은 계엄 선포는 법적 절차를 위반한 것으로 간주할 수 있다.

결론: 헌법이 민주주의를 지키는 방패가 되다

12·3 계엄 선포와 그에 이은 탄핵소추 과정은 국민의 대의기구인 입법부와 주권자인 국민, 그리고 제도화된 헌정질서가 만들어낸 헌법 질서 수호의 살아있는 교과서가 되었다. 법은 어떻게 이러한 헌정 파괴에 맞서 민주주의를 지켜내는가? 바로 탄핵이라는 헌법적 방어기제를 통해서다. 탄핵은 단순한 처벌이 아니라 훼손된 헌법 질서를 회복하고, 미래에 유사한 위기가 일어나는 것을 방지하기 위한 법의 자기방어 시스템이다. 대통령이 헌법을 파괴하려 할 때 헌법은 탄핵이라는 최후의 수단을 통해 스스로를 방어했다. 국회의 탄핵소추권과 헌법재판소의 탄핵심판권이라는 견제와 균형의 원리가 실제로 작동한 것이다.

탄핵의 전 과정에서 가장 인상적이었던 것은 헌법의 각 조항이 유기적으로 연결되어 작동했다는 점이다. 헌법 제77조 제5항의 국회 계엄 해제 요구권이 발동되고, 제65조의 탄핵소추권이 행사되며, 제111조의 헌법재판소 심판권이 최종 판단을 내렸다. 그리고 이 모든 과정의 배후에는 헌법 제1조 제2항이 선언한 국민 주권의 원리가 있었다. 무엇보다 중요한 것은 이 과정에서 헌법이 단순한 조문의 나열이 아니라 생명을 가지고 민주주의를 지키는 존재임이 증명되었다는 점이다. 권력의 폭주를 막는 견제와 균형의 원리, 기본권을 보장하는 원리, 법치주의 원리가 모두 실제로 작동했다.

계엄이 선포되자 국회 앞으로 모여든 주권자들과 자신의 목숨이 위태로울 줄 알면서도 회피하지 않고 담장을 넘어서까지 국회 본회의장으로 모인 국회의원들이 있어서 추상적인 헌법 질서의 방어 장치가 구체적으로 작동해 계엄을 막아낼 수 있었다. 헌법재판소의 탄핵결정문은 이 점을 명확히 지적하고 있다. "피청구인의 국회 통제 등에도 불구하고 국회가 신속하게 비상계엄 해제 요구 결의안을 가결할 수 있었던 것은 시민들의 저항과 군경의 소극적인 임무 수행 덕분이었다." 그 뒤의 탄핵 절차 역시 마찬가지였다. 1차 소추안 부결이라는 시행착오가 있었지만, 국민의 강력한 의지 표현으로 결국 2차 소추안이 가결되면서 '대통령이라도 헌법 위에 있지 않다'는 헌정 원칙이 확인되었다. 주권자인 국민들은 어떤 폭력도 동원하지 않고 평화로운 시위와 입장 표명으로 국회의원들을 압박했고, 이러한 의지는 204표의 탄핵소추 찬성표로 적절하게 반영되었다. 헌정사상 세 번째 탄핵소추이자 내란 행위에 대한, 그것도 현직 대통령의 내란 행위에 대한 첫 번째 파면이라는 점에서 이번 사태는 한국 헌정사에 중요한 선례로 기록되었다. 이는 미래의 어떤 대통령도 헌법과 민주주의의 근본 원칙을 무시할 수 없다는 강력한 메시지를 남겼다. 국회와 시민의 협력으로 이뤄낸 이 헌법적 성취는 한국 민주주의가 한 단계 성숙해졌음을 보여주는 뚜렷한 증거이다.

헌법으로 돌아가라. 이것이 탄핵을 통해 우리가 얻은 가장 소중한 교훈이다. 권력은 영원하지 않지만 헌법은 지속된다. 개인은 실패할 수 있지만 헌법은 살아남는다. 윤석열의 탄핵은 끝이 아니라 시작이다. 헌법이 정한 대로, 헌법이 지향하는 대로, 더 나은 민주공화국을 향해 나아가는 새로운 출발점인 것이다. 그렇다고 모든 문제가 단숨에 해결된 것은 아니다. 계엄 해제 뒤에도 탄핵을 둘러싸고 다양한 지연 전략과 갈등이 벌어졌으며, 헌법재판소 심리 과정에서도 수많은 쟁점을 마주해야 했다. 다음 제6장에서는 이 탄핵심판 과정 중 일어난 고비와 쟁점들을 되짚어보고, 법치와 민주주의가 실제로 어떻게 '살아있는 원칙'이 될 수 있었는지 구체적으로 살펴본다.

Bridge

윤석열 탄핵결정문의 핵심 요지와 함의를 되새기다

2025년 4월 4일, 헌법재판소는 재판관 전원 일치된 의견(8:0)으로 윤석열에 대한 파면 결정을 내렸다. 이는 한국 헌정사에서 두 번째로 이루어진 대통령 탄핵 인용 결정이라는 점을 넘어 대한민국의 헌법 질서와 권력분립 원칙의 의의를 재확인한 결정이었다. 헌법재판소의 이와 같은 결정은 국가긴급권과 같은 강력한 헌법적 권한이 어떻게 행사되어야 하는지, 그리고 헌법 질서 내에서 대통령의 역할과 한계가 무엇인지에 대한 명확한 기준을 제시했다.

헌법적 책임의 본질과 중대성

헌법재판소는 탄핵심판 청구가 이유 있는 경우란 "대통령의 파면을 정당화할 수 있을 정도로 중대한 헌법이나 법률 위배가 있는 때"를 의미한다고 보았다(헌재 2017. 3. 10. 2016헌나1 참조). 이 '중대성'을 판단하는 기준은 두 가지 관점에서 도출된다. 첫째, 탄핵심판절차가 헌법을 수호하기 위한 제도라는 관점에서, 대통령의 법 위배 행위가 "헌법 수호의 관점에서 중대한 의미를 가지는 경우"에 파면 결정이 정당화된다. 둘째, 대통령이 국민으로부터 직접 민주적 정당성을 부여받은 대의기관이라는 점에서, "대통령에게 부여한 국민의 신임을 임기 중 박탈하여야 할 정도로 대통령이 법 위배 행위를 통하여 국민의 신임을 배반한 경우"에 한하여 탄핵 사유가 있다고 보아야 한다(헌재 2004. 5. 14. 2004헌나1, 헌재 2017. 3. 10. 2016헌나1 참조). 헌법재판소는 윤석열 대통령의 위헌·위법 행위가 이 두 관점에서 모두 중대한 것으로 판단했다.

권력분립 원칙의 중대한 훼손

헌법재판소는 우리 헌법이 "자유민주적 기본 질서의 보호를 그 최고의 가치로 하여, 이를 구현하기 위해 입법권은 국회(헌법 제40조)에, 행정권은 대통령을 수반으로 하는 정부(헌법 제66조 제4항)에, 사법권은 법관으로 구성된 법원(헌법 제101조 제1항)에 각각 속하게 하는 권력분립 원칙을 취하고 있다."(헌재 1994. 4. 28. 89헌마221 참조)라고 명시했다. 윤석열은 이러한 삼권분립 원칙을 다음과 같이 체계적으로 훼손했다.

입법부 침해

헌법재판소는 윤석열이 "군경을 투입하여 국회의장 및 국회의원들이 국회에 자유롭게 출입하는 것을 통제하는 한편 이들을 끌어내라고 지시하여 계엄 해제 요구권을 비롯한 국회의 권한행사가 제대로 이루어지지 못하도록 방해"했다고 판단했다. 이는 헌법 제77조 제5항("국회가 재적의원 과반수의 찬성으로 계엄의 해제를 요구한 때에는 대통령은 이를 해제하여야 한다")과 대의민주주의, 권력분립 원칙을 정면으로 위반한 것이다. 대의민주주의에서 국회는 "주권자인 국민이 선출한 국회의원으로 구성된 국민의 대표기관으로서 입법 기능, 정부 감독 기능, 재정에 관한 기능 등을 수행"(헌재 2003. 10. 30. 2002헌라1 참조)하는데, 윤석열은 이러한 기능 자체를 무력화하려 했다.

특히 헌법재판소는 이 사건 포고령을 통한 국회 활동 전면 금지 조치가 "국민의 대표기관인 국회에 계엄 해제 요구권을 부여한 헌법 제77조 제5항을 위반한 것일 뿐만 아니라, 대의민주주의와 권력분립 원칙에 명백히 반하고, 국민의 대표인 국회의원의 심의·표결권 등 헌법상 권한을 침해한 것"이라고 판단했다.

사법부 독립성 침해

윤석열은 김명수 전 대법원장 및 권순일 전 대법관에 대하여 필요시 체포하려는 목적으로 행해진 위치 확인 지시에 관여함으로써 사법권의 독립을 침해하였다. 헌법재판소는 이것이 "현직 법관들로 하여금 자신들도 언제든지 행정부에 의하여 체포 대상이 될 수도 있다는 압력을 받게 하여 소신 있는 재판 업무 수행에 중대한 위협이 될 수 있다."라고 지적했다. 이는 헌법 제101조 제1항(사법권의 법원 귀속), 제103조(법관의 독립), 제105조(법관의 자격), 제106조 제1항(법관의 신분보장) 등을 침해한 것이다.

독립 헌법기관 침해

윤석열은 헌법과 법률이 예정하지 않은 방법으로 군대를 동원하여 중앙선관위 청사에 무단으로 들어가 선거관리에 사용되는 전산시스템을 압수·수색하도록 하였다. 이는 헌법 제114조에 따라 독립된 헌법기관으로 규정된 선거관리위원회의 독립성을 침해한 것이다. 헌법재판소는 "선거관리사무를 부당하게 간섭하여 선관위의 독립성을 침해한 것으로서 그 위반이 중대하다."라고 판단했다.

헌법상 국가긴급권의 남용

헌법재판소는 윤석열의 비상계엄 선포가 헌법 제77조 제1항 및 계엄법 제2조 제2항이 정한 실체적 요건을 위반했다고 판단했다. 비상계엄 선포의 요건은 다음과 같다. ①"전시·사변 또는 이에 준하는 국가비상사태로 적과 교전 상태에 있거나 사회질서가 극도로 교란되어 행정 및 사법 기능의 수행이 현저히 곤란한 상황이 현실적으로 발생하여야" 함, ②"병력으로써 군사상의 필요에 응하거나 공공의 안녕질서를 유지할 필요가 있어야" 함, ③"비상계엄 선포의 목적이 군사상 필요에 따르거나 공공의 안녕질서를 유지하기 위한 것이어야" 함이다.

헌법재판소는 윤석열이 주장한 야당의 탄핵소추 추진, 입법권 행사, 예산안 심의 등의 사유들이 "전시·사변에 준하는 국가비상사태"에 해당한다고 볼 수 없다고 판단했다. 이는 "대통령제를 채택하고 있는 우리나라에서 이른바 여소야대 정국이 형성되는 경우 국회에서 다수의 지위를 점하고 있는 야당이 헌법 및 법률에 따라 국회에 부여된 정부에 대한 견제권을 최대한 행사함으로써 발생할 수 있는 상황"일 뿐, "국가긴급권의 발동이 요청되는 국가비상사태라고 볼 수는 없다."라는 것이다.

또한 헌법재판소는 윤석열이 헌법 제77조 제4항, 제82조, 제89조 제5호, 계엄법 제2조 제5항, 제3조, 제4조 제1항, 제5조 제1항이 정한 비상계엄 선포의 절차적 요건도 위반했다고 판단했다. 특히 국무회의 심의, 국무총리와 관계 국무위원의 부서, 시행일시·시행지역·계엄사령관의 공고, 국회 통고 등 기본적인 절차적 요건들을 모두 준수하지 않았음을 지적했다.

민주주의의 본질과 시민의 역할

헌법재판소는 "민주주의는 개인의 자율적 이성을 신뢰하고 모든 정치적 견해들이 각각 상대적 진리성과 합리성을 지닌다고 전제하는 다원적 세계관에 입각한 것으로서, 대등한 동료 시민들 간의 존중과 박애에 기초한 자율적이고 협력적인 공적 의사결정을 본질로 한다."(헌재 2014. 12. 19. 2013헌다1 참조)라고 명시했다. 또한 "민주국가의 국민 각자는 서로를 공동체의 대등한 동료로 존중하고 자신의 의견이 옳다고 믿는 만큼 타인의 의견에도 동등한 가치가 부여될 수 있음을 인정해야 한다."(헌재 2014. 12. 19. 2013헌다1 참조)라고 강조했다. 윤석열이 "국회를 배제의 대상으로 삼았는데, 이는 민주정치의 전제를 허무는 것으로 민주주의와 조화된다고 보기 어렵다."라고 판단했다.

주목할 만한 점은 "피청구인의 국회 통제 등에도 불구하고 국회가 신속하게 비상계엄 해제 요구 결의안을 가결시킬 수 있었던 것은 시민들의 저항과 군경의 소극적인 임무 수행 덕분이었다."라는 헌법재판소의 평가이다. 계엄 해제, 국회의 탄핵소추의결, 그리고 헌법재판소의 탄핵 인용 결정에 이르기까지 전 과정에 걸쳐 있는 시민들의 공로가 단지 이 한 구절을 통해서만 언급되고 있다는 것은 물론 매우 아쉬운 부분이지만, 헌법재판소 역시 당연하게도 시민들이 민주적 질서가 제대로 작동하는 데 핵심적인 역할을 담당하고 있고, 무엇보다 이번 사태의 경우 시민들의 적극적인 저항이 있었던 덕분에 자신들 또한 그 소임을 다할 수 있었다는 점을 분명히 인식하고 있음을 확인할 수 있다.

헌법적 자정 장치의 무시

헌법재판소는 "우리 헌법은 기본적 인권의 보장, 국가권력의 헌법 및 법률 기속, 권력분립 원칙, 복수정당 제도 등 국가권력이나 다수의 정치적 횡포를 바로잡아 민주주의를 보호할 자정 장치를 마련하고 있다."라고 강조했다. 따라서 윤석열은 "야당이 중심이 된 국회의 권한 행사가 다수의 횡포라고 판단했더라도 헌법이 예정한 자구책을 통해 견제와 균형이 실현될 수 있도록 하였어야" 했다.

헌법재판소는 윤석열이 활용할 수 있었던 합헌적 방법들을 제시했다. "헌법개정안을 발의하거나(헌법 제128조), 국가안위에 관한 중요정책을 국민투표에 붙이거나(헌법 제72조), 정부를 통해 법률안을 제출하는 등(헌법 제52조), 권력구조나 제도 개선을 설득할 수 있었다. 설령 야당의 목적이나 활동이 우리 사회의 민주적 기본질서에 대하여 실질적인 해악을 끼칠 수 있는 구체적 위험성을 초래하는 데 이르렀다고 판단하였더라도, 정부의 비판자로서 야당의 존립과 활동을 특별히 보장하고자 하는 헌법제정자의 규범적 의지를 준수하는 범위에서(헌재 2014. 12. 19. 2013헌다1 참조) 헌법재판소에 정당의 해산을 제소할 것인지를 검토할 수 있었다(헌법 제8조 제4항)."

국군의 정치적 중립성 위반

헌법재판소는 윤석열이 "국회와의 대립 상황을 타개할 의도로 병력을 동원하기 위해 이 사건 계엄을 선포"함으로써 헌법 제5조 제2항("국군은 국가의 안전보장과 국토방위의 신성한 의무를 수행함을 사명으로 하며, 그 정치적 중립성은 준수된다.")과 제74조 제1항("대통령은 헌법과 법률이 정하는 바에 의하여 국군을 통수한다")을 위반했다고 판단했다. 헌법재판소는 "국군이 정치에 개입하거나 특정 정당을 지원하는 등 정치적 활동을 하는 것은 물론, 정치권이 국군에 영향력을 행사하려고 시도하거나 국군을 정치적으로 이용하는 것은 헌법 제5조 제2항에 위반된다."라고 명시했다. 이는 "우리의 헌정사에서 다시는 군의 정치개입을 되풀이하지 않겠다는 의지를 표현한 것"(헌재 2018. 7. 26. 2016헌바139 참조)이라는 점을 강조했다.

특히 주목할 만한 점은 "헌법제정권자인 국민은 우리의 헌정사에서 다시는 군의 정치 개입을 반복하지 않고자 국군의 정치적 중립성을 헌법에 명시하였으나, 국군 통수권자인 피청구인이 정치적 목적으로 그 권한을 남용함으로써 국가의 안전보장과 국토방위의 신성한 의무를 수행함을 사명으로 하여 나라를 위하여 봉사해 온 군인들이 또다시 일반 시민들과 대치하는 상황이 발생하게 된 것이다."라는 헌법재판소의 지적이다. 12·3 비상계엄 선포는 단지 실체적·절차적 요건을 제대로 갖추지 못한 하자 있는 권한의 행사에 그치는 것이 아니라, 국민 전체에 대한 책임 있는 봉사자이자 국민의 안전을 보장하기 위해 군을 직접 지휘할 수 있는 국군 통수권자로서의 의무를 전적으로 저버린 행위라는 점에서 결코 용납될 수 없는 일이다. 헌법재판소가 아래와 같이 '국가긴급권 남용의 역사'를 새삼 언급하였던 것도 이러한 맥락 때문이다. 형법상 배임이 당연하게 처벌되듯이, 이 점만을 놓고 보더라도 윤석열의 비상계엄 선포 행위는 전원일치로 중대한 법 위반에 해당하는 것이라는 결론이 도출될 수밖에 없는 것이었다.

국가긴급권 남용의 역사적 맥락과 의미

헌법재판소는 윤석열의 법 위반이 중대한 이유로 "국가긴급권 남용의 역사를 재현하여 국민을 충격에 빠트리고 사회·경제·정치·외교 전 분야에 혼란을 야기하였다."라는 점을 지적했다. 헌법재판소는 결정문에서 1952년 이승만 전 대통령의 '정치파동', 1971년 박정희 전 대통령의 '국가비상사태' 선포와 '국가보위에 관한 특별조치법' 제정, 1972년 10월 17일 대통령특별선언과 유신체제로의 이행, 1979년 10월 18일 부마 민주항쟁 탄압을 위한 비상계엄 선포, 1980년 5월 17일 전두환·노태우 등의 비상계엄 전국 확대 등 국가긴급권 남용의 역사를 상기시켰다.

헌법재판소는 "마지막 계엄이 선포된 때로부터 약 45년이 지난 2024년 12월 3일, 또다시 정치적 목적으로 이 사건 계엄을 선포함으로써 국가긴급권을 남용하였다."라고 윤석열의 행위를 역사적 맥락에서 평가했다. 이로 인해 "이제는 더 이상 국가긴급권이 정치적 목적으로 남용되지 않을 것이라고 믿고 있었던 국민은 큰 충격을 받았다."라고 지적했다.

국민의 기본권에 대한 중대한 침해

헌법재판소는 이 사건 포고령이 국민의 기본권을 광범위하게 제한하면서 이를 위반하면 영장 없이 체포·구금·압수·수색하고 계엄법 제14조에 의하여 처단한다는 내용을 담고 있다고 지적했다. 이 사건 포고령은 다음과 같은 내용을 포함하고 있었다.

① 국회와 지방의회, 정당의 활동과 정치적 결사, 집회, 시위 등 일체의 정치활동을 금함
② 자유민주주의 체제를 부정하거나 전복을 기도하는 일체의 행위를 금함
③ 모든 언론과 출판은 계엄사령부의 통제를 받음
④ 사회 혼란을 조장하는 파업, 태업, 집회행위를 금함
⑤ 전공의를 비롯하여 파업 중이거나 의료 현장을 이탈한 모든 의료인은 48시간 내 본업에 복귀하여 충실히 근무할 것

헌법재판소는 이 사건 포고령이 계엄법 제9조 제1항이 규정하지 않은 헌법상 권리 또는 자유를 제한했다고 판단했다. 특히 헌법 제77조 제3항("비상계엄이 선포된 때에는 법률이 정하는 바에 의하여 영장제도, 언론·출판·집회·결사의 자유에 관하여 특별한 조치를 할 수 있다")을 위반하여 "국민의 정치적 기본권, 언론·출판·집회·결사의 자유, 정당의 자유, 단체행동권, 직업의 자유, 신체의 자유를 침해했다."라고 판단했다.

대통령으로서의 권한행사에 대한 불신 초래

헌법재판소는 윤석열이 "가장 신중히 행사되어야 할 권한인 국가긴급권을 여소야대의 정치 상황을 타개하기 위한 수단으로 이용"했다고 평가했다. 헌법재판소는 "만약 피청구인이 대통령으로서의 권한을 다

시금 행사하게 된다면, 국민으로서는 피청구인이 헌법상 권한을 행사할 때마다 헌법이 규정한 것과는 다른 숨은 목적이 있는 것은 아닌지, 헌법과 법률을 위반한 것은 아닌지 등을 끊임없이 의심하지 않을 수 없을 것"이라고 지적했다.

윤석열 탄핵인용 결정문 함의 8가지

1. 통치행위도 헌법 위에 설 수 없다

윤석열 측은 계엄 선포가 고도의 정치적 결정이므로 사법심사 대상이 아니라고 주장했으나, 헌법재판소는 이를 단호히 배척했다. 헌법 제76조, 제77조가 규정한 국가긴급권조차도 헌법과 법률의 통제를 받는다. 통치행위론은 과거 권위주의 정권 시절 긴급조치나 비상계엄을 무제한으로 행사하는 법적 핑곗거리로 사용되기도 했지만, 이번 결정으로 다시금 "대통령이라 해도 헌법 밖에서 권한을 행사할 수 없다"는 원칙이 더욱 확고해졌다.

이는 대통령 권력이 '정치적 합목적성'만을 이유로 면책되는 일이 없음을 보여준 선언이다. 박정희 시절 긴급조치가 국민의 기본권을 침해했던 사례나, 전두환 정권의 계엄 남용 행위가 '통치행위'로 포장되었던 역사를 고려하면, 이번 결정은 헌법을 통해 통치행위를 엄격히 심사하겠다는 사법부의 의지를 명백히 천명한 것이다. 이로써 대통령의 권능은 헌법 체계 안에서만 정당성을 지닌다는 민주헌정의 근본 규범이 다시 확인되었다.

2. 국민의 기본권 침해를 다시 철저하고 명확하게 경고히다

윤석열이 발령한 비상계엄 포고령은 헌정질서를 전면적으로 뒤흔드는 폭력적 조치라고 평가된 문서였다. 구체적으로 영장 없는 체포·구금·압수·수색 권한을 부여하고, 언론·출판·집회·결사를 전면 통제했으며, 국회와 정당의 정치활동을 금지하는 등 국민의 기본권을 두루 가혹하게 제한했다. 헌법 제37조 제2항은 국가가 국민의 기본권을 제한하더라도 그 본질을 침해할 수 없다고 명시하는데, 이번 계엄 포고령은 이러한 헌법적 한계를 대대적으로 무시했다. 헌법재판소는 계엄이 국가긴급권이기는 하지만 그 행사 범위 역시 "필수불가결하고 최저한도에 그쳐야 한다"는 원칙을 적시하며, 포고령처럼 포괄적이고 추상적으로 기본권을 전면 금지하는 것은 위헌이라고 지적했다. 이는 계엄 선포가 국민의 자유·권리를 전면 박탈하는 수단으로 기능할 수 없음을 재차 확인한 판결로서 한국 민주주의 발전 과정에서 '국민이 가진 불가침의 자유와 권리'가 어디까지 보호받아야 하는지를 분명히 보여줬다.

3. 대통령이 국민 신임을 배반하고 군과 시민을 대치하게 만드는 행위는 용납될 수 없다

헌법재판소는 "헌법수호"와 "국민으로부터 부여받은 신임에 대한 배반 여부"를 중요한 판단 기준으로 삼는다. 윤석열이 야당을 '적'으로 규정하고 군사력을 동원하여 국회와 선거관리위원회까지 무력화하려 한 행위는, 국민이 직선으로 부여한 민주적 정당성을 자의적으로 파괴한 극단적 사례이다. 즉 이번 계엄 선포 시도가 단순한 정책 실패나 비위가 아닌, "대통령직 자체를 오남용하여 헌정질서를 붕괴하려 했다"는 점이 파면의 결정타가 되었다.

특히 윤석열이 군 통수권자로서 군대를 동원해 국민을 대표하는 국회의 기능을 마비시키고 지방의회와 선관위까지 무력화하려 한 행위는 "군과 시민들을 대치"하게 만든 심각한 위헌행위였다. 헌법재판소는 이를 두고 "대통령이 국민 신임을 배반했다."라는 표현을 썼다. 대통령이 헌법 제66조 제2항과 제69조가 규정하는 '헌법수호·성실집행 의무'를 저버린 것이며, 특히 선거에서 부여받은 민의(民意)를 군사력으로 뒤엎으려 한 점은 민주주의의 근간에 대한 전면적 도전이었다. 이는 곧 대통령제 국가에서 대통령이 행사하는 모든 권력은 국민 신임을 전제한다는 것을 다시 일깨워 주는 결정이다.

헌법재판소는 국민에 의해 선출된 기관이라 하더라도 그 권력을 남용하면 민주주의에 심각한 상처를 입히게 된다는 원칙을 강조했다. 직접 선출직인 대통령이라고 해서 절대적인 권한을 행사할 수 있는 것이 아니며, 오히려 더 엄격하게 헌법과 법률을 준수해야 한다는 점을 이번 결정으로 확인했다. 이는 대통령제가 자리 잡은 국가에서 입법·사법·행정 권력이 상호 견제·균형을 이룰 때만 민주주의가 작동한다는 보편 원리에 부합한다.

윤석열의 심각한 오판은 군 통수권자로서 군과 시민을 직접 충돌시킬 위험을 초래했다는 점이다. 헌법 제74조에 따라 대통령은 "국군을 통수한다"고 명시되어 있으나, 그 목적은 "국가의 안전보장과 국토방위"이지 정치적 헌정질서의 억압이 아니다. 그럼에도 윤석열은 야당과 시민단체의 비판에 군대 투입을 고려함으로써 민주주의 기본 질서를 위협했다.

군대가 정치에 개입하고 시민에게 물리력을 사용하는 순간 헌정질서가 무너진다는 사실은 우리 역사에서 이미 입증되었다. 5·16 군사정변, 12·12 군사반란, 5·17 비상계엄 전국 확대는 모두 군대의 내치(內治) 개입으로 민주주의를 후퇴시킨 사례다. 이번에도 윤석열은 헌법기관들을 겨냥한 계엄군 투입 시도로 군과 시민을 실제 대치 상황에 놓이게 했다. 헌법재판소는 이를 "민주공화국의 주권자인 국민과 군을 직접 충돌시키려 한 심각한 위헌성"으로 규정하며, 군 통수권자가 이러한 충돌을 촉발하는 것은 결코 용인될 수 없다고 명시했다.

국민이 선출한 대통령이라도 대의민주주의 체제에서 다른 헌법기관과 시민사회의 반대 의견을 존중하고 타협해야 할 의무가 있다. 헌법 제5조 제2항은 군대의 정치적 중립성을 요구하는데, 이를 대통령 개인의 정치적 목적에 맞춰 동원하는 것은 위헌이자 민주주의를 파괴하는 행위임이 이번 사태를 통해 더욱 분명해졌다.

4. 헌정질서를 회복하는 결정문이 되었고 대한민국 주권자가 국민임을 다시 증명했다

윤석열 비상계엄은 대통령이 군사적 계엄조치를 통해 입법부·사법부·시민 기본권을 봉쇄하려 했다는 점에서 헌정파괴적 위기였다. 그러나 국회가 즉각적으로 계엄 해제 요구를 결의하고, 시민들이 강력히 반발한 가운데 헌법재판소가 끝내 탄핵을 인용함으로써 헌정질서를 복원했다. 이는 민주주의의 '자정능력'을 입증한 사례라고 할 수 있다. 박근혜 파면(2017) 이후 또 한 번의 대통령 탄핵이 실제로 인용되었다는 점은 한국 민주주의의 제도적 안정화 수준이 높아졌음을 시사한다. 헌법재판소는 "이번 사건은 국회와 시민들의 저항이 없었다면 계엄이 유지될 수 있었다."라고 평가하면서, 애초에 대통령의 위험한 시도가 빠르게 제어된 것은 한국 헌법이 마련해 둔 권력 통제 장치(국회 탄핵소추권, 헌재 탄핵심판권, 시민들의 정치적 압력) 덕분이라고 보았다.

헌법재판소가 결정문 곳곳에서 '결국 국회와 시민이 헌정수호의 최전선에 섰다'는 사실을 언급한 대목은 이번 탄핵 결정이 '국민주권주의'의 현실적 구현임을 시사한다. 국회가 신속하게 계엄 해제 요구안을 가결할 수 있었던 배경에는 시민들의 광범위한 압력과 반발이 존재했다. 과거 유신·5공 시절과 달리 이제는 언론·시민단체·SNS를 통해 정부의 비합리적 조치가 즉시 비판받고 조직적 저항이 형성되며, 국회의원들도 민심을 실시간으로 전달받는다. 헌법 제1조 제2항이 선언하는 "모든 권력은 국민으로부터 나온다"는 문언이 실제 사건에서 구현된 셈이다.

탄핵 인용 직후 시민들이 국회·광장 등에서 자발적으로 환영 시위를 열었다는 사실은 국민이 단순히 수동적 대상이 아니라 민주공화국의 실질적 주권자임을 다시금 증명했다.

5. 87년 헌법의 마지막 보루인 헌법재판소가 역할을 했지만, 구조적 한계 또한 드러냈다

헌법재판소가 8명의 재판관 만장일치로 대통령 파면을 결정했다는 것은, 헌법재판소가 1987년 민주화 이후 도입된 제도를 실제로 작동시켜 대통령 권력까지 제어할 수 있다는 뜻을 재차 보여준다. 그러나 긍정적 평가 못지않게 심리 지연 문제나 외압 가능성, 혹은 헌법재판소 심리 과정의 불투명성에 대한 비판도 공존한다. 헌법재판소는 정치권력에 대해 상대적으로 독립된 판단을 내릴 수 있는 강점을 지니지만, 재판관 임명 구조가 대통령·국회·대법원장의 추천에 따라 이뤄지고, 단심제로 곧바로 결론이 확정되므로 국민적 정당성을 충분히 확보하기가 쉽지 않다는 지적이 제기된다.

이번 계엄 사태에서 선고 시점이 다소 늦춰지면서 "4월 18일 이후 헌법재판소 기능이 상실될 수도 있었다"는 우려가 나왔는데, 이는 만약 헌법재판소가 시한 내 결론을 내리지 못했을 시 발생할 수 있는 예외적 사태에 대한 제도적 대비가 미흡하다는 것을 드러냈다. 극우 난동이나 정치적 외압 가능성도 떠돌았다. 이는 헌법재판소가 갖는 구조적 한계 (재판관 임명에서 대통령·국회·대법원장의 추천에 의존, 단심제에 따른 국민적 정당성 확보 어려움 등)와 맞물려 향후 개선 과제를 던져준다. 결국 헌법재판소가 미래에도 대통령 탄핵·긴급명령·국가보위조치 등 굵직한 사건을 계속 다룰 텐데, 이때 절차적 투명성과 신속성을 어떻게 보완할지 등의 과제가 남았다는 평가다.

6. 국가긴급권을 좁게 해석하는 전환점이 되어야 한다

윤석열 측은 여소야대 정국에서 국정 마비가 심각하다며 병력을 투입해 계엄을 선포해야 했다고 주장했지만, 헌법재판소는 이를 "전시나 사변에 준하는 국가비상사태로 볼 수 없다"고 일축했다. 이는 국가긴급권 행사에 대한 요건을 엄격하게 적용한 것으로 긴급조치·계엄 등 국가긴급권이 "헌법이 인정한 극소수의 예외적 수단"에 불과함을 재확인한 결정이라 할 수 있다.

과거 이승만·박정희·전두환 정권 시절에는 이러한 국가긴급권이 정치적 목적의 '권력 유지 수단'으로 광범위하게 남용되었고, 이는 헌정질서를 심각하게 유린한 사례로 기록되어 왔다. 헌법재판소는 이번 결정문에서 "실제 전쟁 상황이 아니거나 국내 치안이 완전히 마비될 만큼의 극단적 위기 상황이 아닌 한 비상계엄은 허용될 수 없다."라고 명확히 언급함으로써 대통령이 주관적·정치적 판단으로 계엄령을 선포할 수 있는 여지를 극도로 좁혔다.

특히 헌법재판소가 병력 동원을 전제하는 국가긴급권을 남발하는 것 자체가 헌법 질서의 중대한 위반이라고 지적한 부분은 의미심장하다. 우리 헌정사에서 국가긴급권은 줄곧 독재정권이 체제 유지를 위해 활용해 온 악습으로 자리 잡았는데, 헌법재판소는 이번 결정을 통해 "견제 장치 없이 발동되는 긴급권은 곧 입헌민주주의에 대한 중대한 위협"임을 재차 확인했다. 따라서 대통령을 포함한 어떤 정치세력도 "의회가 국정을 방해한다"거나 "정치적 교착 상태에 빠졌다"는 이유만으로 계엄 같은 극단 조치를 택할 수 없게 되었다. 이는 향후 어떤 정부든 간에 야당과의 갈등을 '비상사태'로 둔갑시키기 어렵게 만들었으며, 헌정사적 전례로도 의미가 크다.

7. 만장일치의 상징성과 '양측 다 승복' 담론에 경고한다

헌법재판소가 대통령 탄핵을 인용한 또 다른 사례인 2017년 박근혜 탄핵에 이어 윤석열 탄핵 또한 만장일치라는 결론이 나왔다. 이는 그만큼 국헌문란 행위의 중대성이 재판관 전원의 합의를 이끌어낼 정도로 분명했다는 뜻이다. 그러나 탄핵 인용 뒤 일부 언론이나 여론에서 "대통령과 국회가 서로 잘못이 있으니 둘 다 물러나라거나 양보하라"는 식의 주장이 제기된 점은 문제다. 헌법재판소는 이번 결정으로 대통령 측 위헌 행위를 공식 확정했기에 이를 단순 대립 구도로 환원해 '둘 다 책임이 있다'고 보는 건 헌법적 관점에서 부적절하다. 왜냐하면 헌법재판소 결정문에 따르면 "헌법 자체가 심각하게 훼손되었다"는 사실관계가 명백히 드러났고 이에 따른 법적 책임이 대통령에게 일방적으로 귀속되기 때문이다. '양측 다 승복'하는 구도는 정치적 중립 언어처럼 보이지만 사실상 헌법 질서 파괴의 본질을 흐리는 결과가 될 수 있다.

8. 정치 대결주의의 폐해를 강력히 경고한다

이번 결정은 대통령이 국회와 대립하면서 "여소야대가 국가 위기다", "의회가 국정을 마비시킨다"는 이유만으로 병력을 동원해 계엄을 선포하려 한 사례가 헌법적 근거가 전혀 없음을 보여주었다. 헌법재판소는 "정치적 교착"이나 "야당의 강력한 견제"를 곧바로 국가긴급권 발동 사유로 보는 것은 허용될 수 없다고 못 박았다.

현대 민주주의는 필연적으로 정부와 의회 간 마찰을 수반한다. 입법부·행정부·사법부가 서로 견제하고 타협하는 과정에서 시민의 다양한 요구가 반영되는 것이 보통이며, 이 갈등은 결코 군사력이나 국가긴급권으로 일거에 해결할 문제가 아니다. 윤석열이 '거대 야당'을 '반역 세력'으로 규정하고 쿠데타적 계엄을 통해 봉쇄하려고 했다는 점은 민주공화국의 근간을 흔든 시도로 기록되었다. 정치 대결주의가 극단화될 경우 곧바로 헌정 위기로 이어진다는 점을 역사적 사례와 함께 상기시키면서 헌법이 설정한 '자정 장치'가 작동해야 한다고 엄중히 경고한 것이다. 아울러 민주주의의 핵심은 "대화를 통한 문제 해결"이며, 의견이 다르다고 해서 물리력으로 상대를 배제해서는 안 된다는 원칙이 다시금 강조되었다. 입법·행정의 충돌은 헌법적 틀 안에서 조정되는 것이 정상적인 민주국가의 모습이라는 점을 이번 판결이 적시했다고 볼 수 있다.

결론: 법치주의가 지켜낸 민주주의

이번 헌법재판소의 탄핵 결정은 정당한 절차나 실체적 요건을 무시한 채 정치적 목적으로 국가긴급권을 남용하는 것은 민주주의 국가에서 용납될 수 없다는 명확한 메시지를 전달한다. 특히 자신과 대립하는 국회와의 관계에서 헌법이 부여한 권한을 벗어나 무력적 방법으로 국회의 권한 행사를 방해한 것은 삼권분립의 원칙을 근본적으로 훼손한 행위라고 볼 수 있다.

헌법재판소는 대통령과 국회 간의 갈등 상황을 인정하면서도 "피청구인과 국회 사이에 발생한 대립은 일방의 책임에 속한다고 보기 어렵고, 이는 민주주의 원리에 따라 해소되어야 할 정치의 문제"라는 점을 명확히 했다. 이는 정치적 갈등, 그것이 아무리 심각하더라도 헌법 체계 내에서 해결되어야 한다는 것을 강조하는 중요한 메시지이다.

비상계엄에서 탄핵에 이르기까지 아쉬운 점, 바뀌어야 할 점은 없었을까. 비록 대통령 계엄이 6시간 만에 해제되고 국회가 신속히 탄핵을 발의·의결하는 과정이 비교적 원활했다고 평가하지만, 절차적 투명성이나 헌법재판소 심리 과정의 지연 문제 등은 여러 생각할 거리를 남겼다. 재판관 만장일치 결정을 이끌어내기 위해 시간이 예상보다 오래 걸렸다는 의혹, 시민들에게 구체적 진행 상황이 충분히 공개되지 않았다는 지적도 있다. 국가긴급권 남용의 과거 역사를 좀 더 상세히 서술하여 근본적 제도 개혁 방안을 제시했어야 한다는 학계의 주문도 존재한다.

그럼에도 "법치주의가 최후에 민주주의를 지켜냈다"는 점은 커다란 교훈으로 남게 되었다. 대통령 권력이 무소불위로 행사되는 상황을 단칼에 끝낼 수 있었던 것은 헌법재판소라는 최종 기관이 헌법과 법률의 규범력을 엄격히 적용해 "위헌 행위"라고 선언했기 때문이다. 국회·시민이 힘을 모아 계엄을 저지하고 헌재가 이를 확정 지은 일련의 과정은, 민주주의가 단지 숫자상 다수결이나 정치적 수사에 의해 지켜지는 것이 아님을 보여준다. 민주공화국에서 가장 강력한 무기는 "헌법과 법치"라는 사실이 다시금 드러난 셈이다. 향후 계엄·긴급명령·긴급조치 등 국가긴급권에 대한 법률적·제도적 보완을 이루고, 헌법재판소가 국민적 신뢰를 더욱 얻을 수 있는 투명한 심판 절차를 마련한다면, 윤석열 탄핵 인용 결정은 한국 민주주의를 한층 발전시키는 중요한 전환점으로 역사에 기록될 것이다.

결국 헌법재판소의 결정은 "헌법으로 돌아가라"는 명령이다. 이는 대통령이라 할지라도 헌법의 테두리 안에서 권한을 행사해야 하며, 헌법이 정한 권력분립의 원칙과 기본권 보장의 가치를 존중해야 한다는 헌법적 명령인 것이다. 대통령을 포함한 모든 국가권력은 헌법에 의해 탄생하고 헌법에 의해 제한된다는 입헌주의의 기본원칙을 다시 한번 확인한 역사적 결정이라 할 수 있다.

제6장

기억해야 할
탄핵심판의
고비와 쟁점들

탄핵심판 과정에서의
숱한 고비

윤석열에 대한 탄핵소추가 국회를 통과하고 헌법재판소가 본격 심리에 들어가면서 많은 이들은 '이제 민주주의가 순조롭게 회복될 것'이라 기대했다. 그러나 윤석열의 탄핵심판은 그 과정에서 다시 한번 국민을 충격에 빠뜨렸다. 대통령 탄핵에도 불구하고 대통령 권한대행 체제에서 상대적으로 안정된 모습을 보였던 2016년 박근혜 대통령 탄핵소추 및 2017년 파면 결정과 달리 윤석열은 헌법재판 과정에서도 변명과 허위 진술로 일관했으며, 그 뒤에 이은 내란죄 수사 과정에서 일체 불응함에 따라 사상 최초로 현직 대통령에 대한 체포영장이 발부되는 기록을 낳았다. 불법 계엄 주도자의 낯부끄러운 변명과 조사 불응은 극우 지지자들의 발호와 체포영장을 발부한 서부지방법원에 대한 테러로 이어졌다. 법이 제 기능을 하기 어렵도록 만드는 장애물들이 끝없이 터져 나왔다.

탄핵재판에서 윤석열 변호인들은 온갖 궤변으로 일관해 국민을 힘들게 했다. 헌법재판소에서 펼쳐진 대통령 측 변호인단의 주장들은 헌법이 수호하고자 하는 근본 가치와 민주주의의 본질을 간과하는 모습을 보였다. 이는 헌법의 규범적 언어가 권력의 도구로 전락할 위험성을 경고하는 계기가 되었으며, 향후 한국 민주주의의 제도적 완성을 위한 중대한 교훈을 남겼다.

윤석열 변호인단은 탄핵심판을 마치 형사소송처럼 바라보며 전문법칙 등 형사절차적 엄격성을 주장했다. 이는 탄핵심판의 본질을 사법적 책임추궁 절차로만 협소화하려는 시도였다. 그러나 헌법재판소는 과거 노무현·박근혜 전 대통령 탄핵심판에서 재차 확인했듯, 탄핵심판은 형사책임이 아니라 헌법수호, 공직 파면 여부를 가리는 헌법재판임을 분명히 하면서 전문법칙이나 증거능력에 대해 탄력적이고 완화된 적용을 인정했다.

그럼에도 윤석열 측은 마지막까지 증거조사, 변론 기일 등에서 조직적인 지연 전략을 펼쳤고, 대통령 권한대행마저 헌법재판관 임명을 거부함으로써 심리 자체가 더디게 진행될 수밖에 없는 요소를 안았다. 끝내 헌법의 아름다운 단어들이 오염되었다는 자조까지 낳으며 한국 사회 민주주의 미래에 여러 오점을 남겼다. 이하에서는 그 몇몇 고비와 쟁점을 짚어본다.

한덕수·최상목 권한대행의 헌법재판관 임명 거부
: 재판소 구성의 위기

1. 권한대행 시스템의 구조적 취약성이 심화시킨 국가 위기

헌법 제65조 제3항은 "탄핵소추의결을 받은 자는 탄핵심판이 있을 때까지 그 권한행사가 정지된다"고 규정하며, 헌법 제71조는 "대통령이 궐위되거나 사고로 인하여 직무를 수행할 수 없을 때에는 국무총리, 법률이 정한 국무위원의 순서로 그 권한을 대행한다"고 명시하고 있다. 이는 헌법 제65조와 제71조에 근거하며, 국가 최고지도자의 권한 공백을 방지하고 국정의 연속성을 보장하기 위한 핵심적 헌법 장치다. 정부조직법은 대통령 권한대행의 구체적 순서를 국무총리를 1순위로 하고 이어서 기획재정부 장관(경제부총리), 교육부 장관(사회부총리), 그리고 기획재정부, 교육부, 과학기술정보통신부, 외교부, 통일부 등의 순으로 규정하고 있다. 이 조항들에 의거하여 2024년 12월 14일 윤석열의 직무는 즉시 정지되었으며 한덕수 국무총리가 대통령의 권한을 대행하게 되었다.

2024년 권한대행 제도의 작동 양상은 이전과 달랐다. 박근혜 탄핵 당시와 달리 금번 사태에서는 권한대행 자신이 탄핵에 이르러 연쇄적 탄핵이라는 헌정사상 전례 없는 위기가 초래되었다. 한덕수 총리 본인도 계엄에 연루되었다는 의혹을 받았는데, 계엄 선포 직전 진행된 국무회의에 참석했고, 이로 인해 총리에 대한 불신도가 급속히 번졌다. 한국 헌정사에서는 세 차례의 실제 권한대행 사례가 있었다.

① 2004년 노무현 탄핵 시에는 고건 전 총리가 권한대행을 맡았다가 헌

법재판소의 탄핵 기각으로 노무현 전 대통령이 복귀했다.

② 2016~17년 박근혜 탄핵 때는 황교안 전 총리가 새 대통령 선출까지 권한대행을 수행했다.

③ 2024년 윤석열 탄핵의 경우에는 한덕수 총리가 권한대행을 맡았다가 탄핵소추되자 최상목 경제부총리가 대통령 권한대행, 국무총리 직무대행, 경제부총리라는 전례 없는 세 가지 직책을 동시에 수행하게 되었다.

권한대행 제도와 관련하여 두 가지 주요 문제가 제기되었다. 첫째, 대통령의 중대한 헌법 위반 상황에서 그의 내각 구성원이 권한대행을 맡는 것이 타당한가의 문제다. 프랑스는 상원의장이, 폴란드와 헝가리는 국회의장이 권한대행을 맡도록 하는 등 다른 방식을 채택하고 있다. 둘째, 권한 대행자에 대한 탄핵소추 시 의결정족수를 대통령 탄핵과 같은 재적의원 3분의 2로 할 것인지, 일반 고위공직자 탄핵처럼 재적의원 과반수로 할 것인지의 문제다. 이러한 문제들을 해결하기 위해 단기적으로는 권한대행 시 국정협의체 구성의 의무화, 탄핵 사유의 중대성 판단 기준의 명확화, 권한대행자의 권한 범위 구체화가 필요하다. 장기적으로는 헌법 개정을 통한 권한대행자 선정 방식의 재검토, 의결정족수와 관련한 명확한 기준 수립 등이 요구된다.

우리 헌법 체계는 대통령의 권한 공백을 방지하는 권한대행 제도를 마련하고 있으나, 권한대행자 자신이 헌법 질서 위반에 연루되었을 경우를 상정한 제도적 안전장치는 미비하다는 한계가 명백히 드러났다. 정부조직법은 대통령 권한대행의 구체적 순서를 규정하고 있지만, 권한대행자의 자격요건이나 제한사항에 관한 규정은 부재하여 이번 사태에 효과적으로 대응하지 못했다.

2. 권한대행의 연쇄 탄핵으로 명확해진 헌정 시스템의 한계

한덕수의 헌법재판관 임명 거부는 결국 그에 대한 탄핵소추를 촉발했다. 국회는 2024년 12월 27일 한덕수에 대한 탄핵소추안을 가결했고, 이에 따라 정부조직법에 규정된 순위에 따라 최상목 경제부총리가 대통령 권한대행의 지위를 승계하게 되었다. 이는 대한민국 헌정사상 최초로 대통령과 국무총리가 동시에 직무정지 상태에 놓이는 초유의 사태였다. 학계와 법조계에서는 '권한대행의 권한대행'이라는 전례 없는 헌법적 상황에 대한 논쟁이 가열되었으며, 최상목은 '대통령 권한대행, 국무총리 직무대행, 경제부총리'라는 세 가지 직책을 동시에 수행하게 되는 복잡한 법적 지위를 갖게 되었다.

윤석열의 비상계엄 후 권한대행자들의 행위는 면밀한 검토가 필요하다. 첫 권한대행자였던 한덕수는 채상병·김건희 특검법 거부권 건의, 12·3 비상계엄 전 국무회의 소집 등에 동조, '한덕수-한동훈 공동정부' 운영 시도, 내란 상설특검 후보 추천 미의뢰, 헌법재판관 임명 거부 등의 사유로 탄핵소추되었다. 이어 권한대행을 맡은 최상목 역시 국회가 선출한 헌법재판소 재판관 후보자(마은혁)의 임명을 거부하면서도 경찰 고위직 인사를 단행하는 등 선별적이고 자의적인 권한 행사를 보여주었다. 이는 대통령 권한대행이 국민이 직접 선출하지 않았다는 점에서 민주적 정당성이 부족하며, 그 권한 행사는 원칙적으로 현상 유지에 국한되어야 한다는 헌법적 요청을 간과한 처사였다. 특히 최상목 권한대행은 내란 관련 특검법에 대해 두 차례나 재의요구권을 행사하는 등 내란 사태의 진상규명을 방해하는 듯한 행태를 보였다. 이는 탄핵된 대통령과의 정치적 연대를 의심케 하는 행위로서 권한대행 제도의 취지에 부합하지 않는 권한 남용으로 평가될 수 있다.

대통령 권한대행의 민주적 정당성이 부족하다는 법적인 근거는?

- **헌법 제67조(대통령 선거) 제1항**은 "대통령은 국민의 보통·평등·직접·비밀선거에 의하여 선출한다"고 규정하여 대통령이 갖는 민주적 정당성의 근거를 분명히 하고 있다. 그러나 대통령 권한대행(예: 국무총리 등)은 국민에게 직접 선출된 직위가 아니므로 그 민주적 정당성이 대통령보다 약하다는 평가가 가능하다.

- **헌법 제71조(대통령의 사고 시 권한대행)**는 "대통령이 궐위되거나 사고로 인하여 직무를 수행할 수 없을 때에는 국무총리, 법률이 정한 국무위원의 순서로 그 권한을 대행한다"고 규정한다. 다만 헌법 및 학계·판례의 해석에 따르면, 권한대행은 어디까지나 대통령 직무를 임시로 '대신' 수행하는 자이므로 새로운 중대 정책 결정을 자의적으로 시도하기보다 현상 유지적·잠정적 업무 수행에 그쳐야 한다는 제한을 받는 것으로 이해된다. 직선 대통령의 임기를 통하여 수임된 권력이 아닌 한 민주적 정당성이 상대적으로 취약하므로 국가 운영의 기본 방향을 뒤바꾸거나 대규모 인사 등을 단행하는 것과 같은 중대한 권한 행사는 자제해야 한다고 보고 있다. 이는 헌법의 전체적인 취지(민주공화국 원리, 국민주권 원리)와 권력분립론에 비추어 대통령 권한대행의 제도적 한계를 인정해야 한다는 논리에 기초한다.

그중에서도 가장 큰 논란은 권한대행이 국회의 정당한 재판관 선출권을 무시하고 임명을 거부하는 행위였다. 이는 헌법 제111조가 보장하는 국회의 헌법재판소 재판관 구성권을 본질적으로 침해하는 위헌적 태도로서, 헌법재판소마저 제대로 구성되지 못하게 만들어 탄핵심판 등 국가적 헌법재판 기능을 사실상 마비 상태에 빠뜨릴 수 있었다.

  결국 권한대행이라는 제도 자체가 국정 운영의 연속성을 유지하기보다는 오히려 '대통령 탄핵이라는 예외적 상황'을 악화시키고 헌정 위기를 심화시키는 결과를 낳았다.

3. 헌법재판관 임명 거부와 헌법재판소 구성권 침해의 문제

헌법 제111조는 헌법재판소가 9인의 재판관으로 구성되어야 함을 명시하고 있다. 이는 단순한 조직 구성의 원칙이 아닌 헌법재판소의 공정하고 균형 있는 헌법해석을 담보하기 위한 핵심적 요소이다. 헌법 제111조 제3항에 따르면 "제2항의 재판관 중 3인은 국회에서 선출하는 자를, 3인은 대법원장이 지명하는 자를 임명한다."라고 규정하여 입법부·행정부·사법부가 헌법재판소 구성에 동등하게 참여하도록 하고 있다. 헌법재판소는 과거 결정(헌재 2014. 4. 24. 2012헌마2)에서 국회가 선출하여 임명한 재판관 중 공석이 발생한 경우 국회는 공정한 헌법재판을 받을 권리의 보장을 위하여 공석인 재판관의 후임자를 선출하여야 할 구체적 작위의무가 있음을 인정한 바 있다.

  그럼에도 한덕수는 대통령 권한대행으로서 국회가 적법하게 선출한 이종석, 이영진, 김기영 재판관의 후임으로 마은혁, 정계선, 조한창 3인에 대한 임명을 거부했다. 특히 "여야 합의가 전제되어야 한다"는 근거를 들어 임명을 보류한 것은 헌법 제111조 제3항이 규정하는 국회의 헌법재판소 구성권을 실질적으로 침해하는 행위였다. 이러한 임명 거부 행위는 2017년 박근혜 탄핵 당시 황교안 권한대행이 헌법재판관을 적법하게 임명했던 선례와 배치되는 것이었다. 더욱이 한덕수는 "궐위 상태와 직무정지 상태는 법적 성격이 상이하다"는 논리를 전개함으로써 권한대행의 법적 본질에 대한 논쟁을 야기했다.

헌법재판소법 제23조 제1항은 "재판부는 재판관 7명 이상의 출석으로 사건을 심리한다"고 하여 심리정족수를, 제2항은 "종국심리에는 재판관 7인 이상이 참석하여야 하며, 종국결정은 재판관 과반수의 찬성으로 한다"고 하여 결정정족수를 정하고 있다. 특히 탄핵심판의 경우 헌법 제113조 제1항은 "재판관 6인 이상의 찬성이 있어야 한다"는 가중된 심판정족수를 요구한다. 이는 탄핵이 가져올 헌정적 파장을 고려한 것이다. 2024년 10월, 이진숙 방송통신위원장이 "재판관 정족수 부족으로 탄핵심판이 정지되는 것은 부당하다"며 제기한 가처분 신청이 인용되면서, 헌법재판소법 제23조 제1항의 효력이 일시 정지되었다. 이로 인해 윤석열 대통령 탄핵심판도 6인 체제로 초기 심리를 진행할 수 있게 되었다.

재판관 임명 거부는 다음과 같은 심각한 헌법적 문제를 야기할 수 있다. ① 국민의 기본권 보장 체계가 약화된다. 헌법소원 등을 통한 기본권 구제가 지연되거나 불가능해질 수 있으며, 이는 헌법이 보장하는 신속한 재판을 받을 권리를 침해한다. ② 헌법재판소의 정상적 기능 수행이 저해된다. 위헌법률심판, 탄핵심판, 정당해산심판, 권한쟁의심판 등 헌법재판소의 핵심 기능이 마비될 수 있다. ③ 특히 대통령 탄핵심판의 경우 재판부 구성의 불완전성으로 인해 결정의 정당성과 신뢰성이 훼손될 수 있다. 이는 단순한 정치적 문제를 넘어 헌정질서 전반에 대한 위협이 된다.

헌법재판소의 2025년 3월 24일 선고 2024헌나9 결정에서 헌법재판소는 한덕수에 대한 탄핵심판에서 "헌법재판관 임명 부작위는 헌법 제66조, 제111조 및 국가공무원법 제56조 등을 위반한 것이나, 그 헌법 및 법률 위반이 임명권자인 대통령을 통하여 간접적으로 부여된 국민의 신임을 배반한 경우에 해당한다고 단정할 수 없어 파면을 정당화하는 사유가 존재한다고 볼 수 없다."라고 판시했다. 이는 한덕수의 행위가 위헌·위법임을 인정하면서도 파면에 이를 정도의 중대성은 부인하는 절충적 입장을 취한 것이다.

동 판결은 권한대행자의 헌법적 의무와 책임에 관한 중요한 선례를 남겼으나, 헌법재판소 구성이라는 헌정질서의 핵심 사항에 관한 위헌 행위에 대해 실질적 책임을 묻지 않음으로써 향후 유사한 헌정 위기 상황에서 권한대행자의 자의적 권한 행사에 대한 적절한 견제가 가능할지에 대한 법리적 의문을 남기고, 그러한 견제 장치의 필요성을 부각했다. 헌법재판소 재판관 임명 문제는 정치적 고려 사항이 아닌 헌법적 의무 사항이며, 특히 권한대행은 국회의 재판관 선출을 존중하여 즉각 임명해야 한다. 이는 국민의 기본권 보장과 헌정질서 수호를 위한 필수적 요청이다.

대통령 권한대행의
헌법재판관 임명 거부가 침해한 헌법적 권리는?

헌법 제27조 제3항은 형사피고인에게 "상당한 이유가 없는 한 지체 없이 공개재판을 받을 권리"를 부여함으로써 사실상 신속한 재판을 받을 권리를 보장하고 있다. 이를 헌법 해석상 일반 국민의 재판청구권(헌법 제27조

제1항)과 결합해 보면, 수사·재판 절차 전반에서 부당하게 재판이 지연되지 않도록 할 헌법적 의무가 국가기관(입법·행정·사법)에 주어져 있다고 이해된다. 따라서 재판관 임명이 지연되거나 거부되어 헌법재판을 비롯한 각종 재판 절차가 제대로 진행되지 못하면 헌법이 보장하는 "신속한 재판을 받을 권리"가 실질적으로 침해될 우려가 있다.

대통령 권한대행의 중대한 국정 인사권 행사는 왜 위헌적일까?

헌법이나 관련 법률 어디에도 "권한대행은 국정의 기본 방향을 변경하거나 고도의 정치적 결정·인사를 할 수 없다"라고 직접적으로 규정한 조항은 존재하지 않는다.

헌법 제71조(대통령 권한대행)에 따르면 대통령이 궐위되거나 사고로 인하여 직무를 수행할 수 없을 때에는 국무총리 또는 법률이 정한 순서에 따라 국무위원이 그 권한을 대행한다. 이 조항은 어디까지나 '대통령이 직무를 수행할 수 없을 때 대행을 통해 국정공백을 방지한다'는 취지로 마련되었다. 학계와 헌법재판소 결정례들은 "권한대행은 국정 운영의 연속성과 안정성을 유지하기 위한 임시적 지위"이며, 민주적 정당성 면에서 '직접 국민으로부터 선출된 대통령'에 비해 훨씬 취약하다고 본다. 따라서 기존의 국정 기조를 극적으로 변경하거나 고도의 정치적 결단이 필요한 사안을 처리하는 것은 적절치 않다고 일반적으로 해석한다.

- **헌법 제111조·제112조 (헌법재판소 구성 및 재판관 임명)**

헌법 제111조 제4항: 헌법재판소 재판관은 대통령이 임명하고, 그 중 3인은 국회에서 선출하는 자를, 3인은 대법원장이 지명하는 자를 임명한다.

헌법 제112조 제1항: 헌법재판소 재판관의 임기는 6년으로 하며, 법관의 자격을 가진 9인으로 구성한다.

이 규정들에 따르면, 헌법재판관 임명은 대통령의 고유 권한이다. 그러나 대통령이 아닌 권한대행이 이 권한을 행사할 때에는 국정 공백 방지라는 한시적·보충적 취지에 비추어 보아, "임기 6년의 헌법기관(헌법재판관)을 새로 임명하는 것"은 임시 권한 범위를 넘어설 소지가 있다는 것이 다수 견해이다. 즉 민주적 정당성이 상대적으로 결여된 대행자가 중대한 인사를 함으로써 국민주권과 권력분립의 핵심인 헌법재판소 구성을 좌우한다면 헌법 제71조의 취지를 형해화할 우려가 있다는 것이다.

헌법재판소가 대통령 권한대행의 지위와 관련하여 직접적으로 "임시적 역할에 그쳐야 한다"는 취지의 판시를 한 대표적 결정은 찾기 어렵지만, 학계에서도 "대통령권을 대행한다"는 것은 어디까지나 '대통령 권한 행사의 공백을 막기 위한 임시 조치'로 이해해야 하며 새로운 국정 방향 설정이나 중차대한 인사권 행사 등은 가급적 피해야 한다는 것이 일반적 해석이다.

결론적으로 헌법 제71조는 대통령이 사고로 직무를 수행할 수 없을 때 국무총리 등이 그 권한을 '대행'하는 것이라고 명시할 뿐 그 범위를 어디까지로 제한하는지 구체적으로 적시하지는 않는다. 그러나 민주주의의 원리와 권력분립, 대통령은 국민이 직접 선출한다는 헌법 구조를 고려하면, 권한대행은 일시적 상황에서 기존 국정 운영을 유지·관리하는 역할에 한정된다고 해석된다. 이에 비추어볼 때 권한대행이 여야 합의 부재 등을 이유로 "헌법재판관 임명 거부" 등의 행위를 지속하거나, 반대로 "헌법재판관을 새로 지명"하려 시도하는 것은 "임시·보충적 권한대행"의 범주를 넘어선다는 비판이 가능하고, 이는 결과적으로 국민의 기본권 보장 체계(헌법재판소 구성)을 위협하는 위헌적·위법적 행위로 평가될 여지가 크다.

요약 정리하면,

① **근거: 헌법 제71조(대통령 권한대행) + 헌법 제111조·제112조(헌법**

> 재판관 임명)
> ② 취지: 권한대행은 공백 최소화 목적의 임시 지위이므로 중대한 국정 인사권 행사는 민주적 정당성과 권력분립 원칙에 반할 가능성이 큼

4. 한덕수발 탄핵소추 의결정족수를 둘러싼 첨예한 논쟁

한덕수에 대한 탄핵소추 과정에서 가장 첨예한 쟁점 중 하나는 의결정족수 문제였다. 여기서 핵심은 대통령 권한대행자에 대해 일반 고위공직자의 탄핵소추 기준(재적의원 과반수)을 적용할 것인지, 대통령 탄핵소추 기준(재적의원 3분의 2 이상)을 적용할 것인지의 문제였다.

헌법 제65조 제2항은 "제1항의 탄핵소추는 국회재적의원 3분의 1 이상의 발의가 있어야 하며, 그 의결은 국회재적의원 과반수의 찬성이 있어야 한다. 다만 대통령에 대한 탄핵소추는 국회재적의원 과반수의 발의와 국회재적의원 3분의 2 이상의 찬성이 있어야 한다."라고 규정하고 있다. 한덕수와 여당은 한덕수가 '대통령의 권한'을 대행하므로 탄핵소추에도 대통령과 동일하게 국회재적의원 3분의 2 이상의 찬성이 필요하다고 주장했다. 반면 국회는 한덕수가 본질적으로 국무총리의 지위에 있으므로 일반 공직자의 탄핵소추 요건인 재적의원 과반수 찬성으로 충분하다고 판단했다. 한덕수 탄핵소추 표결 결과(192표 찬성)는 재적의원 300명 기준에서 과반수(151명)를 초과하므로 적법하다.

이에 관하여 헌법적으로 검토해 보자. 첫째, 헌법 제49조는 "헌법 또는 법률에 특별한 규정이 없는 한" 재적의원 과반수 출석과 출석 의원 과반수 찬성으로 의결한다고 규정한다. 특별규정이 필요한 경우 이를 명시하는 것이 입법 기술의 원칙이다. 둘째, 헌법은 법률안 재의결(제53조), 해

임건의(제62조), 국회의원 제명(제64조), 계엄 해제(제77조), 헌법개정(제130조) 등 특별 정족수가 필요한 경우를 모두 명시하고 있다. 셋째, 권한대행은 국정 운영의 유지를 위한 것으로, 권한대행자는 대통령과 달리 민주적 정당성이 약화되어 있다.

헌법재판소는 2025년 3월 24일 한덕수 탄핵심판에서 "대통령 권한대행 중인 국무총리에 대한 국회의 탄핵소추에 적용되는 의결정족수는 헌법 제65조 제2항 본문에 따라 피청구인의 본래 신분상 지위인 국무총리에 대한 탄핵소추 의결정족수인 국회재적의원 과반수 찬성"이라고 판시하여 이 논쟁에 종지부를 찍었다. 이는 권한대행의 헌법적 지위가 대통령과 동일하지 않으며, 그 본질적 지위는 국무총리임을 확인한 중요한 판단이었다.

5. 최상목발 제한된 권한대행의 범위 확인

헌정질서 회복을 위한 법적 대응으로서 국회는 2025년 1월 3일 헌법재판소에 권한쟁의심판을 청구했다. 청구의 요지는 "피청구인(대통령 권한대행 최상목)이 마은혁을 재판관으로 임명하지 아니한 부작위는 청구인(국회)의 헌법재판소 재판관 선출을 통한 헌법재판소 구성권을 침해한 것"이라는 점이었다.

헌법재판소는 "피청구인이 대통령 권한대행으로서 청구인이 2024년 12월 26일 헌법재판소 재판관으로 선출한 마은혁을 헌법재판소 재판관으로 임명하지 아니한 부작위는 헌법에 의하여 부여된 청구인의 헌법재판소 재판관 선출을 통한 헌법재판소 구성권을 침해한 것"(헌법재판소 2025. 2. 27. 선고 2025헌라1 결정)이라고 결정했다. 이 결정에서 헌법재판소는 몇 가지 중요한 헌법적 원칙을 확립했다. 첫째, 헌법 제111조 제3항이 국회에 부여한 재판관 선출권은 단순히 대통령의 임명권을 견제하는 것에 그치지 않고 헌법재판소를 구성할 "독자적이고 실질적인 권한"임을 명확히 했다. 둘째, 대통령은 국회가 적법하게 선출한 재판관 후보자에 대해 원칙적으로 임명 의무를 부담하며, 예외적으로 자격요건 미달이나 선출 과정의 중대한 하자가 있는 경우에만 임명을 거부할 수 있다는 점을 확인했다. 셋째, 대통령 권한대행 역시 이러한 헌법상 의무를 부담한다는 점을 명시했다.

특히 주목할 점은 헌법재판소가 "청구인이 가지는 재판관 3인의 선출권은 헌법재판소 구성에 관한 독자적이고 실질적인 것으로서, 대통령은 청구인이 헌법 제111조 제3항에 따라 재판관으로 선출한 사람에 대하여 임의로 그 임명을 거부하거나 선별하여 임명할 수 없다."라고 명확히 판시한 부분이다. 이는 국회의 헌법재판소 구성권을 실질적으로 보장하는 중요한 헌법적 해석을 제시한 것으로 평가된다.

이 권한쟁의심판 결정은 권한대행 제도의 본질과 한계, 그리고 그 권한 행사의 적정 범위에 관한 명확한 법리적 지침을 제공함으로써 향후 유사한 헌정 위기 상황에서 헌법기관 간 권한쟁의를 예방하고 헌법 질서의 신속한 회복을 가능하게 하는 중요한 선례가 되었다.

탄핵소추 사유에서 내란죄가 제외되다
: 절차적 동일성에 관한 논란 점화

1. 탄핵심판은 헌법 수호를 위한 절차라는 본질을 재확인하다

헌법 제111조 제1항은 헌법재판소의 관장 사항으로 '탄핵심판'을 명시하고 있다. 탄핵심판은 헌법 제65조에 따라 국회가 탄핵소추한 공직자의 파면 여부를 결정하는 절차로서, 권력분립 원칙과 법치주의 원칙을 구현하는 핵심적 헌법제도이다.

탄핵심판의 법적 성격에 관하여는 이를 형사절차로 볼 것인지, 헌법적 통제 절차로 볼 것인지에 관한 논쟁이 이어져 왔다. 헌법재판소는 노무현과 박근혜 탄핵심판 결정문에서 "탄핵심판은 공직자의 파면 여부를 결정하는 헌법재판절차이지 형사소송절차가 아니"라고 명확히 판시한 바 있다. 그럼에도 윤석열 측 변호인단은 탄핵심판을 형사절차에 준하는 것으로 이해하고 증거법칙이나 입증책임 등에 관하여 형사법적 원칙을 주장하는 모습을 보였다.

2. 내란죄를 삭제해 국회의 소추 의결과 달라졌으므로 각하해야 하는가

윤석열 측은 국회가 "내란죄 성립 여부"를 탄핵심판에서 제외한 것이 부당하다며 탄핵소추안의 각하를 주장했다. 국회는 당초 윤석열 탄핵소추 사유를 내란죄 등 '형법 위반'과 계엄 선포 요건 위반 등 '헌법 위반'으로 나눠 구성했으나, 변론 준비 단계에서 형법 위반 여부는 헌법재판소에서 다투지 않겠다며 사실상 철회했다. 이에 윤석열 측은 "80퍼센트에 해당하는 탄핵소추서의 내용이 철회되는 것"이라고 반발했으나, 헌법재판소는 이를 각하 사유로 인정하지 않았다.

이는 2017년 박근혜 탄핵 당시에도 동일하게 적용된 원칙이었다. 당시 소추위원장이었던 권성동 의원도 "탄핵소추 사유서를 다시 작성하는 이유는 대통령의 직무집행 행위가 헌법과 법률에 위배되느냐가 탄핵심판에 있어서 중요하기 때문"이라고 설명한 바 있다. 소추 사유의 정확한 법적 용어는 '소추 사실'이며, 이는 범죄명을 가리키는 것이 아니라 피소추자의 행위 등 사실관계를 가리키는 것이다. 따라서 피소추자의 행위가 형법상 범죄명이 성립되는지를 탄핵심판 대상에서 제외하는 것은 소추 사유(소추 사실)를 제외하는 것이 아니라 그 형법적 판단만 제외하는 것으로, 이는 헌법재판의 본질에 부합한다.

윤석열 측 변호인단이 제기한 또 다른 주목할 만한 쟁점은 국회의 소추 의결 내용과 헌법재판소의 심판 대상 간 동일성 문제였다. 대통령 측은 탄핵소추 의결서에 포함되었던 내란죄 혐의가 헌법재판소의 결정에 따라 심판 대상에서 제외되었으므로 소추 의결과 심판 대상 간 동일성이 깨져 심판청구를 각하해야 한다고 주장했다. 이 주장의 배경에는 내란죄 혐의가 탄핵소추 의결의 핵심적 요소였으며, 이를 제외하면 나머지 혐의만으로는 대통령 파면을 정당화할 만한 중대성이 인정되지 않는다는 논리가 깔려 있었다. 또한 형사소송법상 공소장 변경의 한계에 관한 원칙을 유추 적용하여 심판 대상의 실질적 변경은 허용될 수 없다는 주장도 전개되었다.

이에 대해 헌법재판소는 탄핵심판의 특수성을 고려한 판단을 내렸다. 헌법재판소는 "탄핵소추 의결서에 기재된 소추 사유 중 일부가 소추위원회에 의하여 철회되거나 또는 헌법재판소에 의하여 심판대상에서 제외되더라도 그것이 소추 사유의 본질적인 내용을 바꾸는 것이 아닌 한 탄핵심판청구가 부적법하게 되는 것은 아니다"라는 입장을 취했다. 이는 탄핵심판이 형사재판과는 달리 개별 혐의 사실의 유무죄를 가리는 것이 아니라 공직자가 직무수행 과정에서 헌법과 법률을 위반했는지, 그리고 그 위반이 파면을 정당화할 만큼 중대한지를 종합적으로 판단하는 절차임을 강조한 것이다. 따라서 일부 소추 사유가 제외되더라도 나머지 사유만으로 헌법적 판단이 가능하다면 심판을 진행할 수 있다는 것이 헌법재판소의 일관된 입장이다.

이러한 판단은 형식적 절차론에 치우쳐 실체적 진실 규명을 회피하려는 시도를 차단하는 의미를 갖는다. 또한 탄핵소추와 탄핵심판의 권한이 각각 국회와 헌법재판소에 분리되어 있는 헌법 구조를 존중하는 해석이기도 하다. 국회의 탄핵소추권과 헌법재판소의 탄핵심판권이 상호보완적으로 작용함으로써 권력분립의 원리가 구현될 수 있기 때문이다.

탄핵심판은 형사재판인가 헌법재판인가
: 치열한 증거능력 논쟁

1. 탄핵심판은 형사재판이 아니라 헌법재판이다

윤석열 탄핵심판 과정에서 가장 근본적인 쟁점 중 하나는 탄핵심판의 법적 성격에 관한 것이었다. 대통령 측 변호인단은 탄핵심판을 사실상 형사 절차에 준하는 것으로 이해하고, 그에 따른 엄격한 증거법칙과 입증책임을 주장했다. 반면 국회 소추위원회는 탄핵심판이 헌법적 통제 절차로서 형사절차와는 본질적으로 구별된다는 입장을 취했다.

헌법재판소는 과거 노무현 탄핵심판(2004헌나1)에서 "탄핵심판 절차는 국민에 의하여 선출되어 국민의 신임을 받고 있는 공직자가 그 직을 유지하는 것이 헌법 질서의 수호를 위하여 중대한 위협이 되는지의 여부를 판단하는 절차로서 정치적 성격을 갖는 것이지 비리혐의자의 형사책임을 추궁하기 위한 것이 아니"라고 명확히 판시한 바 있다.

이러한 선례에도 불구하고 윤석열 측은 탄핵심판에 형사법적 원칙이 적용되어야 한다는 주장을 지속적으로 전개했다. 특히 국회 소추의결서에 포함된 내란죄 혐의에 대해 "무죄추정의 원칙"을 들어 판단을 유보해야 한다거나, "합리적 의심을 넘어선 증명"이 필요하다는 등의 형사법적 주장을 펼쳤다.

이에 대해 헌법재판소는 탄핵심판에서 요구되는 증명의 정도는 "고도의 개연성"이며, 이는 형사재판에서 요구되는 "합리적 의심을 배제할 정도의 증명"보다는 완화된 기준임을 명확히 했다. 또한 탄핵심판의 목적이 형사책임 추궁이 아닌 공직자의 파면 여부 결정에 있으므로 증거법칙에 있어서도 형사소송법의 원칙이 그대로 적용되지 않음을 확인했다.

이러한 헌법재판소의 입장은 탄핵심판이 갖는 헌법적 통제장치로서의 특수성을 반영했으며, 권력분립과 헌법수호라는 헌법적 가치를 실현하기 위한 절차적 해석을 제시한 것으로 평가할 수 있다. 향후에도 탄핵심판의 법적 성격에 대한 논쟁은 지속될 것으로 예상되나 적어도 형사절차와의 근본적 차이점은 분명히 인식될 필요가 있다.

헌법재판연구원이 2015년 발간한 『주석 헌법재판소법』 역시 "준용법령을 엄격하게 적용한다고 제한하면 헌법재판의 고유성과 특성에 맞는 소송법적 규율을 할 수 없다."라며 "헌법재판소가 준용할 것인지, 준용법령 중에서 어느 것을 적용할 것인지, 전부 또는 일부만을 적용할 것인지를 결정할 수 있는 비교적 탄력성 있는 준용이라고 풀이함이 상당하다."라고 설명한다. 즉 탄핵심판은 형사재판과 유사한 면이 있어 증거조사, 심문절차 등 형소법의 절차적 규정을 따르지만 경우에 따라선 형사소송법을 엄격하게 지키지 않아도 된다는 것이다.

탄핵심판과 형사재판은 어떻게 다를까?

탄핵심판과 형사재판은 근본적으로 다른 성격의 절차다. 헌법 제65조는 탄핵의 대상을 공직자로, 사유를 직무집행 중 헌법·법률 위반으로 규정하고 있다. 헌법재판소법 제53조 제1항은 "헌법 또는 법률 위배"와 함께 "그 위배가 중대할 것"을 충족해야 파면이 가능하다고 명시한다.

형사재판이 범죄행위 여부 및 양형을 판단하는 절차라면, 탄핵심판은 '파면시키는 것이 정당화될 만큼 공직자의 헌법·법률 위반이 중대한가'를 결정하는 절차다. 즉, 탄핵심판은 공직자가 직무수행 과정에서 헌법과 법률을 중대하게 위반해 직위를 계속 유지시킬 수 없는지를 평가하는 헌법적 절차로서 형사책임 여부와는 별개로 파면 선고를 목적으로 진행된다. 따라서 형사재판에서 무죄가 나와도 탄핵심판에서는 파면될 수 있고, 반대로 형사재판에서 유죄가 나와도 탄핵심판에서는 파면되지 않을 수도 있다.

탄핵심판에 형사재판과 같은 기준을 적용하면 안 되는 이유는?

• **무죄추정의 원칙에 관한 법적 근거**
① **헌법 제27조 제4항**("형사피고인은 유죄의 판결이 확정될 때까지는 무죄로 추정된다."): 이 조항은 형사재판 절차에서 피고인에게 적용되는 원칙으로서, 탄핵심판 같은 헌법재판에 그대로 준용될 것인지는 별도의 문제이다. 윤석열 측 변호인단은 "내란죄 혐의가 형사적으로 확정되지 않았으므로 무죄추정 원칙상 탄핵심판에서 판단을 유보해야 한다"는 주장을 했으나 헌법재판소는 탄핵심판이 "형사적 유죄 인정 여부"가 아닌 "공직자가 직무집행 과정에서 헌법·법률 위반을 했는지, 그 정도가 파면을 정당화할 만큼 중대한지"를 판단하는 절차라는 점을 분명히 하였다.
② **형사소송법 제275조의2(무죄추정 원칙의 확인 규정)**: 형사소송법도 헌법의 무죄추정 원칙을 재확인하고 있으나 이는 어디까지나 형사재판 절차에서의 원칙이다.

• **"합리적 의심을 배제할 정도의 증명"에 관한 법적 근거**
① 우리 형사사법 체계에서 '합리적 의심을 배제할 정도의 증명'(beyond a reasonable doubt) 기준은 형사재판에서 유죄 판결을 내리기 위한 증명 수준을 말한다. 형사소송법에는 이를 직접적으로 명시한 조항이 없지만 판례를 통해 "유죄의 확신을 갖게 할 정도로 증명이 이루어져야 한다"고 해석해왔다.
② 탄핵심판에서의 증명 기준: 헌법재판소는 노무현 대통령 탄핵심판 등에서 탄핵심판은 형사재판과 달리 "고도의 개연성"만으로도 사실인정을 할 수 있다고 판시한다. 즉, 헌법재판소법 제53조에 따른 "헌법·법률 위반의 중대성"을 심리하기 위해서는 형사재판의 엄격한 증명 기준인 "합리적 의심을 배제할 정도"까지 요구하지 않는다는 입장이다.

> 정리하면, 윤석열 측은 무죄추정(헌법 제27조 제4항)과 합리적 의심을 배제할 정도의 증명(형사소송법 및 대법원 판례)은 형사재판의 본질적 원칙이라는 것을 근거로 "내란죄 혐의가 형사적으로 확정되지 않았으므로 탄핵심판에서도 판단을 유보해야 한다"고 주장하였다. 그러나 탄핵심판은 헌법재판소가 공직자의 직무상 위헌·위법 행위 여부를 따져 '파면 여부'를 결정하는 헌법재판이므로 형사법적 원칙을 그대로 적용하지 않는다는 것이 헌법재판소의 일관된 태도이다(헌법재판소법 제53조, 2004헌나1 결정 등).

2. 헌법재판소는 수사 중인 사건 기록 송부를 요구할 수 있는가

헌법재판소가 수사 중인 사건의 기록 송부를 요구하는 권한을 갖고 있는지는 탄핵심판 과정에서 논쟁적인 쟁점 중 하나였다. 이는 단순한 절차적 문제를 넘어 헌법기관 간 권한의 범위와 한계, 그리고 헌법수호와 형사사법의 원칙 간 긴장 관계를 포함하는 복합적 문제였다.

헌법재판소법 제32조는 "재판부는 결정으로 다른 국가기관 또는 공공단체의 기관에 심판에 필요한 사실을 조회하거나 기록의 송부나 자료의 제출을 요구할 수 있다. 다만 재판·소추 또는 범죄수사가 진행 중인 사건의 기록에 대하여는 송부를 요구할 수 없다."라고 규정하고 있다. 이 단서 조항은 재판·소추 또는 범죄수사가 진행 중인 사건의 기록에 대해서는 헌법재판소가 송부를 요구할 수 없다는 명백한 제한을 두고 있다.

그러나 탄핵소추사유가 형사사건 내용인 경우 헌법재판소가 신속한 심리를 위해 수사기록이 필요한 상황이 발생한다. 윤석열 탄핵심판에서도 헌법재판소는 경찰·검찰·군검찰에 관련 수사기록을 요청했고 이후 일부 기록을 회신받았다. 헌법재판소는 헌법재판소법 제10조에 근거한 헌법재판소 심판규칙 제39조와 제40조를 적용하여 문제를 해결했다. 헌법재판소법 제10조는 "헌법재판소는 이 법과 다른 법률에 저촉되지 아니하는 범위에서 심판에 관한 절차, 내부 규율과 사무처리에 관한 규칙을 제정할 수 있다"고 규정하고 있다. 이에 따라 마련된 헌법재판소 심판규칙 제39조와 제40조는 문서송부의 촉탁에 관한 규정이다. 제39조는 "서증의 신청은 제34조의 규정에도 불구하고 문서를 가지고 있는 사람에게 그 문서를 보내도록 촉탁할 것을 신청하는 방법으로 할 수도 있다."라고 규정하고, 국가기관이 원본을 제출하기 곤란한 사정이 있는 경우 인증등본을 요구할 수 있다고 명시한다. 제40조는 더 구체적으로 "법원, 검찰청, 그 밖의 공공기관이 보관하고 있는 기록 가운데 불특정한 일부에 대하여도 문서송부의 촉탁을 신청할 수 있다."라고 규정하고 있다.

윤석열 측은 헌법재판소의 이러한 접근에 대해 "헌법재판소법 제32조 위반"이라며 강하게 반발했다. 대통령 측은 형사소송법 제47조("소송에 관한 서류는 공판의 개정 전에는 공익상 필요 기타 상당한 이유가 없으면 공개하지 못한다")와 제59조의2의 공개금지 원칙을 강조하며, 수사기록의 송부는 형사피의자의 방어권과 무죄추정의 원칙을 침해할 수 있다고 주장했다. 이에 대해 헌법재판소는 "당사자의 신청에 의한 기록인증등본 송부촉탁은 헌법재판소법 10조, 헌법재판소 심판규칙 39조와 40조에 근거한 것"이라고 밝혔다. 즉, 헌법재판소는 '송부 요구'가 아닌 '송부 촉탁'이라는 절차를 통해 법적 제한을 준수하면서도 필요한 자료를 확보하는 방안을 채택한 것이다.

과거 노무현, 박근혜 탄핵 사건에서도 유사한 문제가 있었으며, 이를 근본적으로 해결하기 위해 헌법재판소법 제32조 단서를 삭제하고 인증등본 제출을 허용하는 개정안이 여러 차례 발의되었으나 임기 만료로 폐기된 바 있다. 입법론적 관점에서는 ① 탄핵심판이 사법심사로서 소추사유 판단에 수사기록이 필요하고, ② 헌법재판은 형사 유무죄가 아닌 위헌적 상태를 해소하기 위한 신속한 심리가 필요하다는 점에서, 적어도 인증등본 형태의 제공을 허용하는 법 개정이 바람직하다는 의견이 지배적이다. 이는 독일, 스페인 등 외국의 입법례에서도 확인할 수 있는 합리적 방안이다.

헌법재판소는 결국 탄핵심판의 헌법적 중요성과 공익적 성격을 고려하여, "수사 중인 사건이라 하더라도 헌법재판소가 탄핵심판의 적정한 심리를 위해 필요하다고 인정하는 경우 관련 기록의 송부를 요구할 수 있다."라는 입장을 취했다. 다만 송부된 수사기록의 열람·복사 범위에 관해서는 일정한 제한을 두어, 수사의 밀행성과 피의자의 방어권 보장이라는 형사절차적 가치도 어느 정도 고려하는 절충적 접근을 보였다.

이러한 판단은 헌법재판소가 헌법수호기관으로서 실체적 진실 발견을 위해 필요한 증거조사 권한을 폭넓게 행사할 수 있음을 확인한 것으로, 향후 유사한 헌정위기 상황에서 헌법재판소의 적극적 역할을 뒷받침하는 중요한 선례가 되었다. 동시에 헌법기관 간 권한의 균형과 조화를 모색하는 헌법적 지혜의 발현으로도 평가할 수 있다. 결론적으로, 헌법재판소는 탄핵심판의 고유한 목적과 기능을 고려하여 형사소송법령의 준용 범위와 증거법 적용에 있어 탄력적인 접근방식을 취했다. 이는 단순히 정치적 고려가 아니라 헌정질서 수호라는 헌법재판의 본질에 충실한 판단이었다고 평가할 수 있다.

3. 형사소송법 제312조 전문법칙을 완화 적용해야 하는가

형사소송법 제312조는 검사 또는 사법경찰관이 작성한 조서의 증거능력에 관한 규정으로, 특히 제4항은 '피고인이 아닌 자'(증인이나 참고인)의 진술을 기재한 조서가 증거로 인정받기 위한 조건을 규정한다. 해당 조항에 따르면, 조서가 증거로 인정받기 위해서는 다음 요건을 충족해야 한다.

① 적법한 절차와 방식으로 작성된 조서여야 함
② 진정성립 증명: 조서의 내용이 실제 진술과 동일하게 기재되었음이 증명되어야 함
③ 반대신문 기회: 피고인이나 변호인이 공판에서 원진술자를 신문할 기회가 있었어야 함
④ 신빙성 증명: 진술이 "특히 신빙할 수 있는 상태"에서 이루어졌음이 증명되어야 함

윤석열 탄핵심판에서 증거로 채택된 모든 피의자신문조서는 변호인 조력하에 작성된 조서였다. 이는 해당 조서들이 적법한 절차와 방식에 따라 작성되었으며 상당한 신빙성을 갖추고 있음을 의미한다.

형사소송법 제312조 제4항은 원진술자를 신문하여 진정성립을 인정해야 증거로 채택할 수 있다고 규정하지만, 헌법재판소는 탄핵심판의 특성상 전문법칙을 완화 적용했다. 이러한 접근방식은 ①사실 확정을 신속히 진행할 수 있고, ②파면 여부 결정에 충분한 자료를 확보할 수 있게 한다.

실제로 총 10차례 변론기일을 진행하며 김용현 국방부 장관, 한덕수 총리, 여인형 국군방첩사령관, 이진우 수도방위사령관, 곽종근 특수전사령관, 홍장원 국가정보원 1차장, 조지호 경찰청장, 김봉식 서울경찰청장 등 비상계엄 관련자들에 대한 증인신문을 모두 마쳤다. 특히 주목할 만

한 점은 조지호 경찰청장이 2차례 불출석하다가 소환명령에 응하여 출석했을 때, 형사재판을 이유로 많은 증언을 거부했음에도 "검찰에서 조사받을 때 사실대로 답변한 것은 맞아요?"라는 국회 측 소추위원의 질문에 "각 조서별로 제가 그렇게 서명 날인했습니다."라고 답했고, "조사받은 이후에 조서를 다 열람하고 서명 날인한 것도 맞지요?"라는 질문에는 "맞습니다."라고 답변함으로써 '진정성립'을 인정한 것이다. 국회 측은 조지호 경찰청장에 대한 신문을 통해 외견상 진정성립의 형식적 요건을 갖추고자 했으나, 헌법재판소는 이러한 개별적 절차를 넘어 탄핵심판의 특수성을 고려하여 형사소송법상 전문법칙 자체를 더욱 유연하게 적용하는 접근을 채택했다.

4. 전문법칙은 완화 적용한다

헌법재판소는 이 사건에서 청구인이 제출한 진술증거에 대해 형사소송법상 전문법칙을 완화하여 적용할 수 있음을 전제로 각 증거의 증거능력을 다음과 같이 판단했다.

① 수사기관이 작성한 사건 관련자들에 대한 피의자신문조서 등의 증거능력: 형사소송법상 전문법칙을 완화하여 적용하더라도 성립의 진정과 임의성은 담보되어야 한다. 따라서 진술 과정이 영상 녹화된 조서나 변호인이 입회하여 진술 과정에 문제가 없었다고 확인한 조서에 대해서는 증거로 채택할 수 있다.

② 관련 형사사건에서 공범 관계에 있는 사람들에 대한 조서의 증거능력: 탄핵심판에서는 형사재판과 달리 '공범'의 개념을 상정하기 어렵다.

따라서 피청구인과 공범 관계에 있는 사람들에 대한 조서는 '피청구인이 아닌 자'의 진술을 기재한 조서로 보아 형사소송법 제312조 제4항을 준용하는 것이 타당하다. 이에 따라 진술 과정이 영상 녹화된 조서나 변호인이 입회하여 확인한 조서는 피청구인이 그 내용을 부인하더라도 증거로 채택할 수 있다.

③ 국회 회의록의 증거능력: 국회 회의록은 그 서면 자체의 성질과 작성 과정에서의 법정된 절차적 보장에 의하여 고도의 임의성과 기재의 정확성 등 절차적 적법성이 담보되어 있다. 또한 국회에서의 진술은 공개된 회의장에서 국회의원들에 의해 검증되므로, 형사소송법 제315조 제3호의 '기타 특히 신용할 만한 정황에 의하여 작성된 문서'에 준하여 당연히 증거능력이 있는 서류로 볼 수 있다.

결론적으로, 탄핵심판 절차에서는 전문법칙에 관한 형사소송법 조항들을 완화하여 적용하는 것이 타당하다. 이는 탄핵심판이 형사재판과는 달리 개별 혐의사실의 유무죄를 가리는 것이 아니라 공직자가 직무수행 과정에서 헌법과 법률을 위반했는지, 그리고 그 위반이 파면을 정당화할 만큼 중대한지를 종합적으로 판단하는 절차이기 때문이다.

소추사유가 형사 관련 사항과 형사 이외 사항이 혼재된 경우 각 사유별로 적절한 증거법칙을 적용하는 '분배의 묘'가 필요하며, 특정 법률의 해석 방법이나 입증책임 원리에 헌법재판이 기계적으로 구속될 필요는 없다. 이는 탄핵심판의 독특한 성격에서 비롯되는 법리적 요청이다. 구체적으로 살펴보면 내란죄나 직권남용과 같은 형사적 성격의 소추사유에 대해서는 형사소송법의 증거법칙을 준용하되 완화하여 적용하고, 헌법이나 법률 위반 등 헌법적 성격의 소추사유에 대해서는 헌법재판 고유의 증거법칙을 적용하는 것이다.

예를 들어 계엄 선포 당시의 구체적 지시 내용은 형사소송법적 관점에서 엄격한 증명이 필요하지만, 계엄 선포 자체가 헌법 요건을 충족했는지 여부는 헌법해석학적 관점에서 판단하면 된다. 이러한 접근이 필요한 이유는 탄핵심판이 형사재판과 민사재판, 행정재판의 요소를 모두 포함하는 혼합적 성격을 갖기 때문이다. 만약 모든 소추사유에 형사소송법을 획일적으로 적용한다면 헌법 위반 여부에 대한 신속하고 탄력적인 판단이 어려워지고, 반대로 모든 사유에 완화된 증거법칙을 적용한다면 형사적 혐의에 대한 정확한 사실 인정이 곤란해진다. 따라서 사안별 맞춤형 증거법칙의 적용이야말로 탄핵심판의 본질에 부합하는 합리적 접근법인 것이다. 이러한 헌법재판소의 판단은 향후 유사한 헌정위기 상황에서 헌법재판소가 실체적 진실 발견을 통한 헌법수호 임무를 효과적으로 수행할 수 있는 법리적 토대를 마련했다는 점에서 중요한 의미를 갖는다.

대통령 측의 의도적 지연 전략, 국정 혼란의 가중

윤석열 측은 처음부터 탄핵심판을 의도적으로 지연하려 했다는 비판을 받았다. 대통령 권한대행 체제에서 한덕수 총리마저 탄핵당해 '2중·3중 권력공백'이 벌어지는 와중에도 헌법재판소는 소추의결 직후 재판관 회의를 열어 본격적인 탄핵심판에 착수했다. 그러나 윤석열과 그 변호인단은 서류 송달부터 변론기일까지 다양한 방식으로 이의를 제기하며 절차 지연을 시도했다. 반면 헌법재판소는 '헌법재판소법상 신속처리원칙'에 따라 집중심리를 택하며 탄핵심판을 예정대로 진행했다.

그러자 우선 서류 송달 단계에서부터 문제가 발생했다. 윤석열은 헌법재판소 서류를 수령 거부한 최초의 대통령이다. 원래 탄핵소추안이 헌법재판소에 접수되면 곧바로 피소추인 측으로 송달되어 일정 기한 안에 답변서를 제출하고 변호인단도 공식 선임하는 것이 보통이지만, 윤석열은 이를 거부했다. 결국 헌법재판소는 민사소송법과 형사소송법을 준용해 "주소에 우편물을 보내면 수령 거부하더라도 도달로 간주한다."라는 발송송달 규정을 적용해야 했다. 이는 단순한 방어권 행사를 넘어서는 의도적인 시간 끌기였다.

재판관 구성이 완비되지 못했고 국회 선출 재판관의 임명을 권한대행이 거부하여 8인 체제가 계속되었다. 윤석열 측 변호인단이 계속 추가 서면과 증거 신청, 형사소송법상의 전문법칙을 엄격히 적용해달라는 주장을 펼쳐 '신속심리 vs. 지연전략'의 대립이 날카로웠다. 결국 5 대 3으로 갈리는 의견대립, 재판관 일부의 임기 만료라는 시급성, 권한대행이 재판관 임명을 하지 않아 벌어지는 '5 대 3 데드락(deadlock)' 등이 추측되는 등 헌법재판소 내부적으로 합의를 도출하기 쉽지 않았다는 가능성이 끊임없이 거론되었다.

> **헌법재판소가 국가적 중대 사건을
> 먼저 심리하는 것이 가능한 이유는?**
>
> • **헌법재판소법 제38조(집중심리)**
>   ① 헌법재판소는 공익상 긴급을 요하는 사건, 심리가 단순화된 사건, 그 밖

에 필요하다고 인정하는 사건에 대하여 집중심리를 실시할 수 있다.
② 중략) 이 조항은 헌법재판소가 '공익상 긴급을 요한다'고 판단되는 사건, 즉 빠른 결정이 국가적으로 중요하거나 국민의 기본권 보장과 직결되는 사건 등에 대해 집중적으로 심리하고 절차를 속도감 있게 진행할 수 있도록 하는 근거 규정이다. 실제로 탄핵심판 등 국가적 중대사건의 경우, 헌법재판소가 이 제38조에 따라 '집중심리 기일'을 정해 신속 처리를 도모하는 사례가 많다.

• **그 밖의 신속처리 관련 제도·원칙**

헌법재판소법 제47조는 특정 사건(위헌법률심판 등)에서 일정 기간 내 처리가 지연될 때 국회나 법원 등에 그 사실을 통보하도록 규정하고 있다. 이는 헌법재판소가 심리를 부당하게 지연하지 않도록 하는 장치 중 하나로 평가된다. 또한 헌법재판소가 자체적으로 제정·운용하는 「헌법재판소 심판규칙」 등에서 '사건 처리의 신속성'을 강조하고 있으며, 과거 판례(예: 2004헌나1, 노무현 탄핵심판 등)에서도 "국가 중대사에 관해 가급적 신속히 결정을 내려 헌정상의 불확실성을 조기에 해소해야 한다"는 취지의 판단이 내려진 바 있다.

정리하면, "신속처리원칙"이라는 문구가 정확히 조문에 명시된 것은 아니지만, 헌법재판소법 제38조의 집중심리 제도와 헌법재판소의 판례·실무는 헌법재판의 신속성과 집중도를 높이기 위한 근거이자 실천적 제도로 활용되고 있다. 따라서 "신속처리원칙"이라 할 때는 주로 제38조를 근거로 한 집중심리와 헌법재판의 국가적 긴급성 등을 고려하여 "가급적 신속히 결정을 내려야 한다"는 헌법재판소의 일관된 태도를 포괄적으로 지칭하는 개념이라고 볼 수 있다.

심리 종결 후에도 늦어진 파면 결정
: 장기화된 헌정위기

윤석열 탄핵심판은 변론이 종결된 후에도 윤석열 파면 결정이 한참 지연되었다. 헌법재판소가 결정을 내리지 못하고 시간을 끌었던 이유에 대해서는 여러 추측이 나왔다. 일각에서는 "5 대 3 의견 분포로 탄핵 인용(파면)에 필요한 정족수인 재판관 6명을 확보하지 못한 상황", "재판관 한두 명이 막판까지 의견을 조율하는 과정" 등의 가능성이 거론되었다. 특히 8인 체제에서 5 대 3으로 갈리면 탄핵 정족수 6명에 미달해 기각 결정을 해야 하는데, 이 경우 만약 9번째 재판관이 충원되었다면 결과가 반대(파면)로 뒤바뀔 수도 있어 '실질적 정당성' 문제를 남길 수 있다. 게다가 국회가 이미 선출한 재판관 후보자 임명을 권한대행이 거부하는 상태에서 헌재가 '결정적 캐스팅 보트'가 될 인물을 배제한 채 선고하는 것에 큰 부담을 느낄 수 있다는 해석도 있었다.

결국 재판관 간 이견 조율이 늦어지고, 여야 간 공방과 권한대행의 재판관 임명 거부 상태도 해소되지 않아 여러모로 '선고를 안 하는 게 아니라 못 하는 상황'이 이어졌다는 시각이 유력했다. 이러한 '5:3 데드락'이 현실화되면, 헌재가 결정문을 작성해도 4월 중 재판관 2명이 퇴임했을 때 더 큰 혼란이 발생하리라는 우려도 제기되었다. 여기에 윤석열 측의 계속된 이의 제기와 소추위원 측의 반박 등이 맞물려 변론 종결 후 상당 시간이 흘렀음에도 헌법재판소가 쉽게 선고 기일을 잡지 못했다는 것이다. 결과적으로 헌법재판소의 결정이 미뤄질수록 국정 공백과 혼란이 커지는 '치킨 게임' 상황이 이어진 셈이다.

권한대행의 재판관 임명 강행
: 헌법재판소 가처분에 의하여 제동이 걸리다

윤석열 파면 이후 윤석열 정권의 마지막 저항은 헌법재판소 인적 구성을 통한 장기 영향력 행사 시도였다. 2025년 4월 18일 문형배, 이미선 재판관의 임기 만료를 앞두고, 한덕수 권한대행은 4월 8일 이완규, 함상훈을 헌법재판소 재판관으로 지명했다. 이는 권한대행 체제에서 헌법재판소 재판관이라는 핵심 헌법기관 인사를 결정하는 것이 적절한지에 대한 심각한 헌법적 논란을 불러일으켰다.

핵심 쟁점은 권한대행 국무총리가 헌법재판소 재판관을 지명하는 행위가 일상적 국정운영의 범위를 넘어선 것인지 여부였다. 헌법재판소는 2025년 4월 16일 2025헌사399 결정에서 재판관 9명 전원일치로 이 같은 임명 절차를 중단시키는 가처분 결정을 내렸다. 가처분 신청인인 김정환 변호사는 2024년 12월 9일 계엄사령부 포고령 제1호의 위헌 확인을 구하는 헌법소원심판을 청구한 상태였는데, 그는 "헌법과 법률이 정한 자격과 절차에 의하여 임명된 재판관이 아닌 사람"이 자신이 청구한 헌법소원심판을 재판하게 되어 "재판을 받을 권리"가 침해된다고 주장했다.

헌법재판소는 결정문에서 "대통령의 권한을 대행하는 국무총리가 재판관을 지명하여 임명할 권한을 행사할 수 있다고 단정할 수 없고", 이러한 상황에서 임명이 진행될 경우 "신청인만이 아니라 계속 중인 헌법재판사건의 모든 당사자들의 재판을 받을 권리가 침해될 수 있다."라고 판단했다. 특히 "이 사건 후보자가 관여한 헌법재판소 결정 등의 효력에 의문이 제기되는 등 헌법재판소의 심판 기능 등에 극심한 혼란이 발생하게 된다."라는 우려를 표명했다. 더욱 중요한 것은 헌법재판소가 "재심이 허용되지 않는 경우, 헌법과 법률이 정한 자격과 절차에 의하여 임명된 재판관이 아닌 사람에 의한 결정이 헌법재판소의 결정으로서 효력을 가지게 되어 헌법재판의 규범력이 현저히 약화되고 헌법재판에 대한 신뢰가 크게 훼손될 것"이라는 점을 명확히 했다는 것이다. 이는 권한대행 체제에서의 중요 인사는 헌법적 위기로 이어질 수 있음을 경고한 결정이다.

결과적으로 헌법재판소는 "피신청인(한덕수)이 2025년 4월 8일 이완규, 함상훈을 헌법재판소 재판관으로 지명한 행위에 기초한 국회에의 인사청문요청안 제출, 인사청문경과보고서 송부 요청 및 헌법재판소 재판관 임명 등 일체의 임명 절차의 속행을 헌법재판소 2025헌마397 헌법소원심판청구 사건의 종국결정 선고 시까지 정지한다."라고 결정했다. 이 결정은 윤석열 파면 이후에도 청와대가 사법부 장악 시도를 포기하지 않았음을 보여주는 상징적 사례이다. 국민의 주권적 결단으로 대통령이 파면된 이후에도 권한대행 체제에서 헌법재판소를 정치적으로 활용하려 했던 이러한 시도는 다행히 헌법재판소 자체의 자기방어 메커니즘에 의해 저지되었다. 결국 권한대행 국무총리의 무리한 재판관 임명 시도는 헌법재판소의 독립성과 중립성을 지키려는 확고한 의지 앞에 좌절되었고, 한국 헌정사에 또 하나의 중요한 선례를 남겼다.

헌정수호를 위한
제도 개선이 절실하다

윤석열 탄핵소추와 그에 이은 권한대행 탄핵소추까지, 2024년 12월의 계엄 사태는 한국 헌정질서의 또 다른 분수령이었다. 대통령이 국헌문란적 계엄을 선포해 국회를 봉쇄하고 선거관리위원회까지 장악해 민주주의의 근간을 흔들려 했으나, 시민들의 저항과 국회의 탄핵소추, 헌법재판소의 심리라는 헌법적 안전장치가 작동해 국가적 위기를 간신히 수습해 가고 있다.

그러나 이번 사태는 권력 공백을 메우도록 설계된 권한대행 제도가 오히려 '연쇄적 탄핵'을 불러오는 역설적 상황을 낳았고, 헌법재판관 임명 거부 사태가 길어짐에 따라 헌법재판소 기능 자체가 위협받는 한계를 드러냈다. 계엄령으로 대표되는 대통령 긴급권의 남용을 어떻게 방지할지, 현직 대통령에 대한 신속한 심판과 국정 안정 간 균형을 어떻게 이룰지, 권한대행은 어디까지 권한을 행사할 수 있으며 만약 이조차 탄핵될 경우 어떠한 긴급수습 체계로 넘어가야 하는지 등 그 어느 때보다 구체적이고 치밀한 헌법 제도 개선이 절실함을 보여준다.

특히 탄핵심판은 형사재판이 아니라 헌법수호와 공직 파면 여부를 판단하는 정치적·법적 절차임을 재확인했다. 대통령 측이 줄곧 무죄추정과 전문법칙을 주장해도, 헌법재판소는 탄핵심판의 특수성에 비추어 증거법칙을 완화해 적용하는 등 실체적 진실 발견에 집중했다. 또한 대통령권한대행의 헌법재판관 임명 거부, 국회 선출 재판관 임명 무시 등은 비단 '정부조직법상의 절차'가 아니라 헌법 원리(국회 구성권, 권력분립, 민주적 정당성 등)에 직접 충돌한다는 점을 헌법재판소가 확인하면서, 향후 유사 위기에 대비한 제도개혁의 방향성을 제시했다.

2025년 4월 4일, 헌법재판소는 윤석열에 대해 8인 재판관 전원일치로 파면을 선고했다. 박근혜 파면 이후 헌정사상 두 번째 대통령 파면이었지만 광범위한 국헌문란 시도의 재발을 막고 헌정질서를 회복했다는 점에서 그 의미가 각별하다. 헌법재판소가 탄핵심판의 본질을 "헌법수호를 위한 절차"라고 명확히 한 것은 중요한 의미가 있다. 이는 탄핵이 정치적 보복이나 개인적 처벌이 아니라 헌법 질서를 지키기 위한 제도적 장치라는 점을 재확인한 것이다. 권한대행의 연쇄 탄핵이라는 초유의 사태도 결국 헌법의 틀 안에서 해결되었다. 헌법이 예상하지 못했던 상황이었지만 헌법의 기본원리—민주적 정당성, 권력분립, 견제와 균형—에 따라 판단하고 대응함으로써 위기를 극복할 수 있었다. 권한대행의 헌법재판관 임명 거부, 탄핵심판의 형사재판화 시도, 전문법칙을 둘러싼 논란 등 수많은 고비가 있었지만, 결국 헌법정신이 승리했다.

결국 이번 2024년 윤석열 탄핵심판 과정은 계엄령이라는 초헌법적 긴급수단이 헌법 파괴에 악용될 수 있음을 다시금 확인시켰고, 권한대행 제도 역시 헌정질서 안정화를 보장하지 못한다는 교훈을 남겼다. 그럼에도 국회와 헌법재판소, 시민사회가 함께 민주주의와 법치주의를 지키고자 분투한 결과 기나긴 혼돈 속에서도 헌법의 자정 기능이 작동했다는 점은 중요한 성취다. 앞으로 남은 과제는 뚜렷하다.

① 대통령 긴급권의 남용 방지를 위한 계엄 요건·절차 강화: 국헌문란 목적으로 계엄령을 선포하는 사태가 되풀이되지 않도록 계엄의 실체적·절차적 요건을 한층 더 엄격히 규정하고, 위반 시 책임을 명확히 해야 한다.
② 권한대행 제도의 구조적 보완: 대통령직 공백 상황에서 권한대행의 범위를 어디까지 허용할 것인지, 권한대행마저 탄핵되는 '2중·3중 공백'에 대비한 국가수습 매뉴얼을 어떻게 법제화할지를 구체화해야 한다.
③ 헌법재판관 임명 방식 및 정족수 규정의 제도 개선: 국회가 선출한 재판관을 임명 거부해 헌법재판소가 반쪽이 되는 사태가 되풀이되지

않도록 권한대행의 임명 거부 등 임의적 행위에 대한 통제장치가 필요하다.

④ 탄핵심판에서 형사절차적 요소 완화 적용의 명문화: 탄핵심판이 형사재판과 다른 헌법재판임을 더욱 구체적으로 법률에 반영함으로써 소추사유 확정 및 증거조사 등의 절차가 불필요한 논란 없이 신속히 진행되도록 해야 한다.

헌법으로 돌아가라. 모든 고비와 쟁점을 해결하는 열쇠는 여기에 있었다. 절차적 논란이 생기면 헌법이 정한 절차로, 권한의 다툼이 생기면 헌법이 배분한 권한으로, 해석의 차이가 생기면 헌법의 기본정신으로 돌아가는 것이다. 헌법이 모든 문제의 해답을 담고 있는 만능 해결책은 아니지만 문제를 해결하는 방향과 원칙을 제시하는 나침반 역할은 충분히 할 수 있다.

이 모든 과제가 제도화되어야 비로소 또 다른 '내란 목적의 계엄'이 반복되지 않고 헌법재판소가 기능 마비 위기에 빠지지 않을 것이다. 나아가 '법은 민주주의를 어떻게 지켜내는가'라는 질문에 대한 답 역시 여기서 찾을 수 있다. 헌법은 계엄을 비롯한 긴급권이 오남용되지 않도록 명확한 발동 요건과 절차를 마련해 두고 국회와 사법부가 이를 통제함으로써 권력분립을 유지하도록 설계되어 있다. 공정한 재판과 탄핵제도 같은 헌법적 방어장치가 제대로 작동할 때 민주주의는 극심한 위기 속에서도 스스로를 회복해 낼 수 있다.

윤석열 탄핵심판 과정에서 우리가 목격한 것은 헌법이 위기 상황에서도 흔들리지 않는 좌표가 될 수 있다는 희망이었다. 한국 민주주의는 지금까지 그래 왔듯 위기를 통해 더 성숙해 왔다. 이번 윤석열 파면으로 드러난 문제들을 교훈 삼아 헌법과 법률로 권력의 한계를 분명히 설정하고, 권력분립과 민주주의의 방어체계를 더욱 강화해 나가야 한다. 앞으로도 우리가 직면할 모든 헌정적 도전에 맞서는 기본자세는 변하지 않아야 한다. 헌법이 정한 길로, 헌법이 지향하는 가치로 돌아가는 것이다. 헌법의 가치와 취지를 지키기 위한 길은 끝없는 노력과 제도 개혁이 함께해야만 완성될 수 있다.

제7장

내란, 형법으로 단죄하다

"그는 무너진 헌법 위에
계엄이라는 껍질을 덧씌우려 했다."

 그 폭력은 정교했고, 법치의 외양을 흉내냈다. 그러나 이제부터는 윤석열 전 대통령과 그 공범자들이 저지른 내란 혐의에 대한 본격적인 판단이 형사재판에서 이루어질 것이다. 헌법재판소는 윤 대통령에 대한 탄핵심판에서 내란죄의 성립 여부는 판단하지 않았다. 그것은 헌재가 '형벌권'을 행사하는 기관이 아니기 때문이다. 헌재가 다룬 것은 '그의 행위가 대통령직을 박탈할 만큼 중대한가'였다. 이 질문에 대해 헌법재판소는 명확한 답을 내렸다. 만장일치 탄핵 인용.
 국회 측 대리인단도 처음에는 '내란죄'를 탄핵소추 사유로 적시했지만, 재판이 신속하게 진행되도록 '내란행위'라는 용어로 다듬었다. 이 바꿈은 단순한 문장 편집이 아니라, 법정 전술이자 헌재의 권한 한계를 의식한 전략적 선택이었다. 헌법재판관 8인이 만장일치로 인정한 다섯 가지 사실들—위헌·위법적인 비상계엄 선포, 국회에 대한 군경 투입 계획, 포고령 발령, 중앙선관위 압수수색 시도, 그리고 특정 법조인에 대한 위치 추적—. 이것만으로도 형법상 내란죄 요건인 '국헌문란 목적의 폭동'은 성립될 수 있다는 것이 많은 법률가들의 생각이다.

사실 이 다섯 가지 중 하나만 성립하더라도, 그 목적이 헌법 질서의 파괴에 있었다면 내란죄는 이미 완성된다. 그런데 다섯 가지가 '동시다발적으로' 벌어졌다는 점에서 이 사안은 단순한 정치 실패가 아닌 형법상 내란이라 불릴 만하다.

그런데 기묘한 일이 벌어졌다. 윤석열의 내란죄 1심 재판을 맡은 지귀연 판사는 "구속 기간 계산상"의 논리를 들어 윤석열을 구속상태에서 풀어줬다. 법조인 사회에서도 고개를 갸우뚱하는 목소리가 컸다. 형식적 논리의 승리, 정의의 패배처럼 보였다. 그러한 구속취소 결정에 대해 검찰이 '즉시항고'를 포기하며 재판부의 결정을 받아들인 것도 그러했다. 윤석열은 구치소 문을 나섰지만, 그것이 무죄를 의미하지는 않는다. 죄는 여전히 무겁고, 증거는 여전히 산처럼 쌓여 있으며, 재구속은 시간문제일 수 있다.

공범자들—김용현 전 국방부 장관, 전직 청와대 행정관, 일부 전직 장성들—은 아직도 구속상태로 재판을 받고 있다. 그들의 진술은 윤석열의 지시 없이는 어떤 일도 일어나지 않았다는 점을 점점 더 명확히 드러내고 있다.

민주주의는
사면을 견디지 못한다

내란죄는 대한민국 형법에서 가장 무거운 죄다. 형법 제87조. 국헌문란의 목적으로 폭동을 일으킨 자(우두머리)는 사형, 무기 또는 5년 이상의 징역에 처한다. 이 조항은 단순한 법률 문장이 아니다. 박정희의 유신체제, 전두환의 12·12 쿠테타 및 5·18 학살, 그 모든 과거의 실패는 내란의 정치적 책임은 물었을지언정 형법적 책임을 끝까지 묻지 못한 역사이기도 하다. 우리는 다시 그 문 앞에 서 있다.

윤석열 전 대통령의 탄핵은 끝이 아니라 시작이었다. 헌법은 그를 파면시켰고, 형법은 그를 처벌해야 한다. 내란죄는 단지 "한 사람의 죄"를 묻는 것이 아니다. 공화국이 공화국으로 남기 위해, 반복되지 않기 위해, 반드시 단죄되어야 할 역사다. 이를 처벌하지 못하면 우리는 또다시 누군가에게 '정치적 불복'을 빌미로 계엄을 허락하고 군을 거리로 끌어내게 할 것이다. 형법은 이 질문을 끝내 물을 것이다. "당신은 헌법을 무너뜨렸는가?" "그 목적은 무엇이었는가?" "그 대가는 치렀는가?"

대한민국에서 내란죄로 처벌받은 전직 대통령이 있다. 아니, 두 명이나 있다. 바로 1995년부터 1997년까지 형사재판을 치렀던 전두환·노태우의 이야기다. 그러나 그 결말은 어떤 의미에서 씁쓸했다. 사형과 징역 22년 6개월, 그렇게 시작된 재판은 항소심에서 감형되었고, 대법원에서 최종적으로 전두환 무기징역, 노태우 징역 17년이 선고됐다.

하지만 이들의 감옥 생활은 고작 2년에 불과했다. 1997년 12월, 김영삼 대통령은 이들을 특별사면했다. 그토록 어렵게 만든 5·18 특별법, 그토록 오랜 시간 기다린 단죄, 그 모든 것이 '화해'와 '국민통합'이라는 명분 아래 무너졌다. 우리는 그때 제대로 단죄했는가?

전두환과 노태우에게 내려진 대법원의 판결문은, 단순한 법적 문장이 아니라 우리 헌법사에 새겨진 상처 기록이다.

> "피고인들이 12·12 군사반란을 통해 군과 정보기관을 장악한 뒤, 예비검속, 계엄 확대, 국회의사당 점거, 광주 시위 진압 등 일련의 강압 행위를 벌였으며, 이는 헌법기관들의 권능행사를 사실상 불가능하게 만든 국헌문란 행위다."
>
> — 대법원, 1997. 4. 17. 선고 96도3376 판결문 (피고인 전두환·노태우 등)

이 판결은 내란죄가 무엇인가에 대해 중요한 법리를 정립했다. 첫째, 폭동이란 단순한 무력 충돌이 아니라 한 지방의 평온을 해할 정도의 집단폭행·협박을 의미한다. 둘째, 헌법기관을 제도적으로 영구히 폐지하지 않아도 그 기능을 일시적으로라도 무력화시키면 '국헌문란'에 해당한다. 즉, 그날의 전두환처럼 헌법의 기관들을 일시적으로 '침묵'시키는 행위조차 헌정질서에 대한 폭력으로 처벌 가능하다는 기준이 만들어졌던 것이다.

역사는 반복되었다. 2024년 12월 3일, 윤석열 대통령은 비상계엄을 선포했다. 그는 군경을 움직여 국회와 중앙선거관리위원회를 장악하려 했고, 포고령 제1호를 통해 자신에게 비판적인 정치인, 언론인, 시민단체 활동가들을 '반국가세력'으로 낙인찍고 수거하려 했다. 그는 말한다. "이것은 경고용 계엄이었다. 국헌문란의 목적은 없었다." 하지만 헌법재판소는 그의 말을 받아들이지 않았다.

> "피청구인은 병력 투입으로 국회의 계엄 해제요구권 행사를 방해함으로

써 이 사건 계엄과 이에 따른 포고령의 효력을 상당 기간 지속시키고자 한 것으로 보인다."

— 헌법재판소, 윤석열 전 대통령 탄핵심판 결정문 (2025. 4. 4.)

윤석열은 시민들의 저항과 군 내부의 소극적 대응으로 계엄이 몇 시간 만에 종료되었으니 "2시간짜리 계엄이 어디있냐"고 주장한다. 하지만 대법원은 일찍이 전두환 등의 5·18 내란 사건에서 '비상계엄 선포' 자체를 전 국민에 대한 공포심을 주는 협박 행위, 즉 폭동으로 보았다. 이때 국헌문란의 목적은 폭동 행위 시에 있으면 족하고 그 목적 달성에 실패해도 내란죄 성립에는 영향이 없다고 보았다. 즉, 국헌문란 목적의 달성 여부가 아니라 행위의 목적과 준비된 수단이 문제인 것이다. 죽은 5·18 희생자들이 산 윤석열을 잡는다는 말이 나오는 이유이다. 설령 비상계엄이 '미수'에 그쳤다 해도, 형법은 내란미수죄도 엄하게 처벌한다(형법 제89조).

어떤 이들은 말한다. "전두환도 사면받지 않았나. 윤석열도 시간 지나면 풀려나겠지." 하지만 우리는 알아야 한다. 민주주의와 내란 세력은 함께할 수 없다는 것을. 역사에서 반복된 가장 큰 비극은 단죄하지 못한 죄를 후대가 다시 겪는다는 것이다. 그래서 요즘 시민사회에선 대통령의 내란죄에 대한 사면권을 제한하자는 논의가 진지하게 나온다. 그것은 복수의 정치가 아니다. 역사가 반복되지 않기를 바라는 민주주의의 자기방어다. 우리는 이제 선택의 기로에 서 있다. 또 다시 관용을 베풀 것인가, 아니면 이번만큼은 끝까지 정의를 세울 것인가.

내란죄 오욕의 역사

내란죄는 원래 헌정을 파괴하는 이들을 위한 죄였다. 그러나 대한민국 현대사에서 이 죄는 때로는 진짜 반란의 주역이 아닌, 정권에 저항한 사람들에게 먼저 씌워졌다.

우리 역사에서 처음 내란죄가 적용된 인물은 최능진이었다. 그는 미군정 시절 경찰로 재직하면서 친일 경찰의 청산을 요구했고, 이승만 정권에 반기를 들었다는 이유로 1951년 내란죄로 총살당했다. 반세기가 지나 2009년, 과거사정리위원회는 그의 사건에 대해 "진실을 규명하라"고 권고했고, 결국 재심을 통해 무죄가 선고되었다. 그는 내란자가 아니라 정의로운 경찰이었다.

그리고 1979년 10월 26일, 김재규는 박정희 대통령을 저격했다. 그는 단순한 암살자가 아닌 독재의 종식을 바랐던 권력 내부의 이반자였다. 하지만 재판부는 그에게 내란목적살인죄를 적용했고, 김재규는 사형당했다. 그 역시 2025년 2월 마침내 재심이 개시되었다. 그의 진짜 목적은 무엇이었는가에 대한 사회적 재평가가 시작된 것이다.

'내란'이 아니라 '내란 조작'이었다

1980년, 전두환과 신군부는 오히려 자신들이 일으킨 쿠데타를 정당화하기 위해 다른 이들을 내란범으로 몰았다. 광주항쟁은 '폭도들의 반란'으로, 김대중은 '내란음모 수괴'로 조작되었다. 그러나 시간이 지나며 진실은 서서히 드러났고 그들이야말로 헌정을 파괴한 진짜 내란의 주범임이 밝혀졌. 이런 역사를 돌아보며 한홍구 교수는 다음과 같이 말한다. "한국 현대사에서 진짜 내란은 단 4번뿐이었다. 여순반란 사건, 5·16 군사쿠데타, 유신 친위쿠데타, 5·17 군사반란." 그는 이 땅의 권력자들이 오히려 내란의 중심에 있었다는 사실을 통렬히 지적한 것이다.

쿠데타의 역사, 면죄부의 역사

우리는 가끔 잊는다. 박정희조차 한때 내란죄 유죄 판결을 받은 인물이었다. 1948년 여수·순천 반란 사건 당시, 그는 군 내부에 침투한 남로당 프락치로 체포되었고, 내란죄로 유죄 판결을 받았다. 그런 인물이 나중에 군사 쿠데타를 통해 정권을 잡고, 1972년 유신을 선포하며 국회 해산과 정당 활동 중단, 장기 집권을 밀어붙였다. 그렇게 18년간 독재를 이어가던 박정희가 1979년 사망한 뒤, 그 공백을 틈타 전두환과 노태우의 신군부가 등장했다. 12·12 쿠데타, 그리고 5·17 군사반란과 광주 학살. 그들은 '서울의 봄'을 군홧발로 짓밟았다.

전두환과 노태우는 처음엔 검찰로부터 '성공한 쿠데타는 처벌할 수 없다'는 면죄부를 받았지만, 국민 여론은 그들을 법정으로 끌어냈고 결국 유죄 판결을 받았다. 그러나 우리는 여전히 묻는다. 단죄는 충분했는가? 그들이 다시 감옥 밖으로 나오기까지는 그리 오래 걸리지 않았다. 특별사면, 국민 화합이라는 이름으로. 그렇게 한국의 내란죄는 죄의 무게보다 정치의 논리에 따라 움직이는 죄목이 되었다.

내란죄란 무엇인가: 헌정질서 파괴의 죄

내란죄는 헌정질서를 무너뜨린 자를 처벌하는 가장 무거운 범죄다. 많은 나라에서 그러한 처벌규정이 있지만, 우리 형법도 이 죄를 다른 어떤 정치적 범죄보다 더 엄격하게 다룬다. 국가를 뒤엎으려는 자, 그 중에서도 내란 우두머리에게는 사형이나 무기징역 외에는 선택지가 없다.

현행 형법 제87조는 내란죄를 다음과 같이 규정하고 있다.

"대한민국 영토의 전부 또는 일부에서 국가권력을 배제하거나 국헌을 문란하게 할 목적으로 폭동을 일으킨 자는 다음과 같이 처벌한다. 우두머리는 사형, 무기징역 또는 무기금고, 모의에 참여하거나 지휘하거나 살상·파괴·약탈을 한 자는 사형 또는 5년 이상의 징역, 부화수행하거나 단순 폭동에만 참여한 자는 5년 이하의 징역."

즉, 내란은 단순한 폭력이 아니라 '국헌문란'이라는 목적을 가진 조직적 폭동이다. 그렇다면 여기서 말하는 '국헌문란'이란 대체 무엇인가?

형법 제91조는 국헌문란이라는 추상적 개념을 명확히 정의하고 있다.

"국헌문란의 목적이란, 헌법 또는 법률에 정한 절차에 의하지 아니하고 그 기능을 소멸시키는 것. 헌법에 의해 설치된 국가기관을 강압으로 전복하거나 권능행사를 불가능하게 하는 것."

즉, 국회의 입법, 법원의 재판, 선거에 의한 권력 교체와 같은 헌정질서를 폭력으로 차단하는 것이 바로 국헌문란이다. 이는 단지 정치적 갈등이나 시위와는 차원이 다른 문제다. 헌법을 쓰레기통에 던져버리고, 총칼로 국가권력을 장악하려는 행위를 말하는 것이다.

흥미롭게도 형법 제91조는 1953년 형법 제정 당시 정부가 제출한 초안에는 없던 조항이었다. 그러나 이승만 대통령이 1952년 부산 정치파동을 일으켜 의회를 강제 해산하고 계엄령을 선포한 뒤, 이를 직접 목격한 국회는 "정치권력이 자의적으로 내란죄를 휘두르지 못하게 해야 한다"는 결단을 내렸다.

당시 형법 제정에 관여한 엄상섭 국회의원은 이 조항의 의미를 이렇게 설명한다. "정치적 성격이 강한 내란죄의 핵심요건인 '국헌문란'이라는 개념은 정치권력의 해석에 맡겨져서는 안 된다. 이 정의 조항은 민주 세력의 좌절을 방지하고, 헌법을 지키기 위한 장치다." 즉, 국헌문란의 정의는 단지 법률적 설명이 아니라 독재권력의 남용을 방지하기 위한 역사적 교훈의 산물이었다. 이 조항 덕분에, 시민들이 헌법을 지키기 위한 정치운동은 내란죄가 아니라는 점이 명확해졌다.

또 하나 중요한 법률이 있다.「헌정질서 파괴범죄의 공소시효 등에 관한 특례법」이다. 이 법은 내란죄를 외환죄, 반란죄, 이적죄와 함께 '헌정질서 파괴범죄'로 정의하고, 이들 범죄에는 공소시효가 적용되지 않도록 규정한다. 즉, 내란을 일으킨 자는 언제든 법의 심판을 받을 수 있다. 시간이 지난다고 면죄부를 받을 수는 없는 것이다.

내란죄는 현실에서 매우 드물게 적용된다. 그러나 한 가지는 분명하다. 총칼로 정권을 뒤엎고자 한 자에게는 사법적 심판이 반드시 따라야 한다. 설령 그 시도가 실패했더라도, 헌법과 국헌을 무너뜨리려 했던 시도만으로도 내란죄의 요건은 충족된다.

윤석열 대통령은 검사 출신이었다. 그는 과거 육사 출신 군인들이 감행했던 쿠데타의 전철을 따라가려 했다. 비상계엄과 군사력 투입을 계획했지만, 그 시도는 시민들의 저항과 내부 폭로로 좌절되었다. 그러나 실패했다고 해서 죄가 없는 것이 아니다. 쿠데타는 실행보다 기도가 더 무섭다. 그 의도를 입증하는 수많은 문서, 영상, 증언들이 그를 내란죄의 피고인석에 세우고 있다.

헌법 제84조는 이렇게 규정하고 있다. "대통령은 재직 중 내란 또는 외환의 죄를 범한 경우를 제외하고는 형사상 소추를 받지 아니한다." 여기서 '소추'란 형사범죄로 재판에 회부되는 것, 즉 공소제기(기소)되는 것을 의미한다.

이 조항은 '대통령의 불소추 특권'을 규정한 것으로, 1948년 헌법 제정 당시부터 존재해왔다. 다시 말해, 내란이나 외환의 죄를 제외하면 대통령 신분으로는 형사재판을 받지 않도록 한 것이다. 이는 국가원수로서 대통령의 권위를 유지하고 국정수행에 차질이 없도록 하기 위한 장치다. 그러나 대통령이 내란이나 외환의 죄를 범했다면, 그가 스스로 헌법수호의 책무를 저버린 것이며 더 이상 헌법이 보장하는 특권을 누릴 자격이 없다는 것을 뜻한다.

헌법재판소는 1995년 1월 20일 다음과 같이 결정한 바 있다. "우리나라를 비롯한 세계의 많은 나라가 헌법에서 국가의 원수에 대한 형사상 특권을 규정하고 있는데, 이는 어디까지나 대통령의 직무집행과 관련된 행위에 대한 형사책임의 면제나 재직 중의 형사상 소추의 유예에 그치고 있음을 알 수 있다. 이는 과거 절대주의적 전제왕정제하의 '국왕이 곧 법'이라는 사상과는 이념적 기초가 다르며, 오늘날의 민주국가에서는 대통령조차 법 위에 존재할 수 없다는 것을 의미한다."(헌법재판소 1995. 1. 20. 선고 94헌마246 결정)

우리 헌법이 채택하고 있는 국민주권주의(제1조 제2항), 법 앞의 평등(제11조 제1항), 특수계급의 부인(제11조 제2항) 같은 기본 이념에 비추어 보면, 대통령은 그저 국민의 위임을 받아 권력을 행사하는 공직자일 뿐이다. 법 위에 있는 존재는 아니다. 그리고 우리는, 대한민국에서 현직 대통령이 내란죄로 소추되는 첫 사례를 보았다.

한편 윤석열은 2025년 4월 4일 오전 11시 22분, 헌법재판소의 탄핵 인용 결정으로 대통령직을 즉시 상실했고 민간인으로 돌아갔다. 이로써 그는 어떤 범죄 혐의로든 형사소추의 대상이 될 수 있게 되었다. 그가 서울중앙지검장 시절 직접 수사했던 박근혜 전 대통령 역시 탄핵 이후 검찰 조사를 받았고, 형사재판을 통해 징역 22년을 선고받은 바 있다. 대통령은 재직 중엔 일정한 면책특권이 있지만, 직에서 물러나는 순간부터는 일반 시민과 다를 바 없이 법의 심판을 받게 되는 것이다.

이제 민간인 윤석열 앞에는 얼마나 많은 형사재판이 기다리고 있을까. 현재로서는 짐작이 어렵다.

현직 대통령 수사, 어디까지 가능한가?

현직 대통령이 내란 또는 외환의 죄가 아닌 일반 범죄 혐의에 연루되었을 경우, 어디까지 수사할 수 있을까? 헌법 제84조는 대통령의 불소추특권을 규정하고 있지만, 이를 어디까지 적용할 것인지에 대해서는 해석이 갈린다. 실제로 일부 헌법학자와 실무자들은 대통령의 불소추특권을 소추(기소)에 한정된 특권으로 해석하며, 강제력이 없는 수사 자체는 가능하다고 주장해왔다. 박근혜 전 대통령 역시 재직 중 일부 수사를 받았던 전례가 있다.

그러나 현실적으로는 소추를 전제로 하는 강제수사—예를 들어 체포나 구속, 압수·수색 같은 조치는 거의 불가능하다. 윤석열 대통령 역시 '채 상병 사건', '명태균 게이트' 등 다수의 범죄 의혹에 연루되었지만, 제대로 된 수사를 받지 않았다. 경찰, 검찰은 물론이고 독립적 수사기구인 공수처도 대통령에 대한 실질적 수사에 나서지 못했다. 정치적 해법인 '국회의 탄핵'을 기다릴 수밖에 없었던 것이다.

하지만, 대통령이 내란 또는 외환의 죄를 범한 경우에는 예외다. 헌법은 이 경우에는 대통령이라도 형사소추가 가능하다고 명시하고 있고, 이는 곧 수사의 제한이 없다는 것을 의미한다. 그럼에도 불구하고 대통령이 수사에 불응하고, 체포나 압수·수색에 저항할 경우, 현실적인 집행은 극도로 어려워진다. 대통령의 통제 아래 있는 군과 경찰, 국가기관들이 수사에 함께 저항할 경우, 강제수사의 실현은 거의 불가능하다.

우리는 이 사실을 2023년 12월 이후 직접 경험했다. 제1차 체포 시도 당시, 대통령경호처는 무력을 동원해 체포영장을 저지했고, 서울시내는 일촉즉발의 위기로 빠져들었다. 만약 대통령이 권력을 불법적으로 유지하기 위해 군과 경찰을 계속 동원한다면, 이는 국가기관 간 충돌을 넘어서 내전으로 확산될 가능성도 존재한다. 이런 상황에서 시민과 언론, 국회, 국제사회가 발휘하는 압력과 연대는 결정적인 변수로 작용하게 된다.

다행히 우리는 12·3 내란이 발생한 지 42일 만인 2025년 1월 15일, 윤석열 대통령을 내란 우두머리 혐의로 체포하는 데 성공했다. 1차 체포 시도가 실패로 돌아간 후, 한남동 대통령 관저 앞에는 수많은 시민들이 몰려들었다. 그날 밤, 은박지를 몸에 두른 채, 눈보라 속에서 체포를 기다리며 밤을 지새운 시민들이 있었다. 대한민국 역사상 최초로 시민의 힘으로 최고 권력자가 체포된 순간이었다. 그 정신, 그 연대, 그 희생이야말로 민주공화국이 살아있다는 증거였다.

윤석열, 내란죄로 기소되다

검찰의 공소장에 따르면, 윤석열 대통령은 민주주의를 파괴하는 폭동을 일으킨 혐의로 내란죄로 기소됐다. 핵심 내용은 이렇다. 윤 대통령이 위헌·위법적인 비상계엄을 선포하고 무력으로 국회와 선거관리위원회를 점거, 정치인들을 강제로 연행하려고 했으며, 군과 경찰까지 동원해 국가를 장악하려 했다는 것이다. 그러나 기소독점주의에 따라 검찰이 공소장을 작성하는 권한을 움켜쥐고 어떠한 사회적 소통도 하지 않고 있는 터라 내란죄의 전모를 밝히는 수사와 단죄가 잘 이루어지고 있는지, 공소장에 빠진 퍼즐은 없는지를 들여다봐야 한다.

국가를 뒤엎으려 한 시도, 내란죄가 성립하려면 크게 두 가지 요건이 필요하다. 국헌문란의 목적과 폭동이라는 수단이다(형법 제87조, 제91조). 윤 대통령의 행위는 이 두 가지 모두에 해당한다고 검찰의 공소장에 나와 있다. 국헌문란이란, 헌법이 정한 절차를 무시하고 국가기관의 기능을 강제로 멈추게 하는 것이다. 윤석열은 강제로 국회의 기능을 마비시키고 선관위를 장악하려 했다. 그 자체로 국가 체계를 뒤흔든 중대한 헌정 파괴다. 폭동은 단순한 물리력 이상의 것이다. 비상계엄 선포 후 계엄군을 동원한 국회 무력 점거, 선관위 서버실 진입, 언론인과 정치인 연행 시도 등은 '넓은 의미의 폭행·협박'으로 인정되어 내란죄의 폭동 요건을 충족하는 것이다(전두환·노태우 등 판결문 참조).

이것이 윤석열에 대한 검찰 공소장의 핵심이다. 그런데 이상한 점이 있다. 너무 깔끔한데, 뭔가 비어 있는 것 같은 느낌도 든다. 예를 들어 계엄군이 선관위 서버실을 장악한 후 대검찰청 소속 검사를 기다리고 있었다는 의혹, 윤 대통령의 측근인 검찰 출신 인사들의 역할이 공소장에 등장하지 않는다. 12·3 비상계엄 전후로 비화폰(암호화 통신 장비)을 공급하고 관리한 경호처 간부들에 대해서는 한 줄도 들어있지 않다.

이쯤 되면 질문이 생긴다. 검찰이 진짜 모든 진실을 밝힌 걸까? 아니면 '법기술'을 발휘해서, 윤석열 한 사람에게 내란 우두머리 책임을 몰고, 나머지는 덮으려는 걸까? 아니, 검찰 출신 윤석열의 내란죄에 대해서도 제대로 기소하고 처벌을 구하고 있는 것이 맞을까? 공소장은 시작일 뿐이다. 공소장만으로는 내란의 전모를 다 알 수 없다. 도대체 누가, 언제, 어디서, 어떻게 이 폭동을 계획하고 실행했는가? 그 답을 찾기 위해서 검찰 바깥의 수사, 즉 특검과 독립적인 진상조사가 필요해 보인다.

2025년 1월부터 서울중앙지방법원에서는 내란 우두머리 피고인 윤석열, 내란주요임무종사자 피고인들인 김용현(전 국방부 장관), 조지호(경찰청장), 김봉식(서울경찰청장), 목현태(국회경비대장), 윤승영(국가수사본부 수사기획조정관), 노상원(전 정보사령관), 김용군(예비역 대령, 롯데리아 2차 회동 참석자) 등 8명에 대한 형사재판이 진행되고 있다.

그리고 군인에 대한 재판권을 가진 중앙지역 군사법원에서는 내란주요임무종사자 피고인들인 여인형(국군방첩사령관), 이진우(육군수도방위사령관), 박안수(육군참모총장, 전 계엄사령관), 곽종근(육군특수전사령관), 문상호(국군정보사령관), 박헌수(국방부조사본부장), 김대우(국군방첩사령부 방첩수사단장), 이상현(육군특수전사령부 제1공수특전여단장), 김현태(육군특수전사령부 707특수임무단장), 고동희(국군정보사령부 계획처장), 김봉규(국군정보사령부 신문단장), 정성욱(합동참모본부 정보운영실장) 등 12명에 대한 형사재판이 진행 중이다.

이렇게 총 20명이 12·3 내란의 책임자로 법정에 서 있다. 하지만 이들만이 전부일까? 현재 재판을 받고 있는 인물들은 12·3 비상계엄 '공식 지휘라인'의 인사들이다. 하지만 수많은 의혹과 비선 조직, 그리고 내란을 가능하게 만든 주변 세력에 대한 조사는 이뤄지지 않았다. 예를 들어 내란 모의를 기획하고 지원한 대통령실, 국무위원, 국정원 관계자들, 12·3 비상계엄 당시 내란을 방조한 정치인들, 제2의 내란을 선전·선동했다고 해도 과언이 아닌 극우 유튜버, 종교인, 변호사 등까지. 이들은 왜 조사조차 받지 않고 있는가? 내란의 전모를 밝히기 위해서는 공범자, 방조자, 선동자들까지 범위를 넓혀 철저히 조사할 필요가 있다.

먼저 12·3 내란의 예비, 음모 과정부터 밝혀져야 한다. 검찰의 공소장에는 윤석열이 국회의원 선거를 한 달 앞둔 2024년 3월부터 그 부하들에게 '비상계엄'을 언급했다고 되어 있을 뿐이고 그 말을 들은 대통령실, 국방부, 국정원, 방첩사 등이 어떻게 내란을 계획하고 그 실행을 준비하였는지가 잘 드러나지 않는다. 언론에 의하면, 2024년 3월 무렵 국정원 직원들이 민간인 사찰을 자행하다가 우연히 적발된 사례가 있었다. 당시 국정원 직원들을 여러 팀으로 나누어 시민단체, 정당, 노동, 농민, 환경운동 단체 활동가 등을 사찰하고 있었다. 그러한 사찰 대상자 중 1명이었던 김민웅 촛불행동 대표의 이름은 12·3 비상계엄 때 14명의 체포조 명단에 포함되어 있기도 했다. 이러한 국정원의 음험한 활동이 비상계엄 선포의 구실로서 반국가세력을 '조작'해서 만들어내기 위한 것이었는지 돌아보지 않을 수 없다. 그래야 음지에 있는 정보기관이 정상화되고 진정으로 국가를 위한 활동을 하게 될 것이다.

경찰 중에서는 박현수 전 행안부 경찰국장의 의혹이 짙다. 그는 12월 3일 밤 이상민 행안부 장관, 조지호 경찰청장 등과 수차례 통화한 사실이 밝혀졌다. 또한 김준영 경기남부경찰청장은 중앙선관위(과천 소재)와 선거연수원(수원 소재) 통제 작전을 지휘하며, 과천경찰서장 및 수원서부경찰서장에게 연락하여 12월 4일 새벽까지 K1 소총으로 무장한 병력을 배치시켰다. 이러한 경찰 지휘관들은 국회나 선관위에 출동한 계엄군의 작업을 지원한 점에서 내란 가담 혐의를 받고 있다. 그럼에도 아직까지 자리를 보존하며, 심지어 박현수는 2025년 2월 7일 서울경찰청장 직무대리로 승진 임명되었다. 최상목 대통령 권한대행이 한 인사 조치이다. 그로 인해 12월 3일 밤 대통령실부터 국무총리실, 행안부, 경찰청, 서울경찰청에 있었던 정보 경찰, 경비 경찰들이 어떠한 지시를 서로 전달하며 국회 봉쇄에 가담한 것인지 기본적인 조사조차 안 된 편이다.

정치인 추경호는 내란 방조(형법 제87조, 제32조) 혐의로 고발되어 있으나, 아직 기소되지 않고 있다. 그는 전 국민의힘 원내대표로서 12월 3일 밤 국민의힘 긴급의총을 소집하고, 12월 3일 23:20경부터 23:30경 사이에 윤석열과 통화한 사실이 있다. 이때 국민의힘 소속 의원들이 모일 장소를 국회에서 당사로 변경하여 공지하였다. 그 통화 내용이 국회의 계엄해제 의결을 저지하기 위한 것이 아니었냐는 의혹을 해소하지 못하고 있는 것이다. 그는 비상계엄에 반대하는 입장을 공개적으로 표명하지 않았다. 이러한 추경호의 지시에 따라 12월 4일 국회의 계엄해제 표결에 참석하지 않았던 국민의힘 소속 의원들 역시 내란 실행을 묵인하여 방조한 혐의에서 자유롭지 않을 것이다.

그 밖에 12월 3일 국무회의에 배석한 정진석 대통령비서실장, 신원식 국가안보실장, 방기선 국무조정실장도 내란에 묵시적으로 공모하였다는 혐의를 받고 있다. 또한 박종준 대통령경호처장과 김성훈 경호차장, 이광우 경호본부장의 경우에는 계엄 전 다수의 비화폰 지급, 관리 상황과 대통령의 내란 모의, 준비, 실행을 위한 연락을 미리 알고 이에 조력하였을 가능성이 매우 높다. 내란죄에서 '주요임무종사자'는 보급, 경리, 연락, 통신, 위생, 서무 등의 직무에 대해 책임을 부담하는 자까지를 포함한다는 것이 판례이다(대법원 1980. 5. 20. 선고 80도306 판결).

대한민국을 지키지 않은 국무위원들

12·3 비상계엄 선포 전 국무회의에 참석하였던 국무위원들에 대해서는 전반적으로 그 행적과 역할이 조사될 필요가 있다. 국무위원들은 공무원으로서 국민 전체에 대한 봉사자이고(헌법 제7조), 행정각부를 맡아 국정에 관하여 대통령을 보좌하는 사람들이다(헌법 제87조). 적극적인 계엄 찬성파인 김용현 전 국방부 장관, 이상민 전 행안부 장관은 당시 국무회의가 정상적으로 진행되었고, 아무도 반대하는 사람이 없었다고 주장한다. 그 말대로 다른 국무위원들이 반대의견을 내지 않았는지, 회의 자료가 무엇이었는지, 서명은 했는지, 국무회의가 끝나고 각자 부처에 돌아가서 어떤 회의를 하고 사후 조치를 하려 했는지에 따라서 책임이 가려져야 한다.

한덕수 국무총리는 2024년 12월 3일 20:40경 계엄 선포 사실을 미리 알고서 21시경 국무회의를 소집하였고, 약 1시간이 넘는 시간 동안 윤 대통령, 국무위원들과 의견을 교류하고 있었다. 계엄 선포 이후인 23:05경에는 국무총리실에 복귀해서 국무조정실장 등 간부들과 앞으로 계엄에 따른 대응 방안을 논의했다고 한다. 그 시각 국무조정실은 각 중앙행정기관 당직실에 '각 청사 출입문 폐쇄 및 출입자 통제'를 지시한다. 이를 전파받은 각 지방자치단체와 한국예술종합학교의 출입문이 폐쇄되는 일도 있었다. 최소한 이러한 관여를 했던 한덕수 국무총리는 내란 실행을 도운 내란 공범 혐의를 피할 수 없다.

최상목 기재부 장관 겸 부총리는 12·3 비상계엄 선포 직후 윤석열이 준 쪽지를 전달받았는데, 거기에는 '지금 이 순간부터 국회 운영비를 끊어라, 비상계엄 입법부 운영 예산을 짜라'는 지시가 담겨 있었다. 그는 이를 이행하려고 하였다는 의혹이 있다. 또한 최상목은 12월 3일 23:40경 전국은행연합회관에서 한국은행 총재, 금융위원장, 금융감독원장 등 통화당국 수장 4명과 함께 이른바 'F4 회의'를 열었다. 그는 "정부는 금융·외환시장 안정 위해 무제한 유동성 공급 등 가용한 모든 시장 안정 조치를 총동원할 계획"이란 내용의 보도자료를 언론에 뿌렸다. 최상목이 박근혜 정부에서 국민연금 등을 동원해 부역했던 일을 떠올리면, 이는 내란 상황에서 재정적 지원을 하기 위한 역할이었을 가능성을 배제할 수 없다.

이상민 전 행안부 장관은 2024년 12월 3일 20:40경부터 국무회의에 참석하였으며 계엄 선포에 반대 의사를 표명하지 않고 실행을 묵인한 자다. 계엄 선포 직후에는 조지호 경찰청장에게 전화하여 경찰력 동원을 지휘하였고, 소방청장에게는 MBC 등 언론사에 대한 단전 및 단수 조치를 지시했다고 알려져 있다. 그는 12월 4일 00:00부터 00:30경엔 장관 주재로 실국장급 간부회의 개최해 차질 없는 업무수행을 지시했다고 한다. 과연 이상민 장관이 내란 공범 혐의를 피할 수 있을까. 그는 아직까지 기소조차 안 되어 있다.

박성재 전 법무국방부 장관도 자유롭지 않을 것이다. 그는 검사 출신이자 법률 전문가로서 계엄 선포 직후인 23:30경부터 00:00경까지 법무부 간부들과 긴급회의를 열어 법무부 차원의 대응을 주도했다. 당시 회의에서는 서울동부구치소 내 수용시설 확보 방안을 논의했다고 한다. 그 회의에 들어가지 않은 류혁 감찰관은 '반헌법적인 계엄에 참여하지 않을 것'임을 밝히면서 사직했다. 당시 법무부 회의 내용과 계획이 자세히 밝혀져야 한다. 비상계엄이 실패로 끝난 12월 4일 19:00경 삼청동 안가에서 이상민 행안부 장관, 법제처장, 민정수석 등과 만나 핸드폰 교체 등 사후 대책을 논의했는지도 밝혀져야 할 대목이다.

12·3 내란의 전모가 밝혀지면 그에 따라 가담자들의 죄책도 다시 정리될 필요가 있다. 지금 검찰의 공소장은 내란우두머리 윤석열 외에는 모두가 내란 중요임무 종사자로 기소되어 있다. 그러나 나머지 사람들의 책임을 망라하여 내란 모의참여자, 지휘자, 살상·파괴·약탈의 행위를 실행한 자 등으로 더 세분화될 필요가 있다.

내란은 단지 형사법정에서 몇 명만 처벌하고 끝날 문제가 아니다. 우리는 다음의 물음을 던져야 한다. 이 사태가 어떻게 가능했는가? 다시는 반복되지 않게 하려면 무엇을 해야 하는가? '반헌특위'(반헌법행위 조사 특별위원회) 같은 특별조사기구가 필요한 이유가 바로 여기에 있다. 형사처벌만으로는 부족하다. 내란 행위로 이득을 본 자들에 대한 이익 환수, 공직 임용 제한, 선거 출마 제한, 정치·사회적 책임에 대한 분명한 평가 등 이런 조치가 병행되어야 한다. 반면 내란에 가담했더라도 진심으로 반성하는 이들에겐 그에 상응하는 감경이나 제도적 배려가 뒤따를 필요가 있다.

시민들에게 총구를 겨누고 민주주의를 파괴하려고 한 내란 행위를 제대로 단죄하지 못한 역사는 반복되지 않아야 한다.

누가 '내란'을
수사할 수 있는가?

내란죄. 그 단어는 헌법의 심장을 겨누는 범죄이다. 국가를, 민주주의를, 그리고 국민을 배반한 죄. 그렇다면, 이 엄청난 죄를 누가 수사해야 하는가? 검찰인가, 경찰인가, 아니면 공수처인가? 질문은 단순하지만, 대답은 다소 복잡하다. 수사제도를 개편 중에 있는 우리나라의 상황 때문이다. 지금까지 진행된 수사 흐름을 되돌아보자.

2024년 12월 6일, 심우정 검찰총장은 검찰 특별수사본부('특수본') 구성을 지시한다. 박세현 서울고검장이 본부장을 맡고, 군검찰도 합류한다. 이례적인 '민간-군 수사 공조' 방식으로 검찰은 명백히 수사 주도권을 선점하려 했다. 김용현 전 국방부 장관은 12월 8일 새벽 검찰에 자진 출석한다. 비화폰으로 이진동 대검 차장검사와 통화한 뒤였다. 그리고 그는 검찰 조사를 받다가 심야 긴급체포된다. 내란 사건 관련자 중 첫 번째 인신구속이었다. 그가 제출한 휴대전화는 통화·문자·기록 모두가 지워진 이른바 '깡통폰'이었다.

사흘 전, 12월 4일. 민주노총 등 59개 시민단체는 경찰청 국가수사본부에 윤석열 대통령과 그 측근들을 내란죄, 반란죄, 직권남용, 국회법 위반 등 5개 혐의로 고소했다. 12월 11일이 되자 경찰은 공수처, 국방부 조사본부와 함께 공조수사본부('공조본')를 출범시켰다. 이는 경찰이 검찰과의 수사 경쟁 속에서 고육지책으로 선택한 것이었다.

공수처는 대통령 등 고위공직자의 범죄에 대해 타 기관의 사건을 '이첩' 받을 수 있는 권한을 가지고 있다. 이에 따라 12월 13일, 공수처는 검찰과 경찰에 윤 대통령 관련 사건의 이첩을 요구했다. 검찰의 지체가 다소 있었지만, 12월 18일 사건은 공수처로 넘어온다. 그 후 공수처는 윤석열 대통령을 체포·구속하는 데까지 성공한다.

그런데 여기서 문제가 생긴다. 공수처는 대통령에 대해서는 수사할 수 있지만, 기소할 권한이 없다. 현행법상 공수처는 검사, 판사, 경무관 이상 경찰공무원에 대해서만 기소할 권한이 있고, 그 밖의 고위공직자에 대해서는 검찰만이 기소할 수 있다(공수처법 제3조, 제26조). 이에 따라 공수처는 수사를 마친 후 다시 검찰에 사건을 보냈다. 그래서 1월 26일, 검찰은 대통령을 구속기소하게 된 것이다. 이 과정에서 검찰이 구속기간을 넘겨서 기소를 했다는 이유로 윤석열이 석방되는데, 이는 뒤에서 더 살펴보기로 하자.

이 이야기는 단순한 관할 다툼에 관한 것이 아니다. 내란죄는 국가의 근간을 무너뜨리는 범죄이므로 그 수사를 가장 적합한 기관이, 가장 적절한 절차에 따라, 가장 강력한 의지로 수행해야만 국민은 수사 결과를 믿을 수 있다. 그런데 수사기관들은 주도권 경쟁을 벌였고, 그 과정에서 절차의 정당성과 신뢰가 의심받았다.

그렇다면 수사는 누가 해야 하는가? 이 질문은 결국 또 다른 질문을 향한다. 우리는 어떤 국가를 원하는가? 수사가 권력의 연장을 위한 도구가 되어선 안 된다는 것, 수사는 공동체의 신뢰를 위한 과정이어야 한다는 것을 명심하자. 내란죄는 '누가 수사하느냐'보다 '정말 수사할 의지가 있느냐'가 더 중요하다. 기관 간 충돌이 아닌, 진실을 향한 연대를 바라본다. 그리고 진실을 밝혀낼 수 있는 단 하나의 조건은, 두려움 없는 수사일 것이다.

12·3 내란 사건 수사 과정에서 여러 수사기관들은 협력보다 경쟁에 가까운 움직임을 보였다. 왜 이런 혼란이 생긴 걸까? 그건 현재 한국의 수사 시스템이 완성되지 않았기 때문이다. 문재인 정부에서 2차례에 걸쳐 수사권을 조정해 검찰의 수사권을 축소했지만, 윤석열 정부는 이른바 '검수원복'으로 수사권 조정을 되돌리려 했다. 그렇듯 검찰 개혁이 중단된 상태에서 '친위 쿠데타' 수사라는 전대미문의 상황이 벌어진 것이다. 검찰, 군검찰, 경찰, 공수처가 수사 각축전을 벌이는 가운데, 다른 나라처럼 여러 수사기관들을 조율할 수 있는 기구도 마련되지 않은 상태였다. 결국 주도권을 잡기 위한 싸움만 하다가, 결정적인 순간에는 서로 눈치를 보았다.

이 틈을 타서 윤석열 대통령의 변호인단은 내란죄 성립 자체를 부정하면서, 공수처가 윤 대통령을 수사한 건 아예 "위법"이라며 강하게 반발해왔다. "공수처가 대통령을 수사할 수 있는 권한이 없다"는 주장이다. 하지만 정작 윤 대통령은 검찰 시절, 검찰 수사권을 확대하며 없는 권한도 만들어낸 인물이다. 이제 와서 공수처에는 '없다'고 우기는 모습에 많은 법조인들이 고개를 저었다.

수사권 조정기에 있는 현실을 살펴보자. 경찰은 내란죄를 포함해서 모든 범죄에 대한 수사권을 갖고 있다. 군검찰은 군인 신분인 자의 모든 범죄를 관할하니, 현역 군인의 내란죄를 수사할 수 있다. 검찰은 부패범죄, 경제범죄 등 2대 범죄에 한하여 수사권이 축소되었다. 다만 법원은 검사가 예외적으로 직접 수사할 수 있는 '경찰공무원이 범한 죄'와 직접 관련성이 있는 범죄로서 내란죄를 수사할 수 있다고 우회로를 인정해줬다. 즉, 서울중앙지방법원이 2024년 12월 11일 김용현 전 국방부 장관에 대한 구속영장 발부를 할 때 조지호 경찰청장, 김봉식 서울경찰청장 등의 내란주요임무종사죄와의 직접 관련성을 인정하였다.

공수처도 대통령 등 고위공직자의 12·3 비상계엄 관련 '직권남용죄'의 관련 범죄로서 내란죄를 수사할 수 있다고 인정되었다. 법원의 판단은 분명했다. 네 명의 판사가 각각 다른 시점에 내란죄와 관련한 공수처의 수사권을 인정하고, 공수처가 신청한 윤석열에 대한 체포영장이나 구속영장을 발부했다. 이는 단순한 우연이 아니었다.

- 2024. 12. 31. 서울서부지법, 1차 체포영장 발부(이순형 부장판사)
- 2025. 1. 7. 서울서부지법, 2차 체포영장 발부(신한미 부장판사)
- 2025. 1. 16. 서울중앙지법, 체포적부심 기각(소준섭 판사)

• 2025. 1. 19. 서울서부지법, 구속영장 발부(차은경 부장판사)

이와 같이 법원은 경찰, 검찰, 공수처 등 모든 기관의 내란죄 수사권을 인정했다. 어느 곳 하나 배제하지 않고, 각각 상황에 맞게 판단했다는 얘기다. 단지 중복된 영장 청구나 군 관할 문제로 영장을 기각한 적이 있을 뿐이다. 나중에 윤석열 구속취소 결정을 한 지귀연 판사도 명시적으로 공수처의 수사권을 부정한 것이 아니다. 즉, 수사 주체나 수사 절차상의 문제로 지금까지 내란죄 수사의 정당성을 아예 부정하기는 어려운 것이다.

왜 특검이 필요한가?

흔히 '검은 고양이든 흰 고양이든 쥐만 잘 잡으면 된다'고 한다. 그런데 그 고양이가 쥐랑 친하게 지내거나, 발톱이 없다면 어떨까? 믿고 맡길 수 있을까? 결국 우리는 여러 고양이(수사기관)에게 경쟁을 시켜볼 수밖에 없다. 아니면 아예 새로운 고양이(특검)를 데려오는 게 나을지도 모른다. 이러한 시각에서 12·3 내란 사건을 수사할 수 있는 기관들을 한 번 비교해보자.

검찰은 종래에 대한민국의 주요 범죄 수사 및 기소 권한을 가진 기관이었다. 현재는 부패범죄·경제범죄 등 대통령령으로 정하는 중요범죄(이른바 '2대 범죄')에 한하여 수사권을 보유한다(검찰청법 제4조). 검찰의 장점은 내란죄와 같은 대형 사건을 다룬 경험과 법률 전문성이다. 그러나 수사권 조정 이후 내란죄에 대한 직접 수사권한이 있는지 불분명해졌고, 윤석열 정부에서 검찰의 정치적 중립성은 의심받아 왔다(검찰이 김건희 여사의 도이치모터스 주가조작 의혹 사건, 명품백 수수 사건을 무혐의 처분했을 때 국민들의 의구심과 분노를 생각해보라).

　군검찰은 군인들의 범죄 및 군사범죄를 전담하고 있다(군사법원법 제36조). 장점은 내란죄에 연루된 군 장성급 인사들을 독자적으로 수사할 수 있다는 점이다. 단점은 군 내부기관으로서 폐쇄성이고, 대통령과 국방부 장관을 포함한 민간인에 대한 수사 권한이 없다는 점이다. 또한 국방부 장관의 지휘하에 있으므로 정권의 입김을 받을 가능성도 있다(채 상병 사망 사건 수사외압 의혹에서 군검찰이 박정훈 대령을 항명죄 등으로 기소한 것을 생각해보라).

　다음으로 경찰 국가수사본부(이하 '국수본')는 경찰청 산하의 수사기구이고 주요 범죄 수사를 전담한다(경찰법 제16조). 경찰은 모든 범죄에 수사권이 있어서 내란죄 수사권도 분명하고, 수사인력이 많다. 그래서 12·3 내란 사건 초기에 경찰은 검찰과 경쟁하며 수사를 주도했다. 단점은 정치적 영향력에 취약하다는 것이다. 경찰 조직은 행정부에 속하고, 국수본부장은 원칙적으로 경찰청장으로부터 독립성을 갖지만 완전히 자유롭지는 못하다(경찰법 제14조 제6항). 또한 경찰은 대통령이나 군 관련 대형사건 수사 경험이 부족한 편이다.

　공수처는 고위공직자의 범죄를 전담하기 위해 2020년 신설되었다. 공수처는 법상으로 대통령과 국방부 장관, 주요 군 지휘관 등을 수사 대상으로 하는 독립적 수사기구로 되어있다. 대통령실도 관여하지 못하도록 법에 그 독립성이 명문으로 규정되어 있다(공수처법 제3조). 단점은 만 5년 된 신생 기구로서 조직의 규모와 경험 부족이다. 공수처 검사 정원 처장과 차장을 포함하여 25명이지만, 사실상 윤석열 정부에 의해서 '공수처 죽이기'가 진행되어 왔다. 공수처 신규 검사 7명은 2024년 9월과 2025년 1월에 각각 임용 제청되었으나 대통령의 재가가 지연되어 약 8개월 동안 임용이 보류되어 있었다. 이후 2025년 5월 16일 이주호 대통령 권

기관	수사대상	장점	단점
검찰	2대 범죄 등 제한적	법률전문성, 기소권	정치적 중립성 의심
군검찰	군인 및 군사범죄	군 내부 수사 용이	폐쇄성, 민간 수사 불가
경찰(국수본)	모든 범죄	인력 풍부, 수사권 명확	대형 사건 경험 부족
공수처	고위공직자	법상 독립성 명시	인력·경험 부족
특검	법률에 따라 정해짐	독립성 강함	한시성, 도입 절차 복잡

한대행이 임명을 재가함으로써 이들 검사는 5월 26일 임명되었다.

아직까지 특검이 출범하지 못한 상황에서 12·3 내란 사건은 위 수사기관 네 곳이 경쟁적으로 수사해왔다. 처음부터 네 기관 사이에 교통정리가 잘 되었다면, 즉 공수처는 대통령 및 국무위원 등 고위공직자 수사를 담당하고, 군검찰은 군인 관련 수사를 담당하며, 국수본은 나머지 내란죄 수사를 모두 담당했다면 조금 더 혼선을 줄일 수 있지 않았을까. 그리고 검찰은 기소를 맡는 것으로도 충분했을 것이다.

그러나 현실은 달랐다. 서로를 믿지 못하고, 수사기관들 사이에 혼선이 발생하는 것을 국민들이 마음 졸이며 지켜봤다. 심지어 공수처가 대통령을 체포하고 구속하는 데 성공했지만, 여전히 국민들은 그 수사가 제대로 진행되는지 불안해한다. 공수처는 2021년 설치되어 상시적으로 특검의 역할을 할 것을 기대받았지만 아직까지도 그 역량이나 권한이 많이 부족한 상황이다. 이러한 상황에서 공수처의 수사권 논란이 불거진 것이다.

앞서 말했듯이 윤석열 측은 공수처로부터 진행된 내란죄 수사, 기소의 정당성을 흔들려고 하였다. 이러한 주장에 검찰도 편승하였다. 윤석열의 구속이 취소되기 일주일 전인 2025년 2월 28일 검찰은 공수처를 압수수색했다. 표면적인 이유는 국회에서 공수처의 윤석열 영장청구 관련 허위답변 의혹이 있다는 것이었다. 이는 검찰 출신 국민의힘 소속 주진우 의원과 윤 대통령 측 대리인단이 주장한 공수처의 '영장 쇼핑' 주장에 장단을 맞추는 행태였다. 이미 공수처에 의해 윤 대통령이 체포·구속되고, 나머지 내란 수사가 진행 중인 상황에서 검찰과 공수처 간에 공문 등을 통해 사실 확인을 하는 것으로 충분한 사항을 마치 공수처의 수사에 문제가 있는 것처럼 보이게 한 것이다.

아쉬운 점은 이러한 일들이 현실적으로 수사기관 제도 개혁이 마무리되지 않은 가운데 생겼다는 점이다. 그러한 상황에서 대통령의 '친위쿠데타'라는 초유의 사건이 발생하니 수사기관 상호 간의 협의나 조율이 잘 되지 않았다. 검찰은 내란죄를 수사하다 말고 경찰, 공수처를 수사하겠다면서 우위에 서려고 했다. 이러한 혼선을 초래한 책임이 누구에게 있는가 돌아보아야 한다. 다른 선진국의 경우에는 이러한 여러 수사기관 사이를 조율할 수 있는 권위 있는 수사협의체 기구가 있다. 물론 그러한 제도는 하루아침에 형성된 것이 아니라 수십 년 이상에 걸쳐 만들어진 것이다. 앞으로 우리도 교통정리가 필요한 일이다.

이럴 때 필요한 것 중 하나가 특별검사 도입이다. 이는 일반법인 「특별검사의 임명 등에 관한 법률」 또는 개별 특검법에 의해서 실시 가능하다. 정부로부터 독립된 특별기구가 수사를 하는 것이다. 그런데 특검은 상설적인 기구가 아니라서, 국회가 정치적 협상을 거쳐 한시적으로 특검을 도입할 수 있다. 매번 특검을 할지 말지, 특검 추천을 누가 할지, 수사 범위를 어떻게 정할지로 정치적 갈등과 타협이 이루어지게 되고, 그러다 보니 우리 현대사에서는 특검이 발족되지 않은 의혹 사례가 더 많았다.

이번에도 민주당을 포함한 야 5당은 특검을 원했지만, 윤 대통령과 그 권한대행들은 국회를 통과한 특검법에 대한 거부권을 행사했다. 국민의힘은 야당에 특검 후보자 추천권을 주는 것이 '위헌'이라며 억지를 부렸다. 전례에도 맞지 않는 주장이었다. 야 5당이 한 발 양보해서, 대법원장이 특검 후보를 추천하자는 법안을 냈지만, 그것도 반대했다. 왜냐고? 수사가 제대로 되는 걸 원하지 않기 때문이다. 윤 대통령과 국민의힘이 연루된 내란 혐의를 국민의힘에서 추천한 특검이 수사한다면, 그걸 믿을 수 있는 국민이 누가 있을까? 고양이에게 생선가게를 맡기는 것과 똑같을 것이다.

이번 내란 사건에 관한 수사 혼선을 방지하고, 검찰의 기소권을 견제하며, 지금까지 다 밝혀지지 않은 내란의 전모를 밝히는 수사 및 기소를 하기 위해서는 여전히 특검 도입이 필요하다고 생각하는 사람들이 많다. 우리에게 필요한 건, 믿을 수 있는 특검이다. 특검은 우리가 아는 '검찰청'의 검사가 아니다. 특검 제도의 효시인 미국에서도 '어느 누구도 자기 사건의 심판자가 될 수 없다'라고 하는 이익충돌회피 법원리가 있다. 즉, 정부에 속한 검사의 사건처리에 정치적 중립성과 공정성을 유지하기 어려운 경우에는 독립적 지위를 가진 '특검'을 임명해왔다. 정치권력이 아닌 국민의 편에서, 모든 진실을 밝혀낼 수 있는 기구 말이다.

왜 대통령실 압수·수색은 못 하는가?
: 대통령의 문 앞에서, 수사는 멈춘다

2024년 겨울, 경찰은 여러 차례 대통령 관저의 문 앞에 섰다. 압수수색 영장을 손에 들고 있었다. 법원이 정당하게 발부한 것이었다. 하지만 그 문은 열리지 않았다. "군사상 비밀입니다." "경호 구역입니다." "승낙할 수 없습니다." 그날, 수사는 거기서 멈췄다. 경찰은 2025년 4월 16일 시점까지 대통령실 압수수색을 6번 시도했지만, 번번이 가로막히고 말았다.

박근혜 전 대통령의 국정농단 사건 때도 청와대 압수수색은 시도조차 좌절되었다. 당시 특검은 결국 협상 끝에 청와대가 골라서 제출한 자료만으로 조사를 이어갔다. 그 자료가 진실인지 허위인지 확인할 방법은 크게 없었다. 이명박 전 대통령의 내곡동 사저 수사 때도 마찬가지였다. 현장을 지키는 사람들의 한마디, "군사상 비밀입니다."라는 말 앞에서 법의 영장은 그저 종이 한 장에 불과했다.

윤석열 대통령이 내란 혐의로 수사선상에 오른 후 수사기관은 대통령 관저에 있는 비화폰 서버를 확보하려 했다. 하지만 대통령경호처가 이를 완강히 막았다. 법원이 영장을 내줬음에도 수사는 다시 멈췄다. 도대체 무엇이 있었기에 그토록 막았을까. 국민들은 궁금할 수밖에 없다.

법 위에 있는 '비밀의 권리'

형사소송법 제110조와 제111조는, 민주공화국 대한민국 안에서도 예외를 인정한다. 군사상 비밀이 있는 장소에는 그 책임자의 '승낙' 없이는 압수수색을 할 수 없다. 공무상 비밀도 마찬가지이다. 수사기관은 문을 두드릴 수는 있어도, 들어갈 수는 없는 것이다. 책임자가 거부하면 수사는 거기서 끝이다. 이것이 바로 대통령실이 가진, 그리고 대통령이 머무는 공간이 가지는 '침묵의 권력'이다.

법 위에 군사비밀이 있고, 정의 위에 경호처가 있는 나라. 우리는 그것을 '민주공화국'이라고 부를 수 있을까? 형사소송법 제110조, 제111조는 '비밀'이라는 이름으로 수사의 손과 발을 묶어버린다. 그렇다면, 비밀의 정당성을 심사할 수 있는 제3의 판단 주체, 즉 법원이 '비공개 심리'를 통해 정말 그 장소가 수사에서 예외일 만한지 판단하게 할 필요가 있다. 또는, 특검법에 '압수수색 특례조항'을 두어 중대범죄 수사에서는 그 제한을 완화해야 할 것이다.

대통령경호처법 제18조는 말한다. 경호처 공무원은 직권을 남용해서는 안 된다고. 이를 어기면 형사처벌도 가능하다고 말이다. 그렇다면, 법원이 발부한 영장을 들고 현장에 간 수사관을 물리적으로 저지한 것은 무엇인가? 정말 '경호'였나, 아니면 직권을 남용한 '은폐'였나?

압수수색은 단지 누군가의 집에 강제로 들어가는 것을 의미하지 않는다. 그것은 공동체가 진실을 향해 묻는 행위이다. 그리고 그 공동체의 최정점, 대통령조차 그 질문 앞에서는 문을 열고 답해야만 우리는 '법치'라는 말을 사용할 수 있다. 대통령의 문은 왜 열리지 않았는가. 그 문은 언제쯤 국민의 이름으로 열릴 수 있을까.

윤석열의 석방과
대한민국 법치주의의 시험대

2025년 4월, 대한민국은 다시 한번 '정의는 과연 승리하는가'라는 질문 앞에 섰다. 12·3 내란 혐의로 구속되었던 윤석열이 법원의 결정으로 석방되었기 때문이다. 그 결정을 한 서울중앙지방법원의 지귀연 판사의 이유는 간단했다. "구속기간이 9시간 45분 초과되었다"는 것. 그러나 이 간단함 뒤에 법적으로 감춰진 복잡한 진실이 있다.

지귀연 판사의 결정은 오직 형식 논리, 즉 구속기간 계산상의 절차적 문제에 기초한 것이었다. 그런데, 형사소송법 제93조 구속의 취소와 관련하여 그동안 법원의 실무 관행과 법 해석에 따르면, 그와 같은 이유로 주요 피고인을 석방시키는 경우는 없다시피 하다. 더구나 이 결정은 검찰의 수사기록조차 다 검토하지 않은 상태에서 내려진 것이었다. 실제로 윤석열에 대한 두 번째 공판준비기일을 진행하던 지귀연 판사는 "아직 증거 기록을 다 못 본 상태라서 공수처의 수사권 여부는 나중에 판단하겠다."라고 말했다. 결국, '기계적 절차주의'가 '실질적 정의'를 이긴 순간이었다.

더 심각한 문제는 검찰의 대응이었다. 지귀연 판사의 결정에 대해 즉시항고를 포기한 것이다. 검찰은 항고를 통해 상급심 판단을 받을 수 있었다. 그렇게 다시 판단을 구해 구속을 유지시킨 사례들도 이전에 있었다. 하지만, 윤석열이 검사 출신이기 때문이었을까? 검찰은 석방 결정을 순순히 받아들였다. 이는 검찰 스스로 '법 집행기관'으로서의 책무를 포기한 것이며, 국민들이 왜 여전히 특검을 외치는지에 대한 강력한 방증이 되고 있다.

헌법은 말한다. 누구든지 법 앞에 평등하다고. 그러나 윤석열의 석방은 이 원칙에 큰 금을 냈다. 수많은 공범자들은 여전히 구속 상태에서 재판을 받고 있고, 어떤 이들은 재판조차 받기 전에 구속되었다. 그런데 내란의 '우두머리'는 법원의 형식논리에 따라 자유를 얻었다. 시민들은 묻는다. 법은 누구를 위한 것인가.

우리는 기억해야 한다. 윤석열은 무죄 선고를 받은 것이 아니다. 다만 잠시 석방되었을 뿐이다. 그러나 이 구속취소 결정은 앞으로 재판의 진행에도 큰 영향을 미칠 것이다. 불구속 상태의 피고인은 재판 지연 전략을 쓰기 쉽고, 그 사이 여론과 정치 지형은 바뀔 수도 있다. 다시 말해 이 한 번의 석방이 '진실을 흐릴 수 있는 기회'가 될 수도 있는 것이다.

검찰의 무기력, 재판부의 과도한 배려, 그리고 정당한 법의 집행을 방해하는 권력의 그림자. 이 모든 것을 시민들이 기억하고, 기록하고, 요구해야 할 때이다. 우리는 단지 한 명의 대통령이 아니라 공화국의 원칙을 법정에 세우는 싸움을 하고 있기 때문이다.

이러한 상황에서 일부는 "현직 대통령을 꼭 구속까지 했어야 했느냐,"라고 묻는다. 혹자는 구속을 하느라 수사가 제대로 안 되었다고 말한다. 그러나 수사에 협조할 생각이 전혀 없던 '확신범' 윤석열에게 수사란 애초에 의미 없는 형식에 불과했다. 윤석열이 제때 구속되지 않았다면, 그는 탄핵 결정이 내려질 때까지 모든 수사를 거부하며 정치적 반전을 시도했을 것이다. 실제로 탄핵 선고 전 윤석열이 구속취소로 풀려나자 그러한 상황이 연출되었다. 그 결과 더 극심한 사회 혼란과 국민 불안이 초래되었다.

민주주의를 무시하고 내란죄를 범한 대통령의 체포와 구속은 정당하고 시급한 조치였다. 그는 대통령의 지위에서 군과 경찰을 동원해 장기집권을 꾀하고 민주헌정질서를 파괴하려는 중대한 범죄를 저질렀다. 이런 행위에 대한 구속과 처벌은 필연적이다. 그렇지 않으면 '친위쿠데타'를 제압할 수 없고, 제2, 제3의 쿠데타 시도가 뒤따를 수 있기 때문이다.

12·3 비상계엄 사태가 발생한 지 한 달 반 만인 2025년 1월 15일, 윤석열은 체포되었다. 현직 대통령 신분으로 체포된 초유의 일이었다. 그날 윤 대통령은 공수처 측과 6시간 동안 대치하다가 자진 출석의 형식을 취해 관용차에 올랐지만, 법적으로는 발부된 체포영장에 의해 체포된 것이 분명하다. 체포 직후 윤 대통령은 사전에 준비된 동영상 메시지를 통해 이렇게 말했다. "불미스러운 유혈사태를 막기 위해, 불법 수사임에도 공수처 출석에 응하기로 했다." 그러나 공수처의 수사를 '불법'이라 규정한 것도, 유혈사태의 가능성을 언급한 것도 모두 윤석열 측의 일방적인 주장

일 뿐이었다. 도리어 그는 김성훈 대통령경호처 차장에게 "총을 쏠 수 없느냐"는 지시까지 내린 것으로 알려졌다.

이제 우리는 돌아봐야 한다. 헌법과 법률, 그리고 시민의 힘이 함께한 윤 대통령 체포의 순간을, 그리고 그 이후의 긴박했던 구속과 윤석열 측 저항의 과정을.

1. 피의자가 된 대통령

2024년 12월 31일. 서울서부지방법원은 한 사람에 대한 체포영장을 발부했다. 대한민국 제20대 대통령 윤석열. 혐의는 단순한 범죄가 아니었다. 국가를 무너뜨리려 했다는 내란죄였다. 체포영장 발부까지의 과정은 길고도 숨가빴다. 잠시 그 시간을 되돌아보자.

12월 7일, 국회는 윤 대통령의 탄핵을 시도했다. 하지만 당시 국민의힘은 여전히 윤 대통령의 충직한 방패막이였고, 1차 탄핵안은 가까스로 부결됐다. 그로부터 단 일주일 뒤인 12월 14일 오후 5시, 두 번째 탄핵소추안이 국회 본회의를 통과했다. 총 300명의 국회의원 중 204명이 찬성했다. 국회의장이 대통령 탄핵의결서 등본을 전달하자, 같은 날 저녁 7시 24분, 윤석열은 더 이상 대통령의 권한을 행사할 수 없는 '정지된 대통령'이 되었다.

하지만 그는 이미 피의자였다. 탄핵소추안이 통과되기 전인 12월 8일, 검찰은 윤석열을 '내란 혐의' 피의자로 입건했다. 다음 날인 12월 9일 오후 3시, 공수처는 그의 출국을 금지했다. 이제 그는 대한민국의 얼굴이자 동시에 대한민국 헌법을 무너뜨리려 했다는 혐의를 받는 인물이었다.

공수처와 검찰은 그를 불렀다. 12월 18일, 25일, 그리고 29일. 무려

세 번의 출석요구가 있었다. 하지만 윤석열은 단 한 번도 응하지 않았다. 정당한 사유도 밝히지 않았다. 결국 12월 30일, 공수처는 결단을 내렸다. 내란우두머리 혐의자인 그를 직접 체포하기로 한 것이다. 공식적인 혐의는 두 가지. 내란죄와 직권남용권리행사방해였다.

공수처는 윤 대통령의 주거지인 한남동 관저가 위치한 서울 용산구의 관할을 고려해, 서울서부지방법원에 체포영장을 청구했다. 법원은 이를 받아들였다. 체포영장은 2025년 1월 6일까지 유효하다고 명시되었고, 영장에는 체포를 위한 수색 과정에서 대통령 관저라도 특별한 보호조항(형사소송법 제110조와 제111조의 압수수색 예외조항)을 적용하지 않는다는 내용이 기재됐다. 이례적이었다. 그리고 그만큼 긴박했다.

우리 형사소송법 제202조의2는 이렇게 말한다. "피의자가 죄를 범하였다고 의심할 만한 상당한 이유가 있고, 정당한 이유 없이 출석요구에 응하지 않거나 응하지 않을 우려가 있는 경우, 검사는 체포영장을 청구할 수 있다." 윤석열은 세 차례 출석요구에 불응했다. 명백한 체포 사유가 충족된 상황이었다.

하지만 여당 원내대표 권성동은 TV 앞에 섰다. "윤 대통령은 도망갈 염려도, 증거를 없앨 우려도 없다. 체포영장을 발부할 이유가 없다." 카메라를 바라보며 단언했다. 그러나 그건 법을 모르는 사람의 말이거나 국민을 속이기 위한 말이었다. 그가 언급한 건 형사소송법상 '구속영장' 요건이지, '체포영장' 발부는 위 요건만 충족되면 가능한 것이기 때문이다. 권성동이 검사 출신이란 사실을 고려하면 그의 발언은 더욱 섬뜩했다. 그는 법을 잊은 것이 아니라 법을 알고도 외면한 것처럼 보였다.

이날은 내란 혐의로 전직 대통령에 대한 체포영장이 발부된 대한민국 역사상 첫날로 기록된다. 헌법의 이름으로, 법원의 명령으로. 대한민국은 다시 법의 길을 선택하고 있었다.

2. 체포시도 1차 작전

2025년 1월 3일 오전 8시. 서울 용산구 한남동 대통령 관저 앞에는 전날보다 더 많은 인력이 모여 있었다. 커다란 긴장감이 감돌았다. 공수처는 체포영장과 수색영장을 손에 쥐고 1차 법 집행을 공식적으로 개시했다. 이번엔 단순한 시도도, 탐색도 아니었다. 실질적 체포 작전이었다. 공수처 수사관 20명, 그리고 경찰청이 구성한 '공조수사본부' 소속 경찰 120명이 투입됐다. 이 중 체포조 57명이 대통령 관저의 경내까지 진입했다.

대통령의 집무실도, 대통령의 권위도 이제 이 공간에는 없었다. 그는 피의자일 뿐이었다. 그러나 작전은 다시 한번 좌절된다. 윤석열 관저의 3차 방호선, 거기에는 경호처장 박종준의 지시에 따라 총기를 소지한 군인들, 육군 수도방위사령부 제55경비단 병력으로 알려진 약 200명이 벽처럼 버티고 서 있었다. 이들은 경찰이 체포영장을 제시하자 "경호구역으로의 수색은 허가할 수 없다."라며 물리적으로 진입을 막았다.

이날 관저 내부에는 윤석열의 변호인 김홍일·윤갑근, 그리고 국민의힘 윤상현 의원이 자유롭게 드나들었다. 국민은 TV 화면을 통해 체포조가 철수하는 장면을 지켜보아야 했다. 헌정사상 초유의 법 집행 거부 사태였다. 공수처와 경찰은 오후 1시 30분경 철수했다. 유혈 충돌을 피한 선택이었지만, 그 선택은 씁쓸한 퇴각이었다.

공수처는 짧게 발표했다. "법과 절차에 불응한 피의자의 태도에 심히 유감이다." 경찰 공조수사본부는 즉각 대응했다. 박종준 경호처장과 차장을 특수공무집행방해 혐의로 입건하고 다음 날 출석을 요구했다. 일부 경찰 간부는 현장에서 박 처장을 체포하자고 주장했지만, 공수처 검사들이 유혈 사태를 우려해 이를 만류했다고 한다.

더욱 충격적인 사실은 대통령 권한대행 최상목의 행보였다. 공수처는 이미 1월 1일과 이날 아침, 최 권한대행에게 "경호처의 협조를 지휘해 달라"는 공문을 보냈다. 그러나 어떤 회신도 받지 못했다. 오히려 드러난 바에 따르면 최 권한대행은 대통령실 요청에 따라 1월 3일 관저에 배치된 군 병력에 "철수하지 말라"고 지시했고, 경찰청 고위 간부에게도 경찰 22경호대를 관저로 보내도록 지시했다고 한다. 이는 단순한 묵인이 아니었다. 불법적 저항을 지휘하고 가담한 셈이었다. 이와 관련해서는 특수공무집행방해, 범인도피의 교사·방조죄가 성립할 수 있다.

헌법이 정한 탄핵 절차, 형사소송법이 정한 체포영장, 그리고 법원과 검찰, 공수처, 경찰이 협력한 법 집행. 이 모든 합법적 권위는 대통령 권한대행의 직권으로 무력화되었다. 이날 사람들은 깨달았다. 법보다 강한 것은 어긋난 조직의 충성심과 권력을 향한 충동일 수 있다는 것을.

3. 법원의 단호한 이의신청 기각, 법 앞에 예외는 없다

2025년 1월 5일, 윤석열 전 대통령의 변호인단이 낸 이의신청이 기각되었다. 법원의 입장은 한 문장으로 요약될 수 있었다. "법 앞에 예외는 없다."

며칠 전인 1월 2일, 윤석열 측은 공수처의 체포영장이 불법이라며 서울서부지방법원에 이의신청을 냈다. 핵심 주장은 두 가지였다. 하나는 공수처는 대통령을 수사할 권한이 없다, 또 하나는 대통령 관저와 신체는 군사상 기밀로 수색이 불가능하다는 것이었다.

하지만 법원은 1월 5일, 서울서부지방법원 2025초기10호 결정으로 이 모든 주장을 단호하게 기각했다. 먼저 공수처의 수사권은 정당했다. 윤 대통령에게 적용된 혐의는 내란죄와 직권남용죄였다. 직권남용죄는 공수처법상 명백히 수사할 수 있는 범죄이며, 내란죄 역시 '관련범죄'로 규정돼 있어 수사 가능하다. 법원은 말했다. "공수처는 대통령의 범죄를 수사할 수 있다." 윤 대통령이 12월 3일 군에 내린 명령은 대통령의 비상계엄 선포 권한을 남용해 헌법을 부정하고 권력을 찬탈하려는 기도였다. 이는 당연히 직권남용이며 내란과 연결된다.

서울서부지법의 영장 관할 인정은 당연했다. 공수처법 제31조는 공수처의 기소 관할은 서울중앙지방법원이 원칙이지만, 형사소송법에 따른 "범죄지, 증거 소재지, 피고인의 특별한 사정"에 따라 다른 법원에서 영장을 청구할 수도 있다고 되어 있다. 윤 대통령의 범죄는 서울 용산구 한남동 관저에서 발생했고, 그곳은 서울서부지법 관할이다.

'대통령 관저 수색 불가' 주장은 궤변에 가까웠다. 윤 대통령 측은 "관저는 군사기밀이라 수색 못 한다"고 주장했지만 법원은 분명히 밝혔다. "피의자 발견을 위한 피의자를 찾기 위한 수색은 정당하며 형사소송법 제110조(군사시설)와 111조(공무상 비밀)는 적용되지 않는다." 즉, 물건을 숨긴 것이 아니라 피의자가 숨어있는 공간이라면, 피의자를 찾기 위한 수색은 당연히 가능하다는 뜻이다.

법원은 이번 결정을 통해 공수처가 발부받은 체포영장도, 수색영장도 모두 적법했다는 점을 명확히 인정했다. 그럼에도 윤 대통령 측은 불복 의사를 드러내며 여전히 같은 주장을 반복했다. 법을 누구보다 잘 알고, 법치와 공정을 외쳐왔던 대통령의 가면이 벗겨진 순간이었다.

그는 법 위의 존재가 아니었다. 피의자였고, 체포를 거부하며 법질서를 무너뜨리고 있는 자였다. 그리고 이제 법원을 통해 모든 절차적 정당성을 확보한 공수처는 2차 법 집행을 준비하였다.

4. 2차 체포영장, 마침내 집행되다

윤석열 전 대통령이 대통령 관저에 침거하며 법적 권위를 부정하는 사이, "내란 수괴를 신속히 체포하라"는 시민들의 목소리는 1월의 한파를 녹이고 있었다.

그러나 공수처와 경찰이 머뭇거리던 사이 2025년 1월 6일, 윤 대통령에 대한 1차 체포영장의 유효기간이 만료되었다. 마지막 날 공수처는 경찰에 영장 집행을 위임하겠다는 공문을 보냈다. 그러나 경찰은 공수처 검사와의 법적 지휘 관계가 성립하지 않는다고 판단해 이 요청을 반려했다. 집행권을 둘러싼 첫 번째 충돌이었다. 이를 보고 많은 국민들은 분노와 무력감을 느끼지 않을 수 없었다. 다음 날 공수처는 다시 서울서부지방법원에 체포 및 수색영장을 청구했고, 법원은 이를 발부하였다. 두 번째 체포영장이었다.

이번 체포영장의 유효기간은 1월 21일까지였다. 이번에는 달랐다. 공수처는 정확한 집행 시점을 밝히지 않은 채 심리전을 전개했다. 대통령 경호처 소속 공무원들에게는 "이번에도 집행을 막으면 특수공무집행방해죄로 처벌받아 공무원 연금이 삭감될 수 있다"는 메시지가 비공식적으로 전파되었다. 경찰 특공대가 투입될 수 있다는 말도 돌았다. 경호처 직원들의 심리적 압박은 점점 커졌을 것이다.

한편 한남동 대통령 관저 앞에서는 연일 집회가 열렸다. 특히 주말에는 '내란수괴 체포'를 촉구하는 대규모 촛불 집회가 벌어졌고, 시민단체들은 출퇴근하는 경호처 직원들을 향해 "지시를 거부하라", "휴가를 내라"고 호소했다. 무료 변론을 제안하는 변호사단체도 나섰다. 경호처 내부는 갈등과 피로감으로 점점 흔들렸다.

결정적인 사건은 2025년 1월 10일 발생했다. 박종준 대통령경호처장이 사직서를 제출하고 경찰에 자진 출석한 것이다. 이는 단순한 사의 표명이 아니었다. 대통령의 방어선 중 하나가 무너졌다는 강력한 신호였다. 이후 경호처 지휘부는 "현장 경호관들이 개별 판단에 따라 행동하라"고 지시한 것으로 전해졌다.

마침내 2025년 1월 15일 새벽 4시경, 공수처와 경찰은 대통령 관저 앞에 도착했다. 진입 시도 직후 윤 대통령의 변호인단과 윤상현 의원 등 일부 국민의힘 의원들이 차벽을 사이에 두고 막아서며 대치했다. 그러나 공수처와 경찰은 오전 7시 30분경 사다리를 이용해 차벽을 넘고, 1차 저지선을 돌파했다. 이어 2차 저지선을 통과해 3차 저지선에 이르자, 정진석 대통령비서실장과 윤 대통령을 대리하는 윤갑근 변호사가 나와 공수처와 경찰 일부 인원을 관저 안으로 안내했다.

그 후 약 두 시간 동안, 관저 내부에서는 윤 대통령 측과 공수처 간의 긴장이 감도는 협의가 이어졌다. 결국 오전 10시 30분경, 윤 대통령이 탄 관용차가 관저를 나섰다. 체포영장 집행이 시작된 지 6시간 반만의 일이었다.

체포 당시 경호처 직원들은 물리력 저지에 나서지 않았다. 많은 이들이 관저 내 대기동에 머물렀고, 일부는 휴가를 냈다. '영장 집행 방해 시 처벌 가능성'이라는 경고는 그들의 손과 발을 묶었고, 그들은 실질적으로 무장 해제된 상태였다. 대통령, 윤석열. 법은 그를 기다렸고, 국민은 그를 견뎠다. 그리고 공화국은 그를 잡았다.

윤석열 전 대통령의 체포는 단순한 수사 절차로만 평가될 수 없었다.

대한민국 헌정사 최초로, 내란 혐의로 현직 대통령에 대해 체포영장이 집행된 날이었다. 그날 대한민국은 법이 이기는 나라라는 걸 보여주었다. 하지만 그 과정은 법의 한계와 가능성을 동시에 드러냈고, 무엇보다도 시민들의 힘과 공직사회의 갈등, 그리고 마지막까지 법을 거부한 한 정치인의 민낯을 적나라하게 보여주었다.

5. 체포적부심 기각

공수처에 체포되어 조사를 받게 된 윤석열 전 대통령은 예상대로 묵비권을 행사했다. 2025년 1월 15일 오전 체포된 이후 그는 공수처 조사실에서 단 한 마디의 진술도 하지 않았고, 오히려 공수처 수사 자체가 "불법"이라며 전면 부정하는 태도를 취했다. 같은 날 윤 대통령의 법률대리인단은 체포적부심사를 청구했다. 이는 법원이 체포의 적법성과 필요성을 다시 판단해 석방 여부를 결정하는 절차다.

1월 16일 오후 2시경, 공수처는 체포적부심 심사를 위한 관계 서류와 증거물을 서울중앙지법에 제출했다. 그러나 당일 오후 5시, 체포적부심 심문이 예정된 시간 직전에 배진한 변호사는 "윤 대통령이 오늘 심문에 출석하지 않을 것"이라 발표했다. 출석 없는 체포적부심은 빠르게 진행되었고 약 2시간 뒤 절차가 종료되었다. 그리고 자정을 넘긴 1월 17일 0시 35분경, 서울중앙지방법원은 윤 대통령의 체포적부심 청구를 기각했다.

이 사건을 담당한 소준섭 판사는 단독 판사였지만, 사안의 중대성을 고려해 서울중앙지법 영장 전담 부장판사들과 함께 논의한 끝에 기각 결정을 내렸다. 이미 이루어진 체포가 적법하며 석방할 사유가 없다는 판단이었다.

6. 헌정사상 대통령에 대한 첫 구속영장 발부

체포적부심 청구마저 기각되면서 공수처는 내란 혐의 수사와 체포영장의 적법성을 법원으로부터 굳건히 인정받은 셈이었다. 이에 공수처는 곧바로 구속영장 청구를 준비했고, 1월 17일 서울서부지방법원에 영장을 청구했다. 공수처는 윤 대통령이 체포를 피하기 위해 텔레그램을 탈퇴하고 휴대전화를 교체했으며, 체포영장 집행을 방해한 정황 등을 들어 증거인멸의 우려가 있다는 점을 구속 사유로 제시했다.

1월 18일 토요일 오후 2시, 구속영장실질심사가 시작되어 약 5시간에 걸쳐 오후 6시 50분에 종료되었다. 이날 영장당직 판사로 심사를 맡은 차은경 부장판사는 심문 말미에 윤 대통령에게 직접 한 가지 질문을 던졌다. "비상입법기구란 것이 구체적으로 무엇입니까? 계엄 선포 이후, 그 창설을 실제로 계획하셨습니까?"

이 질문은 윤 대통령이 최상목 대통령 권한대행에게 건넨 것으로 알려진 쪽지에 '비상입법기구 구성'이라는 문구가 적혀 있었기 때문이다. 윤 대통령은 이에 대해 "김용현이 썼는지 내가 썼는지 기억이 나지 않는다."라고 얼버무리면서 진술을 회피했다.

그리고 1월 19일 새벽 3시, 서울서부지방법원 차은경 부장판사는 윤 대통령에게 구속영장을 발부했다. 내란 우두머리 및 직권남용권리행사방해 혐의였다. 차 판사는 결정문에서 "피의자가 증거를 인멸할 염려가 있다."라고 판단 사유를 밝혔다. 법조계 일각에서는 윤 대통령이 혐의를 전면 부인하고 있는 점 자체가 증거인멸 우려를 강화시켰다고 해석했다. 대통령이자 기본적인 사실관계조차 부인하는 피의자에게는 수사와 재판 과정에서 관련자에게 영향력을 행사하거나 증거를 조작·은폐할 위험이 크다고 보기 때문이다.

이로써 대한민국 헌정사상 현직 대통령이 구속된 첫 사례가 만들어졌다. 체포에 이어 구속까지 이르는 일련의 절차는 정치적 의미를 넘어 대한민국의 법이 자기 보호를 하는 시간이었다.

7. 서부지법 폭동 사태

그러나 2025년 1월 19일 새벽, 윤석열 대통령에 대한 구속영장이 발부되자 서부지법 주변에 모인 지지자들이 폭력 사태를 일으켰다. 일부 시위대는 법원 청사에 난입해 기물을 파손하고, 경찰을 폭행했으며, 영장을 발부한 차은경 판사를 색출하려는 시도까지 벌어졌다. 이를 저지하려던 경찰과 충돌하는 과정에서 다수의 부상자가 발생했고, 공수처 관계자 한 명은 옷이 찢어지고 구타를 당해 병원에서 치료받기도 했다.

이날 벌어진 사태는 단순한 시위를 넘어 대한민국 사법부의 권위와 법치주의를 정면으로 훼손한 중대한 범죄행위였다. 그 배경에는 윤 대통령과 변호인단, 그리고 강경 지지자들의 발언이 있었다. 특히, 극우 성향의 유튜버들이 "국민 저항권"을 운운하며 시위대를 선동했고, 이로 인해 사태는 걷잡을 수 없이 과격해졌다.

사건 직후 경찰은 현장에서 체포된 90명의 시위대 중 66명에 대해 구속영장을 순차적으로 청구했다. 법원은 이들 피의자의 구속적부심 청구를 기각하며, 사안의 중대성과 위법성을 분명히 했다. 그러나 검찰의 대응은 일관되지 못했다. 법원에 침입하고 이를 생중계한 유튜버에 대한 구속영장 청구는 검찰에 의해 기각되었다. 이러한 자의적 법 적용에 대해 비판 여론이 일어날 수밖에 없었다.

2025년 2월 27일 기준, 총 74명이 특수건조물침입 등 혐의로 재판을 받았다. 서부지법 폭동은 단지 한날 벌어진 사건이 아니라 대한민국 민주주의와 법치주의의 근간을 위협한 폭력적 시위였다. 법적 대응이 철저히 이루어져야 하는 이유다. 법률적으로는, 이 사건은 형법 제115조 소요죄의 요건에도 해당할 수 있다. 다중이 집합하여 폭행, 협박 또는 손괴의 행위를 한 자는 1년 이상의 유기징역에 처할 수 있으며, 상황에 따라 내란죄의 적용 가능성까지도 논의할 수 있다. 그러나 현실에서 경찰과 검찰은 공무집행방해, 공용물건손상, 건조물침입 등 상대적으로 경미한 죄명을 적용하는 데 그쳤다.

이러한 수사기관의 소극적 대처는 사태를 키우는 단초가 되었다. 이후에도 "헌법재판관을 처단하라", "헌법재판소·공수처·선관위를 때려부수자"는 자극적 구호가 공공연히 유포되었으며 극우세력의 준동은 제어되지 못한 채 확대되었다. 우리는 내란 이후의 시기를 어떻게 맞이하였는가. 단지 물리적 폭동을 진압하는 것을 넘어 앞으로도 극단주의와 반헌법적 사고에 대한 법적·제도적 대응이 절실한 때다. 이 사건을 계기로 다시 한번 헌법적 질서와 형사법의 적용 원칙을 되짚어봐야 한다.

8. 검찰의 윤 대통령 구속기소

2025년 1월 23일, 공수처는 윤석열 대통령의 반복적인 조사 거부를 이유로, 더 이상의 조사가 무의미하다고 판단했다. 이에 따라 공수처는 공수처법 제26조에 근거해 서울중앙지검에 '공소제기 요구'를 공식 접수하며, 관련 서류와 증거물을 송부했다. 이는 공수처가 수사를 완료했을 때 검찰에 기소를 요구하는 절차이다. 같은 날, 공수처로부터 윤 대통령의 신병을 넘겨받은 검찰은 수일 남지 않은 구속기간을 앞두고 1월 24일과

25일, 두 차례에 걸쳐 법원에 구속기간 연장을 신청했다. 하지만 법원은 이를 모두 기각했다. 기각 사유는 명확했다.

"공수처법의 입법 취지를 고려할 때, 공소제기 요구를 받은 후 검찰이 별도의 수사를 진행할 근거는 부족하며 기소 여부 판단 외에 추가 구속 연장은 허용되지 않는다."

이는 사실상 '즉시 기소' 명령에 가까운 법원의 판단이었다. 그럼에도 검찰은 시간을 더 허비하며 결단을 내리지 못했다. 1월 26일 오전 10시, 심우정 검찰총장은 전국 고검장·지검장 회의를 긴급 소집했다. 윤 대통령 사건의 처리 방향을 논의하기 위한 회의였고, 회의는 약 2시간 50분간 이어졌다. 일부 반대 의견도 있었지만, 다수 의견은 명확했다.

"윤 대통령은 조사에 전혀 협조하지 않고 있으며, 추가 수사 가능성도 없다. 더 늦기 전에 구속기소해야 한다."

결국 검찰은 1월 26일 오후 6시 52분, 윤 대통령을 내란 우두머리 혐의로 구속기소했다. 직권남용 등 나머지 혐의는 헌법 제84조의 '불소추 특권'에 따라 기소 대상에서 제외되었다.

윤석열 구속취소는
단순히 '옥에 티'가 아니다

그런데 2025년 3월 7일, 윤석열 대통령에 대한 구속취소 결정이 내려졌다. 서울중앙지방법원 형사25부(지귀연 부장판사, 김의담 판사, 유영상 판사)는 구속되어 있던 윤석열 대통령을 석방시켰다. 그때까지 윤석열 측은 '못 먹는 감 찔러나 보자'는 듯, 체포영장 이의신청부터 체포적부심, 구속영장

실질심사까지 연이어 '아무 말 하기' 전략을 펼쳤지만 계속 패배를 하다가 단 한 번 절차적 문제를 이유로 구속취소가 인용된 것이다.

법원이 구속취소 결정을 내린 주된 이유는 첫째, 검찰이 기소를 하면서 법정 구속기간인 열흘보다 9시간 45분이 경과된 상태였다는 점, 둘째, 공수처의 수사권 정당성에 대한 논란이 아직 완전히 해소되지 않았다는 점이다. 그러나 이러한 결정은 많은 법률가들의 지지를 받지 못하고 있다 첫째, 구속기간의 계산에 관한 그동안의 실무 관행을 180도 바꾼 것이고, 둘째, 서로 다른 4명의 판사들은 앞서 공수처의 수사권이 정당하게 있다고 판단한 상태였기 때문이다.

이러한 구속취소 결정은 형사소송법상 구속기간을 '날'이 아니라 '시간'으로 계산해서 피고인 윤석열에게 유리하게 판단한 것이 1차 문제였다. 또한 체포적부심 심사에 소요된 시간, 즉 2025년 1월 16일 14:03부터 2025년 1월 17일 00:35까지의 약 10시간 32분을 구속기간에서 제외하지 않고 산입한 것도 법 문언에 반하여 판단한 2차 문제였다. 만일 위 심사에 걸린 10시간 32분을 구속기간에 포함시키지 않으면 윤석열에 대한 기소는 구속기간 내에 적법하게 이루어진 것이다.

체포와 구속의 적부심사 절차를 규정하고 있는 형사소송법 제214조의2 제13항은 다음과 같이 명시하고 있다. "법원이 수사 관계 서류와 증거물을 접수한 때부터 결정 후 검찰청에 반환된 때까지의 기간은 (…) 그 구속기간에 산입하지 아니한다." 이는 법원의 체포적부심 심사 중에는 수사가 정지되므로 이 기간은 수사기관이 활용할 수 있는 구속시간으로 보지 않는다는 명확한 입법 취지에 따른 것으로 해석되어 왔다. 그럼에도 지귀연 판사는 위 규정을 무시하고 오판을 한 것이 아닌가 묻지 않을 수 없다.

오판이 아니면 검찰은 중대한 계산 실수를 범한 것이다. 지귀연 판사의 계산법에 따르면 구속 만료 시점은 1월 26일 오전 9시 7분이었다. 그 시각에 검찰은 두 차례 구속기간 연장 신청이 기각된 것에 대한 대책을 수립한다면서 심우정 검찰총장이 전국 고검장·지검장 회의를 긴급 소집하고 있었다. 이렇게 검찰은 1월 23일 공수처로부터 사건을 넘겨받은 이후 사흘간 아무런 실질 조치 없이 시간을 허비했다.

검찰의 소극적인 대응은 큰 문제로 지적되고 있다. 검찰은 법원의 구속취소 결정에 대해 7일 이내에 즉시 항고해서 상급심의 판단을 받아볼 수도 있었지만, 하루 만에 검사장들이 다시 모여 회의한 결과 다시 판단 받을 기회를 포기하고 윤석열을 석방했다. 검찰의 명백한 책임 회피라는 지적이 뒤따랐고, 윤석열이 검찰 출신 대통령이라는 점을 고려하면 새로운 '전관예우'가 아닐 수 없었다.

이러한 허점은 이후 재판 과정에서도 영향을 미친다. 피고인이 구속 상태라면 1심 재판을 6개월 이내에 마쳐야 하지만, 불구속 상태에서는 재판 지연 가능성이 커진다. 형사소송법상 '재구속의 제한' 규정에 따라 동일한 범죄사실에 대해선 새로운 '중요한 증거'가 발견되지 않는 한 재구속을 할 수 없다. 즉, 공수처가 12·3 내란 사태에 대해 한 차례 윤석열을 구속했던 내란죄나 직권남용권리행사방해죄와 관련해서는 새로운 결정적 증거 없이는 다시 구속영장을 청구할 수 없는 상황이다. 물론 윤석열은 이미 파면되어 민간인 신분이므로 대통령의 불소추특권은 더 이상 적용되지 않는다. 따라서 형사재판 중 추가 범죄 혐의가 드러날 경우에는 다른 범죄로 새롭게 구속될 가능성도 있다. 수사기관이 그렇게 하지 않으면 법원이 직접 윤석열을 구속할 권한도 있다.

결국 이 문제를 풀어갈 책임은 다시 우리나라의 수사기관, 사법기관에 있다. 현재 다른 범죄들로 윤석열을 수사 중인 검찰, 경찰, 공수처에 모두 주어져 있는 과제이다. 시민들의 감시와 참여가 더 필요한 시간이다.

제8장

법비 대통령과 내란 옹호 세력, 끝까지 헌정질서에 저항하다

법을 악용한
민주주의의 위기는 여전하기에

내란을 막아내고 대통령을 파면한 뒤에도 위기는 결코 끝나지 않았다. 극우 세력의 폭력 난동과 사법 고위층의 편파적 행태, 국민주권을 무시하는 법원의 '졸속 판결' 논란 등 '법의 내전'이 여전히 진행 중이기 때문이다.

 이 장에서는 그러한 법의 '양면성'을 다시 한번 직시하려 한다. 법은 악용될 때 민주주의를 파괴하는 수단이 되지만, 동시에 올바른 제도화와 시민의 주권의식이 결합될 때는 민주주의를 지켜내는 강력한 방패가 되기도 한다. 여기선 먼저 검찰총장 출신 대통령이 어떻게 '법비(法匪)'로 전락해 국헌을 문란했는지, 그리고 내란을 옹호하고 선동하는 세력이 부정선거론이나 거짓 국민저항권 같은 허위 담론을 유포하며 어떻게 헌정질서를 파괴했는지 구체적으로 짚어본다. 대통령 권한대행이 헌법재판관 임명을 거부해 탄핵심판을 흔들고, 사법엘리트들이 내란 수괴에게만 특혜성

법 해석을 적용하는 등 보이지 않는 곳에서 벌어진 법치주의 교란 시도도 들여다볼 것이다. 서부지방법원 난동에 대해서도 분석한다. 이 사태는 미국의 1·6 의사당 난입 사건처럼 법원까지 습격하는 단계에 이르렀음을 보여주어 한국이 극우 폭력에 얼마나 취약한지 드러냈기 때문이다.

더 나아가 이 장은 2025년 5월 2일 대법원 판결로 확산된 논란에도 주목한다. 이재명 대선 후보의 재판을 두고 대법원이 이례적 속도전을 감행하면서 방대한 기록 검토가 사실상 무시되었으며, 그 과정에서 '주권자의 선택'을 앞둔 시점에 사법부가 유력 후보를 '법'이라는 이름으로 제거하려는 것 아니냐는 비판이 쏟아졌다. 한편에선 "재판 지연이 곧 사법 불신으로 이어진다"며 대법원이 신속 재판을 명분 삼았지만, 또 다른 한편에서는 "선거를 불과 한 달 앞둔 시점에 대법원이 정치적 판결을 휘두르면 국민주권이 형해화된다"는 반론이 제기되었다. 그 결과 대법관들이 스스로도 변명하듯 내놓은 보충의견이 오히려 이번 판결의 정치성을 더 부각시키고, 외국의 부패한 판례나 전혀 다른 사건을 인용하는 등 졸속 재판의 단면을 노출하고 말았다.

이처럼 법비 대통령 이후에도 민주주의에 대한 도전은 여러 형태로 이어진다. 내란이라는 극단적 폭력만이 아니라 위헌적 속전속결로 유력 대선후보를 자격 박탈 위기에 몰아넣는 사법의 정치화, 부정선거 음모론과 결합해 사법부를 공격하는 극우 세력의 폭력 시위, 사법 엘리트의 이중잣대와 면피성 결정들, 주요 국가기관의 시스템적 방조와 불투명한 내부 절차(예컨대, 압수수색 저지나 구속영장 취소) 등 다양한 방식으로 민주주의가 흔들리고 있다. 우리는 이 장을 통해 비단 계엄이나 내란만이 아니라 법과 제도를 둘러싼 음험한 교란 시도까지도 민주주의가 무너지는 계기가 될 수 있음을 확인하고자 한다. 동시에 '법은 어떻게 민주주의를 지켜내는가'라는 질문에 답하기 위해 법치주의를 위한 제도적 보완과 시민적 경계가 왜 필수적인지 제언해 보고자 한다.

법비(法匪) 대통령이
법을 악용하여 국헌을 문란했다

1. 법치주의자를 자처하다가 헌정질서를 파괴한 대통령

원래 '법기술자'라는 용어는 '법적 전문성을 공익이 아닌 사익이나 권력 유지에 악용하는 이들'을 가리켜 쓰이곤 한다. 그러나 윤석열은 단순히 기술적인 차원의 '법술(法術)'을 넘어 헌정질서의 근본을 파괴하는 수준에 이르렀다. 그래서 '법치주의의 가면을 쓰고 법을 악용하는 도적[匪]'이라는 의미에서, 이 글에서는 그와 그의 추종자들을 '법비(法匪)'라 불러도 지나치지 않다.

윤석열은 검사 시절 '공정과 법치'를 상징하는 인물로 각광받으며 검찰총장 출신 대통령에 오르기까지 늘 "나는 사람에게 충성하지 않는다"고 주장했다. 그러나 막상 집권 후에는 '검찰국가적 통치'와 극단적 독선으로 치달았다. 윤석열은 검찰 출신답게 사법적 사고방식을 정치 영역에 그대로 적용하는 치명적 한계를 드러냈다.

특히 검찰국가적 통치가 두드러졌는데, 국회가 통과시킨 검찰 수사권 축소 입법(검찰청법·형사소송법 개정)을 시행령으로 교묘히 무력화하여 검사의 수사 범위를 확대했다. 법률 조항의 "등"이라는 표현을 빌미 삼아 입법 취지를 왜곡한 것이다. 또한 재임 3년간 거부권(재의요구권)을 이승만

전 대통령(45건) 다음으로 많은 25차례나 행사하며 입법부를 사실상 우회했다. 의사 정원 확대나 화물노조 파업 등 정치적 합의가 필요한 사회 갈등 상황에서도 협상이 아닌 강경 일변도 접근으로 일관했다. 그 결과 야당과의 대립은 심화되었고, 김건희 여사의 주가조작·공천개입 의혹을 둘러싼 방어 과정에서 '공정' 이미지마저 크게 훼손되었다.

결국 압도적인 야당 우위의 국회와 극단적으로 대립하던 중 극우 유튜버와 음모론에 영향을 받아 선관위 전산 부실과 부정선거 가능성을 내세워 "부정선거를 바로잡는다"는 명목으로 계엄을 실시해 정치적 생존 카드로 활용했다. 헌법 제77조와 계엄법을 자의적으로 해석하여 "계엄령은 대통령 권한이므로 하등 문제없다"는 논리를 폈고, 국회·선관위 봉쇄까지 검토했다는 충격적 사실이 드러나 국헌문란적 내란 혐의에 직면했다. 그럼에도 "2시간짜리 계엄이 무슨 내란이냐", "이미 해제됐으니 문제될 것 없다"는 식으로 책임을 부인하며 형식 논리로 분명한 반헌법적 폭력을 희석하려 했다.

대통령은 개인의 유·무죄를 판단하는 직군이 아니라 민심과 다양한 이해관계, 삶의 맥락을 들여다보며 통합적인 결정을 내리는 사람이어야 한다. 그런데 윤석열은 검사로 살아오면서 몸에 밴 감정과 공감을 배제하는 태도를 대통령이 되어서도 버리지 못했다. 검사라는 직업은 빠르고 날카로운 법적 판단을 내려야 하지만, 대통령은 민의를 읽고 사람들 마음을 헤아려 설득하고 조정하는 역할을 해야 한다.

윤석열이 법을 무기로 썼던 검사 시절 실제로 법적 판단을 냉철하게 내리던 사람이었는지도 의문이지만, 전체 맥락을 고려해야 하는 대통령으로서의 자질은 한참 부족했고, 법의 심판을 받을 때는 온갖 꼼수와 변명으로 도망치려 했다. 탄핵심판에서 "인원 vs. 의원" 같은 말장난을 하거나 "호수 위 달그림자를 잡으려 한다"는 수사적 표현으로 책임을 회피하려는 모습은 법을 자신의 편의에 따라 선택적으로 활용하는 이중적 태도를 보여주었다. 지금까지 그가 얼마나 비겁한 '법비'에 불과했는지를 여실히 드러낸 것이다.

요컨대 법과 제도를 누구보다 잘 아는 '검찰총장 출신 대통령'은 어째서 헌정을 무너뜨리는 방향으로 나아갔는가? 대한민국의 전통적인, 강력한 검찰 권한 구조(검찰국가) 속에서 성장한 윤석열은 '법을 곧 권력으로 보는' 인식을 정치에도 그대로 적용했으며, 사회적 합의와 정치적 맥락보다 증거와 법조문만을 절대시하는 검찰식 사고에 갇혀 결국 야당을 반국가세력으로 몰아 군대까지 동원하는 극단적 헌정 파괴 행위로 자멸의 길을 택한 것이다.

2. 거부와 부인, 회피와 지연의 버티기 전략

대통령 탄핵심판과 내란죄 수사에서 윤석열 대통령은 거부·부인·회피·지연 전략을 철저하게 구사했다. 구속 이후에도 사법절차를 교묘히 활용하며 정의 실현을 지연시키고 구속 취소를 이끌어냈다. '인권 보장'을 위한 형사소송 원칙들을 역으로 자신의 '책임 회피' 전략에 동원한 것이다.

"증거가 없으면 무죄"라는 형사소송 원칙은 통상 인권을 보호하기 위한 장치이지만, 그 원칙을 현직 대통령·전직 검찰총장이 악용할 때는 전혀 다른 의미로 변질된다. 대한민국 사법체계에서 피고인의 변론권은 엄격히 보장되는데, 이는 약자 보호를 위해 마련된 제도이지만, 역설적으로 법 전문가가 이 틈을 파고들면 막강한 방패가 될 수 있다. 윤석열은 '피고인에게도 공평하게 주어지는 변론권 5 대 5의 시스템'을 누구보다 잘 안다. 즉 모든 재판에서 자신의 발언권이 최소 50% 확보되는 사실을 활용해 '거부·부인·회피·지연'을 전략적으로 구사했다.

(1) 거부, 증거가 없으면 무죄다

거부는 상대방이 제시한 증거나 논리를 인정하지 않음으로써 결과적으로 자신의 위법 책임을 부정하거나 사건의 본질을 축소하려는 태도다. "내란 의도가 명백하다는 증거가 없다"고 주장하거나, "불충분한 증거로는 유죄 추정이 불가하다"는 식의 논리가 여기에 해당한다.

내란 사태라는 엄중한 위헌 범죄 앞에서도 윤석열은 "직접 지시가 확인된 자료가 없다"는 식의 논리를 반복했다. 윤석열은 내란 혐의에 관한 여러 정황증거가 쏟아져도 '직접증거' 부족을 집요하게 파고들었다. 국회와 선관위를 향한 병력 출동 계획이 드러나도, "내가 직접 서명한 문서는 없다. 내 녹취도 없다"고 버텼다. 직접증거가 없으면 유죄 입증이 쉽지 않을 것이라는 판단에서 나온 태도다.

또 보이는 것을 보이지 않는 것처럼 만들거나, 여러 합리적 정황증거를 두고도 "명백하지 않다"며 인정 자체를 거부한다. 형사소송에서 유리한 '엄격 증거주의'를 자의적으로 남용하는 것이다. 검찰총장 시절 그는 '의심스러우면 기소한다'는 식으로 거침없는 수사를 주도했지만, 정작 자신이 피고인이 된 상황에선 "법정에서 확실한 증거가 나와야 내란이 인정된다"며 고도의 증거 논리를 내세우는 꼴이다.

> ### 정황증거와 간접증거도 유효한 증거로 인정되는 법적인 근거는?
>
> 형사소송법에는 '정황증거(간접증거)'도 종합적으로 판단해 유죄의 증명을 이끌어낼 수 있다는 내용을 직접적으로 규정한 조항은 없다. 다만 **형사소송법 제307조 제1항**: "사실의 인정은 증거에 의하여야 한다." → 증거재판주의를 명시하며, 직접·간접증거 구분 없이 증거에 의한 사실인정을 요구한다. **형사소송법 제308조**: "증거의 증명력은 법관의 자유판단에 의한다." → 자유심증주의를 선언해 증거 종류(직접/간접)에 관계없이 증명력 평가를 법관 재량에 맡긴다. 이러한 전제 위에서 형사재판에서 요구되는 '합리적 의심을 배제할 정도의 증명' 기준은 대법원 판례를 통해 확립되어 있다.

재판에서는 직접증거만이 유일한 증거가 아니다. 정황증거와 간접증거의 집합만으로도 강력한 증명력을 가질 수 있다. 각각의 증거가 서로를 보강하며 일관되게 하나의 사실관계를 증명할 때 그것은 '합리적 의심을 배제할 정도의 증명'에 도달한다. "직접증거가 없다"는 주장은 현대 증거법의 기본을 무시한 궤변에 불과하다.

(2) 부인, 나는 그런 말을 하지 않는다

부인은 사실관계 자체를 통째로 뒤집거나 특정 발언·행위 자체를 "내가 안 했다"고 주장하는 것이다. 즉, 사건의 존재나 발화 자체를 인정하지 않는 방어술이다. 거부가 "그건 정황증거일 뿐이다. 내란 의도라고 볼 수 없다."라며 법리적으로 증명력이 약하다고 반박하는 식이라면, 부인은 "난 그런 말을 써본 적이 없다. 그런 지시를 하지 않았다."라고 일단 전면 부정부터 하는 방식이다.

거부와 부인의 차이를 조금 더 들여다보자. 거부는 '입증 실패'를 유도해 책임을 벗어나려 한다. 상대방이 직접증거를 못 내놓으면 무죄추정의 원칙에 따라 빠져나갈 수 있다. 반면 부인은 사실 자체 허구로 몰아 사건의 실재성을 깨뜨린다. 부인할 수 있으면 상대방이 두 배로 증명해야 하므로 재판 과정이 혼란스러워지고 지연 효과도 노릴 수 있다. 결국 둘 다 같은 목적이다. 자신의 책임을 부인하는 법적 기술의 일환이며 '증거 불충분'을 최대화하기 위해 동원되는 수단이다.

부인과 관련해 가장 대표적인 사례가 "인원 vs. 의원" 발언 논란이다. 윤석열은 헌법재판소 법정에서 "나는 '인원'이라는 말을 쓰지 않는다"라고 해놓고, 정작 같은 법정에서 그 표현을 반복하는 모순을 보였다. 윤석열은 한 치의 주저함도 없이, 본인이 평소 자주 사용해 온 표현조차 "기록에 없으면 증명할 길이 없다"는 이유로 통째로 부정한다. 검사 시절부터 "증거가 없으면 내 말이 진실"이라는 방식을 터득해 왔고, 이런 습관은 거짓말이 들통나도 끝까지 부인해 결국 상대방이 '증거제시'를 못 하면 이긴다는 식의 태도로 학습되었다. "나는 그런 말 안 썼다" → 녹취록이 없으면 결국 입증 곤란 → 법정에서 발각돼도 또 다른 구실을 만들며 빠져나가기, 이런 식인 것이다. 그러나 "인원"이라는 단어는 검사 출신 법비의 전형적인 방어 논리가 어떻게 자기모순에 빠질 수 있는지를 극명하게 보여주었다. "증거가 없으면 부인하라"는 법비적 습관이, 국민이 지켜보는 공개 법정에서는 오히려 치명적 약점이 된 것이다.

(3) 회피, 해제됐으니 문제없다

회피는 "이미 계엄이 해제됐으니 큰 일 아니"라거나, "민주당의 무리한 탄핵 추진이 더 문제"라고 떠넘기는 방식으로 본질을 흐리는 전략이다. 탄핵심판에서 윤석열이 가장 자주 꺼낸 논리가 "2시간짜리 계엄이 어디 있느냐. 계엄이 실질적으로 아무 일도 일으키지 못했고, 곧바로 해제됐으니 문제될 게 없다."는 것이었다. "이미 문제가 해소됐다"거나 "대단치 않은 일"이었음을 강조해 법적·정치적 책임을 가볍게 만들거나 회피하는 방식이다.

그러나 내란은 단순히 군대를 동원해 의회를 마비시키려 한 행위 자체만으로 성립된다. 단 몇 시간이라도 발동된 사실 그 자체가 중대 범죄다. '2시간짜리 계엄론'은 "위기 상황이라면 헌법도 무력화할 수 있다", "권력자가 마음만 먹으면 언제든지 제도를 중단할 수 있다" 같은 위헌적 인식이 누적된 결과다. 윤석열은 "민주당의 폭거 때문에 어쩔 수 없이 비상계엄을 선언했고 난 잘못한 게 없다", "계엄령이 실제로 국민 안전을 지키는 데 도움이 됐는지 모른다", "계몽령이다", "국회를 해제할 수 있었는데 하지 않은 것이다"는 식으로 미화하면서 계엄이 민주주의와 헌정질서를 파괴하는 조치였다는 사실을 회피한다.

형법은 내란죄의 구성요건을 어떻게 규정하고 있을까?

- **형법 제87조(내란)** "국토 참절 또는 국헌문란 목적으로 폭동을 일으킨 자는 다음 구분에 따라 처벌한다. 우두머리: 사형·무기징역·무기금고, 모의 참여·중요 임무 종사자: 사형·무기·5년 이상 징역/금고, 부화수행·단순 관여자: 5년 이하 징역/금고."
- **형법 제91조(폭동 정의)** "폭동이란 다중의 위력으로 한 지방의 평온을

> 해할 정도에 이른 상태를 말한다. 국헌문란 목적은 헌법기관 전복 또는 권능행사를 불가능하게 하는 것을 포함(제91조 제2호)한다."
>
> 내란죄 기수 요건은 폭동이 한 지방의 평온을 해할 정도에 달해야 성립(대법원 96도3376)한다. 꼭 오랜 기간 조직적 준비나 완전한 국정 장악이 이루어져야만 내란죄가 인정되는 것이 아니라 짧은 시간이더라도 국헌문란을 일으키려는 폭동이 현실적으로 개시된 이상 내란죄 구성요건에 해당할 수 있다.

(4) 지연, 지금 탄핵은 과잉 반응, 아직은 시기상조다

윤석열과 변호인단은 재판 과정에서 각종 이의제기·기피신청·증거 채택 거부 등을 남발해 시간을 끄는 전략을 펼쳤다. 국회 측이 탄핵심판을 빠르게 마무리하려 하자 윤석열 측은 "이 사건은 헌정사를 뒤흔드는 중대 사안이라 충실한 심리가 필요하다"며 시간을 끌었다. 국회 탄핵소추가 가결된 뒤에도 윤석열 측은 체포적부심, 구속취소, 기피신청, 헌법재판관 임명 보류 등 온갖 수단을 동원해 시간을 끌었다.

'탄핵 시기상조론'에 감춰진 것은 궁극적으로 시간을 벌어 진실규명을 흐리게 만들겠다는 의도이다. 시간을 길게 끌수록 국민적 분노는 분산되고 언론의 관심도 희미해진다. 그 사이 '법기술자들'은 증거 채택을 차단하거나 각종 서류 제출을 늦추는 등 장벽을 쌓는다. 지연 전략은 민주주의 사회가 경계해야 할 '공동의 무감각'을 양산하는 지름길이다.

탄핵심판, 수사 과정에서 윤석열의 회피·지연 전략은 세 단계로 전개되었다. 첫 단계는 '수사 자체의 무력화'였다. 공수처의 내란죄 수사권을 전면 부정하고, "변호인단 구성이 완료되지 않았다"며 검찰 소환을 거부했다. 대통령실 압수수색에 대해서는 "군사상 기밀 시설이 있는 장소의 특수성"을 내세워 물리적 저지를 지시했다. 공수처가 대통령 관저 압수수색을 시도했을 때는 경호처가 나서 막았고, 핵심 증거와 문건들이 파기될 시간을 벌었다.

두 번째 단계는 '법적 절차의 악용'이었다. 2024년 12월 31일 첫 체포영장이 발부된 이후 2025년 1월 19일 구속영장이 발부되기까지, 체포적부심과 구속취소 신청 등 가능한 모든 법적 절차를 동원했고 구속취소를 이끌어냈다.

세 번째는 '증거와 증언의 무력화' 전략이다. 11통의 전화와 체포 명단 존재를 전면 부인하면서 "격려 전화를 체포 지시로 왜곡했다"는 새로운 프레임을 만들었다. 조지호 경찰청장의 진술에 대해서는 "건강이 좋지 않은 상태에서의 진술"이라며 신빙성을 흔들었고, 홍장원 국정원 1차장의 메모는 "시간과 장소가 다르다"며 부정했다. 앞서 지적했듯 심지어 자신의 언어 습관("인원"이라는 단어 사용)까지 부인하다가 같은 법정에서 네 차례나 동일 단어를 사용하는 모순을 보였다. 이러한 전략의 배후에는 '시간 끌기'를 통한 국민적 관심 분산 의도가 있었다.

윤석열과 내란 세력은 "더 이상 갈등을 유발하지 말자"는 관용적 표현으로 책임 추궁을 회피하면서, 한편으로는 극우 세력의 서부지법 난동과 인권위 점거를 암묵적으로 용인했다. 특히 탄핵심판 과정에서는 헌재 재판관 3인의 임명을 거부해 '6인 체제'를 강요하고 기피신청을 남발했다. "대행 체제도 정상화 단계"라며 시간을 끄는 사이 증거는 훼손되고 진실은 흐려졌다.

이는 단순한 방어 전략이 아닌, 검찰총장 출신다운 '법비의 총력전'이었다. 수사를 받지 않으면서도 모든 법적 절차는 활용하는, 그래서 책임은 피하면서 시간은 버는 이중 전략이다. '실패한 쿠데타도 처벌받지 않으려는' 위험한 선례를 남기기 위한 시도였다.

(5) 소결: 결국 내란은 끝나지 않았고, 다시 불씨가 될 가능성이 남아있다

윤석열이 내란 사태에서 보여준 대응은, 형사소송 원칙("증거가 없으면 무죄")에 기대면서도 실질적으로 거부·부인·회피·지연을 오가며 정황증거와 재판 과정을 무력화하는 전형적 '법비 기술'의 연속이었다. 인권 보호를 위해 마련된 형사소송제도('피고인의 방어권')를 반대로 악용한 사례라는 점에서 이 사태가 민주주의와 법치주의에 공히 남긴 상흔은 작지 않다.

윤석열이 "증거 부재", "부인", "해제됐으니 문제없음", "시기상조" 등의 전략을 반복하는 동안 국가는 심각한 혼란에 빠졌다. 대통령의 법적 면책 시도가 '거부(증거 인정 안 함) – 부인(행위 자체를 부정) – 회피(국회 해제 의결로 끝났다는 말) – 지연(헌법재판소 심리 절차를 마구 흔들어 시간 끌기)'으로 이어지는 동안 국정은 마비되다시피 했다. 탄핵소추로 대통령 직무가 정지됐는데도 지지 세력 일부가 '대통령 구하기' 집회를 열고, 법원을 습격하거나 계엄 옹호 시위를 벌이면서 사회 분열이 심화됐다.

윤석열은 수사나 재판을 받는 과정에서 "정치적 동기"나 "특정 세력의 편향"을 언급하며 사법기관을 공격했다. 단순 방어를 넘어 판사나 수사관들의 '객관성'을 흔들어 양비론을 조성하면 법의 심판이 국민 눈에는 복잡하게 비치는 효과가 있다. 실제 서부지방법원 난동처럼 지지자들이 법원을 공격하면 거꾸로 "법원이 불공정하다"는 피의자의 서사를 강화하는 역효과가 일어난다. 윤석열은 끝까지 반성 없이 "내란은 없었다"고 버티며 오히려 지지층과 극우 성향 유튜버를 묶어 정치적 세를 키운다. 윤석열은 가뜩이나 혼란스러운 탄핵 국면을 "법원·헌법재판소 vs. 대통령"

구도로 몰아갔고 대통령의 이런 태도는 한국 법치주의를 심각한 위기에 빠뜨렸다. 대통령 본인이 "직접 한 말이 없다"며 부인하고, 법률대리인단이 증거조차 "정치 공작"으로 치부해 버리면 시민은 국가범죄에 관한 구체적 진실을 확인하기 어렵다. 여당 일부 의원들은 "헌법재판소가 성급하게 파면을 결정하면 대규모 불복 운동이 일어날 수 있다"고 엄포를 놓기까지 했다. 이는 소송을 통한 법리 판단마저 정치투쟁의 도구로 변질시키며 법치주의를 그 자체로 위협하는 행위다.

뒤에서도 자세히 살펴보겠지만, 윤석열의 '버티기 전략'은 정통 보수층·극우 유튜버들을 결집시켰다. 그들은 "재판부가 편향됐다", "내란죄 빠진 탄핵심판은 무효", "이런 식이면 불복 운동도 불사" 등의 과격한 선동을 일삼았다. 국민의힘 의원 76명은 "절차적 하자를 근거로 탄핵이 무효"라는 탄원서를 헌법재판소에 제출하며 국론 분열을 더욱 부추겼다. 이런 극단화의 흐름은 윤석열 본인이 마지막까지도 재판부와 언론을 공격하며 "정치적 탄핵"이라고 주장하는 태도와 맞물려 있다. 차기환·윤갑근·석동현 등 대통령 측 변호인들은 탄핵 재판정에서 "계엄은 불가피했다", "북중러 간첩세력이 국회를 장악했다" 등 상식 밖의 논리를 펼쳤고, 재판이 불리해지면 곧바로 "헌법재판관 구성이 편향됐다", "법원과 언론이 좌파에 장악됐다"는 식으로 몰고 갔다. 이는 사실상 "사법기관과 재판 결과를 인정하지 않겠다"는 불복 의사와 다르지 않다.

윤석열은 파면 일주일 만인 4월 11일 오후 5시경 서울 한남동 관저에서 퇴거했다. 그는 "탄핵 무효"를 외치는 지지자들을 향해 손을 흔들고 악수를 나누며 일부와는 포옹하는 모습도 보였다. 이어 곧바로 서초동 자택으로 이동했다. 윤석열은 변호인단을 통해 이날 입장을 내고 "오늘 관저를 떠납니다. 그동안 정말 감사했습니다."라고 밝힌 뒤 "지난 2년 반,

이곳 한남동 관저에서 세계 각국의 여러 정상들을 만났다. 우리 국익과 안보를 지키기 위해 노력했던 순간순간이 주마등처럼 스쳐 지나간다."라고 했다. 이어 "지난 겨울에는 많은 국민들, 그리고 청년들께서 자유와 주권을 수호하겠다는 일념으로 밤낮없이 한남동 관저 앞을 지켜주셨다."라며 "추운 날씨마저 녹였던 그 뜨거운 열의를 지금도 가슴 깊이 새기고 있다."라고 했다. 윤석열은 "이제 저는 대한민국 국민의 한 사람으로 돌아가 나라와 국민을 위한 새로운 길을 찾겠다."면서 "국민 여러분과 제가 함께 꿈꾸었던 자유와 번영의 대한민국을 위해 미력하나마 노력을 아끼지 않겠다."라고 했다. 헌법재판소 파면에 대한 승복의 메시지는 전혀 찾아볼 수 없다.

결국 윤석열의 파면으로 대통령 개인은 자리에서 물러났지만, 내란이라는 중대 범죄가 남긴 그림자는 여전히 짙다. 내란은 군대를 동원해 국회를 마비시키려 한 단 한 번의 사건으로만 끝나지 않는다. '거부·부인·회피·지연'으로 대표되는 내란 시도의 후유증은 책임자 처벌과 기록 보존, 제도적 장치 마련 등 법치주의가 갖춰야 할 필수적 대응을 소홀히 할 때 끊임없이 재발할 수 있기 때문이다. 그 어떤 권력자도 '직접증거가 부족하다'거나 '이미 해제됐으니 문제없다'는 식의 논리로 국헌문란을 회피하도록 내버려 둬서는 안 된다.

무엇보다도 민주주의의 핵심은 시민이 권력을 끊임없이 감시하고 법의 이름으로 책임을 추궁할 수 있어야 한다는 점이다. 내란을 가능케 했던 구조와 심리적 동원 방식, 그리고 그 정황을 흐리려는 온갖 '법비적 기술'을 철저히 밝히고 기록해야 한다. 대통령 개인이 자리에서 물러난다고 해서 내란의 후유증이 자연스럽게 해소되지는 않는다. 끊임없는 진상규명, 책임 추궁, 제도 개선을 통해서만 우리 사회는 동일한 비극이 되풀이되는 것을 막을 수 있다. 결국 법을 통해 내란의 씨앗을 완전히 뿌리 뽑고 그 기억을 살아 있게 해 다시금 민주주의가 위협받을 때 시민이 단단히 맞설 준비를 갖추는 것, 그 길만이 '실패한 내란'의 뒤편에 숨어 있는 또 다른 불씨를 사전에 차단하는 유일한 방책이다.

내란 옹호 세력의
폭력과 음모론

법비 대통령이 계엄령으로 국회를 봉쇄하려 했을 때 이를 현장에서 옹호하고 이후 탄핵심판 국면에서도 폭력을 조장한 극우 준동 세력이 존재했다. 이들은 부정선거 음모론, 반공·반북·반중 정서, 가짜뉴스, 국민저항권 왜곡 등을 결합해 윤석열을 '자유민주주의의 수호자'로 치켜세웠고, 나아가 탄핵과 구속영장 발부에 반발하여 법원 습격 등 직접적 폭력을 감행했다.

1. 탄핵소추를 지연시키고 권한대행이 거부권을 남용하는 일이 반복되었다

국회는 대통령 탄핵소추를 헌정질서 회복을 위한 필수 조치로 보았지만, 처음부터 매끄럽지는 않았다. 1차 소추안(12월 7일)이 여당의 조직적 불참으로 정족수를 못 맞춰 부결된 뒤 12월 14일에야 2차 소추안이 가까스로 가결되었다. 이 과정에서 여당 의원들의 '부결 당론'과 일부 야당의 늑장 대응이 겹쳐 시민들은 '이미 정치가 시간을 끌고 있다'고 느꼈다. 탄핵의 '신속성'과 '단호함'이 크게 훼손됐다.

탄핵안 가결 뒤에도 대통령 권한대행(처음엔 한덕수, 이후 최상목)이 헌재 재판관 임명을 거부하거나 특검을 막았다. 대통령의 권한이 정지된 상태에서 권한대행(국무총리, 그 후 장관 대행)들이 사실상 대통령을 대신하여 국정 운영에 영향력을 행사하며 탄핵 절차를 '느슨하게' 만들었다. 이는 '계엄 직후의 혼란'을 키워 "지금 탄핵은 시기상조다"라는 여론을 유도하는 전형적 지연술이었다.

결과적으로 탄핵심판이 차일피일 미뤄지는 사이 시민 다수는 피로감을 느끼고, 대통령 측은 "사회적 분열을 막자"며 책임을 회피한다. 시간이 흐를수록 내란 사태를 경험한 시민들도 일상으로 복귀하여 한편으론 "번잡한 정쟁이 끝났으면 좋겠다"는 바람이 커진다. 결국 대통령 측 입장에서는 탄핵심판이 뒤로 밀릴수록 정치적 유불리를 계산하기 쉬워지고 국민적 분노가 희미해질 가능성이 높아진다. 헌정질서를 뒤흔든 중대 범죄가 흐지부지 잊혀 '내란 후유증'이 제대로 치유되지 못한 채 사회 곳곳에 잔재하게 된다. 실제로 계엄 직후 여론조사에서 탄핵 찬성 여론이 압도적이었음에도, '중도층 유보'를 노린 헌정질서의 목소리가 한동안 부각되며 탄핵심판 자체가 지체되고 여론도 변화한 측면이 있다.

2. 헌법재판관 임명 거부로 재판을 흔들고 수사를 회피하는 일이 벌어졌다

대통령 탄핵심판을 최종 심리하는 헌법재판소는 내란과 계엄의 문제를 헌법적 시각에서 판정할 책무를 지닌다. 그러나 권한대행 체제가 국회 선출 재판관들의 임명을 거부함으로써 재판부가 8인 체제로 불안정하게 유지되었고, 윤석열 대통령 측은 이를 "절차적 정당성 결여"의 근거로 삼아 탄핵심판을 계속 흔들었다. 재판관 기피신청과 무효론도 반복되어 결원 상태로도 재판이 가능하다는 헌법재판소 판례가 있음에도 매 기일마다 공방이 벌어졌다. 이는 명백한 탄핵심판 무력화 시도이자 궁극적으로 법치주의와 헌법수호 기제를 훼손하는 행위였다.

내란이라는 초유의 국가범죄를 수사하는데 있어 가장 큰 난관은 '이해충돌'이다. 현직 대통령이 주도한 범죄를 정부 수사기관이 독립적으로 수사할 수 있느냐는 것부터가 근본적 의문이다. 이러한 상황에서 특별검사제 도입은 필수적이었으나 윤석열 대통령 측은 이를 체계적으로 방해한다.

특별검사제는 정치적 중립성이 요구되는 사건에서 진실규명을 위해 도입되는 제도다. 헌법재판소는 2019년 최순실 국정농단 특검 사건에서 "사건의 특수성과 특검법의 도입 배경, 수사 대상과 임명 관여 주체와의 관련성 및 그 정도, 특별검사의 독립성, 중립성 확보 방안 등을 고려해 국회가 입법 재량으로 결정할 사항"이라고 판시했다(헌법재판소 2019. 2. 28. 선고 2017헌바196 전원재판부 결정). 특히 "대통령과 여당이 정치적 이해관계를 공유하는 현실에서 여당 추천 특검이 대통령을 수사하는 것은 이해충돌"이라고 보았다.

수사 방해와 회피는 세 가지 차원에서 진행됐다. 첫째, 특검법 자체를 막았다. 여당은 "야당 단독 추천권이 위헌"이라는 주장을 펼쳤지만, 이는 과거 사례와 배치된다. 2012년 9월 '이명박 정부의 내곡동 사저부지 특검법'에서는 민주통합당이, 2016년 11월 '최순실 국정농단 특검법'에서는 더불어민주당과 국민의당이 합의하여 추천권을 행사했으며, 2018년 5월 '드루킹 특검법'에서는 당시 야당(자유한국당, 바른미래당, 평화와 정의의 의원 모임) 추천으로 진행됐다. 대통령 권한대행들은 특검법에 거부권을 행사하며 도입 자체를 저지했는데 이들 역시 내란 공범 의혹을 받는 이해충돌 상태이다.

둘째, 정부 수사기관의 한계가 드러났다. 검찰, 경찰, 공수처, 군검찰이 각각 수사에 나섰으나 핵심 증거 확보에 실패했다. 대통령실 서버 압수수색은 저지당했고 경호처 고위 간부의 구속영장은 기각됐다. 특히 검찰 출신 혐의자들에 대한 수사는 사실상 배제됐는데, 이는 검찰이 선관위 점거를 도왔다는 의혹과도 연결된다.

셋째, 증거인멸과 은폐 시도가 이어졌다. 대통령실은 "군사기밀 보호"를 이유로 압수수색을 거부했고 주요 문건들이 파기됐다는 의혹이 제기됐다. 내란 모의 과정에 참여했던 중간 지휘자들의 진술 확보도 어려웠는데, 이는 조직적 진술 거부와 은폐가 있었음을 시사한다. 윤석열이 파면된 이후에도 증거인멸 의혹은 여전히 진행형이다. 특히 윤석열의 비화폰 삭제 지시자가 누구인지조차 명확히 밝혀지지 않고 있다. 2024년 12월 6일, 12·3 비상계엄 선포 사흘 뒤이자 홍장원 전 차장이 "대통령이 싹 잡아들여 정리하라고 했다"고 폭로한 당일이다. 또한 김봉식 전 서울청장에 대해 경찰이 수사를 시작한 날이기도 하다. 경호처 내부 사정에 밝은 인물은 "김 차장이 지시한 것으로 안다"고 증언했지만 김성훈 차장은 "처음 듣는 이야기"라며 "12월 7일에 군인들의 비화폰을 보안 조치하라고 한 것은 확인됐지만, 12월 6일은 무슨 얘기인지 모르겠다"고 반박했다. 김 차장은 12월 7일 곽종근 전 특수전사령관과 여인형 전 국군방첩사령관 등 군인들의 비화폰 정보 삭제를 지시했다는 의혹도 받고 있다. 다행히 직원들의 거부로 실제 삭제는 이루어지지 않은 것으로 전해진다.

이처럼 수사 방해는 단순한 '방어 전략'이 아니라 진실 규명 자체를 막으려는 시도다. 특검이 좌절되면서 내란의 전모, 특히 사전 모의나 지휘 체계가 명확히 밝혀지지 않았다. 이는 향후 유사 사태 재발을 막기 위한 제도적 보완을 어렵게 만든다. 결국 특검 도입 실패는 '내란의 전모를 은폐하고 책임자들을 비호하는' 또 다른 형태의 헌정질서 파괴라고 볼 수 있다. 그렇기에 특검은 반드시 필요하다.

3. 윤석열 계엄, 음모론과 혐오를 드러내다

윤석열이 국회를 향해 군을 투입한 직접적 명분 중 하나가 '부정선거 의혹'이었다. 이미 여러 차례 법원의 판결로 부정선거 주장이 근거 없다고 봤지만, 극우 성향 유튜버·정치인들은 이를 계속 부추겼다. 이는 곧 '야당=북한 간첩단'이라는 프레임과도 결합돼, 거대 야당·시민단체를 모두 '적'으로 규정하는 단계까지 치달았다. 이처럼 혐오와 음모론에 기댄 극우 정치가 사회 전반을 위험에 빠뜨렸다.

(1) 국가인권위원회가 내란동조 논란에 휘말리다

2025년 2월 10일, 인권위 전원위원회를 둘러싸고 초유의 폭력·점거 사태가 벌어졌다. 윤석열 지지자들이 인권위 건물 로비와 회의실 주변을 사실상 장악한 채 "윤석열 방어권을 보장하라"며 목소리를 높였다. 이들은 일부 직원·취재진에게 욕설·모욕을 가하고 건물 안팎에서 장시간 소동을 벌였다. 수십 명의 보수단체 회원들이 "이재명 구속" 등 여러 구호를 외치며 곳곳을 휘젓는 장면이 포착됐고 실내로의 진입을 저지하려던 인권위 직원들도 위협받았다. 건물 정문 앞이 혼란스럽고 내부 회의실 접근조차 쉽지 않은 상황에서 전원위원회가 열렸다. 회의가 정상적으로 진행될 수 없는 환경이었음에도 일부 인권위원들은 "더 이상의 충돌을 막겠다"며 논란이 된 안건('윤석열 대통령 방어권 보장' 관련)을 상정했다. 결과적으로 인권위는 극단적인 압박 속에서 해당 안건을 표결에 부쳤다.

문제의 핵심은 이른바 "계엄 선포로 야기된 국가적 위기 극복 대책 권고의 건"(일명 '내란동조 안건')이 전원위원회에서 찬성 6인, 반대 4인으로 가결되었다는 점이다. 인권위는 비상계엄 선포를 "고도의 정치적·군사적 성격을 지닌 통치행위"로 규정하여 "헌법이나 법률에 위배된다는 특별한 사정이 없다"는 식으로 내란죄 적용 자체를 문제 삼았으며, 윤석열 대통령과 계엄 관련 피고인들에 대한 불구속 재판 원칙을 지켜 탄핵심판과 형사재판 모두에서 대통령 측의 "방어권"을 최대한 보장하라고 권고했다. 또한 헌법재판소·법원·수사기관을 향한 이례적 메시지, 즉 "탄핵소추 남용 여부를 적극 검토하라", "본안 심리 시 형사소송에 준하는 절차를 준수하라"는 등을 내놓아 사실상 대통령에게 유리한 절차를 요구했다.

4인의 인권위원은 반대의견에서 "비상계엄으로 인해 국민 기본권이 침해된 사실을 외면한 채 대통령 방어권만을 보호하려는 결론은 국가인권기구로서의 책임과 정체성을 망각한 것"이라고 밝혔다. 이들은 "대통령이야말로 권력의 정점에 있고 막강한 변호인단이 붙은 존재이므로 굳이 인권위가 직접 나설 일도 없으며 오히려 사회적 약자나 일반 시민들이 '계엄'으로 인한 두려움과 폭력적 상황을 겪은 점을 제대로 조사했어야 한다"고 지적했다. 한편 비상계엄으로 인해 발생한 국민 인권침해 사안을 '직권조사'하거나 '의견표명'하자는 다른 안건은 표결조차 하지 못하고 부결되었다.

인권위의 결정문은 "단기간 계엄으로 인한 피해가 전혀 없고 국회의원 구금 사례도 없다"고 서술하면서, 비상계엄을 사실상 정당화하는 논리로 일관해 내란 혐의를 부정하는 데 급급하고, 정작 계엄에 항의하거나 중단을 위해 노력하다가 부상을 입거나 정신적 고통을 겪은 국민 다수의 호소는 외면하고 있다. 게다가 헌법재판관 임명을 막아 세웠다는 이 유만으로 국무총리 한덕수를 탄핵소추한 국회를 "강압적 기관"으로 묘사하고, "국회의 탄핵소추권 남용 여부를 적극 심리해 즉시 각하하라"고 요구하는 등 오히려 인권위가 헌법재판소에 '재판 지침'을 내린 듯한 모습이어서 권력분립 원칙의 침해를 초래하고 있다. 이처럼 인권위의 '내란동조 안건' 통과는 사실상 윤석열 대통령과 내란 공범 혐의자들이 이 기구를 이용해 "방어권 보장"을 입증하는 수단으로 삼은 셈이고, 결과적으로 "비상계엄은 고도의 통치행위"라는 식으로 내란을 정당화하는 결정문이 국제인권기구나 국내 법원에도 제시됨으로써 향후 탄핵심판이나 내란죄 형사재판에서 보탬을 줄 가능성이 높아졌다.

형법은 내란동조죄를 어떻게 규정하고 있을까?

내란동조죄는 내란행위 자체에는 직접 가담하지 않았더라도 내란을 수행하려는 세력(내란범)에게 협력하거나 편의를 제공함으로써 내란을 직·간접적으로 지원하는 행위를 말한다. 다시 말해 내란을 일으킨 주체들에게 물적·인적 지원을 하거나, 그들의 활동을 찬양·선전·방조하여 결과적으로 국가 헌정질서 전복(국헌문란)에 기여하는 경우가 모두 이에 해당한다.

형법 제90조(내란 목적의 선전·선동 등) "내란을 선전 또는 선동하거나 그 목적으로 준동하는 자나 내란을 일으킨 자와 합세하거나 자진하여 그에게 편의를 준 자는 제87조(내란죄)에 정한 형에 처한다."

즉, 형법 제90조는 내란범들과 '합세'(공동 행위)하거나 '편의를 제공'(물적·재정적 지원, 정보 제공, 조직 동원, 선전·선동 등)하는 일체의 동조 행위를 내란죄와 동일하게 처벌한다고 규정한다. 이를 통상 '내란동조죄'라고

> 부르며 그 형량은 실제 내란죄(제87조)와 동일할 정도로 중하게 다루고 있
> 다. 국헌문란 목적의 직접적 증명이 필요하며 인권위의 주관적 의도(내란
> 지원 의도)가 중점적으로 검토되어야 하나 입증이 어려울 것이다.

(2) 부정선거 프레임과 선관위 공격이 민주주의의 기반을 허물었다

윤석열이 비상계엄을 선포하게 된 동기는 앞으로 더 정밀하게 분석될 것이다. 그렇지만 적어도 제22대 국회의원 선거를 비롯한 여러 선거가 부정선거였다는 일부 주장에 윤 대통령 자신이 상당히 공감하였고, 그 부정선거 의혹을 파헤치겠다는 생각이 계엄을 추동하게 된 것이라는 사실은 탄핵과 내란 조사 과정에서 드러나고 있다.

그러나 지금까지 제기된 모든 부정선거 의혹 소송에서 법원은 일관되게 기각 또는 각하 판결을 내렸고 선거관리위원회의 서버 시스템에 대해서 어떠한 해킹이나 부정의 의심이 없음을 확인했다. 대법원은 2022년 7월, 2년여에 걸친 재판 과정에서 모든 투표 기록과 전산 시스템을 면밀히 검증하여 "조직적 부정의 증거가 없다"는 최종 판단을 내렸다.

'부정선거'라는 주장은 논리적으로 성립하기 어렵다. 현대 선거제도는 선거관리위원, 정당 참관인, 시민 감시단이 참여하는 다층적 감시체계로 작동한다. 투표용지 발급부터 개표 집계까지 모든 과정이 교차 검증되며, 가령 대규모 부정선거를 저지르려면 ① 수많은 선거 관리 주체들이 공모해야 하고, ② 물리적 투표용지와 전산 집계를 동시에 조작해야 하며, ③ 이 모든 과정에서 한 명의 내부고발자도 나오지 않아야 한다. 이는 현실적으로 불가능한 음모론이다. 더 중요한 문제가 있다. 민주주의는 '절차적 정당성'을 통해 작동한다. 선거 결과에 불복하는 측이 부정선거

의혹을 이유로 법원의 최종 판단까지 부정하기 시작하면 민주주의는 더 이상 지속될 수 없다.

그럼에도 대통령은 헌법재판소 탄핵심판에서조차 "부정선거가 최대 국정 문란 상황"이라며 이미 판결로 확정된 사실을 부정했다. 이는 사법부의 최종 판단을 무시하는 반법치적 행위이자 민주주의의 기본 원칙을 훼손하는 시도다. 국가 최고권력자가 검증되지 않은 의혹을 공식 석상에서 제기하며 헌법기관인 선관위의 신뢰도를 훼손한 것은 어떤 의미인가? 그것은 저잣거리에 떠도는 소문을 공식적 논쟁거리의 지위로 올려줌으로써 우리 민주주의 제도 자체를 의심하게 하고, 근거 없는 허위 주장으로 민주주의의 기반이 되는 사회적 신뢰를 훼손케 하는 심각한 반헌법적 행위이다. 그로 인해 우리 사회는 무너져 버린 상호 신뢰성 구축을 위해서 더욱 오랜 기간 진통을 겪어야 할 게 자명하다.

내란 세력이 주장하는 대규모 부정선거가 불가능한 법적인 이유는?

① 헌법상 근거

헌법 제114조 "선거관리위원회는 선거와 국민투표의 공정한 관리 및 정당에 관한 사무를 처리하기 위하여 둔다." 중앙선거관리위원회, 시·도선관위, 구·시·군선관위, 읍·면·동선관위에 이르는 다단계 선거관리위원회 체제를 두어 다수의 기관 및 인원이 선거 절차에 관여하도록 규정함으로써 1인 또는 소수 세력이 전 과정을 장악·조작하기 어렵게 하고 있다. 또한 헌법은 선거관리위원회의 독립성을 보장함으로써 어느 한쪽 권력이 선거를 자의적으로 관리·통제하는 것을 방지하고 있다.

② 공직선거법상 근거

대한민국의 구체적 선거 절차와 투·개표 관리는 주로 공직선거법에 의해 이루어진다. 대표적으로 다음 조항들이 중복·상호 보완적으로 작동하여 여러 사람이 동시에 공모해야만 대규모 부정선거를 시도할 수 있음을 명확히 하고 있다.

- **선거관리위원회의 전산 시스템 이중 검증 절차:** 제278조(전산조직에 의한 투표·개표)는 전산조직에 의한 투표·개표 시스템의 핵심 원칙을 규정하고 있다. 제1항은 중앙선관위의 사무전산화 의무를, 제3항은 개표사무 관리 전산화에서 투표결과 검증 가능성과 정당·후보자 참관 보장을, 제6항은 전산조직운영프로그램의 작성·검증·보관 등 세부사항을 중앙선관위 규칙으로 정하도록 명시했다. 실제 개표 과정은 철저한 이중검증 구조로 설계되어 있다. 투표지 분류기는 외부 통신망과 완전히 차단된 폐쇄망에서 운영되며 위변조 방지 기술과 접근통제 시스템이 적용된다. 분류된 투표지는 개표 사무원들이 한 장씩 직접 확인하고 심사 계수기를 통해 재검증하며, 미분류 투표지와 무효 투표지는 반드시 개표 사무원이 직접 판정한다. 최종 개표 결과는 수작업 확인을 거친 후 확정되고, 개표 상황표와 득표수도 위원 검열석에서 다시 검증된다. 정당·후보자가 추천한 참관인과 일반 유권자의 참관 제도를 통해 개표 전 과정이 공개적으로 검증된다. 또한 선거 정보 시스템은 주요 정보통신 기반시설로 지정되어 정기적으로 보안점검을 받고, 과학기술정보통신부와 국정원에 결과를 보고해야 한다. 2024년 총선 전에도 국가정보원과 과기정통부, 국회 추천 전문가의 현장 재점검이 이뤄졌고 다중 인증체계 등 보안이 강화되었다. 이처럼 대한민국의 선거제도는 전산 시스템 자동 분류→개표 사무원 수작업 심사→개표 상황표 검증 및 위원 검열→참관인 실시간 감시→결과 보고 및 공개의 4단계 검증 체계를 통해 부정선거 가능성을 구조적으로 차단

하고 있다.

- **선거관리위원회의 설치 및 구성:** 제12조(중앙선관위 관할 권한), 제13조(선거구선거관리)는 중앙선거관리위원회부터 시·도선거관리위원회, 구·시·군선거관리위원회까지 계층적으로 설치된 다단계 선거관리위원회가 각 선거 유형별로 관할을 분담하며 서로 견제와 감시를 수행하도록 설계되어 있다.

- **투표용지·전자개표 및 개표 절차:** 제151조 이하(투표용지의 작성·관리), 제173조·제174조(개표소 설치와 개표사무원), 제181조·제182조(개표 참관 및 개표의 진행) → ⓐ실물 투표용지는 엄격한 발급·관리 절차, 여러 차례의 확인과 봉인지 작성을 거치며, ⓑ전산개표 및 집계 역시 개표참관인·선관위·정당 등이 입회·검증하는 가운데 이루어진다. → 물리적 종이 투표와 전산 집계를 동시에 조작하려면 투표소·개표소·전산센터 등 모든 단계에서 선거사무 종사자와 참관인, 관련 공무원·민간인 등이 집단적 '공모'를 해야 하며 이를 모두 은폐해야 한다.

- **투표·개표참관인 제도:** 제161조(투표참관), 제181조(개표참관) → 제161조(투표참관)는 투표관리관이 투표참관인으로 하여금 투표용지의 교부상황과 투표상황을 참관하게 하도록 규정하며, 투표참관인은 정당·후보자·선거사무장 등이 선정하여 신고하고 동시선거의 경우 제213조에 따라 후보자를 추천한 정당과 무소속 후보자마다 2인을 선정·신고하도록 한다. 또한 제181조(개표참관)는 개표참관인을 정당·후보자가 선정하여 신고하도록 하되 동시선거의 경우 제215조에 따라 후보자를 추천한 정당마다 8인을, 무소속후보자는 2인을 선정·신고하며, 구·시·군선거관리위원회는 원활한 개표관리를 위해 필요한 경우 개표참관인을 교대하여 참관하게 할 수 있되 정당·후보자별로 참관인수의 2분의 1씩 교대하여 참

관하게 하도록 규정하고 있다.

- **부정선거 처벌 규정:** 제243조 이하(공직선거부정방지), 제256조 이하(각종제한규정위반죄) → 투표용지 위·변조, 허위 집계, 전산 조작 등 선거부정 행위에 대해 중형으로 처벌하는 규정을 두고 있다. 선거부정 행위에 대해 1년 이상 10년 이하의 징역이나 고액의 벌금 등 중형으로 처벌하는 규정을 두고 있으며, 양벌규정을 통해 관련 단체에도 책임을 묻고 있다. 공익신고자 보호법을 통해 내부고발자를 보호하는 제도적 장치가 마련되어 있어 내부고발자가 나올 경우 선거부정 행위의 전체 공모가 드러날 수 있는 구조로 되어 있다. 내부고발자가 한 명만 나와도 전체 공모가 쉽게 드러날 수 있는 구조이다.

③ 내부고발 가능성과 공익신고자 보호

공직선거법 및 공익신고자 보호법(공직선거법 자체의 신고자 보호 조항) 전반에서 선거부정 등 공익에 반하는 범죄 행위를 신고할 경우 신고자의 신분·신체·재산상의 보호장치를 마련해 두고 있다. 부정선거와 같은 대규모·집단적인 범죄는 많은 인력이 개입되어야 하므로 어느 한 지점만 노출되어도 전모가 드러나기 쉬운 데다 실형·중형의 위험이 크기 때문에 내부고발자가 '단 한 명도 나오지 않는 상황' 자체가 극히 어려운 구조다. 공직선거법 제262조의2와 특정범죄신고자 등 보호법의 준용 규정, 그리고 공익신고자 보호법의 관련 조항들은 선거범죄 신고자의 신분·신체·재산상의 보호를 위한 다양한 장치를 마련하고 있다. 이러한 보호 장치와 함께 선거부정 행위에 대한 중형 처벌 규정은 내부고발자가 나올 가능성을 높이는 요인이 된다.

정리하면, "수많은 선거관리 주체가 공모해야 하고, 투표용지와 전산 집계를 동시에 조작해야 하며, 내부고발자가 한 명도 나오지 않아야 하는" 부정선거 시나리오는, 헌법 제114조(독립적인 선거관리위원회 체제)와 공직선거법(전산 시스템 이중 관리·다단계 관리·참관인 제도·엄중 처벌 규정

> 등)에 의해 설계된 중첩적 감시·검증 절차 탓에 현실적으로는 거의 불가능에 가깝게 억제되고 있다. 이처럼 대한민국 선거제도는 다양한 기관·인력·절차가 상호 견제와 실시간 검증을 수행하도록 짜여 있어 물리적·전자적 부정을 동시에 실행하고 이를 전부 은폐하기란 구조적으로 어려운 체계이다. 또한 내부고발자를 두텁게 보호하는 제도적 장치가 마련되어 있기 때문에 단 한 명도 이탈 없이 거대 규모의 부정행위를 유지하는 것은 사실상 불가능에 가깝다.

(3) 국민의힘의 극우화는 극우의 제도정치화를 의미한다

주류 보수 정당인 국민의힘의 내란 이후 행태는 민주주의를 근본적으로 위협하는 새로운 차원의 도전이다. 정당이 극단주의를 걸러내는 '문지기' 역할을 포기하고 오히려 폭력을 정당화하는 세력으로 변질되고 있다. 서부지법 난동 사태에서 일부 국민의힘 의원들은 "대통령을 지키려는 시민들의 정의로운 분노"라며 폭력을 미화했고 "불법 영장에 기한 불법 구속이다"는 식의 발언도 서슴지 않았다. 특히 당 지도부는 법원 폭동 이후 "양측 모두 자제하라"는 양비론적 태도로 일관하며 사실상 폭력 시위를 용인했다. 더 나아가 내란 특검법 도입을 막고, 증거인멸 의혹이 제기된 대통령실 압수수색을 방해하는 등 진상규명 자체를 가로막았다.

이는 단순한 정치적 이해관계를 넘어 법치주의의 근간을 흔드는 위험한 행보였다. 당내 일각에서는 "종북 세력이 사법부를 장악했다", "부정선거를 덮으려는 음모"라는 허위 주장을 확산시켰고, 이는 극우 유튜버들의 '국민저항권' 프레임과 결합하며 폭력의 정당화 논리를 만들어냈다. 특히 온라인 공간에서는 '디시인사이드', '펨코' 등을 통해 젊은 층까지 극우 담론에 빠르게 동조하는 현상이 나타났는데, 이들은 부정선거론,

반중 정서, 공산화 음모론 등을 결합해 윤석열을 '자유민주주의의 수호자'로 신격화했다.

심각한 것은 이러한 담론이 더 이상 극우 세력만의 것이 아니라 제1야당의 공식 입장처럼 취급되고 있다는 점이다. "군대는 언제든 국회를 폐쇄할 수 있다"는 위험한 인식이 제도권 정치에서 용인되면서 향후 어떤 정치적 위기 상황에서도 계엄이 '하나의 방법'으로 정당화될 수 있는 토대가 만들어지고 있다. 이는 레비츠키와 지블랫이 『어떻게 민주주의는 무너지는가』에서 경고한 것처럼, 주류 정당이 극단주의를 제어하지 못하면 민주주의가 서서히 무너진다는 징후와 정확히 일치한다. 결국 우리는 일회성 폭력 사태가 아닌, 제도권 정치를 통한 '민주주의의 후퇴'라는 더 큰 위협에 직면해 있는 것이다.

이러한 상황이 더욱 우려스러운 것은 국민의힘의 극우화가 정치적 계산에 따른 의도적 선택이라는 점이다. 그들은 "보수층 결집"이라는 명분으로 극우 세력을 끌어안으면서 사실상 민주주의의 근간을 흔드는 위험한 도박을 벌이고 있다. 국민의힘은 탄핵 국면에서도 계속해서 선동적 행태를 보였다. "탄핵은 정치보복"이라는 프레임을 만들어내고, 헌법재판소 재판관들을 향해 "좌파 성향"이라는 근거 없는 공격을 이어갔다. 일부 의원들은 "탄핵이 인용되면 보수 세력의 전면적 저항이 시작될 것"이라는 협박성 발언까지 서슴지 않았다.

이는 2021년 미국의 1·6 의사당 난입 사태와 놀랍도록 유사한 패턴을 보인다. 당시 트럼프와 공화당이 "부정선거" 프레임으로 지지자들을 선동했듯 국민의힘도 "불법 탄핵"이라는 허구적 주장으로 극우 세력을 결집시키고 있다. 더 심각한 것은 이러한 선동이 실시간으로 확산되는 미디어 환경이다. 극우 성향 유튜버들은 폭력 시위를 생중계하며 후원금을 모금했고, 일부 의원들은 이들의 방송에 출연해 "시민들의 정당한 저항"이라는 발언을 반복했다. 이는 과거 군부독재 시절에도 없었던 새로운 차원의 위협이다. 민주화 이후 처음으로 제도권 정당이 노골적으로 폭력의 정당성을 인정하고 사법부를 향한 물리적 공격을 옹호하는 상황이 벌어진 것이다.

여기에 젊은 층의 극우화 현상까지 더해져 민주주의의 근간이 흔들리고 있다. 20-30대 사이에서 "계엄도 필요하다", "강한 지도자가 국회를 닫아야 한다"는 인식이 확산되는 것은 매우 위험한 징후다. 결국 국민의힘의 극우 편향은 단순한 정치 전략을 넘어 한국 민주주의의 미래 자체를 위협하는 중대한 도전이 되고 있다. 정당이 극단주의를 걸러내는 대신 오히려 증폭시키는 역할을 자처하면서 민주주의의 제도적 안전장치들이 하나둘 무력화되고 있는 것이다.

특히 주목할 점은 '법치주의의 선별적 활용'이다. 대통령의 계엄령 선포는 "통치행위"라며 면책을 주장하면서도 야당의 특검법 추진은 "위헌"이라고 반발한다. 이는 법을 정치적 도구로 전락시키는 전형적인 모습이다. 더 우려스러운 것은 이러한 이중 잣대가 당내에서 전혀 견제받지 않는다는 점이다. 일부 국민의힘 의원들이 "내란 시도를 옹호하는 것은 보수도, 우파도 아니다"라고 비판했다가 오히려 당내에서 배척당한 것이 대표적 사례. 이제 국민의힘에서 '합리적 보수'의 목소리는 찾아보기 힘들다. 대신 "종북 세력과의 전쟁"을 외치는 극단적 수사가 일상화됐다. 여기에 온라인 극우 매체들이 가세해 '피아 구분'을 더욱 극단화한다. "윤석열을 비판하면 종북", "계엄에 반대하면 빨갱이"라는 식의 단순 이분법이 젊은 층까지 파고들고 있다.

이런 상황이 지속되면 민주주의의 제도적 기반 자체가 흔들릴 수 있다. 특히 청년층의 극우화는 장기적으로 더 심각한 위협이 될 수 있다. 민주화를 경험하지 못한 세대가 "강한 지도자의 독재"를 긍정하기 시작하면 그것은 민주주의의 세대 간 단절로 이어질 수 있기 때문이다. 이런 국민의힘의 위험한 흐름 배후에는 '생존을 위한 극우화'라는 정치적 계산이 있다. 내란 시도라는 중대 범죄에 연루된 상황에서 국민의힘은 '정상적 정치'가 아닌 '극단적 대결'을 선택했다. "보수 세력의 탄압"이라는 피해자 프레임을 만들어 지지층을 결집하고 나아가 폭력시위까지 정당화하면서 '반탄핵 전선'을 형성하고 있다. 이는 민주주의의 기본 원칙마저 저버린 위험한 도박이다. 정당이 폭력의 방패막이 되는 순간 민주주의의 근간은 회복 불가능한 손상을 입을 수 있다.

결국 우리는 '제도화된 극우 정치'라는 새로운 도전 앞에 서 있다. 이는 과거의 군사독재보다 더 교묘하고 위험할 수 있다. 군부독재가 '제도 밖에서' 민주주의를 위협했다면, 지금은 '제도 안에서' 민주주의가 침식되고 있기 때문이다. 이런 상황에서 국민의힘의 극우화는 단순한 정당 차원의 문제가 아닌, 한국 민주주의의 존립을 위협하는 중대한 도전이 되고 있다.

(4) 서부지법 난동은 한국판 1·6 사태의 그림자를 드러냈다

이번 탄핵과정에서 국민들에게 가장 충격을 준 사건은 서부지법 난동이었다. 미국의 트럼프 지지자들이 의사당을 점거했듯 한국의 극우 세력이 법원까지 무력으로 점거하려 한 행태는 법치와 의회민주주의의 핵심을 직접 타격하는 일이었다.

윤석열은 내란 우두머리·직권남용 권리행사 방해 혐의로 조사를 받으면서 조사에 불응하는 것은 물론 텔레그램 탈퇴, 휴대전화 교체, 체포영장 집행 방해 등 증거인멸 시도를 했다. 이 사실이 구속의 주요 사유로 작용했고, 공수처가 작성한 구속영장 청구서에는 김용현 등 핵심 관계자들의 조서 내용이 상세히 반영되었다. 구속영장 실질심사에서 차은경 부장판사는 '비상입법기구' 설치 의도 여부를 직접 물었는데, 국회를 무력화하고 초헌법적 기구를 만들려는 목적이 확인되면 내란죄 구성 요건을 피하기 어렵다는 점에서 매우 중요한 쟁점이었다. 결국 법원의 구속 사유에 대한 판단은 지극히 타당했다.

그럼에도 2025년 1월 28일, 윤석열에 대한 체포영장이 발부되자 법원 앞에 모여 있던 수백여 명의 극우 지지자들이 경찰과 민간인, 기자들을 상대로 폭력을 휘둘러 공공기물을 파괴하고 판사실까지 침입하는 사태로 이어진 것이다. 이는 1895년 근대적 재판소 설립 이래 사법부가 물리적 공격을 당한 첫 사례이다.

당시 지지자들은 경찰 방패를 강탈하여 집단 폭행하고, 법원 청사 유리창과 외벽을 파손하며, 차은경 판사를 색출하기 위해 판사 사무실까지 무단 진입했다. 또한 공수처 차량을 공격하고, 시민들을 검문하며, 기자들을 집단 폭행했다. 소화기를 뿌리며 경찰 저지선을 무너뜨리고 법원 시설물을 광범위하게 파괴했으며, 심지어 주차된 오토바이를 절취하고 전산 서버를 파손하려는 시도까지 있었다.

폭동으로 인한 인적 피해는 상당했다. 경찰관 40명 이상이 부상을 당했으며, 공수처 수사관과 현장을 지나가던 민간인들도 공격받았다. 법원 직원 20여 명은 옥상으로 대피해야 했으며 청원경찰들은 집단 구타를 당했다. 물적 피해도 막대해 법원행정처는 서부지법이 입은 피해 규모를 대략 6~7억 원으로 추산했다.

법원이 습격당하는 사상 초유의 사건을 두고서도 국민의힘 일각에서는 "추운 날씨에도 밤샘해 가며 구속영장심사를 지켜본 대통령 지지자들의 안타까움은 이해할 수 있다"고 발언하거나, 권영세 비상대책위원장이 폭력 책임을 야당·언론에 돌리는 듯한 태도를 보이는 등 혼란을 가중시켰다. 폭동 전날에는 윤상현 의원이 시위대에게 "곧 훈방, 석방될 것"이라며 불법행위를 부추기고, 폭동 이후엔 강남서장에게 연락해 연행자들 처리를 부탁해 법집행을 무력화하려 했다는 의혹까지 제기되었다. 온라인 극우 커뮤니티에서는 "우리는 윤 대통령을 구치소에서 데리고 나올 수 있다"는 식의 선동이 일상화되었고, 전광훈 목사 역시 "국민저항권은 헌법 위에 있다"며 대놓고 폭력을 옹호했다.

이러한 폭력 사태 뒤에는 정치권의 극우화, SNS·유튜브에 기반한 가짜뉴스, 국민 저항권의 왜곡이 맞물려 현행 제도권 정당마저 폭력을 용인·정당화한다는 심각한 신호가 포착되었다. 특히 정치 성향에 따른 깊은 분열은 법치주의를 위협하며 사법부·언론에 대한 물리적 공격으로까지 나타나고, 일부 국회 의원들이 폭력사태를 옹호하거나 방치하는 모양새가 결합되어, 1·6 사태 때 미국 극우가 보여준 패턴과 같은 "선거 불복 및 사법 불신, 폭력의 저항권 정당화"가 한국 사회에도 자리 잡고 있음을 여실히 드러낸 셈이다. 극우 폭력을 방조하면 민주주의가 치명상을 입을 수 있으며, 국가기관에 대한 집단적 테러 시도가 정치적 수단으로 '일상화'될 수 있다는 점에서 이번 사태의 심각성은 결코 작지 않다.

한국 사법부와 수사기관이 폭력에 맞서 신속히 구속영장을 발부하고 수사·처벌을 추진하며 민주주의 회복력을 보여주었다는 긍정적 평가도 있다. 하지만 국민의힘 등 제도권에서조차 극우 이데올로기에 편승해 갈등을 부추기는 현상이 지속된다면 사회 전체가 정치적 양극화 속에서 폭력적 수단을 '저항'으로 착각하는 문화가 고착될 우려가 크다.

결국 서울서부지방법원 폭동 사태는 민주주의와 법치주의에 대한 직접적인 폭력 위협과 함께 그 배후에 있는 극우 가짜뉴스·음모론, 제도권 정당의 위험한 변질, 젊은 층의 극단화 등 문제들이 민주주의의 앞날을 어둡게 만들 수 있는 여러 문제를 드러냈다.

서부지법 난동 사태는 헌법이 보장하는 법원의 자율성을 어떻게 침해했을까?

- **법원 독립의 헌법적 근거**

① 헌법 제101조 제1항 **"사법권은 법관으로 구성된 법원에 속한다."** 법원은 헌법에 따라 사법권을 전담하며, 외부 세력으로부터 독립된 심판을 보장받아야 한다.

② 헌법 제103조 **"법관은 헌법과 법률에 의하여 그 양심에 따라 독립하여 심판한다."** 재판은 정치적·사회적 압력이나 폭력에 구속되지 않고 오로지 법과 양심에 따라 이뤄져야 한다. 따라서 법원을 무력으로 점거·난입하여 재판 과정을 방해하고 위협하는 행위는 재판의 독립을 직접 침해하는 것으로, 헌법상 보장된 사법부의 독립성에 대한 중대한 침해이다.

③ 헌법 제27조 제1항 **"모든 국민은 법률이 정하는 바에 의하여 법관에 의하여 헌법과 법률에 따라 공개재판을 받을 권리를 가진다."** 폭력과 위협으로 인해 정상적인 재판 진행이 불가능해진다면 국민의 재판받을 권리 역시 훼손된다.

- **구체적 위헌·위법 판단의 요지**

① **사법부 독립 침해:** 서부지방법원을 난동·점거하려는 행태는 '법원을 강제로 장악해, 법관 및 재판업무를 위협·방해'하려는 것이므로 사법권 독립 원리를 훼손한다. 이는 헌법 제101조, 제103조에 반하는 중대한 위헌적 행

동이다.

② **재판받을 권리 침해:** 폭력이나 무단 점거로 법정 접근 자체가 차단되면, 해당 사건의 재판이 지연 혹은 취소될 수 있어 '헌법 제27조에 보장된 재판청구권 및 신속·공정 재판받을 권리'가 침해된다.

③ **공무집행방해 등 형사적 문제:** 실무적으로는 형법 제136조(공무집행방해), 제319조(건조물침입) 등도 문제된다. 법원 공무와 재판 진행을 폭력·위협으로 방해했기 때문이다.

정리하면, 서부지법 난동은 사법부를 직접 겨냥한 폭력행위로서 헌법상 법원 독립(헌법 제101조, 제103조)과 국민의 재판받을 권리(헌법 제27조)를 정면으로 침해한다. 이는 미국의 '1·6 의사당 난입'처럼 국가기관의 핵심 기능을 마비시키고자 한 공격으로 평가될 수 있으며, 단순 소란 이상의 '헌법 질서 훼손행위'로서 중대하게 다뤄진다. 이와 같이 법원의 역할과 자율성은 헌법이 중시하는 사법부 독립을 통해 보장되며, 그에 대한 무력 침탈 시도는 곧바로 헌법 위반 문제로 이어지게 된다.

(5) 사법 엘리트들이 법을 무기로 삼아 헌정질서를 흔들다

이번 내란 사태를 통해 사법체계의 근간을 이루는 사법 엘리트들의 실체가 적나라하게 드러났다. 이들은 법치주의의 최후 보루라는 막중한 책임을 지녔으나 권력 앞에서 쉽게 무너지고 원칙을 저버리는 모습을 보였다. 특히 검찰과 법원이 서로 다른 기준을 적용하며 형사사법 시스템에 혼란을 가중시키는 상황이 연출되었다.

대검찰청의 '구속기간 산정 및 구속 취소 결정 관련 지시'가 그 대표적 사례였다. 윤석열 내란사건 재판부가 '날'을 기준으로 구속기간을 산정해 온 관행을 뒤엎고 '시간'을 기준으로 계산해 구속 취소 결정을 내리자 검찰은 이에 즉시항고도, 보통항고도 하지 않겠다고 선언했다. 더 놀라운 것은 이후 대검이 내린 기이한 지침이었다. '날'을 기준으로 구속기간을 산정하되 법원이 '시간'을 기준으로 계산해 구속 취소를 결정하면 항고하지 말고 석방하라는 것이었다. 천대엽 법원행정처장이 "상급심의 판단을 받는 것이 필요하다."라고 언급했음에도 검찰은 항고를 포기함으로써 대법원의 조기 판단 기회를 원천 차단했다.

이는 단순한 법적 해석의 문제가 아니었다. 법무부는 2015년 "구속 취소 결정에 대한 검사의 즉시항고권은 위헌적이지 않다"고 밝혔으며, 법원의 구속 취소 결정에 검찰이 즉시항고해 인용된 선례도 존재했다. 그런데 이런 일관된 기준이 윤석열 앞에서 갑자기 변질된 것이다. 내란 수괴 윤석열만이 이 자가당착적 지침의 유일한 수혜자가 되고, 그 피해는 형사사법 시스템 전체가 떠안게 되었다.

심우정 검찰총장이 즉시항고를 포기하면서 한 발언이나, 이완규 헌법재판관 후보자가 지명된 이후 자신의 과거 발언과 완전히 배치되는 주장을 태연하게 늘어놓는 모습은 사법 엘리트들의 민낯을 그대로 보여주었다. 이는 기득권 세력이 오랜 시간에 걸쳐 쌓아온 특권의식의 산물이었다. 이번 사태 이전부터 법조계에 대한 국민적 불신이 상당했는데, 내란 사태 과정에서 검찰은 물론 법원까지 신뢰의 임계점에 다다를 위기에 처했다. 더욱 심각한 문제는 윤석열이라는 인물이 검사 시절에는 오히려 칭송받았다는 점이다. 법을 멋대로 무시하고 자의적으로 해석하며 거리낌 없이 거짓말하는 태도가 어느 날 갑자기 생긴 것이 아니라 검찰이라는 조직 문화 속에서 형성되고 강화된 것이라면 그 심각성은 더욱 컸다.

한덕수의 헌법재판관 후보자 지명은 '법의 내전'의 전형을 보여주었다. 내란에 관여되었다는 의심을 받는 인물이 선출된 권력으로서의 정당성 없이, 그것도 임기 종료일이 예정된 상황에서 헌법재판관을 지명하는 것은 헌법적으로 정당화되기 어려웠고 헌법재판소는 한덕수의 헌법재판관 지명에 대하여 가처분 신청을 인용했다. 더욱이 이러한 비헌법적 행위의 배후에는 정권이 교체된 뒤 이재명 대표의 불소추특권 해석 문제를 헌재로 가져가 당선 무효를 끌어내려는 정치적 노림수가 있다는 의혹까지 제기되었다.

이처럼 군대 대신 법을 들고 내전을 벌이는 '법비'들의 행태는 눈에 잘 보이지 않기에 저항하기 어렵고 오히려 성공할 가능성이 높은 위험한 도전이었다. 헌법학계에서도 제법 인정받는 학자들이 윤석열 측의 주장에 가담하여 법리적으로 설득력 없는 논리를 펼친 것은 민주주의에 대한 실체적이고도 심각한 위협이었다. 검찰은 내란 수괴 윤석열에게 특혜성 법 해석을 적용했고, 일부 사법 고위층은 서부지법 난동 등 극우 폭력 사태에 대해서도 소극적 대응으로 일관했다. 이는 사법 엘리트들이 단순히 법해석의 문제를 넘어 극우 정치세력의 헌정질서 파괴 시도에 직간접적으로 가담했음을 보여주는 증거였다. 내란 사태 이후 국민들은 뜻하지 않게 헌법, 형법, 형사소송법, 계엄법, 헌법재판소법까지 공부해야 하는 상황에 내몰렸고, 이는 법조인들이 국가 발전을 가로막고 있다는 비판으로 이어졌다.

그러나 애초에 법은 민주주의를 보호하고 국가 권력이 자의적으로 행사되지 않도록 통제하기 위한 도구로 설계된 것이다. 헌법은 권력분립과 사법부 독립, 기본권 보장을 통해 시민의 자유와 안전을 지키고자 하지만, 사법 엘리트가 이를 악용하거나 특정 정치세력과 결탁하면 법은 '무기'로 둔갑하여 오히려 민주주의를 파괴할 수도 있다. 이 같은 '법비'적 행태가 계속될 경우 국민은 법체계 전반에 대한 신뢰를 잃게 되고, 법이 민주주의를 지켜내는 울타리가 아니라 특권과 폭력을 정당화하는 수단으로 전락할 위험이 커진다. 결국 '법은 어떻게 민주주의를 지켜내는가'라는 물음에 답하기 위해서는, 법이 본래의 취지대로 권력의 남용을 억제하고 시민의 권리를 지킬 수 있도록 사법체계 내부에서부터 민주적 정당성과 투명성을 강화해야 하는 것이다.

사법개혁의 목소리가 높아지고 있다. "젊을 때 공부 잘해서 시험 하나 잘 봤다고 몇 사람이 모여 중대한 결정을 내릴 권한을 누가 줬느냐"는 물음은, 민주주의 사회에서 사법 권력이 지니는 정당성에 대한 본질적 질문이라고 봐도 무방하다. 향후에 개헌 국면으로 접어들면 이번 사태에서 드러난 사법 시스템의 문제점을 바탕으로 그 구조의 전면적 개편이 주요 의제로 떠오를 것이다. 그때는 국민의 뜻에 따라 새로운 사법체계가 구축되어야 할 것이다.

결론: 법비와 극우, 사법 엘리트의 결탁을 어떻게 극복할 것인가

헌정질서를 회복하는 과정에서 우리는 민주주의가 얼마나 취약한지, 그리고 이를 지키기 위해 얼마나 많은 시민들의 헌신이 필요한지 목격했다. 법비 대통령의 헌정파괴 시도와 내란을 옹호하고 준동하는 세력의 폭력, 그리고 사법 엘리트들의 이중잣대는 우리 민주주의의 근간을 흔들었다.

검찰 출신 대통령이 법률 전문가로서의 지식을 악용해 헌법과 법치주의를 파괴하는 '법비'로 전락한 역설적 상황은 가장 큰 충격이었다. 윤석열은 '공정과 법치'를 상징하는 인물로 출발했으나 야당을 '적'으로 규정하고 군사력을 동원해 헌법기관을 무력화하려는 시도로 헌정질서의 근본을 위협했다. 그의 '거부-부인-회피-지연' 전략은 법에 대한 전문지식을 토대로 헌법적 책임을 교묘히 회피하는 법비적 행태의 전형을 보여주었다.

이 과정에서 주류 보수 정당의 극우화 현상도 심각했다. 국민의힘은 탄핵소추를 방해하고, 서부지법 난동을 옹호하며, 특검법 도입을 저지함으로써 내란 세력에 동조했다. 부정선거 음모론과 종북 프레임을 결합한 극우 담론이 제도권 정치에 침투하면서, 미국의 1·6 사태와 유사한 민주주의 위기가 국내에서도 현실화되었다.

사법 엘리트들의 민낯도 적나라하게 드러났다. 검찰은 내란 수괴 윤석열에게 특혜성 법 해석을 적용했고, 일부 법원 고위층은 극우 폭력 사태에 소극적으로 대응했다. 권한대행의 헌법재판관 지명 시도와 같은 '법의 내전' 양상은 민주주의의 제도적 기반을 흔들었다.

그러나 이 어둠 속에서도 빛은 있었다. 내란의 밤, 급하게 달려 나오느라 슬리퍼 차림으로 롱패딩만 걸치고 국회 앞으로 뛰쳐나온 시민들, 애들이 어린데도 부부가 함께 나가며 "잡히더라도 한 사람은 꼭 도망가서 애들은 키워야 하지 않겠느냐"고 약속했다던 이야기들은 우리 사회의 희망을 보여주었다. 이들은 대통령 하나 잘못 뽑으면 당연하게 여겼던 민주주의가 하루아침에 무너질 수 있다는 경각심을 느끼고 자신의 몸을 던져 헌법을 지키려 했다. 윤석열 내란 사태는 역설적으로 '대통령에게 경각심을 주기 위한 비상계엄'이 아니라 국민들에게 민주주의의 소중함과 위태로움에 대한 경각심을 심어주었다.

이러한 시민의식을 가진 주권자들이 있기에 권력 상층부의 파워엘리트들이 보여준 실망스러운 민낯에도 불구하고 우리 사회는 지탱되고 있다. 탄핵 이후 극우세력의 격렬한 저항이 우려되었으나 예상보다 강도 높은 반발은 나타나지 않았다. 이는 주권자들이 헌법을 지켜낸 역사적 경험과 이번에 시민들이 보여준 의지와 힘이 작용한 결과다. 그럼에도 법을 이용한 '연성쿠데타'는 아직 진행 중이며, 눈에 보이지 않는 만큼 더욱 경계해야 한다.

우리 사회가 파시스트를 길러내는 교육과 과도한 경쟁 구조라는 비판에도 불구하고 국회 앞으로 달려나온 시민들이 있었다는 사실은 "그럼에도 불구하고"의 희망을 보여준다. 앞으로 더 나은 사회로 나아가기 위해서는 법률가는 법률가의 일을, 언론인은 언론인의 일을 다하며, 무엇보다 시민들의 힘을 믿고 함께 나아가야 한다.

결국 우리가 직면한 것은 단순한 정치적 위기가 아닌 민주주의 그 자체의 생존이 걸린 싸움이다. 법비 대통령의 헌정 파괴 시도와 극우 준동 세력의 폭력, 그리고 사법 엘리트들의 이중잣대라는 삼중의 위협 속에서도 시민들의 깨어있는 의식이 민주주의를 지켜냈다. 그 과정에서 우리가 확인한 것은 헌법이야말로 모든 위기의 순간에 돌아가야 할 근본이라는 사실이었다. 계엄의 밤에도, 탄핵 과정에서도, 극우 폭력에 맞설 때도, 사법부의 정치 개입을 막을 때도 시민들이 의지한 것은 헌법이었다. 헌법 제1조의 민주공화국 원리, 제1조 제2항의 국민주권 원칙, 제40조·제66조·제101조의 삼권분립 체제가 위기의 순간마다 민주주의를 지키는 든든한 방패가 되었다.

헌법으로 돌아갈 때 우리는 길을 잃지 않을 수 있었다. 특히 이번 사태를 통해 확인된 것은, 법이 '힘 있는 자의 도구'가 아니라 '시민의 권리를 지키는 울타리'로 기능해야 한다는 점이다. 헌법과 법률, 그리고 사법 제도의 목적은 권력 분립과 권력 남용 방지를 통해 민주주의를 보호하는

데 있다. 시민들이 법의 취지와 작동 원리를 제대로 이해하고 각자의 자리에서 부당한 권력 행사를 끊임없이 감시할 때 법은 독재의 칼이 아니라 민주주의의 방패로 거듭난다.

헌법으로 돌아가라. 이것이 모든 혼란과 위기 속에서 우리가 얻은 가장 소중한 교훈이다. 내란의 그림자가 완전히 사라지지 않은 지금 우리는 더욱 강한 민주주의를 향한 긴 여정을 시작해야 한다. 그 여정의 나침반은 언제나 헌법이 될 것이다. 결국 "법은 어떻게 민주주의를 지켜내는가?"라는 질문에 대한 답은 헌법의 정신으로 돌아가 시민들의 각성, 참여, 연대 속에서 구체적인 제도 개선으로 이어질 때 비로소 실현될 수 있다.

Bridge

끝나지 않은 민주주의에 대한 도전, 2025년 5월 1일 대법원 판결

많은 이들은 이제 한국 민주주의가 한결 안정되리라 기대했다. 그러나 2025년 들어 이른바 '이재명 공직선거법 사건'을 둘러싼 대법원의 이례적 속전속결 판결이 또다시 큰 파장을 일으켰다. '내란이 진압되고 주동자도 파면되었지만, 법이 언제든 정치의 칼로 변질될 수 있다'는 사실을 다시금 확인하게 된 것이다.

1. 대선을 불과 한 달 앞둔 '속전속결'의 위험성

가장 큰 문제는 대선이 코앞인 상황에서, 대법원이 전원합의체 회부 직후 9일 만에 판결을 선고했다는 점이다. 통상적인 전원합의체 사건은 수차례 합의와 토론을 거친 뒤 결론이 나오지만 1심 무죄와 2심 유죄가 극명하게 갈린 사안을 이렇게 신속하게 결정해버린 것이다. 더욱이 "형사소송법이 보장하는 상고장·상고이유서 제출 기간을 임의로 단축해, 대선 전에 모든 절차를 끝낼 것"이라는 언론 보도까지 나오면서, 국민들은 대법원이 사실상 특정 후보의 정치적 미래를 좌우하려 한다는 의구심을 품었다.

검찰은 2025년 3월 27일 이재명 후보의 항소심 무죄 판결에 불복해 상고장을 제출했고, 대법원은 3월 28일 소송기록을 접수했다. 4월 10일에는 검찰이 상고이유서를 제출했고 이재명은 4월 21일 답변서를 제출했다. 그런데 대법원은 4월 22일 이 사건을 대법관 4명이 심리하는 소부에 배당했다가 불과 2시간 만에 조희대 대법원장이 이를 전원합의체에 회부하고 첫 합의기일까지 진행했다. 이후 4월 24일 두 번째 합의기일을 거쳐 5월 1일 파기환송 판결을 선고했다. 기록 접수로부터 한 달, 전원합의체 회부로부터 단 9일 만의 초고속 판결이었다.

이 판결은 헌법적 관점에서 두 가지 핵심 문제를 안고 있다. 첫째, 국민주권을 침해했다는 점이다. 대선 한 달을 앞둔 시점은 '민주주의의 시간'이자 '국민주권의 시간'이지, 법관들이 중심이 되는 '법치주의 시간'이나 '재판의 시간'이 아니다. 그럼에도 대법원이 이 시기에 선거의 중심에 뛰어들어 국민의 선택권을 침해했다. 둘째, 이재명의 공정한 재판을 받을 권리를 침해했다. 6~7만 페이지에 달하는 기록을 제대로 검토할 시간적 여유도 없이 판결을 내렸으며, 법률심인 대법원이 하급심의 사실관계 판단까지 재단한 것이다.

이처럼 사법부가 선거 국면 한가운데서 결정적 개입을 시도하면 주권자의 의사가 제대로 반영되지 못하고 선거가 심각하게 왜곡될 수 있다. 대법원 일부 대법관들은 "지연된 정의는 정의가 아니다"라는 논리를 내세웠지만, 선거 직전 후보를 판결로 제거하려는 시도는 민주공화국의 근본 원리인 '주권자의 시간'을 침해하는 것이다. 피고인 방어권뿐 아니라 국민이 후보를 선택할 기회를 위협하는 행위이기 때문이다.

특히 공직선거법 위반 사건에 적용되는 '633 원칙'(6개월 내 수사, 3개월 내 1심, 3개월 내 2심)을 이 사건에 적용한 것 자체가 목적과 취지를 왜곡한 것이라는 비판이 있다. 이 원칙은 본래 당선된 공직자의 지위가 불안정하게 유지되는 것을 방지하기 위한 것이지, 낙선한 선거에서의 발언을 문제 삼아 다음 선거 출마를 막기 위한 도구가 아니기 때문이다. 더구나 신속한 재판이라는 것은 피고인의 '권리'이지 '의무'가 아님에도 이를 피고인이 원하지 않는 방향으로 강제한 것은 심각한 문제였다.

> **이재명 공직선거법 사건의 대법원 판결이 국민주권을 침해했다는 법적 근거는?**
>
> - 헌법 제1조 "대한민국은 민주공화국이다"
> - 헌법 제1조 제2항 "대한민국의 주권은 국민에게 있고, 모든 권력은 국민으로부터 나온다."
>
> '민주공화국'이라는 헌법적 토대 위에서 선거 시점에 국민이 자유롭게 후보를 선택할 수 있는 '주권자의 시간'이 보장되어야 한다. 대선 등 주요 선거가 임박한 시점에 사법부가 특정 후보의 당락에 직접적 영향을 미치는 결정을 하는 것은 실질적으로 국민이 행사해야 할 주권(선거권)을 침해한 것이다.
>
> - 헌법 제41조 제1항 "국회는 국민의 보통·평등·직접·비밀선거에 의하여 선출한다."
> - 헌법 제67조 제1항 "대통령은 국민의 보통·평등·직접·비밀선거에 의하여 선출한다."
> - 헌법 제24조(선거권) "모든 국민은 법률이 정하는 바에 의하여 선거권을 가진다."
>
> 위 조항은 국민이 형식적·절차적 권리를 넘어 실질적으로 충분한 정보와 기회의 보장 속에서 투표할 수 있어야 한다는 원칙을 확인하는 조항들로, 선거 직전 사법부의 과도한 개입이 국민의 선택 가능성을 봉쇄·왜곡한다면 이는 선거권 실질을 침해한 것과 다름없다.

> ### 대법원이 공정하게 재판받을
> ### 개인의 권리를 침해했다는 법적인 근거는?
>
> • 헌법 제27조(재판을 받을 권리) 제1항, 제3항
> 제1항: "모든 국민은 헌법과 법률이 정한 법관에 의하여 법률에 의한 재판을 받을 권리를 가진다."
> 제3항: "형사피고인은 상당한 이유가 없는 한 지체없이 공개재판을 받을 권리를 가진다."
> 재판을 충분하고 공정하게 받을 권리(특히 방어권 보장, 충분한 심리 및 증거조사)가 침해되었는지 여부를 판단할 때 기본 근거가 된다.
>
> • 형사소송법 제275조의2(적정·신속·공정한 재판의 원칙) "법원은 사건을 적정·신속·공정하게 심판하여야 한다."
> 신속한 재판은 피고인의 권리를 보장하기 위한 것이지만, '무리하게 신속'하여 피고인이 사실상 방어권을 행사할 기회를 박탈당했다면 적정·공정한 재판 원칙에 어긋난다고 볼 수 있다.

2. 법원이 직접 자초한 정치적 의혹

대법원 판결문 중에서도 특히 보충의견이 논란을 키웠다. 다수의견에 합류한 대법관 5명(서경환, 신숙희, 박영재, 이숙연, 마용주)이 "이는 1·2심 판결 중 하나를 선택하면 충분한 사건"이라고 주장했지만, 결론이 정반대로 갈린 사안일수록 더욱 심층적 검토와 치열한 토론이 필요하다는 비판이 제기됐다.

더 심각한 문제는 이들이 신속 판결의 근거로 2000년 미국 대선 관련 '부시 대 고어(Bush vs. Gore)' 판결을 인용한 점이다. 미국 연방대법원이

"2000년 부시와 고어가 경쟁한 대통령선거 직후 재검표를 둘러싸고 극심한 혼란이 벌어지는 상황에서, 재검표를 명한 플로리다 주대법원 재판에 대한 불복신청이 연방대법원에 접수된 후 불과 3~4일 만에 재검표 중단을 명하는 종국재판을 내려 혼란을 종식시켰다"는 사례를 들었던 것이다.

그러나 이 인용에는 치명적인 문제가 있다. 2000년 미국 연방대법원은 그 판결문에서 "이번 결정은 현재 상황에만 한정된다(limited to the present circumstances)"고 명시적으로 단서를 달았던 것이다. 즉, 맥락이 다른 사건에서는 인용하지 말라는 경고였다. 미국에서조차 사법의 선거 개입 흑역사로 남은 이 판례를 한국 대법원이 대선 국면에서 신속 판결의 근거로 꺼내 든 것은 그 자체로 정치적 의도를 드러낸 것이라는 비판을 피하기 어렵다.

더욱 심각한 것은 기록 검토의 물리적 불가능성이다. 이 사건의 기록은 약 6~7만 페이지에 달하는데, 전원합의체 회부 후 9일 만에 판결이 나왔다. 사람이 하루 동안 12분에 3페이지 정도 읽는다고 가정해도, 이 기록을 모두 검토하려면 잠도 자지 않고 16~20시간씩 이틀을 꼬박 읽어야 가능한 분량이다. 판결문에 "원심이 적법하게 채택하여 조사한 증거에 따르면 다음 사실을 알 수 있다."라고 적으면서도 실제로는 그 증거를 제대로 검토하지 않았다면 이는 사실상 허위공문서 작성에 가까운 행위라는 비판이 제기됐다. 시민들은 "판사가 재판을 하는데 기록을 읽지 않고 판단했다. 그럼 우리가 어떻게 법원을 믿고 법원에 서면을 내고 법원에 주장을 하겠는가?"라고 비판했다.

또한 미국 사례는 진행 중인 현재 선거의 개표 과정에 관한 판단이었던 반면 이재명 후보 사건은 과거 선거와 관련된 형사 재판이라는 본질적 차이가 있다. '선거'라는 단어만 같을 뿐 적용 법리와 맥락이 완전히 달랐다. 대법원은 이 핵심 맥락을 누락시킨 채 오로지 속도만을 정당화하는 근거로 활용했다. 더구나 미국은 부시 대 고어 판결의 후폭풍을 교훈 삼아 '퍼셀 원칙(Purcell Principle)'을 확립했다. 2006년 퍼셀 대 곤잘레즈(Purcell v. Gonzalez) 사건에서 연방대법원은 "선거에 영향을 미치는 법원 명령, 특히 상충되는 명령은 유권자에게 혼란을 초래하고 투표 참여를 저해할 수 있다. 선거일이 가까울수록 그 위험은 더 커진다."라고 판시했다. 이후 미국 법원들은 선거 임박 시 사법 개입을 자제하는 전통을 정립해 왔다. 그러나 한국 대법원은 이러한 교훈을 무시하고 오히려 반대 방향으로 나아간 것이다.

또한 이번 판결은 법원이 그동안 공직선거법 관련 사건에서 견지해 온 판례 흐름과도 역행한다. 선거는 국민들의 잔치로서 표현의 자유가 최대한 보장되어야 한다는 것이 대법원의 기존 입장이었다. 그러나 이번에는 정반대로 표현의 자유를 극도로 제한하는 판결을 내렸다. 더욱 위험한 것은 이 판결이 검찰의 기소 편의주의와 맞물려 향후 당선된 모든 공직자들에 대해 그들의 선거 과정 발언을 빌미로 검찰과 법원이 선거 결과를 뒤집을 수 있는 선례를 만들었다는 점이다.

대법원은 법원 내부 규칙도 위반했다. 전원합의체 회부 과정과 재판 진행 과정에서 통상적인 절차를 준수하지 않았다. 이에 법정의견에 반대하는 이흥구, 오경미 대법관은 소수의견을 통해 "충분한 심리 없이 판결이 선고되었다."라고 심각한 우려를 표명했다. 게다가 이 재판은 법률심이어야 함에도 불구하고 대법원이 사실관계까지 재단하며 원심이 인정한 사실들을 뒤집는 판단을 했다. 주관적 인식에 관한 문제에서 해석의 다양성이 인정될 수 있다면 유죄 판단을 삼가야 한다는 기존 판례를 대법원 스스로 뒤집은 것이다.

가장 심각한 것은 주권자의 관점에서 재판 결과를 판단하겠다면서 정작 주권자가 직접 투표로 표현할 수 있는 기회를 박탈하려 했다는 모순이다. 대법원 판결문은 "주권자에게 미칠 나쁜 영향을 차단해야 한다"는 취지의 발언을 하면서도 정작 주권자 1인 1인의 선택권을 심각하게 침해하고 있었다. 법원 내부에서조차 이에 반발하는 목소리가 나왔다. 서울남부지방법원의 어느 판사는 "윤석열이 일으킨 한밤중의 반란이 우리 사회에 치유하기 어려운 큰 상처를 남겼듯 (이재명) 전원합의체 판결이 법원을 바라보는 국민들 마음속에 회복하기 어려운 깊은 불신을 남겼으리라고 생각한다."라며 "이번 전원합의체 판결만큼은 존중하기 어려울 것 같다."라고 법원 내부 게시판에 글을 올렸다.

대법원은 형사소송법이 정한 법률심의 한계를 어떻게 위반했을까?

형사소송법 제383조(상고이유) 제1항에서는 대법원 상고의 허용 범위를 주로 '법령 위반'(법률심)으로 규정하며, 대법원은 원칙적으로 사실관계를 다시 심리하는 기관이 아님을 전제한다(예외적으로 증거법칙 적용 등 법리 판단에 수반되는 범위 외에는 사실 판단을 하지 않는 것이 원칙). 대법원은 스스로 '상고심은 법률심에 한정'된다는 입장을 여러 판결에서 누적적으로 밝혀 왔다. 대표적으로 '사실심리'는 원심(제1심·항소심)의 전권에 속하고, 대법원은 법령 해석 및 적용의 적정성만을 판단한다는 원칙이다. 구태여 사실관계를 정리하며 판단하면 "법률심" 한계를 스스로 위반했다는 내적 모순이 된다.

3. 새롭게 불거진 '사법쿠데타' 우려와 특검, 사법개혁의 필요성

결국 선출되지 않은 권력인 사법부가, 국민의 대표를 결정하는 선거판에서 막대한 영향을 미치려 했다는 비판이 거세게 일었다. 이를 저지하고자 변호사들 사이에서도 '사법쿠데타 저지 변호사단'이 결성되었고, 변호사 200명 이상이 참여해 대법원의 파기환송 판결을 "사법권의 한계를 넘어선 정치개입이자 헌법이 보장하는 국민의 선거권과 피선거권을 침해하는 민주주의 파괴 행위"라고 규정했다. 이들은 조희대 대법원장을 공수처에 직권남용 권리행사방해, 직무유기 혐의로 고발했으며, "대법원이 신속 처리라는 명분 아래 사건을 졸속하고 부실하게 처리했다."라며 "대법관들이 사건에 관해 숙고하고 심리에 참여할 기회가 실질적으로 박탈됨으로써 피고인의 공정한 재판을 받을 권리를 침해했다."라고 주장했다. "국민에 의해 선출되지 않은 권력인 사법부의 일부 무리가 국민을 무지몽매한 대중으로 간주한 채 자신들이 의도하는 대로 대한민국의 미래를 좌우하려 한다."면서 "사법부는 모든 권력은 국민에게서 나오고 국민을 이길 수 있는 권력은 없음을 기억하라."라고 경고했다.

이번 사태는 필연적으로 사법개혁의 필요성을 재확인했다. 그동안 검찰개혁이 주요 의제였다면, 이제는 법원개혁까지 범위가 확대되었다. 판사들의 정치적 독립성과 책임성을 강화하고 민주적 통제 장치를 마련하는 논의가 시작된 것이다. 법원행정처와 대법원장에 집중된 권한을 분산하고 대법관의 수를 확대하여 다양한 가치관과 배경을 가진 법관들이 최고법원을 구성하도록 해야 한다는 목소리가 커졌다. 독일의 경우 300명이 넘는 대법관이 다양한 분야별 법원(민사대법원, 노동대법원, 형사대법원 등)에서 활동하고 있는 반면, 한국은 14명의 소수 대법관이 모든 최종심을 담당하는 구조의 문제점이 지적됐다.

특히 사법 민주화를 위한 세 가지 개혁안이 부상했다. 첫째, 대법관을 30명 이상으로 확대하여 권력 집중을 막고 다양한 의견이 존중되도록 하는 방안, 둘째, 사법위원회를 설치하여 법관 인사권을 법원 내부가 아닌 사회 전체가 관리하도록 하는 방안, 셋째, 국민참여재판을 전면 확대하여 사실인정 과정에 일반 시민들의 상식이 반영되도록 하는 방안이다.

사법개혁은 이제 단순한 제도 개선을 넘어 "국민 주권을 어떻게 사법부에 구현할 것인가"라는 근본적 질문으로 확장되고 있다. "사법권도 국민으로부터 나왔고, 국민을 이길 수 있는 권력은 없다"는 원칙을 실현하는 방향으로 논의가 진행되고 있다. 이번 사태는 법의 해석이 정치적 맥락에서 진행될 수 있음을 보여주었고, 그에 대한 견제 장치가 필요하다는 교훈을 남겼다. 법비 대통령의 내란이 민주주의를 전면적으로 위협했다면 대법원의 이례적 판결은 법의 이름으로 주권자의 권리를 우회적으로 침해하는 위험성을 드러냈다. 두 사건 모두 최종적으로는 주권자인 국민의 감시와 견제, 그리고 행동으로 막아낼 수 있었다.

국제사회도 이 상황을 예의주시했다. 미국 외교전문지 《더 디플로맷》은 "야권의 유력한 대선후보가 대법원의 충격적인 개입(shocking intervention)에도 불구하고 다가오는 선거에 출마할 수 있게 됐다."라고 평가하면서, "많은 국민에게 이번 대법원의 판결은 사법부가 대선에 개입하려는 것과 같았다."라고 보도했다. 특히 "무죄를 뒤집은 조희대 대법원장을 포함한 10명의 재판관 모두 윤석열 전 대통령이 임명했다는 점도 정치적 색채를 더했다."라고 지적했다.

4. 주권자의 시간은 정말 지켜졌는가

2025년 5월 1일 대법원 판결은 '내란 이후에도 민주주의가 얼마나 위태로운지'를 재확인시킨 사건이 되었다. 탄핵이 끝나면 헌정질서가 자동으로 안정될 것이라 봤던 시민들의 기대는 이번 '법의 정치화' 사례로 인해 또 한 번 흔들렸다. '주권자의 시간'은 선출되지 않은 권력(사법부)이라도 함부로 개입해선 안 되는 민주주의 기본 원리이다. 그러나 대법원은 오히려 선거 직전에 특정 후보의 유·무죄를 속전속결로 뒤집으려 했고 그 결과 주권자의 의사가 왜곡될 가능성을 높였다. 국회와 시민들이 거세게 반발하자 파기환송심 재판부가 결국 공판기일을 대선 이후로 미루며 한발 물러섰지만 사법부 스스로 정당성을 실추시킨 셈이다.

일각에서는 이번 대법원 논란이 결코 일과성 해프닝이 아니라 '사법

쿠데타의 서막'으로 봐야 한다고 경고한다. 내란 수괴를 풀어주고, 야당 후보를 탈락시켜 주권자 의사를 무력화하려는 흐름이 이어지는 이상 민주주의 파괴는 언제든 재현될 수 있다는 우려가 제기됐다. 주권자들의 압도적 지지로 선출된 후보자가 선거 과정에서 사라지는 상황이 벌어지면 그것은 또 다른 형태의 '내란'이 되는 것이고, 그렇게 만들어진 정부는 정당성을 잃을 수밖에 없다는 강력한 비판이 이어졌다. 이번 사태는 12월 3일 내란을 거쳐 법원의 구속취소와 이어진 일련의 사건들이 결코 우연이 아니었음을 보여준다. 권력층 내부의 비호와 결탁을 통해 민주주의를 훼손하려는 시도가 여전히 지속되고 있음은 분명하다.

'주권자의 시간'은 결코 자동으로 보장되지 않는다. 법이 다시금 '독재의 칼'이 되지 않도록 하는 데 필요한 건 헌법과 법률의 틀 안에서 유권자인 시민이 끊임없이 통제하고 책임을 묻는 일이다. 민주주의는 완성된 체제가 아니라 끊임없이 지켜나가야 할 과정임을 이번 사태가 다시 한번 일깨웠다. 사법부도 민주적 통제의 대상이며, 주권자인 국민의 선택이 최종적인 판단 기준이 되어야 한다는 원칙이 재확인되었다. 이번 대법원 파문 역시 '끝나지 않은 민주주의에 대한 도전'이라고 봐야 마땅하다. "지금 이 순간 과연 주권자의 시간은 지켜지고 있는가?"라는 물음을 우리가 끝내 놓아서는 안 되는 이유다.

사법부는 민주주의의 원리에서부터 자유로울 수 있을까?

- **헌법 제1조 제2항(국민주권원리)**
법원(사법부) 역시 입법·행정과 더불어 국가권력 중 하나이므로, 궁극적으로 국민주권 원리에 종속된다("모든 권력은 국민으로부터 나온다"). 사법부가 독립성의 이름으로 모든 통제에서 벗어날 수 없으며 민주적 정당성을 유지하기 위한 공적 감시·책임 추궁이 가능해야 한다는 논리의 헌법적 기초이다. 사법권은 국민이 위임한 권력이므로 헌법·법률의 틀을 벗어날 수 없다.

- **헌법 제103조(법관의 독립)**
"법관은 헌법과 법률에 의하여 그 양심에 따라 독립하여 심판한다." 이는 사법부 독립을 규정하되 동시에 '헌법과 법률에 의해'라는 전제를 둠으로써 사법부 또한 국민이 합의한 헌법 질서의 틀과 민주적 절차(입법권력에 의한 법률 제정 등)에 기속된다는 점을 시사한다. 독립성의 한계는 바로 "헌법과 법률"에 종속되어야 한다는 것이며, 이는 민주적 절차로 만들어진 것이다.

법철학적으로도 로크(John Locke)나 몽테스키외(Montesquieu)의 권력분립론, 공화주의 전통 등에서 '사법권 또한 국민주권에 의해 위임된 권력'이므로 민주주의 원리(책임·통제)를 전면 부정할 수는 없다는 논거를 찾을 수 있다. 몽테스키외의 삼권분립에서 사법부는 입법·행정부와 상호 견제해야 하며, 절대적 독립은 존재하지 않는다. 실제로 대법원장·헌재 재판관 임명에 국회의 동의가 필요한 것(헌법 제111조)도 이러한 견제의 장치다. 로크의 이권분립론에서는 입법권이 최고 권력이며, 사법권은 법치 구현을 위한 보조적 권력으로 설정된다. 헌법재판소 역시 여러 결정문에서 "헌법기관의 권한은 국민주권원리로부터 나왔으며 이를 초월한 독자적 권력으로서 행사할 수 없다"고 누차 강조해 왔다. 사법부는 국회(민주 대표기관)가 제정한 법률을 해석·적용해야 하며 이는 법률의 우위 원칙에 따른 것이다. 헌법재판소는 "사법권도 국민주권 원리에 기초해 행사되어야 한다."라고 강조해 왔다. 공적 감시 장치로는 탄핵제도(헌법 제65조)가 있어 대법관도 탄핵 대상이며 재판 공개 원칙(헌법 제109조)을 통해 투명성을 확보하고 있다. 또한 국민참여재판과 배심원제 등을 통해 민주적 견제 장치를 강화하고 있다.

제9장

다시 민주주의를 생각한다

민주주의의 위기는
끝나지 않았다

2025년 4월 4일 오전 11시 22분, "윤석열 대통령을 파면한다."라는 문형배 헌법재판소장 권한대행의 목소리가 헌법재판소 대심판정에 울려 퍼졌다. 2024년 12월 3일 뜬금없어 보이기까지 했던 계엄 선포로 시작된 내란행위에 대한 헌법 차원에서의 평가와 판단이 최종적으로 내려졌다. 너무나도 당연한 결과임에도 결코 마음을 놓을 수 없었던 120여 일의 시간이었다.

  광장을 가득 채운 주권자의 목소리는 헌법기관인 국회의 탄핵소추 의결로, 헌법재판소의 파면결정으로 현실화되어 한국 민주주의의 극적인 퇴보를 막았다. 군사쿠데타에 대한 처절한 저항인 광주 민주항쟁과 그 뒤를 이은 87년 민주항쟁으로 태어난 제6공화국 헌법은 자신을 총칼로 겨눈 비상계엄을 주권자와 헌법기관의 적극적인 저항과 행동으로 방어

해내는 데 성공했다.

　아직도 여전히 내란의 전모를 밝히고 그와 관련된 자들을 찾아 엄중히 처벌함으로써 다시는 그와 같은 시도가 이루어지지 않도록 방지해야 할 과제가 남아 있지만, 윤석열에 대한 파면 결정과 뒤를 이은 대통령선거에 따른 새 정부의 출범으로 헌정이 적어도 제 궤도를 찾아 나가게 되었고, 우리 헌정질서는 이제 다시 일상의 과정으로 복귀하게 되었다.

　그러나 45년 만의 계엄은 모두에게 큰 충격으로 남았다. 우리 사회는 일제의 강점과 남북 분단을 거쳐 군사독재 체제를 벗어나기까지 수십 년간 크나큰 희생을 치러야 했다. 수많은 이들이 민주화의 제단에 목숨을 바쳤다. 그렇게 해서 탄생한 현행 헌법 질서였기에 다시는 독재로 회귀하지 않을 것이라는 자부심이 있었다. 12·3 계엄은 그 자부심을 산산조각 냈으며, 우리 사회가 언제 어느 상황에서도 독재로 회귀할 수 있다는 가능성을 현실의 위기로 보여주었다.

　이번에 헌법 질서를 지켜냈다고 해서 장차 미래에 이것이 더 나쁜 형태로 재발하지 않으리란 보장은 없다. 내란 참여자가 말했다는 "중과부적(衆寡不敵)"이라는 표현은 앞으로도 상황이 달라지면 선거를 통해서든 아니든 권력을 가진 자들 중 누군가는 또다시 독재체제 수립을 기도할 수 있다는 위협을 현실적으로 보여준다.

　이번 계엄과 탄핵의 과정에서 우리 사회는 1987년 합의로 탄생한 현행 헌법체제가 안정된 체제가 아닐 수도 있다는 의구심을 가지게 되었다. 헌법 조문은 문자들의 집합에 불과하다. 추상적 정신을 현실로 구현하는 것은 이를 이행하는 헌법기관 혹은 권력기관들이다. 이번 사태에서 무엇보다 우리를 걱정하게 만들었던 점은 우리의 선거체제나 공무원의 임용 과정에서 민주주의에 대한 훈련이 과연 적절하게 행해져 왔는지에 관한 것이었다. 자신의 권한이라는 이유만으로 온갖 궤변을 늘어놓으면서도 '합법'이라고 주장하는 사람들이 법조나 관료 상층 엘리트에 포진했다는 사실은 온 국민을 경악하게 했다.

문제의 시발점이었던 계엄을 두고 보면 더욱 놀랍다. 내란 주체들에 대한 공소장에 따르면 내란 준비의 시작점은 계엄 며칠 전이 아니었다. 2024년 봄 총선 시기부터 대통령을 중심으로 비상대권 운운 등의 발언이 이어졌다는 점을 보면 실제로는 그 이전이었을 가능성도 절대 작지 않음이 드러났다. 주권자로부터 권력을 위임받은 주체들이 주권자들의 기본권을 제약하고 타 헌법기관을 무력화하려는 시도를 준비하고 있었음에도 그러한 시도가 미리 제어되지 못하고 끝내 계엄 선포까지 이르렀다는 점 역시 우리 민주주의 체제의 취약성을 드러낸 중요한 지점이다.

어떻게 해도 미친놈의 등장은 막을 수 없다는 식의 어설픈 고찰이나, 어쨌든 막아내지 않았는가 하는 자기 위안적인 도취는 아무 의미가 없다. 분명한 것은 이번 사태가 우리 민주주의의 한계를 보여주었을 뿐만 아니라, 우리 사회가 민주주의와 법치주의의 조화로운 관계 설정에 실패할 경우 언제든 헌법의 근본 토대를 무너뜨릴 위기가 반복될 수 있음을 깨달아야 한다는 점이다. 그런 깨달음이야말로 이번 사태가 불행한 역사를 되풀이하는 판도라의 상자가 아니라 다시는 이런 일이 발생하지 않도록 하는 교범이 되도록 인도할 수 있다.

새로운 정부의 출범으로 지금까지 숨 가쁘게 달려온 6개월을 마감하며 한숨을 돌리는 지금, 우리는 무엇을 어떻게 해야 할까. 간략하게나마 그 과제를 살펴봄으로써 이 책이 걸어온 대장정을 마무리하려 한다.

위기 극복의 새로운 시작
: 내란행위를 제대로 처리하는 일부터 시작해야

대통령의 위헌, 불법행위에 대하여는 주요하게 세 가지 측면에서 책임을 묻게 된다. 먼저 그 직위를 박탈하는 탄핵을 통한 헌법적 책임추궁, 두 번째로 내란죄 등 형사처벌을 통한 형법적 책임추궁, 마지막으로 민주주의 원리에 따른 정치적 책임추궁이다. 이 책에서는 앞의 두 가지를 중점적으로 살펴보았다.

탄핵을 통해 헌법적 책임을 묻는 것은 국회의 탄핵소추와 헌법재판소 결정으로 최종 판단이 이루어졌다.

하지만 헌법재판소는 진실규명을 위한 조사나 수사권을 가진 존재는 아니며, 드러난 행위를 기초로 헌법 위반과 탄핵소추의 필요성과 당위성을 판단하는 기관이다. 따라서 탄핵 결정이 헌법적으로는 최종적인 것이지만 진실규명의 종결을 뜻하는 것은 결코 아니다. 실제 이번 사태를 일으킨 동기부터 예비음모를 시작한 시기와 그 구체적 준비과정과 가담자 등 진실이 모두 밝혀지지 않은 상태다. 헌법재판소 결정으로 성취된 헌법적 책임 묻기는 진상규명의 시작일 뿐 완성이 아니다.

두 번째로 형사책임 문제에 대해 살펴보자. 현재 내란 가담자들에 대한 기소가 상당 부분 이루어졌고 재판이 본격화되고 있지만, 추가로 기소될 수 있는 사람들이 남아있고 또 이미 기소된 사람들에 대한 혐의 내용도 제대로 된 수사가 뒷받침된다면 확장될 가능성이 매우 크다. 수사와 탄핵 과정에서 많은 물적 증거와 진술증거가 확보되었으나 핵심 인물인 윤석열이 일체 진술을 거부하는 등으로 진실규명에 협조하지 않았다. 수사기관들은 관련자들에 대하여 순차적으로 구속 등 강제수사 절차를 진행했으나 구속기간 만료 등의 사정으로 기소도 각각 다른 시기에 할 수 밖에 없었다. 수사권과 기소권에 대한 논란 등으로 수사에 혼선이 생기거나 수사 의지를 의심받기까지 하는 등 혼란이 발생했다.

이번 탄핵과 내란죄 수사 과정에서 국민에게 혼란을 주었던 중요한 측면은 대통령과 경호처 등의 저항과 수사 회피였다. 그로 인해 증거의 체계적 수집이 방해받았고, 질서 있고도 분명하게 규명되어야 할 사안임에도 여전히 미진함과 불안이 남게 되었다.

이런 미진함이나 불완전함을 해소하기 위해선 반드시 제대로 된 수사가 요구된다. 처벌받을 행위나 관련자의 범위 특정을 위해서이기도 하고, 이번 내란행위로 인한 형사적 책임추궁을 철저히 함으로써 장래 이러한 일이 재발할 우려를 없애기 위해서이기도 하다. 내란 문제를 엄중히 처벌하는 것은 결코 정권 차원에서의 보복 조치나 대중영합적인 사안으로 여겨질 수 없다. 그것은 한 사회의 존폐를 가르는 중차대한 범죄행위에 대해 그 사회가 적절하게 대응하는 모습을 보임으로써 공동체의 존속과 번역을 보장하는 근본 조치에 해당한다. 아울러 서부지방법원 피습 등 일부 사람들이 헌법기관 공격을 노골적으로 선동한 행위에 대하여 엄정한 법적 판단이 필요하다는 점도 잊지 않아야 할 지점이다.

또 한 가지 중요한 문제는 역사적 경험에 비추어 봤을 때 사법부의 형사판결이 제대로 집행될 수 있는가라는 점이다. 우리 역사에서 권력자의 반헌법적 행위, 내란 행위에 대해 형사책임을 물은 사례는 세 번 있었다. 전두환 등의 12·12 군사반란과 5·18 내란행위, 2017년 박근혜의 국정농단행위, 그리고 이번 윤석열 등의 내란행위가 그것이다. 앞의 두 사례의 공통점 중 하나는 판결이 제대로 집행되지 않았다는 것이다. 사법부는 전두환에 대해 무기징역(1심은 사형)을, 박근혜에 대해 합계 22년(직권남용 등에 대하여 징역 20년, 공직선거법위반에 대하여 2년)의 징역형을 선고했지만 전두환은 2년여 만에, 박근혜는 4년 9개월 만에 석방되었으며 모두 나중에 사면복권되었다.

반대의 목소리가 있었음에도 국민화합이나 정치적 사유를 이유로 이루어진 사면권의 행사는 결국 권력자에 대한 사법적인 판단이 비사법적인 이유로 중단되었다는 문제를 남겼고, 아무리 중한 범죄도 권력자에 대한 형사적 책임은 끝까지 묻지 못한다는 나쁜 선례를 남겼다. 이러한 사례는 앞으로도 권력자가 감히 국헌을 문란케 하는 행위를 시도하게 하는 하나의 원인이 될 수 있다. 형량이 그대로 집행되지 않는다면 자신이 챙길 수 있는 이익과 저울질을 하며 불법을 감행할 유혹이 더 커질 것이다.

또한 지금의 법질서나 다른 나라의 예에 비추어 보아도 내란 범죄에는 사면을 배제하는 것이 지당하다. 헌정질서 파괴자에 대하여 공소시효의 적용을 배제하는 「헌정질서 파괴범죄의 공소시효 등에 관한 특례법」은 일반 범죄와 달리 그 중대성 등을 고려하여 공소시효를 배제하면서까지 끝까지 처벌한다. 미국 헌법 역시 탄핵 사건에 대해선 사면할 수 없도록 하고 있다. 불법행위의 중대함에 비추어서도, 역사적 정의의 실현이라는 측면에서도, 미래 권력자들에 대한 교훈으로서도 이번 내란죄는 엄정하게 판단되고 정치적 고려 없이 집행되어야 한다.

위헌적 계엄과 내란을 막기 위한 제도 개선이 시급하다

12·3 내란 과정을 통해 우리는 기존의 법률에 상당한 위험 요소가 있다

는 것을 알게 되었다. 계엄에 대한 여러 통제 수단을 무력화하면 입법부 등은 어떻게 대응할 수 있는가? 만약 군이나 경찰에 의해 의원들의 국회 출입이 막혔거나 미리 들어간 의원들이 계엄 해제 의결 전에 끌려 나왔 다면 상황이 어찌 되었을까? 우리나라에선 정치적 목적을 위한 군 동원 이 여전히 가능한 것인가? 불법적인 동원 명령에 따르지 않은 군인이 생 명과 처벌의 위험에 노출될 수밖에 없다면 누가 위험을 무릅쓸 것인가? 용감하게 처벌을 감수하고 양심을 지킨다는 선의에만 의존할 수 있을까? 이러한 여러 의문이 꼬리를 물고 생겨난다.

우리의 헌법과 법률체계는 결과적으로 내란행위를 막아냈지만, 그 과 정에서 노출된 법체계의 미비점은 신속하게 보완되어 나가야 할 것이다.

1. 계엄이 악용되지 못하도록 제도와 법을 바꾸어야 한다

계엄은 그 사회의 안전이 기저에서 흔들릴 정도의 위험과 위협에 처했다 고 판단되는 경우 행사되어야 하는 최후의 불가피한 사회 방어책이다. 그 럼에도 그 본질적인 성격 때문에 정치권력이 독재로 나아가는 도구로 악 용되어 왔다. 이번 사태를 맞이해 계엄제도를 폐지하자는 견해가 학자들 사이에 나올 정도로 그 우려는 크고 현실화될 가능성이 있다.

따라서 당장 폐지에 이를 정도의 합의가 없다 하더라도 그 폐해의 가 능성을 최대한 차단하는 절차와 내용을 손보는 입법 조치는 반드시 필요 하다. 12·3 사태에서도 알 수 있듯, 현행법상 국무회의 심의나 사후적인 국회통지와 계엄해제의결제도 등은 위헌적인 계엄을 차단하는 데 한계 를 보였다. 국무회의 심의 절차는 형식에 그쳤고, 다행히 미수에 그쳤지 만 국회의 해제결의를 막기 위하여 물리력이 동원되었다. 이러한 취약점을 보완하기 위하여 계엄 선포 이전에 국회 동의 절차를 명문화할 필요가 있다. 이는 독일 헌법에서 일부 채택한 제도이기도 하다.

　이번 사태에서는 국회의 계엄 해제결의가 있었음에도 대통령은 이를 상당 시간 지체하여 불안을 가중시켰다. 국회의 해제결의가 있으면 바로 계엄 선포의 효력을 상실케 하는 쪽으로 개정이 필요하다. 또 계엄법은 헌법 규정을 확장하여 계엄 선포의 요건을 지나치게 추상적이고 넓게 규정하여(계엄법 제2조 제2항) 국가비상사태가 아닌 경우에도 이를 선포할 수 있는 빌미를 주는 측면이 존재했다. 그러므로 이 조항의 삭제 또는 그에 준하는 개정이 이루어져야 한다. 그 외에도 기본권 제한을 헌법보다 넓게 인정하는 계엄법 제9조 역시 바로잡아야 한다.

　또한 계엄을 통하여 권력자가 행사할 수 있는 권한을 적절히 제한하고 이를 명문화할 필요도 있다. 비상계엄을 이유로 헌법을 포함한 법령의 폐지나 변경, 비상입법기구 등의 창설을 통한 입법권의 행사, 일시적인 비상조치의 영구적 법률화, 현행 헌법기관을 통폐합하거나 새로운 기관을 창설하는 등 국가조직의 임의적인 변경, 현행 헌법기관의 활동을 방해하려 하거나 이를 금지하려는 등의 조치는 할 수 없도록 법문에 명시해야 한다.

　이번 계엄 극복 과정에서는 계엄제도가 실제 시행과정에서는 법률도 아닌 매뉴얼 등으로 오용될 여지가 있다는 우려가 제기되었다. 예를 들어 합동참모본부에서 작성하여 한정적으로 배포하고 있는 「계엄실무편람」은 일선 관계자들에게는 법령 이상으로 영향을 미친다. 그런데 보도에 따르면 이번 계엄 한 달 이전에 합참의 계엄 선포 요건 검토 임무를 삭제하는 등 독단적인 계엄 집행을 방지하는 안전장치에 대한 불법적인 개정이 이루어졌고 개정 후 이를 비공개 처리했다는 것이다. 하지만 사태

후에는 군이 이를 적용하였는지 등에 대하여 명확한 진상규명이 되지 않고 있으며, 다시 폐지되거나 바로 잡혔다는 소식이 없는 상태이다.

2. 군의 불법적 동원을 차단해야 한다

이번 12·3 계엄에서는 여러 인상적인 장면들이 있었지만, 그중 하나로 꼽히는 것이 국회의사당에 난입한 계엄군의 소극적 태도였다. 생명의 위협을 무릅쓰고 군 앞에 맞서 싸운 시민들의 모습도 놀라웠으나 특수 임무를 수행하도록 훈련받아 온 군인들이 머뭇거리거나 시민들의 저항에 적극 공세적으로 응대하지 않는 모습은 국민에게 큰 인상을 주었다. 실제로 헌법재판소는 윤석열의 계엄이 실패한 이유로 시민들의 저항과 군인들의 소극적 태도를 꼽았다. 만약 무기로 무장한 군인들이 훈련받은 바대로 국회의 전기를 끊고 유리창을 깨고 들어가 국회의원들을 끌어냈다면 지금 우리 사회는 어떤 모습을 하고 있을지 모골이 송연하다.

다행으로 그런 현실이 이루어지지는 않았지만, 명백한 점은 상당수의 군이 국회를 봉쇄하거나 선관위를 장악하는 일에 동원되었다는 사실이다. 우리 사회는 민주화 이후 군의 문민화가 상당 부분 진척되고 정착되었다고 믿어왔다. 그러나 결국 군 통수권자인 대통령의 말 한마디로 살상 훈련을 받아온 군대가 국민에게 맞설 수도 있다는 점이 드러난 것이다.

군의 국회 난입은 실시간으로 현장을 목격한 모든 국민에게 큰 충격을 던졌다. 그리고 우리 군대가 처한 위치와 상황에 대해서 재고해 볼 필요가 있음을 알려주었다. 여전히 군의 문민화 작업은 부족하다. 군은 아직도 폐쇄성과 전근대적인 문화에서 벗어나지 못하고 있다. 조직과 인사에서 문민화가 더 진척되어야 할 뿐 아니라, 군 의사결정 과정의 투명성과 민주성이 더욱 강화되어야 한다. 군대 내·외부와 특히 시민사회의 감시도 마찬가지다. 나아가 군사 법제와 군사법 시스템, 군 문화의 민주화도 절실한 과제이다.

그 대표적인 예가 불법 계엄에 동원된 군인의 딜레마이다. 상급자의 명령이라도 부당한 명령에서는 복종할 의무가 없다는 것은 국내법과 국제인권법에서 확립된 원칙이다. 제2차 세계대전 종결 후 전범자를 다룬 뉘른베르크 재판에서는 "명령에 따랐을 뿐"이라는 주장을 인정하지 않았을 뿐 아니라, 국제형사재판소(ICC) 로마규정도 명백히 위법한 상급자의 명령에 따른 하급자의 면책을 인정하지 않는다.

우리 군형법 제44조도 "정당한 명령"에 대해서만 복종 의무를 인정하고 있다. 그러나 군인의 지위 및 복무에 관한 기본법에서는 "군인은 직무를 수행할 때 상관의 직무상 명령에 복종하여야 한다"(제25조)라고만 규정하고 있다. 불법 계엄에 동원된 군은 본의든 아니든 내란행위에 가담하게 된다. 반대로 양심에 따라 가담을 거부하는 군인은 군형법상 항명죄(군형법 제 44조 이하)의 대상이 된다. 군형법은 상관의 "정당한" 명령에 복종하여야 한다고 규정하고 있으나 명령의 특성상 그것이 정당한지 아닌지를 충분히 판단하기도 전에 일단은 상관의 명령이므로 바로 집행해야만 하는 어려운 상황에 맞닥뜨릴 수 있다.

이번 12·3 사태에서는 철수 도중에 시민을 향해 허리를 숙여 사과하는 계엄군의 모습이 포착되어 화제가 되기도 했다. 이 장면이 바로 명령의 정당성과 결부된 군인들의 고민과 고충을 잘 드러낸다. 군형법 등을 고쳐서 부당하다고 생각되는 명령을 유형화하고, 부당한 명령을 거부할 수 있는 절차 등을 더욱 명확히 하여 개별 군인들이 현장에서 자신의 신념과 의사에 따라 즉각적으로 대응할 수 있도록 도와야 할 것이다. 종국에는 군이 정치적 목적에 이용되는 위험성 그 자체를 제거해야 한다.

3. 헌정질서 파괴자에 대한 선거권 등의 제한도 논의되어야 한다

앞서 지적했듯 우리는 민주화 과정에서 국민에게 총부리를 겨눈 범죄자가 정치적 사유로 사면된다거나, 상당한 범죄를 저질렀음에도 정권이 교체되면 다시 정치 전면에 등장하는 사례를 많이 보았다. 이런 경험은 정치인에 대한 단죄의 의미를 흐릿하게 하고 정의에 대한 국민의 신뢰를 허물어뜨렸다. 내란 우두머리인 윤석열이 단지 전 정권의 수장이었다는 이유만으로 내란죄 처벌 이후에 사면되거나 복권된다면 내란을 저질러도 끝내 처벌되는 것은 아니라는 부정적 교훈이 학습될 것이다.

독일의 경우는 반란범죄자 등에 대하여 선거권을 정지하고 있다. 앞에서 본 헌정질서 파괴자에 대한 공소시효를 배제하는 법률 정신에 비추어 그에 해당하는 죄를 지은 사람에 대해서는 선거권과 피선거권을 특별히 제한하는 제도의 도입도 충분히 논의할 필요가 있다.

4. 형사사법 시스템의 개혁 또한 시급하다

일각에서는 국민을 적으로 돌리고 내란 행위를 감히 실행에 옮긴 윤석열의 심리적·문화적 원인의 하나로 민주주의적 타협과 소통을 하지 못하는 검사로서의 특성을 꼽기도 한다. 검찰은 수사권과 기소권을 독점하면서 민주화 이후 무소불위의 권력을 휘둘러 왔다. 검찰의 정치적 개입을 막고 '국민의 검찰'로 돌리고자 했던 문재인 정부의 검찰개혁은 결국 검찰권의 범위와 행사 방식을 둘러싼 첨예한 대립으로 이어져 결국 검사 윤석열의 정치적 부상에 큰 역할을 담당했다.

　형사사법 시스템의 정비는 검찰개혁을 국정의 주요 목표로 한 문재인 정부 때는 물론 지금도 여야 간의 쟁점이며, 그 접점을 전혀 찾지 못하고 있는 상황이다. 입법과 해석의 혼선도 적지 않다. 특히 이번 내란죄 수사 과정에서 공수처, 경찰, 검찰 등 수사기관별로 그 수사권이 자신들에게 있음을 주장하고 수사의 중복 논란까지 발생, 무엇보다도 엄중해야 할 내란죄 수사가 효율적으로 진행되지 못했다. 문제를 해결하기 위한 특검법도 거부권의 문턱을 넘지 못하고 좌절했다가 새 정부의 출범과 더불어 국회 본회의를 통과한 상태이다. 윤석열 등은 이를 이용하여 어느 수사기관도 수사할 권한이 없다는 취지의 주장을 펴기도 하고 그러한 과정에서 윤석열 스스로가 구속취소로 풀려나는 일이 발생하기도 했다.

　형사사법 시스템의 개혁 문제는 내란 이후 시급한 입법과제 중 하나가 되어야 한다. 개혁의 원칙은 명확하다. 어느 정파의 이익 여부가 아니라 국민의 눈높이에서 효율적이고 인권친화적인 방향으로 개혁이 이루어져야 한다는 것이다. 그래야 특정 공무원 조직이 법치주의와 민주질서에 위협이 되는 것으로 의심받는 소지도 없앨 수 있다.

헌법을 보다
헌법답게

1. 현재의 헌법에 근본적 문제가 있다고는 할 수 없다

현행 헌법은 1987년 6월 항쟁의 결과물이다. 우리 사회는 권위주의 체제를 벗어나면서 여야와 사회 각계의 합의에 의해 헌법 개정을 이룩했으며, 현행 헌법은 그로부터 40년 가까이 우리 사회의 민주 질서를 공고히 하는데 하나의 축을 담당해 왔다.

그러나 시대의 흐름에 따라 새롭게 다듬어야 하는 헌법 조항들이 생겨났고 특히 기본권 조항이나 국민의 참여 확대 등 헌법에 새롭게 포함시켜야 할 항목들도 늘어나고 있다. 무엇보다 이번 내란사태를 겪으며 헌법 수호 기능을 강화하고 정치 구조의 기본 틀을 바꿔보자는 요구도 강해지고 있다.

우리나라는 민주주의의 진전과 상당한 경제적 성취에도 불구하고 정치는 실패를 반복하고 있다는 평가가 일반적이다. 그도 그럴 것이 지난 다섯 명의 대통령 중 세 명이 탄핵소추되어 그중 둘은 임기를 마치지 못하였고, 모두 임기 중 또는 임기 후 수사 대상이 되었으며 그중 셋은 구속되었기 때문이다. 어찌 보면 2000년대 헌정사는 반복되는 탄핵, 필연적인 실패의 악순환 고리에 갇혀있다고 해도 과언이다.

그런데 이런 현상의 원인이 현행 헌법, 특히 대통령 5년 단임제에 있다고 보는 것은 지나치게 단순한 논리 전개이며 실제 객관적으로 입증된 것도 없다. 현 대통령제의 대안으로 제시되는 여러 방안에 대한 국민적 합의도 아직은 충분하지 않다. 내란을 실질적으로 종식시키고 원상회복에 주력하여야 하는 시기에 개헌은 초점에 맞지 않는다는 지적도 있다.

2. 헌법 개정의 원칙과 방향성은 명확해야 한다

그럼에도 헌법 개정은 점차 시대적 요구로 인식되고 있다. 그중 하나는 이번 헌정질서의 위기를 겪으면서 불거진 여러 구조적 문제와 이를 둘러싼 논의들을 사회적, 정치적으로 해결할 필요가 있고, 이를 위해서는 다양한 방안이 강구되야 한다는 점이다. 여기에는 가장 높은 차원인 헌법개정 역시 필요하다면 포함되어야 한다.

또 하나는 '빛의 혁명'이라고 불리운, 12·3 계엄사태 이후 이어진 광장에서 드러난 다양한 요구들을 기본권 조항을 비롯한 여러 헌법상 제도로 포용할 필요가 있다는 것이다. 헌법의 위기에 맞서 정말 많은 이들이 광장으로 모여들었다. 광장은 남녀노소를 불문했고 특정 직업군이나 특정 지역을 따지지 않았다. 광장은 헌법 제1조에 적힌 '민주공화국'이 각자가 들고 온 색색의 깃발과 응원봉으로 물들여졌다. 그 다양한 삶의 형태와 요구를 헌법은 가능한 한 폭넓게 담아냄으로써 그들이 차별 없이 모두 공화국의 주인임을 천명해야 한다. 현재의 헌법은 그 점에서 좀 더 풍부한 기본권 조항을 담고 제도적 정비를 갖출 필요가 있다.

헌법개정을 논의할 때에는 무엇보다도 방향성이 중요하다. 그 방향성은 민주주의와 법치주의의 강화일 수밖에 없다. 어떤 제도가 반드시 선이거나 악일 수는 없다. 그 사회의 구성원들이 법치주의와 민주주의를 어떻게 강화할 것인가를 진지하게 숙고하여 특정한 제도를 선택하기로 결의한다면, 헌법은 결코 공허한 언어의 유희로 남지 않고 우리의 일상적인 작동 원리로 함께 할 것이다. 따라서 개헌 논의가 있게 되면 통치구조뿐만 아니라 국민의 기본권 확대 논의도 꼭 따라야 한다. 그래야만 헌정질서의 한 단계 진전이 가능해질 것이다. 헌법개정의 구체적 경로와 관련해 가능한 넓은 사회적 합의에 기초한다는 원칙과 개정 과정의 민주적 정당성을 최대한 확보한다는 원칙은 결코 빼놓을 수 없는 조건이기도 하다.

3. 선거법 등 관련 법률의 개정도 뒤따라야 한다

헌법 개정은 국회 재적의원 3분의 2의 의결과 국민투표를 거쳐야 하기 때문에 결코 쉬운 일이 아니다. 그러나 헌법이 아니라 법률의 차원에서 더 시급하게 개정이 필요한 과제들이 존재한다. 선거법 등 정치 관련 법률의 개정이다. 이번 12·3 비상계엄으로 촉발된 위기는 단순히 대통령 한 사람의 미친 짓이 아니라 대의제 민주정의 위기였으며, 그 대표성이 갖추어야 할 정당성의 문제이기도 했다.

정치는 현재의 문제를 해결함으로 미래로 나아갈 길을 제시하는 공적 행위이다. 그런데 현행 선거법은 이와 같은 정치의 대의를 제대로 실현하고 있다고 볼 수 없다. 우리 정치의 실패는 후진적인 정치 문화, 분열된 대립 구조에서도 비롯되지만 선거구제를 비롯한 관련 제도의 실패에 기인하는 점 역시 크다. 정당은 더 공적인 절차를 통하여 후보를 내고, 더 민주적으로 국민의 뜻이 선거에 반영되도록 해야 한다. 선거 시기 이외에도 국민의 의사가 반영되는 정치 시스템의 수립을 위해 진일보가 절실하다.

민주주의의
새로운 출발점에 서서

지난 40년 가까이 우리 사회는 민주적 헌법 질서가 그 근저에서 흔들리며 법치주의를 모욕하는 반동 행위가 시내 한복판에서 벌어지리라고는 쉽게 예상치 못했다. 하지만 이제 우리 사회는 과연 법적 규범과 제도만으로 민주주의의 후퇴와 법치주의의 파괴를 막을 수 있을까라는 심각한 질문을 맞닥뜨리게 되었다.

이는 민주주의의 근본적인 측면에 대한 질문으로 우리를 이끈다. 민주적 제도가 가지는 힘은 국민 일반의 민주주의에 대한 동의에 기반한다. 그렇기에 민주주의는 단순한 수의 합이라거나 다수결만을 의미하지 않는다. 법치주의를 이야기할 때 어떤 법치주의인가를 늘 되묻는 것처럼, 민주주의 역시 인류 역사에서 오랜 시행착오와 투쟁 끝에 얻은 보편적 가치, 즉 인간의 존엄성과 평등, 적법절차 등의 근본 원칙에 터 잡는 경우에만 진정한 의미를 갖게 된다. 또한 민주주의는 자유와 평등의 중요성을 인식하면서도 동시에 공동체에 대한 책임과 의무 또한 중시하는 합리적 이성을 갖춘 인간을 전제하여야만 가능한 제도이다.

우리 사회는 이번 계엄 진압 과정에서 극심한 의견 분열 양상을 보여주었다. 가짜 뉴스가 소셜미디어나 각종 언론 매체를 통해 여과 없이 퍼지고 확대 재생산되어 상식의 건전한 기반을 흔들어 댔다. 합리성에 입각한 판단보다는 정파적이거나 개인적인 이해가 우선하고, 맹목적인 추종에 빠져 법원을 습격하는 일까지 서슴지 않는 사람들이 등장했다.

우리 사회는 이번 사태를 계기로 민주주의에 대한 우리 공동체의 동의 수준을 다시 한번 확인하고 그 건강한 민주적 체제를 회복해 나가는 노력을 지속해야 한다. 가짜 뉴스가 어떤 제한도 받지 않은 채로 진실인 양 퍼져나가고, 상식과 합리성에 근거한 주장들이 짓밟히는 상황에서는 건전한 민주주의가 결코 성장할 수 없다. 다수의 폭력만이 민주주의라는 용어를 앞세우며 횡행하게 될 뿐이다.

그렇다면 이제 어떻게 할 것인가. 이 질문은 우리에게 새로운 출발선을 가리키고 있다. 과거의 잘못을 되풀이할 것인가, 다시는 이런 일이 있지 않도록 하려면 무엇을 어떻게 해야 할 것인가를 묻는다. 앞에서 본 제도와 규범의 혁신은 꼭 필요하다. 그러나 그것만으로 충분하지 않다.

우리는 이번 사태를 통하여 아무리 좋은 제도도 그 구성원들의 보편적 합의와 실천이 없다면 모래성처럼 무너질 수 있다는 것을 배웠다. 그렇기에 매일의 일상에서 민주주의를 회복하고 굳건히 하려는 구체적인 노력이 필요하다.

그렇다면 그 노력을 위한 실천적 과제들을 찾아보자.

계엄의 과정에서 국민들이 놀랐던 것 중의 하나는 국민의 일부를 '반국가세력'으로 재단하고 그들을 폭력적 방법으로 배제하려 했던 대통령의 인식과 그 언어사용이었다. 그리고 이는 단순히 말에 그치는 것이 아니라 적대적 세력과 인사를 선별해서 납치하고 제거하는 일로 이어졌다. 분열과 갈등의 조장, 적대는 민주공화국의 가장 큰 적이다. 차별과 증오의 언어를 버리고, 정치적 양극화에 대한 단호한 거부를 선언하고, 사회적 약자와 소수자를 위한 돌봄의 몸짓을 키우는 일들은 작지만 소중한 전진을 통해 민주주의와 헌법 질서를 지켜주는 든든한 기초가 될 것이다.

또 주권자 스스로 권력을 선출할 때 그 민주주의 수호 의지를 확인하는 일이 필요하며, 선출된 이후에도 민주적인 권력 행사가 가능하도록 제도를 손보고 권력자를 감시해야 한다. 선출되지 않은 공직자들이 헌법과 법률에 맞추어 공적 역할을 해내도록 보장하고 북돋는 한편 그들이 민주주의 정신에서 일탈하지 않도록 감시하고 견제하는 일 또한 소홀히 해서는 안 된다. 법의 본래 취지를 배반하고 법조문을 임의로 해석해 민주주의를 공격하는 것, 또 민주적 선거를 통해 선출된 권력이 법을 무력화하는 것을 최종적으로 막아내는 힘은 주권자의 관심과 참여다.

계엄 선포 소식을 들은 직후 두려움을 이겨내고 바로 국회 앞을 메운 시민, 위법하고 부당한 명령에 소극적으로 대응하고 시민과의 충돌을 회피했던 계엄 동원 군인들, 이어지는 과정에서 국회와 법원이 제 역할을 하도록 지속적으로 거리 시위 등에 참여한 주권자, 어떤 경우에도 흔들림 없이 계엄을 거부하고 내란 행위임을 확인한 상식적 여론이 없었다면 우리는 법치가 아닌 불법에 의한 통치로, 민주 체제가 아닌 독재제체로 퇴행을 경험했을 것이다. 이번 사태가 비극으로 끝나지 않은 가장 큰 기반은 민주주의 의식을 가지고 법치의 정신을 끝까지 지킨 이런 대다수 국민의 존재였다. 어렸을 때부터 인권과 민주주의의 감수성을 키우고, 그 힘을 자신의 이웃과 공동체로 더욱 확장할 수 있는 시민을 키워내는 교육의 중요성은 더욱 강조되어야 한다.

헌법으로 돌아가라
12·3 비상계엄을 심판했던 모든 시민을 위한 법률 교과서

발행일	2025년 6월 18일 초판 1쇄
지은이	박용대, 백민, 백승헌, 장현은, 추은혜
편집	박성열, 신수빈, 배선화
디자인	박은정
인쇄	재원프린팅
제본	라정문화사
발행인	박성열
발행처	도서출판 사이드웨이
출판등록	2017년 4월 4일 제406-2017-000041호
주소	서울시 영등포구 선유로 114, 양평자이비즈타워 705호
전화	031)935-4027 팩스 031)935-4028
이메일	sideway.books@gmail.com
ISBN	979-11-91998-49-8 (03360)

- 잘못 만들어진 책은 구입처에서 바꾸어 드립니다.
- 이 책의 전부 또는 일부 내용을 재사용하려면 사전에 도서출판 사이드웨이의 동의를 받아야 합니다.